市場・人格と民法学

吉田克己 著

北海道大学出版会

はしがき

　1990年代以降の日本は，法システムの大きな変動期に入っている。変動を主導している価値は，大きくは2つに整理できるであろう。1つは市場の価値である。とりわけ市場の自由が称揚され，法は，市場の自由を支援するところに自己の役割を限定すべきものとされる。そのようにして，事前規制から事後規制への転換が語られ，規制緩和が法政策を主導する重要な理念となる。もう1つは人格の価値である。法は，現代社会における多様な個人にかかわる多様な価値を考慮することを要請される。自由もまたそのような価値として重要な意味を持つが，それだけでなく，平等や生活・生存の価値も重要である。1990年代以降の日本法システムの変動は，これらの多様な人格的価値を法が支援するという要請にも主導されている。市場と人格という2つの価値は，市場には自由や公平さらには(形式的)平等という価値が埋め込まれていることからすれば，相互補完的にも働きうる。しかし，この2つは，現実には，対抗的な関係に立つことが多い。そのようにして，現実の法システムの変動は，多くの場合には，この2つの価値・論理の鋭い緊張関係に規定されつつ進行することになるであろう。

　本書は，私が，このような法システムの変動と2つの価値の相剋という問題状況を念頭に置きつつ，1990年代末から2000年代にかけて公表してきた諸論考から一定数のものを選び出して一書に編んだものである。『市場・人格と民法学』という書名は，そのような問題関心を表現している。ところで，この時期において執筆した論考における私のもう1つの重要な問題関心は，「民法学と公私の再構成」であった。この主題を前面に出した論考を集めて一書を編むことも考えている。それは，本書の姉妹編となるべき書である。作業は難航しているが，なるべく早く公刊することができればと願っている。

　本書は，既刊の緒論考を集めたものであるため，基本的問題意識が市場の論

理と人格的価値との相剋・緊張関係というところにあるとはいっても，その問題意識が個別の論考にどの程度反映しているかという点においては，自ずから濃淡がある。第Ⅰ部「日本法システムの変容と人格的価値」および第Ⅱ部「特別法制と市場・人格」に収録した諸論考においては，この問題意識が相当程度に前面に出ているということができようか。これに対して，第Ⅲ部「サブリース契約と市場」および第Ⅳ部「遺言と公序──遺言処分と『相続させる旨の遺言』をめぐって」においては，必ずしもそうではないかもしれない。とはいえ，「サブリース契約」の分析の基礎には，賃借人である不動産デベロッパーによって，借地借家法上の賃料減額請求権が当事者の合意に優先する強行規定として援用されることに対する違和感がある。借地借家法が私的自治に対して介入する根拠としては，当事者間の専門家・非専門家という立場の違いに由来する情報格差や土地という独占的商品の供給者とその需要者という立場の違いに由来する交渉力格差（これらを踏まえた介入は，むしろ私的自治への支援措置と性格づけるべきものである），不動産利用者の生活に伴う人格的価値保護の要請などが指摘されようが，サブリース契約においては，これらの根拠がほとんど当てはまらないからである。また，「相続させる旨の遺言」の検討においても，相続人間の平等など相続法における公序が担うべき価値と遺言の自由という価値との相剋とが念頭に置かれている。問題意識は，基本的なところでは，第Ⅰ部および第Ⅱ部において扱った論点と共通していると考えている。

　既刊の論考を集めて論文集を編む場合に常に提示される問題は，現在の問題状況を踏まえてどの程度手を入れるかである。本書においても，この点については最後まで迷ったが，結局，本体については，論旨の不鮮明な部分に多少の手を入れたり，注の若干の補充を行うなどはしたとはいえ，基本的には，旧稿を維持することにした。本格的な改訂をすることは，ほとんど新しい論文を書き下ろすに等しく，それは，本書の刊行を事実上断念することにもつながりかねないからである。ただ，収録論文執筆後の新たな状況の一端は，「補注」という形で示すことにした。また，「追記」には，論文の初出媒体を示すとともに，必要がある場合には，その後の理論状況などを踏まえた若干のコメントを付すことにした。とはいえ，これはまったく不十分なものであり，今後，問題を改めて取り上げる機会があれば補充したいと考えている。

＊

　個人的なことではあるが，私は，来年(2012年)3月一杯で，北海道大学大学院法学研究科を定年退職する．北海道大学には，1988年4月に着任して以来，四半世紀近くをお世話になったことになる．北海道大学在職期間の前半の研究活動をまとめたものが，『フランス住宅法の形成——住宅をめぐる国家・契約・所有権』(東京大学出版会，1997年)および『現代市民社会と民法学』(日本評論社，1999年)である．本書は，それ以降の研究活動の一部を収録したものということになる．

　きわめて貧しい成果しか挙げることができていないことを恥ずかしく思うが，それでも，北海道大学大学院法学研究科から与えていただいた恵まれた研究環境がなければ，本書のもとになった緒論考をまとめることはできなかったであろう．このような優れた研究環境を築きあげていただいた先輩・同僚の諸先生方に，心から敬意と感謝の念を表する次第である．とりわけ，民事法研究会を初めとする研究会や日頃の議論を通じてさまざまなご教示をいただいた瀬川信久(現早稲田大学)，松久三四彦，藤原正則，吉田邦彦，池田清治，曽野裕夫，新堂明子の民法担当の諸教授には，この場を借りて心からの御礼を申し上げる．また，新しく北海道大学の民法担当のスタッフに加わった根本尚徳，山本周平の両准教授にも，すでに新鮮な問題意識からの刺激をいただいている．厚く御礼申し上げるとともに，両准教授には，北海道大学大学院法学研究科の研究環境を活かした研究活動の一層のご発展をお祈りしたい．私はまた，北海道大学大学院法学研究科において，実定法専攻以外の諸先生からもさまざまなご教示や知的刺激を受けることができた．すべてのお名前をここで挙げることはできないが，その中でもとりわけ，長谷川晃(法哲学)，尾崎一郎(法社会学)および古矢旬(現東京大学，アメリカ政治史)の諸教授の名を挙げて，感謝の意を表させていただきたい．

　本書に収録した論考の一部は，学会シンポジウムにおいて報告を担当したことを機縁として執筆したものである．そのような学会報告の機会を与えて下さった棚瀬孝雄(日本法社会学会，第1章)，申惠丰(国際人権法学会，第4章)，二宮周平(ジェンダー法学会，第6章)，松本恒雄，後藤巻則(日本消費者法学会，第10章)，野村豊弘，床谷文雄(日本私法学会，第17章)の諸教授にも，ここで改めて御礼申

し上げたい。本書に収録した論考の一部はまた，裁判所に提出した意見書に基づく。そのような機会を与えていただいた升永英俊(東京永和法律事務所〔当時〕)，村松弘康(村松弘康法律事務所)の両弁護士にも感謝申し上げる。

　出版事情が厳しい中，北海道大学出版会は，本書の出版について最大限の便宜を提供して下さった。とりわけ編集部の滝口倫子氏は，企画の段階から編集作業・校正を経て出版に至るまで，煩雑な作業を完璧に遂行して下さった。この著作を準備する過程は，著作の出版は編集者との二人三脚であるという事実を改めて強く感じさせられた日々であった。改めて厚く御礼申し上げたい。

　　2011年7月3日　北海道大学大学院法学研究科研究室にて

　　　　　　　　　　　　　　　　　　　　　　吉田克己

目　次

はしがき

第Ⅰ部　日本法システムの変容と人格的価値

第1章　90年代日本法の変容 …………………………………3

Ⅰ　はじめに　3

Ⅱ　日本社会のシステム変容と法　5

　1　政策の基本方向——橋本内閣の6大改革　5

　2　市場化とその環境整備　6

　3　中間諸団体の変容　12

Ⅲ　経済危機と法　14

　1　金融システムの破綻と法　15

　2　不良債権・債権回収問題　16

　3　バブル崩壊と不動産投資　18

Ⅳ　まとめに代えて　21

第2章　民事法制の変動と憲法 …………………………………29

Ⅰ　「憲法と民法」——2つの問題領域　29

Ⅱ　家族と人の変容　31

　1　家　　族　31

　2　人　　34

Ⅲ　市場の変容　37

　1　所　有　権　37

　2　契　　約　40

Ⅳ　お わ り に　42

第 3 章　憲法と民法──問題の位相と構造 …………………………………47

　　Ⅰ　「憲法と民法」という問題の位置づけ　47
　　　1　法規範の階層構造と法律の相対化　47
　　　2　保護法益としての人格権・人格利益の前面化　49
　　Ⅱ　民法による社会構成と憲法原理──憲法と民法との緊張関係　50
　　　1　家族制度の編成と憲法原理　51
　　　2　市場制度の編成と憲法原理　52
　　Ⅲ　社会における人権侵害──憲法と民法との補完・協働関係　56
　　　1　社会的権力による人権侵害　56
　　　2　個人による人権侵害　59

第 4 章　私人による差別の撤廃と民法学 ……………………………………67

　　Ⅰ　は じ め に　67
　　Ⅱ　市場における「外国人」差別とその克服　68
　　　1　問題の構図　68
　　　2　裁判例の概観　68
　　　3　裁判例の分析　78
　　　4　差別克服のために　80
　　Ⅲ　企業における女性差別とその克服　83
　　　1　問題の構図　83
　　　2　裁判例の概観　85
　　　3　裁判例の特徴と問題対処への方向　95

第 5 章　家族法改正問題とジェンダー ………………………………………105

　　Ⅰ　は じ め に　105
　　Ⅱ　「法とジェンダー」への序論的考察　106
　　　1　近代市民社会とジェンダー秩序　106
　　　2　市民社会の変容とジェンダー秩序　108
　　　3　ジェンダー秩序をめぐる法と社会　110
　　Ⅲ　家族法改正問題とジェンダー秩序　114

  1　90年代家族法改正の経緯と現状況　114
  2　家族法改正とジェンダー秩序　116

第6章　家族法改正で問われるべきもの　125

 はじめに　125
 I　近代家族法とその前提条件の変容　126
  1　近代家族法の特徴　126
  2　現代社会における前提条件の変容　128
 II　近代家族法から21世紀家族法へ？　130
  1　多様なカップル関係の承認——法律婚の特権的地位の相対比　130
  2　親子関係と法律婚の相対比　132
  3　家族と公的介入　132
  4　家族構成原理の再定義　133
 おわりに——「人の法」と「家族の法」　134

第7章　民法改正と民法の基本原理　139

 I　はじめに　139
 II　〈契約パラダイム〉の採用とその帰結　140
  1　〈債権パラダイム〉から〈契約パラダイム〉へ　140
  2　伝統的理論の再構成　141
  3　債権概念の維持　143
 III　〈契約パラダイム〉を支える合意原則・契約自由原則とその補完・制約原理　145
  1　契約自由原則の宣明とその実質化　145
  2　契約自由原則の補完・制約原理　146
 IV　改正検討委員会案が提示する基本原理と民法学の課題　149
  1　民法体系の問題　150
  2　契約自由とその補完・制約原理　151

第II部　特別法制と市場・人格

第8章　借地借家法制の経済社会的分析　161

Ⅰ　はじめに　161
　　Ⅱ　市場整備的介入とその経済社会的意義　162
　　　1　借地借家法による賃借権強化とその性格　162
　　　2　賃借権の市民法的強化の経済社会的意義　166
　　Ⅲ　市場規制的介入とその経済社会的意義　169
　　　1　借地借家法制と賃借権の社会法的強化　169
　　　2　賃借権の社会法的強化の経済社会的意義　171

第9章　定期借家権を考える　183

　はじめに　183
　　Ⅰ　定期借家権は良質な賃貸住宅供給を拡大しうるか　184
　　　1　定期借家権論の主張　184
　　　2　良質な賃貸住宅供給拡大についての論証の不在　186
　　　3　良質な賃貸住宅供給拡大についての論証の不十分性　187
　　Ⅱ　定期借家権は正義・公平を実現しうるか　193
　　　1　開発利益の分配と正当事由　193
　　　2　賃貸借市場の「歪み」と効率的土地利用　197

第10章　市場秩序と民法・消費者　207

　　Ⅰ　はじめに　207
　　Ⅱ　自由かつ公正な市場の確保　208
　　　1　独占禁止法による自由かつ公正な市場の確保　208
　　　2　消費者による民事訴訟の提起　210
　　Ⅲ　安全な市場の確保　214
　　　1　危険な商品の市場からの排除　214
　　　2　一定の「人」の市場からの排除　217
　　Ⅳ　消費者法における人間像　220
　　　1　市場秩序によって保護される消費者　220
　　　2　市場秩序を守り創る消費者　221

第11章　労働契約と人格的価値　229

    Ⅰ 日本法のシステム変容と労働法制　229
    Ⅱ 解雇権濫用法理とその正当化原理　231
    Ⅲ 就業規則による労働条件の不利益変更とその問題性　237
    Ⅳ 労働法における人間像　241

第Ⅲ部　サブリース契約と市場

第12章　サブリース契約と借地借家法32条に基づく賃料減額請求 ……249

    Ⅰ はじめに　249
        1 問題の社会的背景　249
        2 問題の所在と検討の基本的視座　250
    Ⅱ 問題に関する基本的考え方　252
        1 原則的適用否定説(澤野順彦説)　252
        2 制限適用説(加藤雅信説)　254
        3 単純適用肯定説(道垣内弘人説)　255
    Ⅲ 裁判例の動向と問題の所在　256
        1 単純適用説の排斥　257
        2 特殊性考慮説の一般化　258
        3 適用否定説の出現　259
        4 小　括——検討の方向　261
    Ⅳ 借地借家法32条の射程とサブリース契約への類推適用　262
        1 賃料増減額請求権の立法趣旨　263
        2 賃料増減額請求権の機能　265
        3 サブリース契約に対する法32条の類推適用　271

第13章　サブリース最高裁判決の意義と射程 ……281

    Ⅰ はじめに——最高裁による修正適用説の採用　281
    Ⅱ サブリース最高裁判決によって創出された規範　283
        1 サブリース契約の法性決定　283
        2 借地借家法32条と賃料自動増額特約・賃料保証特約　286
        3 借地借家法32条の修正適用　293

　　　　4　サブリース最高裁判決によって創出された規範　298

　Ⅲ　おわりに　303

第14章　賃料不減額特約と借地借家法11条1項に基づく賃料減額請求 …………309

　Ⅰ　はじめに　309

　Ⅱ　事実の概要と判旨　310

　Ⅲ　若干の検討　312

　　　　1　賃料等増減額請求権と賃料自動改定特約の関連に関するこれまでの判例　312
　　　　2　判例理解に関する学説の対立　315
　　　　3　本判決の判例法上の位置づけ　317
　　　　4　一元説の問題性　318

第15章　サブリース契約と正当事由 ……………325

　Ⅰ　はじめに　325

　Ⅱ　判例法理におけるサブリース契約　325

　　　　1　序　325
　　　　2　サブリース契約における借地借家法32条の適用——センチュリー事件最高裁判決に見る判例法理　326
　　　　3　判例法理のポイント　327

　Ⅲ　サブリース契約と正当事由　336

　　　　1　サブリース契約における正当事由の判断構造　336
　　　　2　原判決の問題性　345
　　　　3　本件事案における期間に関するリスク設計のあり方と正当事由　351

　Ⅳ　おわりに　352

第Ⅳ部　遺言と公序——遺言処分と「相続させる旨の遺言」をめぐって

第16章　「相続させる」旨の遺言——遺産分割不要の原則の検証 …………359

　Ⅰ　問題の現状　359

　　　　1　「相続させる」旨の遺言の狙い　359
　　　　2　判例法理の形成　360

Ⅱ　「相続させる」遺言と性質決定　361

　　　1　問題の性格——性質決定　361
　　　2　「相続させる」遺言における性質決定の困難性　362
　　　3　「相続させる」遺言の性質決定　363

　　Ⅲ　「相続させる」遺言と類型の内容変更　364

　　　1　典型処分への包摂志向とそこからの離反志向　364
　　　2　遺産分割手続排除の可否　365

第17章　「相続させる」旨の遺言・再考　373

　　Ⅰ　はじめに　373

　　Ⅱ　判例の展開　374

　　　1　出発点としての香川判決　374
　　　2　法性決定の具体例　376
　　　3　共同相続人間の利害調整　377
　　　4　第三者との利害調整　381
　　　5　遺言執行者の職務権限　382

　　Ⅲ　「相続させる」旨の遺言の法性決定とその効果・再考　384

　　　1　判例のまとめ——相続承継と財産承継の共存と「いいとこ取り」　384
　　　2　遺産分割効果説の再検討　386
　　　3　「相続させる」旨の遺言の類型的考察　390

　　Ⅳ　おわりに　396

第18章　遺言による財産処分の諸態様と遺産分割　407

　　Ⅰ　各種の遺言処分とその内容　407

　　　1　典型遺言処分　407
　　　2　法性決定の各論的検討　411
　　　3　非典型遺言処分の許容性　414

　　Ⅱ　遺言処分の効力　415

　　　1　相続分の指定と遺産分割方法の指定　415
　　　2　遺　　贈　417

　　Ⅲ　遺言処分としての「相続させる」旨の遺言　420

　　　1　「相続させる」旨の遺言の法性決定　420

2　「相続させる」旨の遺言と共同相続人および第三者との利害調整　423
        3　批判的検討　426
    Ⅳ　各種の遺言処分と遺産分割　430
        1　遺言処分と遺産分割手続　430
        2　遺言による特定財産の処分と遺産性　431

事項・人名索引　439
文 献 索 引　444

第Ⅰ部　日本法システムの変容と
　　　人格的価値

第1章　90年代日本法の変容

I　はじめに

　バブル経済崩壊後の1990年代日本における法制度改革の広がりとスピードには，目を見張るものがある。私法の領域を中心としつつこれらの動向をトータルに把握する。これが特集[1]の狙いである。まず，本稿において，総論的に全体の動向を把握するための基本的枠組みの提示を試みる。続いて，各論的に，北見論文が不良債権問題とその法に対するインパクトを検討する。なお，消費者契約法を主たる素材としつつ市場化とそのための環境整備の問題を検討する論文も予定したが，残念ながら今回は掲載することができなかった。最後に，金子論文が，現在の危機の本質を解明するとともに，それを踏まえた対抗戦略の提示を試みる。これが全体の構成であるが，論者によって問題意識が相当に異なることは否定しえない。また，対象とすべき広汎な問題領域のすべてを扱うことができているわけでもない。今後の検討のための問題提起の意味を持ちうれば，本特集の狙いは達成されたというべきであろう。

　さて，それでは，90年代日本法の変容を根本的に規定するものは何か。本稿の理解では，それは次の2つの要因に集約される。

　第1は，いわゆる「右肩上がりの時代」の終焉と日本社会のシステム変容である。「右肩上がりの時代」の終焉といった場合，より具体的には2つの現れがある。1つは，経済レベルで，高度経済成長時代の終焉である。世界的には，1970年代初頭の石油危機がこれを画することになった。日本の場合も基本的には同様であるが，その影響が明確な形で現れるようになるのは，90年代に入ってからである。もう1つは，社会レベルにおける「右肩上がりの時代」の

終焉である。具体的には，人口構造の変容がきわめて大きな意味を持っている。多産多死社会から，少産少死社会へ，そしてその過渡期における少子高齢化という問題である[2]。この領域においても，近い将来に「右肩上がり」が回復することは，ありえないであろう。

　この2つの変化に規定されつつ，これまでの国家・社会・個人間の相互関係が大きく変わろうとしている。国家についていえば，小さく強い[3]国家の実現が志向されている。このうち「小さな国家」という方向を示すのが，新自由主義に先導された規制緩和の理念である。これによって，国家の役割縮小と民間部門の役割増大という形で，公私の役割分担関係の変化がもたらされつつある。社会についていえば，日本型産業社会を支えた中間団体の機能縮小を指摘することができる。具体的には，企業と家族の相対化であり，これらから，2つの帰結が導かれる。1つは，個人の位置づけが従来より高まることである。本稿では，これについて「個人の前面化」という言葉を当てている。もう1つは，法が機能する社会領域の拡大である。他の表現を用いれば，法的空間の拡大であり，法化である。21世紀の日本社会は法化社会であるという表現が近時目に付くが，これは，右の事態を指しているわけである。以上のようなシステム変容に対応する法制度改革が，90年代日本において進行しているのである。

　第2は，右のようなシステム変容に伴う危機の顕在化である。従来の社会経済システムは機能しなくなりつつあるにもかかわらず，新しいシステムはいまだ見えていない。かくして，旧来のシステムの機能不全に伴う危機が顕在化するのである。ここでも，より具体的には，2つのレベルでの現れがある。まず，経済レベルにおいては，バブル崩壊とそれに伴う危機の問題が重要である。この現象のキーワードは，「不良債権」であり「金融破綻」である。次に，社会レベルでは，日本型企業社会の崩壊と性格づけるべき現象が明確になりつつある。終身雇用制の変容と失業問題の激化，それらに伴う企業の「社会保障」的機能の喪失などである。また，家族についても，その機能障害と危機が語られている[4]。1990年代は，これらの「危機」に対応するための法制度の展開が見られた時期でもあった。

　この2つの要因が複雑に絡まりあって，——場合によっては緊張関係に立ち，また場合によっては相互補完関係を示しつつ——1990年代の現実の政策や立

法の動向を規定している。これが本稿の基本的な視角である。以下，この視角に基づいて，大きく2つの領域に分けて90年代日本法変容のあり方を見ていきたい。

II　日本社会のシステム変容と法

1　政策の基本方向——橋本内閣の6大改革

　まず，日本社会のシステム変容に対処するための政府の政策の方向を確認することから始めよう。そのような政策の方向を先取り的に提示していたのは，1982年の第2臨調の「行政改革」答申(いわゆる「臨調＝行革」路線)であるが，90年代の国家政策という点でいえば，第2次橋本内閣(1996年11月発足)のいわゆる6大改革が，その全体像をまとまった形で提示するものとして重要な意味を持つ。行政改革，財政構造改革，社会保障構造改革，経済構造改革，金融システム改革(いわゆる金融ビッグバン)，教育制度改革がそこで示された改革である。これらの個々の内容については別稿に譲り[5]，ここでは，全体について2点だけコメントする。

　第1に，内容的にいえば，先に指摘した小さく強い国家という方向のうち，ここには「小さな国家」の理念が明確に表現されている。そして，この理念が，さらに2つの方向で具体化されることになる。1つは，2003年度までに国，地方の財政赤字をGDP比3％以下にするという財政構造改革であり，公共事業等を通じた経済刺激主体としての国の役割縮小が目指される。もう1つは，すべての改革を通じて見出される規制緩和路線であり，ここでは，規制主体としての国の役割縮小が目指される。

　しかしながら第2に，この2つの方向は，その後対照的な運命をたどることになった。財政構造改革は，当面の経済危機への対応，すなわち景気回復という観点から，小渕内閣の下で棚上げにされてしまう(1997年11月28日に成立した「財政構造改革の推進に関する特別措置法」は，1998年12月11日には凍結された)。これに対して，規制緩和路線は，着々と実施されるのである。そして，規制緩和す

なわち市場化の方向を推進するためにも，市場化のための環境整備が要請されるに至る。これをめぐる動向を次に見よう。

2　市場化とその環境整備

　1990年代の法制度改革の多くは，この領域にかかわる。多種多様な展開が見られるが，大きくは，次の3つの領域に整理することができよう。

(1)　経済システム内部の環境整備

　第1は，いわば経済システム内部の環境整備で，ここで具体的に想定しているのは，企業にとっての新たな資金調達手法の開発である。
　この背景にある事情をまず見ておこう。日本の高度経済成長期の金融構造は，銀行を媒介とする間接金融が中心であることを特徴としていた。また，この融資が不動産を担保にとる不動産融資の形で行われたことも特徴的であった。この構造は，1970年代の金融自由化のなかで次第に崩れてくる。そのような動きが一気に加速化したのは，バブル崩壊以降のことである。銀行の「貸し渋り」が目立つようになり，借り手企業の選別が始まった。また，他方では，不動産価格の低落に伴うその担保価値減退によって，不動産融資が後退していった。そのようななかで，企業が保有する資産価値に着目した資金調達が要請されるようになったのである。キーワードは資産流動化であり，その手法として証券化が脚光を浴びるに至った。
　このようにして，資産の流動化・証券化を目指す法的手法の開発と整備の動向が，1990年代の前半期から展開を開始する。ここには，より具体的には，資産の流動化を媒介する法制度整備と，資産流動化の受け皿づくりの2つの問題領域がある。
　(ア)資産流動化のための法制度整備　まず，資産流動化による市場からの資金調達手法の開発であるが，ここで流動化されるべき資産には，不動産と債権の2つがある。
　①不動産の流動化については，「不動産特定共同事業法」(1994年6月29日公布)に関する展開が重要である。従来の不動産事業の通常の形態は，デベロッ

パーが銀行から資金の融資を受けて事業化するというものであった。これに対して，不動産商品を小口化してデベロッパーが直接に市場から資金調達するという形態が，バブル経済期に登場してくる。しかし，バブル経済の崩壊とともに，経営基盤の脆弱な業者が倒産し，投資家に被害を与えることになった。そのような反省を踏まえて制定されたのが，不動産特定共同事業法である。同法は業者規制法であって，不動産共同投資商品の事業化について許可制を導入した。そのようにして，投資家が安心して投資できるようにするというのが，その狙いである。同法は，その後何回かの改正を経ている。改正の方向は，投資対象としての魅力増大であり，とりわけ個人投資家勧誘のための措置が講じられている(出資金額の少額化など)。

いわゆる定期借家権立法(「良質な賃貸住宅等の供給の促進に関する特別措置法」。1999年12月15日公布)は，右の展開との関連においても位置づけるべきである。正当事由による存続保護のない定期借家権を創設する同法については，借家人の地位の不安定化への危惧が多く語られる。それはそうなのであるが，同時に，この法律には，長期の借家契約で賃借人を拘束するという面があることにも注意すべきである。建物賃貸借について民法604条の20年の最長期間を排除する(借地借家法新29条2項)，一定の居住用建物についてのみ賃借人の解約権を承認する(新38条5項)，借賃改定特約の効力を承認する(新38条7項)などである。これらの規定によって，賃貸ビル収益の計算可能性が確保されることになろう。それは，不動産流動化にとって重要な前提条件である。

②次に，債権の流動化については，「特定債権等に係る事業の規制に関する法律」(特定債権法。1992年6月5日公布)がある。この法律は，リース会社や信販会社がその保有する営業債権(リース，クレジット債権)を小口化して投資家に販売することによって資金調達を図る，いわゆる債権流動化事業について，必要な規制を加えて投資家保護を図ることを目的とする。ところで，このような金融資産の流動化を推進するという観点からは，民法上の債権譲渡の対抗要件の考え方は不十分である。民法467条に従えば，流動化しようとする債権の債務者ごとに通知・承諾の手続を経なければならないからである。これでは煩雑すぎるとして，債権譲渡の対抗要件簡易化が合わせて要請された。このようにして，同法は，一定の事業者(特定事業者)のリース，クレジット債権の譲渡につ

いて公告制度を導入し，この公告をもって民法467条の確定日付による通知があったものとみなすものとした。また，監督官庁である通商産業省への書面の提出とこの書面についての閲覧請求の制度が定められた。

しかし，この措置は，限定的な特例であった。債権譲渡の対抗要件に関するより一般的な特例を定めるのが，「債権譲渡の対抗要件に関する民法の特例等に関する法律」(債権譲渡特例法。1998年6月12日公布)である。同法は，債権譲渡登記ファイルへの登記をもって債権譲渡の対抗要件とした。債務者に知らせずに対抗要件具備を可能にするとともに，特定債権法について指摘されていた公示機能の不十分性の改善を図ったわけである。同法はまた，債務者保護という点でも，登記事項証明書を付した通知を債務者に対する対抗要件とすることによって，特定債権法を改善した[6]。なお，以上の特例が認められるのは，譲渡人が法人の場合に限定される。同法の背景にある要請が，企業が保有する金融資産の流動化であることをよく示す限定である。

(イ)資産流動化の受け皿づくり　企業が保有する資産流動化のために重要な措置として，もう1つ，そのための受け皿づくりがある。つまり，資本市場において資産を流動化し，多数の投資者から資金を集めるためには，流動化の対象となる資産と資本市場との間に何らかの法的な「仕掛け」を設置する必要があるのである。

その「仕掛け」の制度化を目指したのが，「特定目的会社による特定資産の流動化に関する法律」(1998年6月15日公布)である。その基本的仕組みは，資産の原所有者(オリジネーターという)が「特定目的会社(SPC)」に資産を譲渡し，SPCがこれを裏付けにした小口の証券(資産担保証券ABS)を発行して市場から資金を調達する，というものである。もともと債権流動化のスキームとして検討されてきた制度であるが，不動産証券化にも用いることができ，現実には，そのように用いられるケースがむしろ一般的といってよい。この制度については，最近，SPC設立要件緩和の方向での改正がなされ(2000年5月31日公布。資本金の最低出資額の引き下げ，登録制から届出制へ，など。なお，法律の名称も「資産の流動化に関する法律」と改められた)，その設立件数なども急増している[7]。

以上の展開に関して本稿の基本視角から指摘しておくべきなのは，ここに取り上げた立法のなかには，Ⅲにおいて検討する経済危機対応型の立法としても

位置づけることができるものが含まれていることである。とりわけ，90年代後半の立法には，そのような性格のものが少なくない。たとえばSPC法は，もともとは資産流動化の要請から立案されたものが，不良債権処理の要請に押されて成立したという性格がある[8]。また，1998年の債権譲渡対抗要件の簡易化にも，同様の性格が認められる。つまり，ここでは，システム変容に対する対応策と，狭義の経済危機に対する対応策とが連続しているのである。本稿の枠組みで表現するならば，この領域においては，この2つの対応策がしばしば補完関係にあるわけである。

(2) 広義の消費者法の展開

市場化のための環境整備の動向としてもう1つ目立つのは，広い意味での消費者法の展開である。これまでの日本の消費者法制の特徴は，行政規制優位の体系であるところに求められる（決して行政規制が十分であったということではないが）。これに対して，近時，事前の行政規制から事後的な司法チェックへ，という標語がしばしば語られる。そして，この標語の下で，行政規制の緩和と民事ルールの整備という方向が追求されるのである。

(ア)消費者法の展開　この動向の先駆けといえるのは，1994年の製造物責任法であろう。欠陥商品を市場に供給する事業者に欠陥責任を課すことを通じて，欠陥商品の市場からの排除が図られたのである。近時の「住宅の品質確保の推進等に関する法律」(1999年6月23日公布)も，この流れのなかに位置づけることができる。そこでは，欠陥住宅問題に対処するために，住宅性能評価制度の導入，紛争処理体制の整備，瑕疵担保責任についての特例措置の新設などが定められた。また，実体的内容もさることながら，同法においてADRに期待される役割の大きさとその主体の考え方の新しさ（弁護士会が予定されている）も注目される。

消費者契約の内容に関する法的な規律の試みも進行する。この領域では，「消費者契約法」の成立が重要である(2000年5月12日公布)[9]。国民生活審議会での6年越しの検討の結果成立したものである。詳細は別の機会に譲るが，その内容が検討の過程で後退に後退を重ねたものになったことだけは，ここでも指摘しておこう。同法の目玉と目されていたのは，事業者に商品内容の説明義

務を課すことであった(それがない場合には,契約からの脱退＝取消が認められる,との構想が提示されていた)。市場化のための環境整備という観点からは,それは,改革の根幹をなすべきものであった。しかし,この構想は結局挫折した。事業者の情報提供義務は法的効果を欠く努力義務に止められ(3条),契約取消が認められるのは,民法の詐欺・強迫の要件を若干緩和する形で,不実告知や威迫・困惑がある場合に限定されたのである(4条)。また,契約条項の適正化・不当条項規制に関しても,具体的には事業者の損害賠償責任を免除する条項の無効,消費者が支払う損害賠償の額を予定する条項等の無効などが定められるに止まり(8条～10条),検討の対象にはなった多くの条項が切り落とされる結果となった。

　(イ)投資者保護法の展開　もう1つ,投資家保護を標榜した「金融サービス法」制定への動きも注目される。これは,金融システム改革の基盤づくりと評価しうる動向である。すなわち,金融システム改革が進むにつれて,多種多様な金融商品が市場に出回るようになる。そうなれば,機関投資家以外の一般投資家も金融商品を購入するようになる。これは当然リスクを含むわけで,その場合に投資家の自己責任を問うためには,一定の環境整備が必要という発想である。このような発想に先導される形で成立したのが,「金融商品の販売等に関する法律」である(2000年5月31日公布)[10]。同法は,金融機関に対して,元本欠損を生じるおそれの有無やその要因について説明義務を課し(3条),そのサンクションとして損害賠償責任(4条)と損害額の推定(元本欠損額)(5条)を定めた。しかし,適合性原則に関する規定は見送られたし,紛争処理手続についても先送りされた。また,右の改革にしても,現在の判例理論をどれだけ進めるものであるかについては,議論がありうるところであろう。この立法も,結局のところ微温的な改革に止まったのである。

　以上,(1)および(2)で触れてきた全体を見れば,資産流動化の領域と広義の消費者法制の領域との間でのアンバランスが目立つといわなければならない。経済システム内部においては,市場化の法的なインフラストラクチャー整備が着実に実施されつつある。これに対して,消費者がかかわる領域においては,市場化の環境整備が叫ばれながらも,実際には環境整備不在の市場化が進行しようとしているのである。

(3) 規制緩和のインフラ整備

　この間，法制度の展開ないし制度改革への動きが目立つ領域で，規制緩和・市場化のインフラストラクチャー整備という意味を持つものとして，さらに次の２つを指摘すべきである。

　(ア)司法制度改革　その１つは，司法制度改革への動向である。この領域においては，1980年代末から，法曹三者を中心として司法試験制度の改革(合格者数増大，合格枠制度の導入)が進行していた。この動向を不十分とし，規制緩和型社会に適合した司法制度改革の実現という課題を担うべく設置されたのが，司法制度改革審議会(1999年設置)である。ここでも，事前の行政規制から事後的な司法的チェックへ，という標語がしばしば語られる。そして，この司法的チェックをきちんと機能させるためには，司法制度の充実が大前提になる。つまり，規制緩和のインフラ整備としての司法制度改革という問題意識である[11]。

　司法制度改革審議会は，来年夏には答申を出す予定であり，現在その作業を急ピッチで進めている。その全体についてここで検討することはできない。ただ，１点だけ指摘すると，本稿の問題意識から見て重要なのは，今回の司法制度改革が裁判制度の充実という形で進むか，という問題である。裁判制度の充実のためには，何よりも裁判官の増員が必要である。同審議会が2000年4月25日に公表した文書「司法の人的基盤の充実・強化の必要性について」においては，裁判官，検察官，弁護士の３者が司法制度の直接の担い手と把握され，その大幅増員が打ち出されている。しかし，この間の司法制度改革をめぐる論議の全体を見るならば，法曹人口論は，弁護士人口論すなわち弁護士増員論として語られる印象が強い。その上で，紛争処理のイメージとしても，裁判というよりもADRが想定されている節があるのである。増員される弁護士をその主体として位置づける構想もある(「市民コート」など)。ADRによる紛争解決には，紛争類型によっては積極的意義がある。しかし，他方で，裁判による法的解決の裏打ちを伴わないADRの称揚には，「法の支配」という観点から見て好ましくない事態をもたらす危険もあるであろう。〔補注1〕

　(イ)競争政策の強化　もう１点，規制緩和のインフラ整備という観点から注

目されるのは，独禁法を始めとする競争政策の強化である。一般的にいえば，市場での自由で公正な競争が行われるためには，この課題の追求が重要であることに疑いはない。

　まず，1990年代の始めから，日米構造問題協議を契機とする独禁法の運用強化が図られた。ここでは，新規参入阻止行為の違法性，系列などの日本的取引慣行の問題性が強調された。このような流れの延長線上に策定されたのが，「流通・取引慣行に関する独占禁止法ガイドライン」(1991年7月11日)である。さらに，とりわけ近年，「法の実現における私人の役割の発揮」という方向が提示されていることが注目される。この方向も，もともとは日米構造協議においてアメリカから要求として出されていたものである。日本側は当初は必ずしも積極的でなかったが，90年代の後半に入る頃から，通産省や公正取引委員会の下での検討が活発化した[12]。そのようにして最近成立したのが，独禁法の一部改正法(2000年5月19日公布)である。そこでは，従来から認められていた独禁法違反行為に対する私人の損害賠償請求権に加えて，対象をかなり限定してではあるが，私人の差止請求権が認められた(24条の新設)。要するに，従来は，市場の監督機能は，基本的には行政機関である公正取引委員会に割り振られていたわけであるが，これを私人にも割り振ろうというのが今回の改正の趣旨である。

3　中間諸団体の変容

　1990年代日本社会のシステム変容を語る場合には，国家と個人の中間に位置する中間団体の変容を欠かすことはできない。中間団体としてここで想定しているのは，企業と家族である。このいずれもが，この間，大きな変容の過程にある。

(1)　企　　業

　まず，企業に関しては，これまで日本型産業社会を支えてきた企業主義が大きく揺らごうとしている。終身雇用制の崩壊，賃金制度の変化，失業問題の激化などがその徴表である。このようにして，日本社会において企業という中間

団体が相対化されようとしているのである。それは，反面では個人の前面化を意味する。これまで日本の企業関係を特徴づけていた「企業への帰属」という観念が希薄化し，企業と個人の関係は，契約関係へと移行しようとしている。

　企業の相対化と個人の前面化は，それ自体としては積極的に評価されるものである。しかし，他方で，企業は，これまで，個人の抑圧主体であるとともに，一種のセイフティネットとしての機能を果たしてきたことにも留意する必要がある。それは，西欧諸国の福祉国家に一部代替する機能を果たしてきたのである。企業が相対化する反面，国家が社会福祉の領域で前面に出てくるとすれば，日本型の企業社会から西欧型の福祉国家への移行を語ることもできよう。しかし，現実はそうではない。国家の役割の縮小過程が一方で進行するなかで，企業の福祉機能の縮小が生じているのである。国家レベルでも，社会レベルでも，セイフティネットを外される形で個人が前面化する。ここに現時点での特徴があるといわなければならない。個人の前面化には，ポジティブな面とともにネガティブな面があるのである。

(2) 家　　族

　類似の動向が，家族の領域においても見出される。家族の領域において近時注目すべき動向として，次の2つを挙げることができる。第1は，「近代家族」に対する批判であり，これは，より具体的には，「近代家族」の抑圧性に対するジェンダー論的批判という形で現れている。第2は，21世紀家族への胎動ともいうべき動向が開始していることであり，その基本的方向は，個人単位・シングル単位の社会への移行である[13]。これらはいずれも，家族という集団・団体の相対化を指向するものである。この方向は，一方では，個人の前面化であり，自由の拡大を意味する。今後の家族における理念としてしばしば援用される自己決定権は，そのような方向をよく示している。しかし，それは他方で，家族構成員の中の弱者保護の切り捨てにもつながりかねない方向である。これを強調するならば，近時の家族をめぐる動向は，ある社会学者が示すように，「家族のリストラ」と特徴づけられることになろう[14]。

　このような動向を受けつつ構想されたのが，90年代の家族法改正事業である。この作業は，90年代初頭から始まり，1996年の法制審議会による「民法

の一部を改正する法律案要綱」の決定(2月16日)によって一つのピークを迎えた。選択的夫婦別姓制度の採用，5年別居離婚の承認，非嫡出子の相続分差別廃止などがそこで示された主要な改正項目である。この改正は，男女の実質的平等の理念で説明されることもあるが，むしろ，自己決定権の理念に主導された法律婚相対化の動きと見たほうがよい。すなわち，選択的夫婦別姓制度の採用は，男女の実質的平等の実現というよりも(それであれば，選択的ではない夫婦別姓のほうが適合的であろう)，強行法規＝公序としての家族の相対化を意味する。また，5年別居離婚の承認は，男女の実質的平等の理念で根拠づけることは難しく，むしろ端的にライフスタイルに関する自己決定権によって根拠づけるべきである。その結果，妻(現時点では社会的弱者であることが少なくないであろう)の保護装置としての家族という考え方が弱まることになる。これが家族のリストラといわれる所以である。さらに，非嫡出子の相続分差別廃止も，法律婚の相対化をもたらすことを否定することができない[15]。

要するに，企業の場合と同様に，ここでも，家族という中間団体を相対化する動向が見られるわけである。それは，個人の前面化を意味する。この方向は，基本的には積極的に評価すべきものである。しかし，そのための条件整備を伴わないままこの動向が進展すると，ここでも，個人前面化のネガティブな面が表面化する危険がある。この両面を見ておく必要がある[16]。

III 経済危機と法

1990年代は，日本にとって，変容の時代であると同時に危機の時代でもあった。「失われた10年」がよく語られる。そこで念頭に置かれているのは，経済レベルの危機である。バブル経済崩壊の後始末がいまだついていない。その端的な表現が，不良債権問題である。それだけではなく，さらに，社会のレベルでも，さまざまな次元で危機的な状況が現れている。現代型犯罪の噴出であり，家族の危機であり，子ども・教育の危機などである。これらは，大きく捉えればシステム変容を背景とするものであろう。しかし，本稿においてそれを十分に展開する準備はない。以下では，経済危機に焦点を絞りつつ，それが法にどのようなインパクトを及ぼしつつあるかを概観するに止める。

1　金融システムの破綻と法

　1990年代は，企業倒産が目立った時代であるが，その特徴として指摘されるのは，それまでにはなかった金融機関の破綻が出てきたことである。そのような事態にどう対処するかが政策の大きな課題となった。

　具体的には，1990年代半ばの住専処理問題と，1997年の拓銀，山一証券の破綻を契機とした金融不安への対策が大きい。前者については，1995年12月19日の閣議で「住専処理スキーム」が決定され，それに基づいて「特定住宅金融専門会社の債権債務の処理の促進等に関する特別措置法」(いわゆる「住専処理法」。1996年6月21日)が制定されるとともに，6850億円の公費投入，「住宅金融債権管理機構」(いわゆる「住管機構」)設立などの対策が講じられた。後者については，まず，1997年12月に自民党の金融システム安定化策が出され，それに基づいていわゆる金融安定化法が制定される(1998年2月)。さらに，金融システム不安の深化に伴って，政府は2次にわたって金融再生トータルプランを示し(1998年6月，7月)，それに基づいて「金融機能の再生のための緊急措置法」(金融再生法。1998年10月16日公布)および「金融機能の早期健全化のための緊急措置に関する法律」(金融機能早期健全化法。1998年10月22日公布)が成立する。これらによって，公的ブリッジバンク構想が打ち出されるとともに，金融システム維持のために総額60兆円にのぼる厖大な公的資金が用意された。

　この詳細に立ち入る準備はないが，確認しておきたいのは，金融システム破綻に対処するための政策の方向である。Ⅱにおいて検討した政策の基本方向からすれば，金融部門においても市場の機能に委ねるという方向はありえたはずである。すなわち，破綻金融機関は市場から退出すべし，ということである。しかし，現実には，そのような方向ではなく，大規模な国家介入の方向が採られた。経済危機に対応する法と政策は，システム変容に対応するための法と政策の展開と鋭い緊張関係に立っているのである。さらにいえば，経済危機対応を標榜する国家介入は，経済の全領域に及ぶのではない。それは，金融システムの領域に集中している。国家介入は，すぐれて選別的なのである。

2　不良債権・債権回収問題

　金融システム危機の直接の原因は，不良債権問題である。そこで，当然のことながら，危機への対処策として債権回収手法の整備が浮上してくる。詳細は北見論文に譲るが，制度の展開は，次の3つの領域にまとめることができる。

　第1は，債権回収機関・手法の整備である。すでに触れたSPC法は，この領域の手法としても位置づけることができる。また，債権回収機関にかかわっては，「債権管理回収業に関する特別措置法」(いわゆるサービサー法。1998年10月16日公布)の制定，「預金保険法」改正(1998年10月16日公布)による日本版RTC(整理回収機構)の誕生などが重要である。また，債権譲渡による不良債権処理という観点からは，すでに触れた債権譲渡特例法(1998年)の他，「根抵当権付債権譲渡円滑化臨時措置法」(1998年10月16日公布)を挙げることができる。

　第2は，民事執行制度の整備である。この領域においては，不動産執行の大きな阻害要因となっている不法占有者排除策の強化を中心とする1996年の民事執行法改正が重要であるが，それ以外にも，「競売手続の円滑化等を図るための関係法律の整備に関する法律」，「特定競売手続における現況調査及び評価等の特例に関する臨時措置法」(いずれも1998年10月16日公布)などがある。

　第3は，担保法の領域における顕著な判例法の展開である。基本的には担保権者(とりわけ抵当権者)の地位強化の方向で，この間，目覚ましい判例法の展開が見られた。法定地上権に関するいわゆる全体価値考慮説の採用(最判平成9年2月14日民集51巻2号375頁)，共有持分権に基づく滌除の否定(最判平成9年6月5日民集51巻5号2096頁)，抵当権に基づく抵当権不動産の明渡請求の肯定(最大判平成11年11月24日民集53巻8号1899頁)などである。これらは，基本的には，執行妨害への対処という意味を持った。また，賃料債権への物上代位の承認(最判平成元年10月27日民集43巻9号1070頁)という形での抵当権の効力強化も見られた(ただし，転貸料債権に対する物上代位を原則的に否定した最決平成12年4月14日民集54巻4号1552頁に注意)。債権譲渡に対する物上代位の優先(最判平成10年1月30日民集52巻1号11頁，最判平成10年2月10日判時1508号67頁)は，この領域における執行妨害対策の意味を持った。

問題は，これらの動向が，法に対してどのようなインパクトを与えるか，である。次の2点を指摘しておきたい。

　第1に，経済危機への対処に先導された立法の展開によって，法の合理化が推進されるという領域はある。念頭に置いているのは，たとえば民事執行法の改正である。これは，端的にいえば，執行妨害的な占有者排除を進めるための改正であったが，民事執行制度の実効性確保の観点から積極的に評価しうる改正である。この直接の契機は，たしかに不良債権処理問題とりわけ住専問題であった。しかし，本来はもっと早期に実現すべき制度であり（もともと民事執行法の法案には入っていたが，議会審議で落とされたという経緯がある），射程はより一般的というべきである。

　しかし第2に，経済危機への対処という政策的観点が法の論理を歪めるという面もあるように思われる。むしろこの点が本稿において強調したい点である。

　たとえば，住専処理に関して先にも触れた「特定住宅金融専門会社が有する債権の時効等に関する特別措置法」は，住専が有する債権について，時効停止の特則を設けた。これを正当化する法的な論理は，なかなか見出しがたい。要は，住専の有する債権回収という政策的要請がこの改正をもたらしているのである。

　別の例を挙げると，抵当権に基づく明渡請求に関する最大判平成11年11月24日（前出）がある。同判決は，執行妨害目的の不法占有者を抵当権に基づいて排除することを認めた。この結論には，まず異論はないであろう。これを否定していた最判平成3年3月22日民集45巻3号268頁に対しては，学説および実務はこぞって反対しており，判例変更を望んでいた。しかし，いざ判例変更されてみると，結論は妥当であっても，積極説の根拠づけの困難性があらためて浮き彫りにされたように思われる。判旨は，不法占有に基づいて抵当権侵害がありうることを認め，その場合に，抵当権者が抵当不動産の所有者に対して有する「抵当不動産を適切に維持又は保存するように求める請求権」を根拠に，「民法423条の法意」に従って，所有者の不法占有者に対する妨害排除請求権を代位行使することを認める。判旨はさらに，「なお」書きにおいて（したがって傍論である），抵当権に基づく妨害排除請求として，直接に妨害状態の排除を求めることも認める。その上で判旨は，事案においては，抵当権者は，所有者

が有する妨害排除請求権を代位行使し，目的物件を「管理することを目的として」不法占有者に対して直接に自分に明け渡すことを求めることができるものとした。奥田裁判官の補足意見によれば，この場合に抵当権が取得する占有は，「管理占有」である。

　困難性は，占有権限を含んでいない抵当権に基づいて，どのように直接の明渡請求を根拠づけるかにある。判旨（および奥田補足意見）のいう「管理占有」は，そのための苦心の構成であった。通常の使用収益を内容とする占有をこの場合に抵当権者に与えることはできない。そうであれば，それとは異なる，伝統的法論理には存在しない新種の占有概念を編み出すことが，抵当権者への明渡請求を認めるための不可欠の前提となるのである。伝統的法論理に従えば，この問題の解決は，やはり否定説に傾くであろう。判旨には，伝統的法論理を超えたという側面がありそうである。その背景には，明示しているわけではないが，執行妨害排除という政策的配慮がある[17]。〔補注2〕

　なお，詳述は避けるが，抵当権に基づく賃料債権に対する物上代位を著しく強化する判例法理の展開にも，同様の性格を指摘することができるであろう[18]。

3　バブル崩壊と不動産投資

　最後にもう1つ，90年代の経済危機と法の問題を考える上で見逃せないのは，バブル期のさまざまな投資の後始末をめぐる法の対応である。ここでも，社会経済的な要請によって法の論理の貫徹が阻まれるという動向が見出せるように思われる。それを媒介する法理が事情変更原則である。2つの問題領域が注目される。

(1)　サブリース

　とりわけバブル経済期に，都心部の遊休土地の活用を目指してサブリースと呼ばれる事業が多く仕組まれた。すなわち，土地所有者が自己所有地上に建物（オフィスビル）を建築し，デベロッパー，不動産業者が転貸目的でこれを一括して賃借する。この賃貸借契約には，かなり長期の期間が定められる。また，一定の賃料保証がなされる。具体的には，賃料自動増額特約を付すのが通例であ

る。デベロッパーは，複数のテナントにこれを転貸し(転貸は包括的に承諾されている)，テナントに対する転貸料と所有者に対する賃料との差益を得る。このような転貸目的の賃料自動増額特約付きの賃貸借契約が，サブリース契約と呼ばれるのである。賃料自動増額特約を付してもなお差益が確保されるという予測がなされているわけであり，テナントに対する転借料が右肩上がりであることを前提とした事業である。

　バブルが崩壊して問題が噴出した。オフィス需要は伸び悩む。そして，オフィス賃料水準は，右肩上がりどころか下落の傾向に転じた。このような事情を背景として，デベロッパーは，賃料増額などとてもできないとして，賃料自動増額特約の効力を争うようになった。また，さらに積極的に，賃料減額を請求するケースも出てきた。ところが，他方で所有者にしても，契約で定められた賃料収入に基づいて建物建築資金融資の返済計画を立てているから，デベロッパーの主張が認められると，これまた窮地に陥ることになる。

　賃借人(デベロッパー)側が自己の主張の根拠として援用するのは，基本的には借地借家法32条の賃料増減額請求権の規定である。しかし，サブリース契約に同条の適用が認められるか自体も争点になるので，契約当時予想しえない経済事情の変動があったとして，事情変更原則を援用して自動増額特約の効力を争うことも少なくない。バブル経済の崩壊程度の経済変動に適用するのは，これまでの事情変更原則に関する伝統的考え方からすれば無理というものである。学説の多くは，このような観点からこの原則の適用を否定している[19]。しかし，下級審裁判例のなかには，事情変更の原則を適用して，増額特約の効力を否定するものも見られる(東京地判平成8年6月13日判時1595号87頁，東京地判平成9年6月10日判タ979号230頁など)。ここでは，事情変更原則の適用要件が大きく緩和されるのである。その結果，合意の拘束力あるいは自己決定，自己責任という近代市民法の大原則が揺らぐことになる。〔補注3〕

(2) 預託金制ゴルフ会員権に基づく預託金返還訴訟

　バブル経済期に行われた投資が問題を惹き起こしているもう1つの問題領域は，預託金制ゴルフ会員権に基づく預託金返還請求の問題である。バブル経済期には，預託金に基づくゴルフ場の建設が多く行われた。その会則には，5年

ないし10年の経過後に会員が退会するときは，無利息で預託金を返還する旨が一般的に定められている。しかし，会員権相場が預託金額を上回っている場合には，この預託金返還請求権が行使されることはない。ゴルフ会員権の第三者に対する譲渡で資金を回収することができるからである。バブル期には，そのようなシナリオが描かれていた。ところが，バブル崩壊後は，ゴルフ場会員権相場が大幅に下落するに至った。このようにして，預託金返還請求が現実の問題となったのである[20]。

　問題は，ゴルフ場側がこの返還請求に応じる資金を保有していないことである。きれい事でいえば，これらの資金はゴルフ場造成に使われて固定化している，ということであるが，実際には，多くの預託金が浪費されたことは周知の事実に属するであろう。ともあれ，そのような次第で，ゴルフ場側は，会則を改正して据置期間の延長を主張することになった。これが認められないと倒産する，というわけである。

　1997年頃から，多くの訴訟が提起されている[21]。初期の裁判例は，例外なく返還請求を認容していた。すなわち，一方的な会則改正の効力を認めなかった。ところが，最近，まだ例外的ではあるが，否定例が登場するようになった。そのような裁判例の嚆矢としてとりわけ注目を集めたのが，東京地判平成10年5月28日判時1643号156頁である。判旨のポイントをまとめると，次のようである。①預託金返還請求という事態は当初予測していなかった。返還請求が出てきたのは，バブル経済の崩壊による。それに応じていると倒産は必至である。②バブル経済の崩壊は，一般人によって予見外である。したがって，会則変更はやむをえない。③手続的には過半数の会員の賛成を得ている。

　この判決は事情変更という法的構成を前面に出してはいないが，判旨の背後にそのような考え方があることはたしかであろう。実際，学説には，この判旨を，社会経済的事由への事情変更原則の適用を認めたものと評価し，そのような観点から賛意を表するものもある[22]。この判決の背後には，社会的影響の大きいゴルフ場倒産は可能な限り避ける，そのためには古典的な民法の考え方を崩してもやむをえない，という価値判断があると見ることができよう。そのような価値判断を，要件を緩和された，ないし変質させられた事情変更の原則が媒介するのである。

Ⅳ　まとめに代えて

　最後に，以上の全体を通して何がいえるか。まとめに代えて，若干の点を指摘しておきたい。
　①市場の前面化と支援なき個人の前面化　まず，全体的な日本社会のシステム変容の方向を確認するならば，それは，国家―社会―個人の連関構造において，国家の後退，社会＝共同体の相対化，個人の前面化と特徴づけることができる。そこからもたらされる新しい社会のイメージは，かなり明確に定式化されている。要するに，自律した個人による自己決定，自己責任の世界である。それはまた，市場が前面化し，市場の論理が貫徹する社会である。
　ここに見られるシステム変容の方向は，現在の日本に特徴的なものといってよい。歴史的に見ても，国際比較においても，一般的には，国家が引けば社会が出てきたし，反対に社会が引けば国家が出てきていたのである。戦後日本においても，経済の領域においては国家の介入主義が目立ち，福祉の領域においては国家は後退し不十分ながら社会（企業，家族）がそれを代替するというように，領域によって違いはあっても，基本的には同様であった。しかし，現在のシステム変容は，国家と社会がともに引くという方向を向いているのである。
　かかる事態に対応する現実の法制度の展開は先に見たが，経済システム内部における市場化の法的インフラ整備は，着実に実現されつつあった。しかしながら他方で，消費者法を始めとする個人の自律支援措置の整備は，きわめて不十分な状況にあった。この対比がかなり明瞭になりつつあるのが，現時点での特徴といってよい。日本社会のシステム変容に伴って前面化する個人については，このように，支援なき個人となる危険が大きいことに十分な注意が必要である。それで，本当に自律した個人の自己決定が確保されるのか。結論的には，それは困難であろう。個人の自律確保のための支援措置，あるいはセイフティネットの保障が望まれる[23]。
　②自己決定・自己責任シェーマの差別的適用　次に指摘すべきは，日本社会のシステム変容対応型の法制度の展開においては自己決定・自己責任シェーマが強調されながらも，経済危機対応型の法制度の展開のなかではそれが貫徹さ

れていないことである。

　たとえば，金融システム不安に対する公的資金の注入の問題がある。ここでは，政策が経済危機への対処という要請を受け入れたわけであるが，その結果，金融の領域における自己決定・自己責任シェーマは排除されてしまった。また，私法レベルにおいても，サブリースや預託金制ゴルフ場会員権についての預託金返還請求の事例について見たように，自己決定・自己責任シェーマが事情変更原則を媒介として排除されるという事態が現実化している。この背後には経済危機があり，ここでは，法が経済危機への対処という政策的な要請を受け入れているのである。

　もっとも，自己決定・自己責任シェーマの排除による救済は，主体を問わずになされるわけではない。自己責任を問うことによる破綻の社会的影響が大きい場合でなければ，自己責任の排除はなされない。それは，結局のところ，自己決定・自己責任シェーマの排除による救済が大企業に限定されるということに帰着する。換言すれば，自己決定・自己責任シェーマは，差別的・選別的に適用されるのである。

　③法の自律性の喪失と「法化」の実相　日本社会のシステム変容がもたらす市場と個人の前面化は，法的空間の拡大＝法化を意味する。実際，「法化社会」の実現や「法の支配の貫徹」が，この間の政策展開の一つのキーワードになっている。ここでは，法が社会経済的な要請に左右されることなく作動すること，すなわち法の自律性の確保が志向されるはずである。これに対して，経済危機対応型の法制度においては，一般的にいえば，むしろ逆に，法が政治経済の論理に従うこと，すなわち法の自律性喪失が要請されるであろう。自己決定・自己責任シェーマに関して右に見た現象は，現代日本の経済危機対応型の法制度において，この論理が現実化していることを意味している。このように，システム変容対応型の法制度と経済危機対応型の法制度とは，法の自律性をめぐって鋭い緊張関係に立っている。

　しかし，さらに注意すべき点がある。それは，システム変容対応型の法制度において「法化」が追求されるといっても，そこでは，裁判所での法の適用とともに，あるいは，それ以上に，ADRによる紛争解決が称揚されていることである。ADRによる紛争解決においては，もともと法の形式的な固い適用が

予定されていない。そこでは，いわば「法の軟化」が予定されているのである。この「法の軟化」は，社会経済的要請を法に入れていく回路となり，法の自律性を喪失させる契機となるであろう。経済危機対応型の法制度において示されている法の自律性喪失への回路は，すでにシステム変容対応型の法制度においても埋め込まれているのである。両者の関係は，単に緊張関係としてだけ捉えるべきものではない。

1) 本稿は，法律時報72巻9号(2000年)の特集「日本社会のシステム変容と法」の中の総論的考察を担当する論文として執筆された。本稿のほかこの特集に掲載されたのは，以下の本文にも出てくる北見良嗣「不良債権の回収と法」，金子勝「脱冷戦の思考──自己決定権と社会的共同性」の諸論考である。なお，この特集は，大阪市立大学において開催された日本法社会学会学術大会におけるミニシンポジウム「90年代日本法の変容」(2000年5月13日)に基づくものである。
2) この問題については，広井良典『日本の社会保障』(岩波新書，1999年)172頁以下の分析が示唆的である。
3) 本稿は，基本的には「小さな国家」を扱い，「強い国家」については扱わない。しかし，90年代の日本の国家と社会の総体を見るならば，「強い国家」が重要な意義を持っていることは明らかである。新ガイドライン関連法に見られる軍事政策，「犯罪捜査のための通信傍受に関する法律」(いわゆる「盗聴法」)に見られる治安政策などの諸領域において，国家機能の強化・拡大が「小さな国家」と同時に進行しているからである。これら全体を把握する理論的試みは豊富とはいえないが，そのようななかで，渡辺治『日本とはどういう国か，どこに向かって行くのか』(教育史料出版会，1998年)，同『企業社会・日本はどこへ行くのか』(教育史料出版会，1999年)が注目される。そこでは，90年代日本の動向が「大国主義的改革と新自由主義的改革の同時進行」という形で把握されるとともに，その根底に日本の多国籍企業化に基盤を持つ現代帝国主義化があるとの仮説が提示されている。
4) そのような問題意識を早くから表明していた文献として，有地亨編著『現代家族の機能障害とその対策』(ミネルヴァ書房，1989年)がある。
5) 吉田克己「経済危機と日本法──1990年代」北大法学論集50巻6号(2000年)1484～1487頁。
6) 特定債権法の不十分性およびそれとの関連での債権譲渡特例法の考え方については，丸山健「債権流動化と民事財産法の対応(上)」NBL 591号(1996年)29頁，債権譲渡法制研究会「債権譲渡法制研究会報告書」(1997年4月25日)など参照。
7) 2000年3月末の時点で，登録件数は39件で前年3月末の6倍，証券発行計画の総額(上限)は約2兆1400億円と約10倍に伸びている。日本経済新聞2000年4月19日号。
8) 片山さつき『SPC法とは何か』(日経BP社，1998年)第1章参照。
9) この内容を解説するものとして，経済企画庁国民生活局消費者契約法施行準備室「『消費者契約法』の概要」NBL 691号(2000年)6頁，同「消費者契約法の概要」金法1582号

(2000年)18頁参照。
10) この内容を解説するものとして，牧田宗孝「金融商品の販売等に関する法律の概要」NBL 691号(2000年)11頁，大前恵一郎「金融商品の販売等に関する法律の概要」金法1582号(2000年)23頁参照。
11) そのような問題意識をよく表明する政策文書を1点だけ挙げておく。「規制緩和が進み自己責任の原則が徹底する社会では，意見の対立は，行政によってよりも，むしろ司法によって解決されることが原則となる。その意味で，司法は規制緩和の世界的インフラと言える」。行政改革委員会事務局『光り輝く国をめざして——規制緩和の推進に関する意見(第1次)』(1995年12月14日)76頁。
12) たとえば，通産省産業政策局長の私的研究会として「企業法制研究会」という研究会が組織化され，この研究会が，1998年7月に「不公正な競争行為に対する民事的救済制度のあり方」(別冊NBL 49号)という報告書を出している。ここでは，不公正な競争行為の被害者に対して侵害行為に対する差止請求権を認めるなどの措置の必要性が強調されている。この報告書については，板東一彦「不公正な競争行為に対する民事的救済制度に関する主要論点」NBL 644号(1998年)11頁も参照。また，その他の同様の志向を示す報告書として，民事的救済制度研究会『不公正な競争行為と民事救済』(別冊NBL 43号，1997年)，知的財産研究所『競争環境の整備のための民事的救済』(別冊NBL 44号，1997年)がある。公正取引委員会事務総局の委託を受けた研究活動としては，独占禁止法違反行為に係る民事的救済制度に関する研究会「独占禁止法違反行為に対する私人による差止訴訟制度導入について(中間報告書)」NBL 657号(1999年)63頁がある。
13) 落合恵美子『21世紀家族へ〔新版〕』(有斐閣，1997年。初版は1994年)，伊田広行『シングル単位の社会論』(世界思想社，1998年)など参照。
14) 山田昌弘『家族のリストラクチュアリング』(新曜社，1999年)参照。
15) 以上については，吉田克己「自己決定権と公序——家族・成年後見・脳死」北大法学部50周年記念ライブラリー2(瀬川信久編)『私法学の再構築』(北海道大学図書刊行会，1999年)254〜261頁にもう少し詳しい叙述がある。
16) しかし，周知のように，この改正構想は，その後，保守政党内部の強い反対から，本稿執筆の時点(2000年)で国会上程すらできない状態であった。家族の相対化に対する抵抗には根強いものがあるのである。その後も，さまざまな経緯はあったが，今日(2011年)に至るまでこの状況に基本的変化はない。
17) とはいえ，本文も指摘したとおり，それが不当だというのではない。結論は妥当であっても，伝統的な法の論理ではそれを正当化するのが困難ではないか，というのがここで指摘したいことである。本判決の結論を正当化する論理として，筆者はかつて執行秩序違反行為の私人による除去という観点を提示したことがある。吉田克己「民法395条(抵当権と賃借権の関係)」広中俊雄＝星野英一編『民法典の百年II』(有斐閣，1998年)742〜743頁参照。この観点と，他の債権者等の利益も考慮した「管理占有」概念との間には，発想において通底するものがあるであろう。
18) ただし，先にも触れたように，近時，転貸料債権に対する物上代位が原則的に否定された(最決平成12年4月14日民集54巻4号1552頁)ことは，そのような傾向に対する1つ

の歯止めとなるものである。この判決に対する荒木新五の論考の表題は，事態を端的に表現している。荒木新五「暴走する『物上代位』に歯止め」銀行法務21・577号(2000年)42頁。
19) 澤野順彦「サブリースと賃料増減額請求権」NBL 554号(1994年)38〜39頁，加藤雅信「不動産の事業受託(サブリース)と借賃減額請求権(下)」NBL 569号(1995年)29〜30頁，鈴木禄彌「いわゆるサブリースの法的性質と賃料減額請求の可否」ジュリ1151号(1994年)97頁，野村豊弘「サブリース契約」稲葉威雄ほか編『新借地借家法講座3』(日本評論社，1999年)379〜381頁など。
20) バブル期に造成され10年後の返還を約した預託金制ゴルフ場の会員権総額は，9兆5000億円ともいわれる。宇田一明「預託金制ゴルフ会員権の本質論と預託金返還請求権の帰趨」金法1530号(1998年)6頁。問題の社会的重要性が窺われる。
21) その全体について，井上繁規「ゴルフ会員権の預託金返還請求訴訟の潮流」判タ1000号(1999年)209頁がよい文献である。
22) 宇田・前掲注20)10頁。なお，同「ゴルフ預託金償還対応策とその法的検討」金法1519号(1998年)41頁では，この問題における事情変更原則の適用は否定すべきものとされていた。
23) 金子勝『市場と制度の政治経済学』(東京大学出版会，1997年)を始めとする金子勝の一連の仕事が強調する観点である。

〔補注1〕司法制度改革審議会は，2001年6月12日，「21世紀の日本を支える司法制度」との副題を付した最終報告書を公表した。この報告書は，いくつかの文献に収録されているが，報告書全文およびCD-ROMの形で関係資料を収録したものとして，ジュリスト1208号(2001年)を挙げておく。この意見書公表を契機として，法科大学院設置，裁判員制度の導入を始めとする司法制度改革が陸続として行われることになる。しかし，本文で指摘した裁判制度改革については，裁判官人事や裁判所運営に国民の声を反映させることを目指して下級審裁判官指名諮問委員会および地方裁判所委員会が設置され，また家庭裁判所委員会制度の充実が図られたとはいえ，顕著な実績を挙げているとはいえない状況にある。また，裁判官の増員という点については，裁判官の定数が2000年4月時点で3019名であったのに対して，2010年4月の時点には3611名になり，ある程度の増加を示してる(簡易裁判所判事を含む)。しかし，法科大学院制度スタートと新司法試験における合格者増員に伴って，弁護士数は，2000年3月時点での1万7126名から2011年6月3万488名と，顕著な増加を示している。これと比較すると，裁判官数増加のスピードは鈍い。ここでも，改革の跛行性が見出されるといわなければならない。

〔補注2〕その後，最高裁は，所有者から占有権原の設定を受けて抵当不動産を占有する者に対して(したがって，所有者が有する妨害排除請求権の代位行使は問題となりえない)，抵当権者による直接の妨害排除請求権の行使を認め，かつ，「抵当不動産の所有者において抵当権に対する侵害が生じないように抵当不動産を適切に維持管理することが期待できない場合には，抵当権者は，占有者に対し，直接自己への抵当不動産の明渡を求めることができ

る」と判示した(最判平成17年3月10日民集59巻2号356頁)。平成11年大法廷判決の傍論を具体化するとともに、それを一歩前に進めるものである。この場合に抵当権者が取得する占有も、「管理占有」ということになる。したがって、当然に、判旨によれば、抵当権者は、第三者の占有によって賃料相当額の損害を被るものではないとされ、賃料相当額の損害賠償請求は否定されることになる。

〔補注3〕サブリース契約における借地借家法32条の賃料減額請求権適用の問題については、その後、2003年10月に、最高裁が一連の判決を公表してその態度を明らかにした。①最3判平成15年10月21日民集57巻9号1213頁(センチュリー事件最高裁判決)、②最3判平成15年10月21日判時1844号50頁(横浜倉庫事件最高裁判決)、および③最1判平成15年10月23日判時1844号54頁(朝倉事件最高裁判決)である。この判例法理およびその後の展開については、本書第3部で取り上げて検討する。

【追記】本稿は、本文の注1)にも記したように、法律時報72巻9号(2000年)の特集「日本社会のシステム変容と法」のなかの総論的考察を担当する論文として執筆された。この特集は、日本法社会学会ミニシンポジウム「90年代日本法の変容」(2000年5月13日)に基づくものであり、このシンポジウムのオーガナイズは、私が担当した。この特集については、この時期の日本法の変容に関する最初のまとまった分析との評価が寄せられている(星野英一「『法学教室』20年にあたって」法教241号〔2000年〕9頁。その後、星野英一『法学者のこころ』〔有斐閣、2002年〕に収録。390頁)。

本稿においては、1990年代が日本法の大きな転換期であるとの認識を前提として、2000年の時点でその全体枠組みをマクロの観点から把握してみようと試みた。本稿とほぼ同時期に公表した吉田克己「経済危機と日本法──1990年代」北大法学論集50巻6号1482頁(2000年)は、同様の問題意識に基づく本稿と相互補完的な論考である。重複があるので本書には収録を差し控えたが、併せて参照していただければ幸いである。なお、同論文の分析の一部は、本稿の注の一部に取り入れている。

本稿で示した、右肩上がりの時代の終焉と社会システムの変容に伴う危機の顕在化という日本法変容の背景にある基本的前提は、現時点でも生きていると考えられる。日本の人口は、2005年から自然減に転じ、他方で経済の低迷は出口の見えない状況にある。また、財政危機の深刻度は一層深まり、財政的に

「大きな国家」を志向することは，まず不可能である。しかし，法政策を主導する政策理念という次元においては，1990年代を主導した新自由主義とそれに基づく規制緩和路線は，主役の座を降りたようにも見える。それでは，現時点での法政策は，全体としてどのような方向を向いているのか。そこにはどのような政策理念の対抗が見られるのか。現時点で日本法は，全体としてどのように変容しているのか，変容しようとしているのか。これらのトータルな分析は，今後の課題に属する。

第2章　民事法制の変動と憲法

I　「憲法と民法」——2つの問題領域

　近時の民法と民事法制の変動を憲法との連関という問題意識から見ると，次の2つの現象が目に付く。民法が確保すべき法秩序には「財貨秩序」と「人格秩序」の2つがあるが[1]，そのそれぞれについて，憲法原理との連関を問題にすべき法の変容が観察されるのである。

　第1に目に付くのは，「家族」さらには「人」——法主体として現れる場合と，法的保護の客体として現れる場合との両方を含む——に関する法の変容である。人格秩序にかかわるこの領域における法の変容は，憲法原理に先導されつつ生じていると評価しうる性格のものである。このような現象自体は，必ずしも特殊今日的なものではない[2]。しかし，近時の現象は，これまでにはない特徴を備えているように思われる。

　まず，問題が提示される領域の広がりを指摘しうる。従来，憲法原理との関連で変容を問題にすべき人格秩序にかかわる民事法制の領域は，基本的には家族法に限定されていたといってよい。しかし，今日では，もはやそのような限定は成り立たない。たとえば，企業内の人の自由にかかわる規律について公序良俗法理を介したコントロールが問題となり（女性結婚退職制の無効など），平等原則との関連で外国人の法的地位が問題になり（外国人が不法行為の被害者になった場合の逸失利益算定の問題など），また，憲法上の基本的人権としての環境権を踏まえつつ，私法上の環境権が主張されたりしている。そして，より根本的には，右のような動向の基礎にあると考えられる人格権の考え方自体が，憲法学の影響を受けつつ形成されてきているのである[3]。

次に，家族法の領域においても，問題の有り様は，戦後の家族法改正の時期とは質を異にするものとなっている。戦後の家族法改正においては，端的にいえば，夫婦と未成熟子を中心とした愛情共同体であるところの(21世紀型の)近代家族が法改正によって実現すべき目標であった。これに対して，近時の家族法をめぐる動向で問題になっているのは，ライフスタイルなどの領域における個人の自律と自己決定の尊重であり，それは，近代家族を相対化し，場合によって近代家族を解体させる方向性を内包しているのである。

第2に，もう1つ目に付くのは，市場を規律する法としての民事法制の展開である。この領域においては，グローバリゼーションと規制緩和の波を受けつつ，新自由主義的改革が急速に展開している。それをいかに理論化するかは，民事法学にとって重要な理論課題である。筆者も，1990年代を対象にそのような作業を試みたことがある。そこでは，経済システム内部における市場化の法的インフラ整備は着実に実現されつつあるのに対して，消費者法を始めとする個人の自律支援措置の整備はきわめて不十分な状況にあり，この対比がかなり明瞭になりつつあるのが現時点での特徴といえること，その結果，日本社会のシステム変容に伴って前面化する個人については，支援なき個人となる危険が大きいことなどを指摘した。要するに，近時の動向は，端的にいえば，「市場の前面化と支援なき個人の前面化」と特徴づけることができるのである[4]。

「市場の前面化と支援なき個人の前面化」は，とりわけ労働法制・福祉法制の憲法構造を転換する性格のものであるし，「現行憲法が，したがって近現代憲法が原理的に指定している経済・社会構造とは何かという，従来の憲法学がともすれば等閑に付してきた論題を呼び出さずにはおかない」性質のものであろう[5]。とすれば，ここでは，第一の動向とは逆に，民事法制の変動が憲法原理を変容させようとしていることになる。

以下では，右に示した2つの問題領域における民法と民事法制の近時の動向を，より具体的に検討していくことにしたい。なお，本稿は，「現代憲法システムの変容」という統一テーマの下の論考として執筆を求められたものである。とすれば，本稿には，民事法制の変動を素材としつつ，あくまで「現代憲法システムの変容」を論じることが期待されているのかもしれない。しかし，民法を専攻する筆者にとって，そのように憲法の観点を中心として問題を論じるこ

とは，荷が重すぎる．筆者に可能なのは，あくまで民法と民事法から出発して，その現代的変容の意味を憲法の視点をも踏まえて問い直すということであろう．本稿で行おうとするのは，そのような作業であることを予めお断りしておきたい．

II　家族と人の変容

1　家　　族

　家族の領域において近時見出される動向は，一言でいえば「近代家族の揺らぎ」である．近代家族の特徴については様々な議論があるが，本稿の問題関心の下では，とりわけ次の2点が重要である．第1に，近代家族は，すぐれて私的な存在である．家族においては，愛情を基本とする親密な人間関係が取り結ばれ，そこには，法は原則として介入すべきではない．家族は，人間が法的関係を取り結ぶ公共空間である市民社会とは厳密に区別されるのである．これが，近代家族における「家内領域と公共領域との分離」である[6]．第2に，近代法の下で，家族は，すぐれて公的な存在でもある．家族は，そのあり方を強行法的に定められており，当事者による自由な制度設計を認められていないのである．具体的には，たとえば，一定の期間を定めた結婚契約のようなものは認められず（締結しても公序良俗に反するものとして無効になる），また，同性のカップルは，夫婦としては認められない（法律婚としての届出を認められない），などである．このような家族のあり方を，「公序としての家族」と特徴づけることができよう．ところが，近時，この2点の特徴のいずれについても，動揺が始まっている．

　まず，「私的領域としての家族」という観念に鋭い疑問を提示する契機となったのは，ドメスティック・バイオレンス問題である．ドメスティック・バイオレンスとは，夫，恋人からの身体的，精神的，性的暴力のことである．現象として現れる暴力の問題もそれ自体として重要であるが，その背景に，男性による女性の支配構造，すなわち事実上の権力関係が存在することを見落とし

てはならない。これらの暴力は，多くの場合，刑法上の犯罪構成要件に該当するが，現実には，「法は家庭に入らず」という考え方を援用して，警察はこれらに介入することを回避してきた。家族が私的領域とされることが，そのような消極的姿勢の原因となり，女性の人権保護にとって阻害的役割を果たしてきた。これが，私的領域としての家族という観念に対するジェンダー論的観点からの批判である。このような批判を受ける形で，ドメスティック・バイオレンスの防止を目指した立法も，現実的日程に上るに至っている[7]。

次に，公序としての家族については，その揺らぎと特徴づけることのできる動向が，かなり明確になりつつある。1990年代半ばの家族法改正作業は，そのような動向の好個の例を提供している[8]。

この改正作業の目玉とされたのは，選択的夫婦別姓制度の導入である。夫婦同氏制を定める民法750条は，夫婦の選択によって夫または妻の氏を夫婦の氏とする仕組みを採用している。この考え方は，敗戦直後の民法改正事業においては，憲法の定める男女平等の理念に何ら反しないものと考えられた。しかし，形式的な平等にもかかわらず，98%を超える夫婦が夫の氏を選択している現実は，この規定が実質的な男女平等を実現していないことを示している。夫婦別姓論は，まずもって，このように男女の実質的平等の確保という観点から提示された。

ところで，1990年代の家族法改正作業において提示された改正案は，単なる夫婦別姓制度の採用ではなくて，選択的夫婦別姓制度の採用であった。男女の実質的平等の確保という観点からは，この構想は不十分ということになるはずである。選択制であれば同氏を選択する夫婦もありうるわけであり，その場合には，夫の氏が妻に押しつけられる可能性を否定できないからである。選択的夫婦別姓制度は，男女平等の観点よりも，むしろ自己決定権論によって正当化すべきものであろう。自己決定権論からすれば，別氏を望む夫婦に対して同氏を強制すべきではないのと同様に，同氏を望む夫婦がいる場合にはそのような希望もまた尊重されるべきである。そのような立場からは，選択的夫婦別姓制度こそが適合的な制度になるのである。そして，このように多様な家族のあり方を認める場合には，当然に，ある特定の家族像を社会に強制する公序としての家族は，相対化されていくことになる。

選択的夫婦別姓制度は，このように，一見ソフトな形の改革構想のように見えながらも，実は，近代家族の核である公序としての家族を相対化するというきわめてラディカルな性格を帯びている。そして，そのゆえに，激しい反対の対象になり，改正構想が今に至るまで実現していない大きな原因になったのである。

　公序としての家族の揺らぎは，1990年代の家族法改正作業において提示された他の改正構想の中にも見出すことができる。たとえば，非嫡出子の相続分差別(民法900条4号但書)の廃止構想は，子の平等の観点から基礎づけるのが一般的であろうが，現行法上公序に属する法律婚に対する保護を相対化し，選択的夫婦別姓制度とは異なる形で公序としての家族の揺らぎをもたらすものである。5年別居離婚にみられる積極的破綻離婚の承認も，ライフスタイルに関する自己決定権尊重によって基礎づけられるものであるが，同様に法律婚保護の相対化という含意を持っていると評価することができる。

　先に示した「私的領域としての家族」という考え方に対する反省が意味するのは，家族の公共領域化である。これに対して，公序としての家族の相対化が意味するのは，家族の私事化である。この2つの動向は，一見すると逆を向いており矛盾しているようにも見える。しかし，両者は，別に矛盾しているわけではなく，むしろ整合的に理解すべき動向である。そのような見方をする際の鍵となる概念が，家族単位の社会に代わる個人単位の社会あるいはシングル単位の社会である[9]。

　個人単位の社会においては，「家族」(現在の家族単位社会の家族とは異なるという含意で，括弧を付けておく)は「社会単位としての個人」の結合体として把握されることになるはずである。そのためには，家族単位の考え方に立つ現行制度の公序としての性格を緩和する必要がある。そのようにして，個人の多様な結合を尊重することもまた可能になるのである。そのような個人単位の考え方の下では，「家族」は法の介入が及ばない非法的空間であるという把握もまた根拠を失うことになろう。個人単位の社会は，一方で家族の私事化すなわち脱公序化を要請し，他方でそれを通じて家族における公共領域の拡大を押し進めていくのである。現在の家族をめぐる法状況は，かかる方向を指向しているように思われる。そして，それを主導しているのは，──敗戦直後の家族法改正を主

導したのが憲法 14 条に基づく男女平等の理念であったのと異なり——憲法 13 条に基礎づけられた個人の自律と自己決定権である。憲法 24 条の位置づけも，かかる観点から改めて問題になろう[10]。

2 人

このようにして家族から析出された個人＝人についても，憲法原理に先導されたと評価しうる動向が存在する。人には，法主体としての側面と法的保護の客体としての側面があるが，後者の問題からみていくことにしよう。

(1) 保護客体としての人

人の生命・身体が不法行為によって侵害された場合には，治療費等の積極損害に加えて，被害がなかったならば将来得るであろう利益(逸失利益)の賠償を求めることができる。その結果，被害者の現在および将来予想される収入によって具体的な損害賠償額が異なってくることになる。ここでは，人間の「価値」が，いくらの収入を得るかという観点，いいかえれば市場の観点から測定されるわけである。

このような考え方に対しては，人間の尊厳ないし人間の平等の観点からの批判がありうる。具体的には，たとえば，幼児ケースにおける逸失利益の男女間格差の問題である。男女間には，賃金水準において大きな格差がある。現に収入を得ている有職者の場合には，このような格差が逸失利益に反映することは，社会の現実であってやむをえないともいえなくもない。しかし，いまだ収入を得ているわけではなく，将来どのような職業に就くかも明らかではない幼児の場合に，男子であるか女子であるかによって損害賠償額に著しい差がつくことにどれだけの合理性があるか，問題である。

学説には，このような観点から，少なくとも幼児ケースについては男女間格差を是正しようとする試みが少なくない。しかし，最高裁は，格差是正に必ずしも積極的ではない(たとえば，事故当時満 1 歳の女児の逸失利益算定のために，女子労働者の全年齢平均賃金額を基準とすることを適法と判断した最判昭和 61 年 11 月 4 日判時 1216 号 74 頁)。このようななかで，最近，14 歳の女子の逸失利益算定に際して，

「年少者の逸失利益の算定に男女差が生じることは、性別で可能性に差異を設けて一方的に差別することで、妥当とは言えない」と判断し、男女雇用機会均等法や男女共同参画社会基本法の施行などの時代の流れにも触れて、「男子を含む全労働者の平均賃金」を用いた判決が現れたことが注目される(奈良地裁葛城支部平成12年7月4日判決判時1739号117頁)〔補注1〕。

　平等原則の観点からもう1つ問題とされているのは、外国人の逸失利益の算定である。とりわけ1990年代には、日本との経済格差、賃金水準の格差が大きいアジア諸国から外国人労働者が多く流入した。正規の就労資格を持たない「資格外就労者」も少なくなかった。そして、これらの労働者について死傷損害が生じた場合の逸失利益算定方式が問題になったのである。下級審裁判例の多くは、当該外国人がいつまで日本で就労するか、その後はどの国に生活の本拠を置いて就労することになるかについて、相当程度の蓋然性が認められる程度に予測して、逸失利益を算定すべきものとしている(たとえば浦和地判平成9年7月2日判タ959号213頁)。具体的には、日本での就労期間を2〜3年と予測して逸失利益を算定するケースが多いようである。最高裁も、このような傾向を是認している(改進社事件判決。最判平成9年1月28日民集51巻1号78頁)。しかし、例外的ではあるが、憲法14条の法の下の平等原則を援用しつつ、日本人と同一方式で逸失利益を算定すべきとの判示を行った判決もあり(高松高判平成3年6月25日判時1406号28頁)、学説にも、同様の発想を示すものがある[11]。

(2) 法主体としての人

　憲法上の平等原則を民事法制の領域においても尊重しようという動向は、「法主体としての人」にかかわっても見出すことができる。もともと、法主体性をすべての人に付与するという権利能力平等の原則は、近代民法の大原則の1つである(日本民法においては、権利能力の始期を定める1条の3〔改正前。2004年の改正後は3条〕がこの原則を表明したものと理解されている)。その上で現実の人の多様性をどのように法制度に汲み上げていくか。この役割を担うのは、判断能力が恒常的に不十分性な者について行為能力を制限するという行為能力の考え方であるが、明治民法の行為能力規定は、今日に至るまでに大きな変容を被っている[12]。

明治民法原始規定は,「未成年者」,「禁治産者」,「準禁治産者」,「妻」の4つのタイプの行為無能力制度を定めるとともに,「準禁治産者」としての宣告を受けうる者として,「心神耗弱者」以外に,「聾者,啞者,盲者」や「浪費者」をも含めていた。
　これらの制度のなかでまず問題になったのは,妻の行為能力制限である。この考え方は,日本民法に特有のものではなかった。典型的な近代民法であるフランス民法典も,厳格に妻の行為能力を制限していたのである。成立当初の近代民法の家族像である家父長家族の下では,妻の行為能力は,むしろ制限されるのが当然であった。しかし,夫婦の愛情を基本とする20世紀型近代家族への移行に伴って,妻の行為能力制限は,その根拠を失っていく。このようにして,この制度は,すでに戦前期からその問題性を指摘されるようになっていた。そして,戦後に至って,新憲法の男女平等の理念に反するものとして,廃止されたのである。
　戦後には,「聾者,啞者,盲者」を準禁治産宣告の対象とする考え方も問題にされるようになった。これらの人は,五感の1つを欠くためにややもすれば世人に欺かれるおそれがある,というのが民法起草者の考えであったようである。しかし,これらの障害が判断能力の不十分性に直接に結びつかないことは明らかである。この規定は,障害者差別の要因にもなっていた。関係団体の長年の要請に基づいてこの規定が削除されたのは(1979年),当然のことであった。また,「浪費者」についても,それが判断能力の不十分性と直接に結びつくわけではなく,これを残しておくとすれば,人権侵害の危険がつきまとう。最高裁は,この規定の合憲性を肯定したが(最大決昭和36年12月13日民集15巻11号2795頁),この見解に対しては,学説上の批判が強かった。このようにして,後述の成年後見制度の新設とともに,浪費者は,制限能力者から外れることになったのである。
　1999年には,従来の行為無能力制度に代えて,新たな法定後見制度(制限能力者制度。民法7条以下)と「任意後見契約に関する法律」による任意後見制度からなる成年後見制度が導入された。この制度は,高齢社会の到来に備えることを標榜して導入されたものであるが,その際に援用されたのは,判断能力が不十分な成年者の自己決定権尊重の理念である。そのような観点から,従来の行

為無能力制度の画一性を緩和し，本人の残存能力活用を可能にする「各人の個別的な状況に即した柔軟かつ弾力的な保護措置」の構築が目指された。任意後見の位置づけの高さも，自己決定権尊重の理念から説明される。もっとも，後見人や保佐人の取消権など，本人の自己決定権を制約する性格の保護措置が定められていることにも注意を要する。改正を貫いているのは，単なる自己決定権尊重ではなく，自己決定権と本人保護の調和なのである[13]。

　先に概観した行為無能力制度の改正は，基本的には制度の適用範囲の縮小の方向で展開された。その意味で，それは制度の「量」にかかわる改正にすぎなかった。改正を基礎づける理念についていえば，それらの改正は，自己決定権尊重の理念で基礎づけることも可能であったが，現実には，むしろ平等原則によって根拠づけられた。成年後見制度の導入は，これらと一線を画する。内容の点では，それは制度の「質」にかかわるものであったし[14]，改革の根拠づけとしても，そこでは自己決定権が浮上しているからである。

III　市場の変容

1　所　有　権

　市場のあり方を考える上で所有権のあり方が大きな意味を持っていることは自明のことがらに属するであろう。とりわけ重要なのは，不動産所有権のあり方である。1990年代は，この領域においても，大きな法変容がもたらされた時代であった[15]。

　その背景をなすのは，一言でいえば，「右肩上がりの時代の終焉」である。それまで，地価は，基本的には一貫して上昇し，「土地神話」の物質的前提となってきた。それがこの時期，初めて下落に転じたのである。それは，日本経済危機の帰結であるとともに，膨大な不良債権を発生させるという形で，日本経済システム危機の原因ともなった。90年代の土地法制は，かかる経済システム危機への対応を図る形で展開していく。「右肩上がりの時代の終焉」はまた，出生率の低下と少子高齢化の進行という形でも現れた。これが土地問題の

あり方にとって重要な意味を持っていることは，容易に見て取ることができよう。実際，これまでの都市法制は人口と都市集中にどのように対処するかを基本的問題意識として展開してきたが，地方都市では，人口減が現実のものとなっているし，日本全体の人口も，まもなく減少に転じることが予想されているのである。

　1997年の閣議決定「新総合土地政策推進要綱」は，これらの新たな状況を受けて，新たな土地政策の基本方向を打ち出すものであった。そこで示されたキーワードは，「地価抑制から土地の有効利用へ」であった。この新たな方向を受けて実施された法改正で最重要のものは，2000年5月の都市計画法改正である。そこでは，この領域における規制緩和の流れが明瞭に示されている。都市外縁部については，市街化区域と市街化調整区域の区域区分(いわゆる線引き)が，大都市部を除いて自由化され，都市計画区域を指定する主体である都道府県の判断に委ねられたことが重要である。従来は，実際には適用除外が存在したとはいえ，法律上の建前としては，すべての都市計画区域について線引きを行うべきものとされていた。この考え方が崩されたわけである。線引きが行わなければ，市街化調整区域の開発規制はかからなくなるから，この措置は，現行制度との比較で大幅な規制緩和を意味する。都市計画区域外の無秩序な乱開発(幹線道路沿線や高速道路インターチェンジ付近など)に対応するための「準都市計画区域」制度の新設は，一見規制強化のようにもみえるが，一定の土地利用規制と引き換えの，虫食い的・スプロール的開発公認の仕組みに他ならない。さらに大都市中心部については，容積率の柔軟な適用(商業地域における特例容積率適用区域制度の創設)という形で土地有効利用が図られた。また，これに先立って，容積率引き上げ，斜線制限緩和，日影規制の適用除外を行う「高層住居誘導地区」制度創設(1997年)，複数建築物について容積率制限等を一体的に適用する連担建築物設計制度創設(1998年)などによる都心部土地利用の規制緩和が実施されていることに注意を要する。

　右のような規制緩和の動向に関して，近時のある答申[16]が表明した認識は，注目に値する。この答申は，これまでの都市計画制度を支えてきた線引き制度および開発許可制度に関して，1960年代の急激な都市への人口集中に対して緊急に対処するために制度化されたものであるとの認識を表明する。すなわち，

この答申にとっては，日本の都市計画制度を支えてきた規制は，本来あるべきものではなく，緊急の必要性によってのみ正当化される緊急避難的性格のものであったのである。かかる認識からすれば，人口動態が変化し，いわゆるスプロール圧力が小さくなれば，規制を見直すのは当然ということになろう。

都市計画法による土地利用規制は，社会国家的公共の福祉の見地からする財産権に対する積極的規制の代表的なものである。そして，憲法29条2項が特に「公共の福祉」による財産権の制約を明記している趣旨は，各人に人間的な生存を保障し，実質的な公平を図るために，国家が財産権に対して，消極的規制に止まらない，積極的な規制を加えうることにあるとされている[17]。このような憲法学の認識との関係で右の答申の認識をどのように評価すべきか。かかる課題が法律学に突きつけられている。〔補注2〕

1990年代の土地法制においてもう一つ目立つのは，土地(不動産)流動化のためのさまざまな法制度の展開である。その基本方向は，不動産を小口化した上で証券化するというものである。この背景には，企業の資金調達方法の変化がある。日本の高度経済成長期には，銀行を媒介とする間接金融が中心であった。そして，銀行からの融資は，不動産を担保に取る不動産融資の形で行われた。この構造は，1970年代の金融自由化のなかで次第に崩れてくるが，バブル経済崩壊後は，その動きが加速化し，不動産融資が大きく後退するとともに，企業が保有する資産価値に着目した資金調達が要請されるようになるのである。不動産事業の領域においては，かかる資金調達方式の開発は，不動産事業の推進に寄与する。そこで，この施策もまた，土地有効利用の理念によって正当化された。

具体的な法制としては，不動産の流動化を媒介する法制度として「不動産特定共同事業法」(1994年)の展開や(個人投資家勧誘のために，規制緩和の方向で改正がなされている)，不動産流動化の受け皿づくりとしての「特定目的会社(SPC)による特定資産の流動化に関する法律」(1998年)の展開(SPC設立要件緩和の方向での改正が進んでいる)[18]などが重要である。また，いわゆる定期借家権立法(1999年)も，長期の賃貸借契約で賃借人を拘束しうるという点では，賃貸ビル収益の計算可能性を確保し，不動産流動化に資するという意味を持っている。

不動産の小口化と証券化の下で，土地(不動産)の商品性はかつてなく先鋭

ものになる。不動産は，もっぱら交換価値の側面から投資対象として把握されるからである。不動産市場の構造は，大きく変容しようとしている。

2 契　約

1990年代は，各法領域において規制緩和が進められた時代であった。スローガンは，市場原理の導入，自己決定・自己責任の社会の実現であり，経済的規制は原則自由・例外規制で，社会的規制は必要最小限というのが，そこでの基本的考え方であった。社会的規制についても，「真に必要な社会的規制は，それ自体を目的とする法規制によって行われるのが本来の姿であり，競争抑制や需給調整あるいは行政の恣意的介入などによって行われるべきではない」とされた[19]。

契約法の領域においても，かかる政策理念を踏まえつつ，規制緩和すなわち社会立法における保護の緩和の方向で，顕著な展開がみられた。労働法の領域における規制緩和の動向も重要であるが[20]，民事法制という観点からは，正当事由制度による存続保護を撤廃した定期借家権の導入（1999年）がとりわけ注目される。

周知のように，建物の賃貸借（借家契約）については特別法による法的保護が与えられ，とりわけその存続確保については，借家契約の解約申入および更新拒絶について正当事由を要求するという形で，強い保護が与えられていた（借地借家法28条）。定期借家権の導入を主張する論者（経済学者が多い）によれば，このような規制の下で，①継続賃料水準が抑制されるだけでなく，正当事由を認められて返還を受けるためには高額の立退料支払いを余儀なくされている，②その結果，良質の貸家供給が阻害され，かえって住宅事情が悪化している，というのである[21]。かかる議論に対しては，少なくない法律学者からの反論があったが[22]，結局，議員立法の形で，定期借家権が導入されることになった（「良質な賃貸住宅等の供給の促進に関する特別措置法」）。

定期借家権によって存続保護を外される社会的弱者については，公営住宅の建設促進や家賃補助等の公的援助によって対処するというのが，定期借家権推進論者の主張であった。また，規制緩和推進を打ち出す政策文書も，一般的に

はそのような提言を行っていた。問題は、公的援助として想定される措置の具体的内容である。ある政策文書は、市場原理貫徹による競争促進を説き、その副作用については別個の救済手段を用意すべきとした上で、住宅政策に関して、「住宅弱者に対する再分配措置としての公営住宅、家賃補助等については、困窮度に応じて分配するという原則をいっそう貫徹していくことが必要である」と述べている[23]。ここで示されている住宅政策の基本方向は、現行水準よりも公的援助を縮小するというものである。新自由主義的発想に立つ政策提言である以上、それも当然であろう。結局、社会的規制撤廃の「副作用」に対処すべき「別個の救済手段」は、著しく不十分なものとならざるをえない。

規制緩和の推進の際にもう1点留意すべきとされたのは、市場メカニズムが適正に機能するための条件整備である。そのためには、市場のルールを整備し、公正な市場を実現することが必要とされた。1990年代の広い意味での消費者法の展開は、この文脈において位置づけることができる。

この動向の先駆けといえるのは、1994年の製造物責任法であろう。欠陥商品を市場に供給する事業者に欠陥責任を課すことを通じて、欠陥商品の市場からの排除が図られたのである。しかし、この立法は、今までのところ、十分な活用をみていない。また、2000年の消費者契約法の成立も重要である。その詳細に触れることはできないが、長期にわたる検討のなかで、その内容が後退に後退を重ねたものになってしまったことだけは、ここで指摘しておこう[24]。改革の根幹をなすはずであった事業者の商品内容説明義務(説明がない場合には、契約からの脱退＝取消が認められる)は結局挫折し、それは法的効果を欠く努力義務に止められた。契約取消が認められるのは、民法の詐欺・強迫の要件を若干緩和する形で、不実告知や威迫・困惑がある場合に限定されたのである。また、契約条項の適正化・不当条項規制に関しても、検討の対象にはなった多くの条項が切り落とされ、事業者の損害賠償責任を免除する条項の無効、消費者が支払う損害賠償の額を予定する条項等の無効などが定められるに止まった。また、投資家保護を標榜した「金融サービス法」の制定に向けての動向も注目されたが、2000年5月に公布された「金融商品の販売等に関する法律」は、結局微温的な改革を実現するにとどまった。

全体としてみれば、消費者がかかわる領域における立法の展開は、著しく不

十分といわなければならない。この領域においては，市場化の条件整備，市場のルールの整備が叫ばれながらも，実際には，条件整備不在の市場化が進行しようとしているのである。他方で，社会的規制撤廃は着実に進展している。市場において，個人は，支援策を講じられないまま前面化していく。そこでは，自己決定の条件が十分に整えられないまま，自己責任だけが問われることになりかねない。

　従来の憲法学は，自由放任の夜警国家ではなく，社会的な不公正に対して積極的に介入する社会国家をあるべき国家像としてきた。より具体的には，憲法は，生存権を人権として保障する反面，経済的自由に対しては，安全確保ないし秩序維持のための消極的規制だけでなく，弱者の生存権を確保する観点からなされる積極的規制を許容していると解し，この二種の規制について別個の違憲審査基準を援用すべきものとしてきた(規制二分論)25)。右に概観した近時の民事法制の動向は，このような憲法学の枠組みを揺るがすものというべきであろう。

Ⅳ　お わ り に

　近年，「憲法と民法」という問題が，民法学の関心を引くようになっている。法学教室誌が『民法と憲法』と題する特集を組んだのが，その嚆矢といえようか(171号，1994年)。その中で，星野英一は，人間の尊厳に基づいて認められる権利，人権を対国家の関係で保障するのが憲法であり，市民相互間で保障するのが民法であるという認識を提示している26)。ここでは，国家構成原理(憲法)と社会構成原理(民法)との，人権を基礎とした並列性が強調されるわけである。これに対して，山本敬三は，憲法原理(とくに憲法13条に示されるリベラリズム)に依拠しつつ(憲法的公序)，より実定法的に日本民法の諸規範を価値的に整序しようとする27)。ここでは，憲法原理による民法の統御が基本的問題関心の対象になるわけである。

　本稿は，これらの動向に刺激を受けつつ，憲法原理と民事法制との連関について，並列でも統御でもなく，緊張関係という視角を採用し——規範論として憲法が上位規範であることは当然の前提であるが——，それに基づいて近時の

民事法制の変動を分析してみた。その結果をきわめて図式的にまとめれば，人格秩序にかかわる法領域においては，憲法原理が民事法制の展開を主導しているが，市場すなわち財貨移転秩序にかかわる法領域においては，反対に民事法制の変動が憲法原理を揺るがしているのではないか，ということになる。

このように，憲法原理との関係では反対の評価が成立するこの二つの領域において，しかしながら，同一の理念がしばしば語られることが注目される。それは，個人の自律・主体性の尊重であり，自己決定の尊重である。このことは，視角を変えていえば，同様に個人の自律・自己決定権が語られても，この二つの領域においてその意義は大きく異なる，ということでもある。かかる認識をいかに規範論に接合していくか。これが本稿に残された課題である。

1) 民法の体系にかかわるこの理解は，広中俊雄『民法綱要第1巻総論上』(創文社，1989年)に学んだものである。
2) 敗戦直後の家族法改正は，改めていうまでもなく，「家」制度を定める明治民法の家族法規定が，家族生活における個人の尊厳と両性の平等を定める新憲法24条に適合しないという事態を踏まえて，民法を憲法に適合させるためになされたものであった。新しい憲法原理が民事法制の変動を規定したのである。
3) とりわけ，五十嵐清「人格権」法教171号(1994年)29頁以下参照。
4) 吉田克己「90年代日本法の変容」法時72巻9号(2000年)5頁以下(本書第1章)。とくに本書6～10頁，21頁参照。なお，これと異なる観点から1990年代の契約法の動向を理論化する重要な試みとして，内田貴『契約の時代――日本社会と契約法』(岩波書店，2000年)がある。
5) 森英樹「転機に立つ憲法構造と憲法学」法時73巻1号(2001年)79頁。
6) 家族社会学においては，「家内領域と公共領域との分離」が近代家族の重要なメルクマールの1つとされる。たとえば，落合恵美子『近代家族とフェミニズム』(勁草書房，1989年)18頁，同『21世紀家族へ〔新版〕』(有斐閣，1997年)103～104頁など。
7) 2001年4月6日に，「ドメスティック・バイオレンス防止・被害者保護法」が成立した。
8) 以下については，吉田克己「自己決定権と公序――家族・成年後見・脳死」北大法学部50周年記念ライブラリー2(瀬川信久編)『私法学の再構築』(北海道大学図書刊行会，1999年)254頁以下にもう少し詳しい叙述がある。
9) このような見方は，伊田広行『シングル単位の社会論――ジェンダー・フリーな社会へ』(世界思想社，1998年)に学んだものである。また，同『21世紀労働論』(青木書店，1998年)も参照。これに賛意を表するものとして，落合・前掲注6)『21世紀家族へ〔新版〕』228頁以下がある。
10) この点で，憲法24条に，「近代原理としての個人主義の徹底によって『近代家族』を克

服する内容」を見出し，その「時代先取り的性格」を指摘する辻村みよ子の見解が示唆的である。辻村みよ子「憲法24条と夫婦の同権」法時65巻12号(1993年)42頁以下，同「現代家族と自己決定権」法時68巻6号(1996年)132頁。
11) 吉村良一『不法行為法〔第2版〕』(有斐閣，2000年)138頁など。
12) この問題については，河上正二「行為能力」法教171号(1994年)40頁以下が，簡にして要を得た概観を提供している。以下の記述は，それを参考にしている。
13) 以上について詳しくは，吉田・前掲注8)261頁以下参照。
14) この点に関してはさらに，成年後見制度をきっかけとして，「人の法」に重点をおいて日本民法典を編纂しなおして然るべき時期を迎えているという，民法体系の根本にかかわる問題提起がさなされていることを指摘しておきたい。広中俊雄「成年後見制度の改革と民法の体系(上)(下)」ジュリ1184号94頁，1185号92頁(2000年)。
15) 以下について詳しくは，吉田克己「土地所有権の日本的特質」原田純孝編『日本の都市法Ⅰ構造と展開』(東京大学出版会，2001年)365頁以下を参照。
16) 2000年2月8日の都市計画中央審議会答申「今後の都市政策は，いかにあるべきか(第2次答申)」。
17) 野中俊彦・中村睦男・髙橋和之・髙見勝利『憲法Ⅰ〔新版〕』(有斐閣，1997年)435頁。
18) この問題に関する最近の文献として，伊藤壽英「資産流動化に関する法律」江頭憲治郎・岩原紳作編『あたらしい金融システムと法』(ジュリスト増刊，2000年)2頁以下がある。なお，この論文の表題にも示されているように，改正(2000年5月)に伴って，法律の名称は，「資産流動化に関する法律」に変更された。
19) このような提言を表明する政策文書は多く存在するが，代表的なものとして，行政改革委員会事務局『光り輝く国をめざして：行政改革委員会──規制緩和の推進に関する意見(第1次)』(行政管理研究センター，1996年)を挙げておく。引用は，同書10頁。
20) この問題については，特集『規制緩和と労働法』季労183号(1997年)，特集『労働法における規制緩和と弾力化』日本労働法学会誌93号(1999年)参照。また，内田・前掲注4)238頁以下も参照。
21) きわめて多くの文献があるが，最もまとまったものとして，阿部泰隆・野村好弘・福井秀夫編『定期借家権』(信山社，1998年)を挙げておく。
22) まとまったものとして，特集『都市・住宅問題と規制緩和』法時70巻2号(1998年)を挙げておく。筆者も，この特集に，「定期借家権を考える」と題する論考を寄稿している。本書第9章として収録。
23) 「六分野の経済構造改革」と題する経済審議会建議(1996年12月3日)。なお，この文書は，吉田・前掲注22)24頁(本書198〜199頁)において引用したものである。
24) この法律については，特集『活用しよう，消費者契約法』法セミ549号(2000年)，特集『消費者契約法と21世紀の民法』民商123巻4・5号(2001年)所収の諸論考を参照。
25) 以上は，棟居快行「規制緩和の憲法論」法時68巻6号(1996年)137頁による。
26) 星野英一「民法と憲法──民法から出発して」法教171号(1994年)7，9，12頁等。ここで示された社会構成原理としての民法という考え方は，大村敦志に引き継がれている。ただし，大村の場合には，むしろ，「民法」という社会構成原理を持つことそのものに意

義が強調されている。大村敦志『民法総論』(岩波書店，2001年)128頁。
27) 山本敬三『公序良俗論の再構成』(有斐閣，2000年)53〜55頁。また，同「基本法としての民法」ジュリ1126号(1998年)261頁以下も参照。

〔補注1〕この問題については，今日(2011年)に至るまでに大きな進展があった。まず，本判決の結論は，控訴審(大阪高判平成13年9月26日判時1768号95頁においても維持され，この判断は最高裁によっても支持された(最2決平成14年5月31日交民35巻3号607頁)。しかし，これに対して，従来通り女性の平均賃金を基礎とする判断も後を絶たず(福岡高判平成13年3月7日判時1760号103頁，東京高判平成13年10月16日判時1772号57頁など)，これらの判断も最高裁によって維持された(福岡高裁判決について最決平成13年9月11日交民34巻5号1171頁，東京高裁判決について最決平成14年7月9日交民35巻4号921頁)。

他方で，本判決後，これに続く判決が現れ(東京地判平成13年3月8日判時1739号21頁，その控訴審判決である東京高判平成13年8月20日判時1757号38頁)，この流れが次第に優勢になっていったと評価することができる(札幌高判平成14年5月2日LEX／DB 28071973，さいたま地判平成16年8月6日判時1876号114頁，大阪地判平成19年5月9日判タ1251号283頁など)。現在では，交通事故損害賠償算定に当たって広く参照されている日弁連交通事故相談センター東京支部編『損害賠償額算定基準上巻(基準編)2011年版』(いわゆる『赤い本』)において，「女子年少者の逸失利益については，女性労働者の全年齢平均ではなく，全労働者(男女計)の全年齢平均賃金で裁定するのが一般的である」と記されるに至っている(117頁)。

なお，このようにしても，男子年少者の場合には，男性労働者の平均賃金が用いられるから，なお格差は残ることになる。この点については，生活費控除で一定の考慮がなされていることに留意すべきである。男子年少者の場合には，50％が一般的であるのに対して，女子年少者について全労働者平均を用いる場合には，45％の生活費控除が一般的なのである。

〔補注2〕2000年代の都市法の動向は，本文に記した方向とは異なる性格を帯びつつある。右肩上がりの時代の終焉を前提とするのは同じであるが，都市法の理念が，都心部の再生や都市環境保全を重視するものに変わってきたのである。1998年のいわゆる「まちづくり3法」の制定がその嚆矢であろうが，2004年の景観法成立，2006年の「まちづくり3法」改正とその方向での立法が続く。そして，現在，いまだその帰趨は定かではないとはいえ，「エコ・コンパクトシティ」を1つの理念とした都市計画法全面改正の動きも始まっている。

そのような近時の都市政策をよく表現する政策文書として，社会資本整備審議会『新しい時代の都市計画はいかにあるべきか(第1次答申)』(2006年2月1日)(http://www.mlit.go.jp/singikai/infra/toushin/images/04/021.pdf)があり，そこでは，都市を取り巻く環境の変化として，「人口減少・超高齢社会の到来」，「モータリゼーションの進展」「産業構造の転換」が指摘されるとともに，「都市圏内の一定の地域を 都市機能の集積を促進する拠点(集約拠点)として位置づけ，集約拠点と都市圏内のその他の地域を公共交通ネットワークで有機的に連携させる『集約型都市構造』を実現すること」が今後の新しい都市計画の基本理念

として打ち出されている。また，この方向をより具体化する政策文書として，社会資本整備審議会都市計画・歴史的風土分科会都市計画部会『都市政策の基本的な課題と方向検討小委員会報告』(2009年6月26日)(http://www.mlit.go.jp/common/000046887.pdf)がある。この報告書は，都市をめぐる社会経済情勢の変化として，「人口減少・超高齢化の進展と都市の拡散」，「都市経営コスト効率化の要請」，「地球環境問題」などを掲げつつ，「エコ・コンパクトシティ」の実現を重要な政策課題として強調しているのである。このような新たな政策理念を受けた都市計画法全面改正の試みの内容については，石井喜三郎「これからの都市政策の課題と都市計画法の抜本改正」新世代法政策学研究3号(2009年)221頁が有益な文献である。

　もっとも，これらの動向が一枚岩であるわけではない。たとえば，上の『小委員会報告』においても，都市をめぐる社会経済情勢の変化としてさらに「激化する都市間競争」が挙げられ，それに対処するための政策課題として東京圏等の大都市を中心とする国際競争力の強化が打ち出されている。そこにも示されているように，開発促進型の都市法への流れが途絶えたわけではなく，現時点では，2つの流れがせめぎ合っている状況にあると評価すべきであろう。今後の動向が注目される。

【追記】本稿は，法律時報73巻6号(2001年)の特集「統治・社会の改変と憲法原理」に寄せたものである。本稿は，各論として民事法制の観点からこの問題に接近するものであるが，このほか，各論としては，労働法制(和田肇)や刑事法制(小田中聰樹)などの分野からの論考が寄せられた。本文中に示した憲法原理と民事法制との緊張関係という視角は，その後に公表した「憲法と民法──問題の位相と構造」(本書第3章)などにおいても採用しており，私のこの領域における問題分析の基本視角となっている。もう1つ本文では，自己決定権に関して，人格秩序と財貨移転秩序(市場)という2つの適用領域を意識しつつ規範論を展開するという課題を示した。自己決定権に関しては，本稿に先立って，「自己決定権と公序──家族・成年後見・脳死」北大法学部50周年記念ライブラリー(瀬川信久編)『私法学の再構築』(北海道大学図書刊行会，1999年)所収を公表しているが，その後の具体的検討は進んでおらず，自己決定権論の深化は，私にとってなお今後の課題として残されている。

第3章　憲法と民法
―問題の位相と構造―

I 「憲法と民法」という問題の位置づけ

　近時,「憲法と民法」というテーマが関心を集めている[1]。それは,日本に限定されたものではない。違憲立法審査権や民事裁判のあり方などさまざまな制度的差異にもかかわらず,憲法と民法の関連を問うという問題意識は,アメリカを含めた西欧諸国にほぼ共通して見出されるようになっているのである。「憲法と民法」とは,そもそもどのような問題なのであろうか。近時このテーマが浮上した背景には,どのような事情があるのであろうか。単なる理論関心のあり方の変化なのであろうか,それだけではなくて法的問題のあり方の変化とそれをもたらす社会構造の変化があるのであろうか。今後の民法学のあり方を構想する際に,そこからどのような示唆を得ることができるのであろうか。本稿は,このような諸問題について序論的な考察を行ってみようとするものである。

　最初に,「憲法と民法」という問題を2つの観点から位置づけておこう。

1　法規範の階層構造と法律の相対化

　「憲法と民法」という問題は,まずもって,「憲法と○○法」という問題設定の一環として位置づけることができる。たとえば,「憲法と行政法」,「憲法と刑事訴訟法」,「憲法と社会保障法」などである。この問題設定においては,「憲法」と「○○法」とが同等の規範として並列されているのではない。ここでは,法規範は階層構造をなすものと把握され,憲法は,○○法よりも上位に

位置づけられるのである。その端的な現れが，憲法に基づく法律の内容審査（違憲立法審査）である。かかる階層構造の下で，法律は相対化される。「憲法と民法」という問題設定についても，右の事情は同様である。

　法規範の階層構造の構築とそれに伴う法律の相対化[2]は，比較法的にも歴史的にも，決して自明のことではない。たとえば，近代法システムのひとつの典型例を提供したフランスにおいては，法律は一般意思を体現するものと把握され，その相対化という発想は長らく存在しなかった[3]。しかし，今日においては，法律の相対化は，先進諸国にほぼ共通に見出される現象といってよい。そして，この現象には，特殊に現代的な意義が認められる。

　第1に，法律の相対化の背後には，法律によっても奪うことができない基本的権利を個人に保障すべきだという観念がある。この観念を普及させた要因として大きいのは，西欧諸国についてはナチスドイツの経験，日本の場合には戦前の天皇制絶対主義の体制である。これらの体制において，国家は法律を通じて個人の自由を侵害した。憲法を通じた法律の相対化は，そのような事態を阻止し，法律とその背後にある国家に対して，個人の自由領域と個人の尊厳を確保する。

　第2に，法律の相対化の背後には，《一般意思の体現者としての法律》という法律観の揺らぎがある。それは，法律を生み出す国会さらにはそれを支える議会制民主主義に対する信頼の揺らぎを反映している。法律は，議会制民主主義を媒介として，国会において一般意思を体現するものとして制定される。しかし，国会は，現実には，個別的・私的利害を表現する立法を制定することが少なくない。その場合には，一般意思の体現者としての法律というフィクションは現実適合性を失う。また，一般意思の具体的内容についても，社会にはさまざまな見解の対立がありえ，またその有り様は歴史的に変容していく。国会がそれを適切に法律として定式化することに成功する保障はない。このような事態が進行すればするほど，憲法原理に依拠しつつ国会と法律を相対化するという方向性は，説得力を増す。そこでは，国会というチャネルの外で国民が憲法原理を準拠点としつつ直接に立法のあり方を論議するというフォーラムの位置づけが高まるであろう。〔補注1〕

　「憲法と民法」との関係は，以上のような問題の局面においては，基本的に

は緊張関係の位相において把握される。民法(とそれに関連する特別法)は，その内容について憲法原理の観点からの審査を受け，その方向性を与えられ，場合によってはその効力を否定されるからである。

2　保護法益としての人格権・人格利益の前面化

「憲法と民法」という問題はまた，「民法と〇〇法」という問題設定の一環として位置づけることができる。たとえば，「民法と行政法」，「民法と独禁法」，「民法と刑法」などである[4]。これらの問題設定の前提にあるのは，ある社会現象について民法と他の法領域に属する規範がともに適用される可能性が生じる，という事態である。これを「法の競合」と呼ぶことができよう。

「法の競合」自体は，特に現代的な現象というわけではない。たとえば，ある法益侵害が一方で民事制裁の対象になるとともに，他方で刑事制裁の対象になるという事態は，伝統的にも見られたことである。しかし，現代における「法の競合」には，そのような伝統的事態にとどまらない新たな特徴が見出される。

第1に，従来は必ずしも民法の射程と考えられていなかった領域についても，民法法理の適用が問題になっている。たとえば「外郭秩序」(広中俊雄)[5]に属する環境秩序や競争秩序の領域である。ここでは，公法的規制と民法規範との競合が問題になり，さらには両者を統合する環境法や競争法の生成が語られる。要するに，現代社会においては民法にかかわる「法の競合」の場が拡大しているのである。

第2に，従来は，競合する法は，伝統的には，相互に異なる法原理によって支配されるもの，すなわち分離・峻別を特徴とするものと把握されていた。たとえば民事責任と刑事責任の峻別である。これに対して，現代においては，競合する複数の法の機能連関が意識されるとともに，それらの法原理について相互の影響関係が見られるようになっている。「法の協働」ないし「法の融合」とでも呼ぶべき現象が現れているのである。

「憲法と民法」についていえば，両者の競合を可能にしているのは，民法からいえば，保護法益としての人格権や人格的利益が重要性を増していることで

ある。その一定の部分は，憲法上保障される基本的人権とオーバーラップする。このようにして，両者が競合するのである。

　生命権や身体権などが民法上の保護法益となることは当然であるが，その外側に広がる人格権や人格的利益がどこまで民法上の保護法益になるかは，必ずしも明らかではない。民法は，財貨秩序については大いに関心を払ってきたが，人格秩序についてはあまり関心を払ってこなかった。その結果，人格権や人格的利益を保護法益に取り込むことについて消極的であったというべきなのであろう。ところが，近時，この領域における保護法益の拡大が目立っている。そのような動きが活発になるに当たっては，憲法的視点ないし憲法的言説が大いに与っている。他方，かかる保護法益の拡大を憲法の側からいえば，基本的人権という憲法的価値が民法を通じて社会において実現される，ということである。

　このように，ここでは，「憲法と民法」は，協働して人格秩序の領域における保護法益を拡大しつつある。1との対比でいえば，ここでは，「憲法と民法」は，その協働・補完関係の位相において把握されるわけである。

　以上が，「憲法と民法」という問題の大まかな構造の把握である。それを踏まえて，以下では，このテーマを，両者の緊張関係（II）と両者の協働・補完関係（III）という2つの角度から分析していくことにする。

II　民法による社会構成と憲法原理——憲法と民法との緊張関係

　民法は，社会構成に関する基本法であるが，そこには，近代社会の構成原理である自由・平等さらには連帯といった価値が埋め込まれている[6]。それらはまた，近代憲法が標榜する価値でもあるから，この限りでは憲法と民法との規範抵触は基本的には生じないはずである。

　しかし，そのような一般論が妥当しない民法の領域もある。家族に関する法である。近代民法成立当初の民法上の家族制度は家父長家族であって，近代憲法が標榜する自由・平等などの価値に最初から適合していなかったのである（→1）。他方，市場に関する民法の制度設計についてはそのような問題性はなかったが，その後出現した社会国家的な市場編成をどのように評価すべきかと

いう点で，検討すべき問題が生じている(→2)。

1　家族制度の編成と憲法原理

(1)　19世紀型家族から20世紀型家族へ

　代表的な近代民法と目されるフランス民法典(1804年)の家族制度が，夫婦関係における夫の圧倒的優位と親子関係における父の権力とを特徴とする家父長家族(19世紀型家族)であったことは，今日では周知のこととなっている。ほぼ1世紀を隔てて制定されたドイツ民法典および日本民法典における家族制度も，その点では共通の特徴を刻印されている。日本明治民法典の「家」制度は，右の特徴に加えてさらに，強い団体的性格と個人抑圧的性格を備えたものであった。

　戦後の新しい憲法24条は，家族生活における個人の尊厳と両性の平等を宣言した。この規定は，明治民法「家」制度を標的にしたものであった。また，「家」制度は，平等原則を定める新憲法14条との関係でも見直しを要請されざるをえなかった。かくして，新しい憲法に先導されて，戦後の家族法大改正が実現する。憲法が民法による社会構成のあり方を規定し，その方向性を与えたのである[7]。そして，新しく民法に規定された家族制度は，両性の平等を基調とする点で(20世紀型家族)，この時点で世界的にも先進性を誇るに足るものであった。

(2)　20世紀型家族の克服？

　ところが，民法上のこのような先進的家族制度について，1990年代にはその改正が問題になってくる。改正構想のなかには，男女平等の徹底という，戦後改正の積み残しともいうべき内容のものもあった。婚姻最低年齢の平等化(男女とも18歳とする)や再婚禁止期間の合理化(女性について前婚の解消または取消しの日から100日とする)などである。

　しかし，改正構想のなかには，そのような観点だけでは説明しにくいものもあった。たとえば，選択的夫婦別姓制度の導入である。民法上の夫婦同氏制度

(750条)は，戦後の改正時には，夫婦の協議に基づいていずれの姓に定めてもよいことから，男女平等の原則には反しないものと理解された。しかし，現実には98％に近い夫婦が夫の姓を選択している。したがって，この制度について実質的な男女平等に反するという批判が提示されてくるのは，十分に理解しうることである。ところで，この点での男女平等を確保しようとするなら，選択的夫婦別姓制度ではなくて，夫婦別姓制度の強制のほうが適合的である。選択制にするならば，夫による同姓の強制という事態が予想しうるからである。選択的夫婦別姓制度は，男女平等というよりも，姓に関する選択の自由あるいはこの領域における自己決定権に根拠を求めるべき改革構想であった。また，積極的破綻主義離婚とりわけ5年別居離婚の導入も，ライフスタイル選択の自由という自己決定権の理念で根拠づけるべき改革構想であった[8]。

　憲法24条が「『家』制度を解体し，個人の尊厳(それは今日では当然に両性の平等をも要求する)を核心とする日本国憲法のもとでふさわしい公序を家族生活に強制する」という意味を持っているとすれば[9]，右の動向は，憲法24条と適合しないものを含んでいる。自己決定権は，公序による一定の秩序強制とは反対の方向性を内包しているからである。この方向性を押し進めるならば，たとえば同性カップルの法的承認なども視野に入ってくることになろう[10]。憲法13条の幸福追求権を前面に出してこのような動向を憲法上積極的に受け止めるとすれば，憲法は，このような20世紀型家族の克服を展望する立法動向を先導することになる。しかし，この点の理解如何によっては，反対に，憲法は，民法による新たな社会構成に歯止めをかけるように作用するであろう。ここには，憲法と民法との緊張関係の新たな相貌を見出すことができる[11]。

2　市場制度の編成と憲法原理

(1)　市場に対する社会国家的介入と規制緩和の憲法的評価

　一般的な理解に従えば，近代国家確立期には，国家を消極国家として制約することが憲法の課題となり，近代民法もまた，そのような基本原理に即して社会構成を行った。市場に関してそれを表現するのは，私的自治・契約自由と所

有権の自由である。しかし，このような理念としての消極国家はその後大きく変貌し，19世紀末葉から20世紀にかけての時期からは，社会経済問題への対処と国民の生存確保を標榜して積極的に介入する介入主義的積極国家が前面に出てくる。このような国家像の転換を反映して，民法にかかわる領域においても，契約自由や所有権自由を制約する性格の各種の特別法が制定されるようになった。

　法現象の観点から整理すると，ここでは，《憲法―民法》という二極構造ではなくて，《憲法―民法―民事特別法》という三極構造が見出される。そして，民事特別法が先導することによって，民法が設計したとされる市場のあり方が変容していったのである。

　それでは，このような事態は，憲法の観点からどのように評価されるのであろうか。日本国憲法は，契約自由を明示の憲法上の原則として規定してはいない。しかし，憲法が資本主義的経済体制を前提とした上で経済的自由権を保障している以上，契約自由はその一つの支柱としてそれに含まれていると見る見解が有力である[12]。契約自由をそのように位置づける場合には，それを制約する民事特別立法について憲法規範との抵触が問題になりうる。しかし，実際には，かかる形で憲法と民事特別立法との緊張関係が問題になることはまずない。そのような緊張関係を出現させない理論枠組みが憲法学において採用されているからである。いわゆる「二重の基準」論である。この理論は，精神生活の領域では国家非介入をあくまで維持しつつ，経済生活の領域では社会国家的な国家介入を容認する枠組みを提供したのである。

　この結果，日本社会は，日本国憲法とは別の「見えない憲法」によって規律されているという評価すらなされている。つまり，市場に関していえば，自由競争ではなく，社会的公平や正義の実現といった特定の価値観をかぶせられた経済秩序，〈社会的経済秩序〉が「見えない憲法」に書かれている，というわけである[13]。このような把握によれば，憲法が想定する市場理念は，各種の経済規制立法や民事特別法によって充塡されていることになろう。

　ところが，近時の規制緩和は，この「見えない憲法」の内容を掘り崩す形で進行している。民事特別立法の領域においても，それまでの市場介入主義的立法について見直しの動向が進行している（一例として定期借家権を創設した借地借家

法の改正を挙げることができる)14)。「見えない憲法」に「見える憲法」と同様の最高法規としての効力が認められるとすれば，「見えない憲法」に照らしてこれらの改革の違憲性も問題になりうるはずである。しかし，現実にはそのようなことはなかった。

　結局のところ，市場の制度設計という問題領域においては，憲法原理は，現実の立法に対して有効なコントロールないし方向づけを行いえていない。現実の立法が社会国家的介入主義の方向で展開する場合であれ，反対に新自由主義的規制緩和の方向で展開する場合であれ，その点は同様である。要するに，ここでは，先に見た《憲法―民法―民事特別法》という三極構造において，民事特別法が先導する形で市場の制度設計がなされているのである。ここでは，国会の政策判断がコントロールを受けることなく通用していく。先に触れた法律の相対化の現代的意義を踏まえると，かかる状態を肯定的に評価すべきものかは問題である。憲法原理に準拠した現実の立法の方向づけを，ここでも志向するのが望ましい。

　もっとも，市場の制度設計という問題領域においては，立法裁量の余地が大きいことは否定しがたい。それゆえ，現実の立法について違憲性を問題にするという形で強いコントロールを行うことは難しいであろう。むしろ，立法政策の当否を議論する際に憲法原理の援用を積極的に行うという形で，憲法的言語空間を拡大していくことが適切だと思われる。ともあれ，そのためにも，市場の制度設計に関する憲法の編成原理をどのようなものと捉えるべきかの検討を深化させる必要がある。そのような作業を遂行することによって，「憲法と民法(正確には民事特別法)」とのあるべき緊張関係が回復されるであろう。

(2) 民法による憲法規範の充填？

　ところで，市場の重要な構成要素である所有権のあり方については，右に見た民事特別法先導型の制度設計を揺るがす性格の判決がある。森林法違憲判決である(最大判1987[昭和62]年4月22日民集41巻3号408頁)。同判決は，共有山林について分割請求権行使を制限していた森林法186条を違憲と判断した。この判断の前提には，憲法上保障される《あるべき所有権制度》が想定されているはずである(原型(プロトタイプ)テーゼ15))。それは，共有物分割の自由を内容と

した所有権制度である。だからこそ，十分な理由なく共有物分割の自由を制限する実定法規(森林法186条)の違憲性が導かれるのである。そして，同判決が前提とする「原型」をより一般的に定式化すれば，《自由な所有権》ということになろう。

ところで，憲法にそのような所有権の制度内容が明記されているわけではない。それを定めているのは，民法に他ならない。すなわち，ここでは，民法が憲法規範を具体的に充填しているのである。その上で，民法に定められた所有権規定を制限する性格の特別法の規定が，場合によって違憲と判断されることになる。先の図式を使って表現すれば，民法によって内容を充填された憲法(憲法＝民法)が特別法のコントロールを行うのである(憲法＝民法↔民事特別法)。ここでは，先に展望した憲法と法律の緊張関係が再生している。

論理的にはなにゆえ民法が憲法規範の内容を充填しうるのかを説明するのは難しい[16]。にもかかわらず，社会構成の基本立法である民法によって憲法規範の内容を充填するという構想は，魅力的である。ただし，次の2点に注意したい。

第1に，その場合の民法を，現実に存在する形式的な実定民法として理解すべきではないであろう。そのように理解する場合には，たとえば，対抗要件の仕組みなどかなり技術的な制度内容も憲法上保障されることになりかねない。そこでの民法は，社会構成原理を提供する理念的なものと捉えるべきである。

第2に，民法が提示する社会構成原理の内容を把握するためには，近代社会成立当初の民法の理念(市民法)を探求することが有益である。そこでの所有権は，個人の自由の基礎となるものであるが，それがゆえに，無制約の「自由」を許容するものではなく，公共的観点からの制約を許容するものであった[17]。契約自由についても同様である。市場における無制約の利潤追求の自由が肯定されていたわけではなく，暴利排除や契約正義を実現する性質の法的措置が存在したのである[18]。憲法の内容を充填するものとして民法を参照する場合には，所有権や契約自由に関するこのような把握に留意すべきである。

III　社会における人権侵害──憲法と民法との補完・協働関係

　次に問題となるのは，社会において憲法上の権利（典型的には基本的人権）が侵害された場合に，民法および憲法はどのように対処しうるのか，である。憲法から見れば，侵害主体が私人であるということが困難な問題を提示するし（憲法の私人間適用），民法から見れば，憲法上の権利をどのように民法に取り込むのかが問題になる。

　ところで，社会における人権侵害といっても，それが企業等の社会的権力によってなされるのか，個人によってなされるのかで，問題状況は大きく異なる。国家と個人の間に，国家にほとんど匹敵するような社会的権力が数多く出現している現代社会において，それらの社会的権力のコントロールは，国家のコントロールに匹敵する意味を持つ[19]。これに対して，個人相互の人権侵害紛争については，被害者の権利保障も当然に重要であるが，他面での加害者とされる個人の権利と自由の保障も無視してはならない。ここにおいても国家が介入すべきものとしても，そのあり方は，前者の問題領域とは当然に異なってくるであろう。このような点を踏まえて，以下では，社会的権力による人権侵害（→1）と個人による人権侵害（→2）とを区別して順次検討することにする。

1　社会的権力による人権侵害

　社会的権力として現実に立ち現われるのは一般的には企業であるので，以下では社会的権力として企業を想定する。企業による人権侵害としてしばしば争われるのは，その内部での男女差別である。採用に際しての差別的取扱いも問題になるが，その位置づけは多少異なる。

(1)　企業内の男女差別〔補注2〕

　この領域で最も早期に法的紛争の対象になったのは，女性の結婚退職制である。1960年代にはすでに，それが性別を理由とする差別であり，かつ，結婚の自由を侵害するものであって，しかもその合理的理由を見出しえないから，

労働協約，就業規則，労働契約中のその部分は，民法90条に違反して無効であるという判決が出ている(住友セメント事件判決。東京地判1966〔昭和41〕年12月20日労民集17巻6号1407頁)。その後は，定年制における男女差別が大きな争点になり，男女の差がきわめて大きい女性の若年定年制の無効を経て，5歳の差をつけた定年制が同じく民法90条違反で無効とされるに及んで(日産自動車差別定年制事件判決。最判1981〔昭和56〕年3月24日民集35巻2号300頁)，判例上はこの点の決着はついたと評された。立法においても定年に関する差別が禁止されるに至ったが(1985年制定の男女雇用機会均等法11条。現在は8条)，この背景には，以上のような判例法理の展開がある。現在では，この領域における争点は，男女の賃金差別，男女コース別人事などに移っている。

　この概観からも明らかなように，ここで争われているのは，結婚退職制であれ，定年制であれ，企業における男女差別を内容とする「制度」の効力である。制度を無効にすべきと裁判所が判断する場合には，民法90条の公序良俗規範が援用される[20]。しかし，その適用によって無効とされるのは，契約というわけではない。多くの場合には，使用者作成の就業規則によって制度が形成されており，それが無効とされるのである。労働協約が対象とされることもありうるが，これも，個人間の契約と同列に論じることができるか，問題であろう。唯一労働契約に適用される場合が民法90条の本来の適用事例のようにも思えるが，その場合についても就業規則に基づいて差別的な内容の契約が締結される場合があり(結婚退職制にかかわる住友セメント事件のケース)，当事者の十分な自己決定に基づく契約とは言い難い。ここで真の問題は，当事者の合意に基づく契約を公序良俗規範によって規制することなのではない。企業という一個の社会的権力が創出した制度ないし社会規範の内容を公序良俗法理によってコントロールすることが問題なのである。

　この問題に関する判例の判断基準が，一般に慎重になされる公序良俗違反判断のあり方とは異なっていることが指摘されている[21]。それも，右のような理解からすれば当然のことというべきである。ここでの制度内容の審査は，当事者の合意に基づく契約に関する公序良俗違反の審査というよりは，IIで見た憲法による法律の内容審査との連続線上に捉えるべきものである。実際，裁判例は，この領域において，男女差別を含む制度の「合理性」を審査し，その上

でその制度の効力を判断している。その枠組みは，法律に基づく差別的取扱いの違憲性を判断するのと基本的に同様である。

(2) 採用時の差別的取扱い

採用時の差別的取扱いについては，企業が行った差別的取扱いという行為の効力や違法性が主たる争点となる。企業が構築した制度の効力が争われるわけではないので，(1)で示した判断枠組みは，ここでは適合的ではない。

たとえば，憲法の私人間適用に関する先例として著名な三菱樹脂事件においては，学生運動経験の秘匿などを理由とする本採用拒否の効力が争われ，その前提として，採用試験に際して思想信条に関係のある事項を申告させることの違法性が問題になった。最高裁は，企業の雇用契約締結の自由を前提として，思想・信条を理由とする雇入れ拒否の自由も認め，そこから，思想信条に関係のある事項を申告させたとしてもそれが違法になるものではないとの結論を導いている（最大判1973〔昭和48〕年12月12日民集27巻11号1536頁）。

企業には，たしかに雇用契約締結＝採用の自由がある。しかし，それを前提にしてもなお，思想・信条にかかわることがらの秘匿に一定の不利益を結びつけることによって，沈黙の自由という精神的自由の核心を侵すことが許されるかという問題は残る[22]。ここでは2つの自由の相剋の調整が問題となっているが，少なくとも，労働力の質に直接のかかわりのない事項の申告を強制することは，採用の自由の前提としても許されないというべきであろう。

さらにいえば，採用の自由を原則的に承認するとしても，それゆえに思想・信条を理由とする雇用拒絶が当然に適法なものとなるのか，という問題がある。採用の自由は，企業にとっては，望まない者の採用を強制されないことを意味する。しかし，それとは別に，思想・信条を理由とする採用拒否が，思想・信条の自由を侵すものとして違法性を認められ，損害賠償の対象になるという可能性はありうる。ある自由が認められるからといって，それによって当然に他人の自由，権利を侵害してよいということにはならないのである。ここでも，問題は，採用の自由という経済的自由と思想・信条の自由という2つの価値の調整である。問題の枠組みは，まことに民法的なものとして現れる。

以上との関連で興味深い判決として，企業にかかわるものではないが，マン

ションの賃貸借について，借主が外国人(在日韓国人)であることを理由に入居を拒否したことが，契約準備段階における信義則上の義務に違反し，損害賠償義務を免れないとされた事例がある(大阪地判1993〔平成5〕年6月18日判時1468号122頁)。マンション所有者にはもちろん賃貸借締結の自由はあるわけであるが，にもかかわらず賃貸拒絶が違法性を帯びることもありうることが認められたわけである。本来自由であるべき行為に違法性が認められたのは，判決に明示されているわけではないが，このケースにおける賃貸拒絶が平等原則という憲法上の権利を侵害していると見られたからである[23]。企業の場合にも事態は同様であり，採用の自由の行使が人権侵害を構成し，不法行為と評価されることはありうるというべきである。さらにいえば，社会における企業の公共的性格の大きさのゆえに，人権侵害と見られるべき場合は一般的に多くなるというべきであろう。

2　個人による人権侵害

　社会における個人による人権侵害ケースとして近時活発に論じられているのは，性的自己決定権の侵害とりわけセクシュアル・ハラスメントと，親密な関係にある者の間の暴力行為であるドメスティック・バイオレンスである。以下，これらの問題を素材として，個人による人権侵害の救済という観点から「憲法と民法」の関連を検討する。

(1)　セクシュアル・ハラスメントとその法的救済

　セクシュアル・ハラスメントをどう定義するかは，困難な問題である。セクシュアル・ハラスメントを問題にするコンテクストに応じて，その定義の仕方も変わってくるからである。しかし，最大公約数的には，それを「相手の意に反する不快な性的言動」という形で把握する[24]ことについて大きな異論はないであろう。

　セクシュアル・ハラスメントが生じるのは，職場やキャンパスなど，閉鎖的で，上司関係や指導関係など制度上の上下関係(＝権力関係)が存在する場であることが通常である。法的問題になりうるほどの「相手の意に反する不快な性

的言動」を対等な関係にある者の間で行うことはあまり一般的ではないし，権力関係が存在してこそ，ある見返り(積極的な見返りであることも，消極的な見返りであることもありうる)を伴ったセクシュアル・ハラスメント(対価型)が可能になるからである。しかし，そのような制度的な権力関係を伴わない人間の間(たとえば同僚や同輩間)でもセクシュアル・ハラスメントはありうる。その場合には，ジェンダー関係が「相手の意に反する不快な性的言動」を支える事実上の権力関係として機能しているのである。

　セクシュアル・ハラスメントを法的に捉えるアプローチとしては，性差別アプローチ(アメリカ)と人格権アプローチ(フランスなどヨーロッパ諸国に多い)とがある[25]。日本の場合には，後者の人格権アプローチに立ちつつ，不法行為法理によって加害者の責任を追及するというアプローチが主流である。つまり，日本では，「相手の意に反する不快な性的言動」によって被害者に何らかの人格権侵害，人格的利益侵害が生じると把握し，その帰結として不法行為法理に基づく救済を与える，というのが通常の救済手法になっているのである。

　侵害される人格権としては，通常，性的自己決定権が挙げられる。また，セクシュアル・ハラスメントの多くは職場においてなされることから，性的自己決定権などの人格権侵害を通じて労働権，生存権が侵害されるとも説かれる[26]。また，近時多く問題になるキャンパス・セクシュアル・ハラスメントについては，「良好な教育環境のなかで研究・教育を受ける利益」の侵害と把握される(仙台地判1999〔平成11〕年5月24日判時1705号135頁)。

　問題は，どのようにしてこれらの法益が民法上の保護法益として認められるようになるのか，である。不法行為の原則規定である民法709条は一般条項であるから，これらの法益を民法709条の保護法益に取り込むに際しては，特に「憲法と民法」というような問題を媒介にする必要はない。端的に，民法上の保護法益に当たる旨を述べれば足りるはずである。しかし，従来は認められてこなかった利益を保護法益に繰り入れるには，それなりの根拠が必要である。そのために，憲法への言及が重要な役割を果たした。多くの文献においてセクシュアル・ハラスメントは人権侵害である旨が説かれ[27]，また，裁判においても，被害者の主張の根拠として，民法1条の2(改正前。現在は2条)とともに，憲法の規定(14条，13条など)を援用することがしばしば見られたのである。そ

れらの人権や憲法の援用が，法的に論理を詰めてなされたものとはいいにくい。しかし，それが，1990年代に見られたこの領域における民法上の保護法益拡大のための支えとなったことはたしかである。憲法は，その規範性を通じてというよりも，その象徴的作用を通じて民法上の保護法益拡大を主導するのである。

(2) ドメスティック・バイオレンスとその救済

ドメスティック・バイオレンスとは，夫やパートナーなど親密な関係にある男性から女性に対してなされる暴力のことである。その背後には，性支配関係が存在する。対等平等の関係にある人間の間で，かくも日常的に暴力行為が行われることなどありえないからである。その背後にはまた，女性を尊厳を備えた主体としてではなく，「客体」=「物」として扱うジェンダー・ハビトゥスが存在する。

ドメスティック・バイオレンスは，明らかに人格権に対する侵害行為である。したがって，これが不法行為法理による救済の対象になることは，法的には問題がない。しかし，この問題領域においては，不法行為に基づく事後的救済にはあまり意味がない。現実に求められるのは，暴力からの安全の確保である。この観点から求められるのは，被害者に対する社会の支援である。

ひとつには，警察など公的機関の介入が求められる。しかし，警察は，長らく民事不介入の考え方の下で，この領域における介入に積極的ではなかった。また，地方公共団体も，この分野での被害者救済に積極的に取り組んできたとはとうていいえない。そのような姿勢を変化させる契機になりうるのが，「配偶者からの暴力の防止及び被害者の保護に関する法律」(いわゆるDV防止法)(2001年)の成立である。この法律は，都道府県による配偶者暴力相談支援センターの設置を定めるとともに(3条以下)，警察官による被害の防止義務(ただし努力義務にとどまる。8条)などを定めたのである。

もうひとつには，民間の自発的団体の支援が重要である。この点に関しても，DV防止法は，民間団体(NGOシェルターなどを想定している)に対する公的な財政支援の可能性を定めている(26条)。

DV防止法はまた，被害者の申し立てに基づいて裁判所が保護命令を発する

という制度を創設するとともに(10条以下)，この保護命令に違反した者には刑事罰を科すという(29条)，民事の仮処分手続と刑事罰を合体させたような新たな制度を作った。要件の厳格性や手続の工夫などの点での不十分性が指摘されているが，被害者救済の実効性の観点から「法の融合」を志向したものとして注目すべき制度である。

　ドメスティック・バイオレンスについて，民法法理が救済手段を提供していなかったわけではない。被害者が使おうと思えば，人格権を被保全権利とする仮処分や，事後的にではあっても不法行為に基づく損害賠償請求は可能である。しかし，社会に埋め込まれたジェンダー・ハビトゥスによって，ドメスティック・バイオレンスは，深刻な人格権侵害でありながら，長らく「見えない存在」として封じ込められていた。そのゆえに，被害者が法的救済を求めることが困難になっていたのである[28]。

　これが次第に「見える存在」になり，ついには不十分ながらも立法措置まで講じられるようになるについては，憲法的言説の果たした役割が大きい。とりわけ，国際社会においては，「女性に対する暴力」の問題を女性の人権問題の中核に位置づけたジュネーブ条約(1993年)など，人権言説がきわめて大きな役割を果たしている[29]。このような動向に影響を受けつつ，日本においても，ドメスティック・バイオレンスを人権問題と捉える見方が広がり，それが立法に結実する問題への取り組みにつながっている。この問題領域においても，人権という憲法的言説は，民法を補完しつつ，その規範性というよりも象徴的機能によって，社会における人権確保のために機能しているのである。

1) その初期の試みとして，1990年代半ばに『法学教室』誌が企画した「民法と憲法」と題する特集を挙げることができる(171号，1994年)。また，これと前後して，山本敬三による一連の理論活動が展開され，このテーマが民法学界に広く共有されるようになるについて大きな役割を果たした。代表的論考を二点だけ挙げておく。山本敬三「現代社会におけるリベラリズムと私的自治(1)(2)」法学論叢133巻4号〜5号(1993年)，同『公序良俗論の再構成』(有斐閣，2000年)。
2) 法律の相対化は，憲法との関係だけではなく，条約との関係でも生じる。日本でもこの現象が見られないわけではないが(「女性差別撤廃条約」や「子どもの権利条約」の批准に伴う国内法の整備など)，この問題がより前面に出ているのは，西欧諸国である。すなわち，EU諸国においては，とりわけヨーロッパ人権条約との関連で民法を始めとする国内

法の相対化が大きな問題となっているのである。この背後には，いうまでもなく，EU 統合とそれに伴う主権国家の相対化がある。フランスの問題状況について，ローラン・ルヴヌール(大村敦志訳)「フランス民法典とヨーロッパ人権条約・ヨーロッパ統合」ジュリ 1204 号(2001 年)参照。また，フランスの状況を詳細に分析する近時の浩瀚な文献として，Anne Debet, *L'influence de la Convention europeenne des droits de l'homme sur le droit civil*, Dalloz, 2002. がある。

3) フランスにおける「法律 loi」の観念を簡潔に整理する有益な文献として，Bertrand Mathieu, *La loi, coll. connaissance du droit*, Dalloz, 1995. を挙げておく。

4) それぞれ代表的文献を挙げておくと，①宇賀克也・大橋洋一・高橋滋編『対話で学ぶ行政法——行政法と隣接諸法分野との対話』(有斐閣，2003 年)(行政法と民法に関わる対話が四本収められている)，②根岸哲「民法と独禁法(上)(下)」法曹時報 46 巻 1 号 1 頁以下，2 号 1 頁以下(1994 年)，日本経済法学会編『競争秩序と民事法(日本経済法学会年報第 19 号)』(有斐閣，1998 年)，③佐伯仁志・道垣内弘人『刑法と民法の対話』(有斐閣，2001 年)，特集「刑法と民法の交錯——その一断面」刑法 43 巻 1 号(2003 年)などがある。もっとも，それぞれの問題意識はかなり異なる。

5) 広中俊雄『民法綱要第一巻総論上』(創文社，1989 年)8～12 頁，18～21 頁。

6) 星野英一および大村敦志が強調する観点である。星野英一『民法のすすめ』(岩波書店，1998 年)74 頁以下，142 頁以下，大村敦志『民法総論』(岩波書店，2001 年)54 頁以下などを参照。

7) 日本ほど明瞭にではないにせよ，同様の動きをフランスにおいても見出すことができる。フランスでは，1960 年代から 70 年代にかけていくつかの立法によって民法典家族法規定が全面的に書き換えられたが(その全体像については，稲本洋之助『フランスの家族法』〔東京大学出版会，1985 年〕を参照)，それは，1946 年憲法前文において家族が憲法上位置づけられたことと関係している。Francois Luchaire, Les fondements constitutionnels du droit civil, *R.T.D. Civ*., 1982, p. 258.

8) この点は，すでに何回か指摘したことがある。たとえば，吉田克己「自己決定権と公序——家族・成年後見・脳死」北大法学部 50 周年記念ライブラリー 2(瀬川信久編)『私法学の再構築』(北海道大学図書刊行会，1999 年)254 頁以下。

9) 樋口陽一『憲法』(創文社，1992 年)259 頁。

10) 日本ではいまだ顕著な動きにはなっていないが，同性カップルに婚姻に準じた法的保護を与えるのは，西欧諸国ではすでにありふれた事態になっている。その先鞭をつけたのはデンマークであるが(1989 年)，これに，ノルウェー(1993 年)，スウェーデン(1994 年)の北欧諸国が続き，オランダ，スペイン，ベルギーでも同様の立法が成立した(1998 年)。有名なフランスの PACS(1999 年)はこれらに続くものである。さらに，オランダは，最近，これらの線を越え，婚姻制度の利用自体を同性カップルに認めるとともに，養子縁組の実施を認めるに至った(2000 年)。

11) 辻村みよ子「日本における家族の憲法上の地位」日仏法学会編『日本とフランスの家族観』(有斐閣，2003 年)28～29 頁参照。

12) 契約自由と憲法との関係については，中田裕康「契約自由の原則」法教 171 号(1994

年)29頁以下参照。また，先駆的文献として，五十嵐清「ボン基本法と契約の自由」北大法学論集10巻合併号42頁以下(1960年)がある。
13) 棟居快行「日本的秩序と『見えない憲法』の可視性」同『憲法学再論』(信山社，2001年)所収52頁以下，55頁参照。
14) より具体的には，吉田克己「民事法制の変動と憲法」法時73巻6号(2001年)33〜35頁(本書第2章40〜41頁)参照。
15) 安念潤司「憲法が財産権を保護することの意味——森林法違憲判決の再検討」長谷部恭男編著『リーディングス・現代の憲法』(日本評論社，1995年)138頁以下，とくに147頁参照。また，長谷部恭男『比較不能な価値の迷路』(東京大学出版会，2000年)109〜110頁，山田誠一「所有権」法教171号(1994年)36頁以下も参考になる。
16) 安念・前掲注15)151頁。
17) フランスを素材としていえば，民法典に定められたとされる「絶対的所有権」は決して法令による制限を排除するものではなく(544条参照)，現実にも，所有権制度の全体は，所有権に対する公共的制約を受け入れるものであった。吉田克己「フランス民法典第544条と『絶対的所有権』」乾昭三編『土地法の理論的展開』(法律文化社，1990年)192頁以下，七戸克彦「所有権の『絶対性』概念の混迷」山内進編『混沌のなかの所有』(国際書院，2000年)258頁以下参照。日本民法に定められる所有権も，基本的には同様の法的枠組みを備えている(206条)。
18) 参照，大村敦志『公序良俗と契約正義』(有斐閣，1995年)第2章「外国法・その一——法典編纂期を中心として」，Marie-Laure Mathieu-Izorche, La liberte contractuelle, in Remy Cabrillac et al. (sous la direction de), *Libertes et droits fondamentaux*, 9e ed., 2003, p. 608.
19) 周知のように，樋口陽一によって強調される観点である。
20) 一般条項としての民法90条の内容を充填するものとして，さらに，民法1条の2(改正前。改正後は2条)と憲法14条が援用されるのが一般的である。とりわけ個人の尊厳と両性の平等を民法解釈の理念として定める民法1条の2への着目は注目すべきである。憲法の私人間適用という論点をどのように考えるかとは別に，この領域における民法上の救済を導くことが可能になるからである。
21) 水野紀子「民法90条——男女別定年制」星野英一他編『民法判例百選Ⅰ総則・物権[第5版]』(有斐閣，2001年)37頁。
22) 樋口陽一・山内敏弘・辻村みよ子『憲法判例を読む』(日本評論社，1994年)86〜87頁(樋口陽一)。
23) 河内宏[判批]判評454号(判時1579号)(1996年)45頁参照。
24) たとえば，水谷英夫『セクシュアル・ハラスメントの実態と法理』(信山社，2001年)179頁参照。
25) 山崎文夫「セクシュアル・ハラスメントと法的アプローチ」比較法39号(2002年)206頁以下参照。アメリカとフランスとの比較については，Abigail C. Saguy, *What is sexual harassment? From Capitol hill to the Sorbonne*, University of California Press, 2003. が，実態調査に基づく興味深い分析を行っている。

26) 一例として，角田由紀子「セクシュアル・ハラスメント」自由と正義45巻5号(1994年)35頁。
27) 例示的に挙げると，福島瑞穂監修『弁護士が教えるセクハラこんなときどうなる』(日本文芸社，1999年)39頁以下，新谷一幸『セクシュアル・ハラスメントと人権』(部落問題研究所，2000年)21頁など。
28) これらについては，吉田克己「近代市民法とジェンダー秩序」日本法制史学会2003年学術総会シンポジウム『ジェンダーの法史学』(その後，吉田克己「近代市民法とジェンダー秩序」三成美保編『ジェンダーの比較法史学』105頁〔大阪大学出版会，2006年〕として公表)で若干の点を論じた。
29) 国際社会における取り組みについては，戒能民江『ドメスティック・バイオレンス』(不磨書房，2002年)60頁以下参照。

〔補注1〕本文における「一般意思」は，より法学的文脈においては「一般利益 la volonté générale」と置き換えてよいであろうが，この観念の現代的展開を扱う優れた論考として，Mustapha MEKKI, *L'intérêt général et le contrat, contribution à une étude de la hiérarchie des intérêts en droit privé*, Préface de Jacques Ghestin, Bibliothèque de droit privé, tome 411, L.G.D.J., 2004. が本稿初出後公刊された。この紹介として，吉田克己「紹介：ムスタファ・メキ『一般利益と契約』」新世代法政策学研究1号(2009年)91頁を参照。そこでは，一般利益をめぐる諸利益の対立をその調整の結果としての一般利益の形成，その有り様の歴史的変化が詳しく分析されている。また，本文中の法律の相対化に関しては，本文指摘の点に加えて，ソフト・ロー概念の称揚などに典型的に見出される現代社会における法源の多様化・柔軟化という現象を強調すべきであろう。この点に関しては，「ノルム(規準) norme」という言葉を行動の参照枠組みと捉えつつ，「規準としての力 force normative」という新しい概念を創出し，これをもって現代のさまざまな領域における多様なノルム(規準)のあり方を分析しようとする Chathrine Thibierge et alii, *La force normative, Naissance d'un concept*, L.G.D.J., 2009. がきわめて示唆的である。なお，これらの理論動向については，吉田克己「現代法の総体的把握と国際的理論交流」法の科学42号(2011年)4〜7頁にも簡単な紹介がある。

〔補注2〕この問題については，本書第4章で詳しく扱っている。

【追記】本稿は，法律時報76巻2号(2004年)の小特集「シンポジウム・憲法と民法」に報告の1本として収録されたものである。他の報告は，山本敬三「憲法システムにおける私法の役割」と大村敦志「大きな公共性から小さな公共性へ──『憲法と民法』から出発して」であった。この他，長谷川晃，戒能通厚，広渡清吾，樋口陽一の諸教授からのコメントが寄せられた。この特集とそこに収められた諸論考は，「憲法と民法」にかかわるまとまった議論を提供

するものとして，その後，少なくない論考において言及していただく機会を得ている。

　この小特集の素となったシンポジウムは，2003年度の民主主義科学者協会法律部会の民事法分科会合宿(2003年8月28日，愛知県豊橋市)企画として開催された。そのオーガナイズは私が担当したが，この機会に，力のこもった報告，コメントを寄せていただいた諸先生方に，改めて心からの御礼を申し上げたい。

第4章　私人による差別の撤廃と民法学

I　はじめに

　本稿の課題は，民法学の観点から差別問題にアプローチし，私人による差別の撤廃に民法学がどのように寄与しうるかを検討することである。具体的には，裁判例の現状がどうなっているのかを確認したうえで，民法学を通じた差別問題への対処の方向性を整理したい。私人による差別に対処するための民法法理としては，公序良俗法理と不法行為法理との2つの可能性がある。差別撤廃の観点から2つの法理がどのような意味を持っているかにも関心を払いたい。

　私人による差別には多種多様なものがありうるが，本稿で取り上げる問題領域は，次の2つに限定する。①市場における「外国人」差別問題[1]。ここで問題になるのは，外国人に対する商品やサービスの提供の拒否である。つまり，市場における差別がここでの問題である。②企業における女性差別問題。私人による差別という場合に真っ先に頭に浮かぶのは，この問題であろう。この問題は，古くから存在するが，今日の雇用状況の下でその深刻性を増している。限定されたものとはいえ，この2つの問題領域を検討することによって，私人による差別問題の重要部分は押さえることができると考えている。

　なお，本稿において検討の素材とするのは，主として裁判例である。もちろん立法も私人による差別問題への対処策として重要であり，とりわけ上記②の問題領域においては，男女雇用機会均等法の改正問題などが重要な意味を持つが，本稿では，最低限必要な限度で触れるに止める。また，本稿で取り上げる差別問題については，人種差別撤廃条約，女性差別撤廃条約，国際人権B規約等が問題になる。しかし，筆者の能力の関係で，これらの若干の点に触れる

ことがあるにしても、これらを直接の検討対象にすることは避けたい。

II　市場における「外国人」差別とその克服

1　問題の構図

　「外国人」であることだけを理由に商品の提供を拒絶すれば、それは明らかに「差別」と性格づけることができる。その結果、そのような行為は、平等という価値を侵害し違法であるとの評価を受けて、行為者は不法行為責任を問われるべきもののように思われる。しかし、現実には、そのように単純にことが運ぶわけではない。平等原則に対して、他方で契約締結の自由や相手方選択の自由があるといわれ、それを根拠に一定の者に対する商品提供の拒絶を正当化する論理もありうるからである。そして、この領域での紛争においては、実際にそのような主張がなされている。また、営業の自由や経済活動の自由という憲法上の価値が援用されることもある。
　しかし、このような契約締結の自由や営業の自由を貫徹するならば、「外国人」であることを理由に商品提供を拒絶することも自由にできることになってしまう。それは明らかに不当である。どのように、どのような限度で営業の自由等のこれらの自由をチェックすべきか。これが問われるわけである。要するに、2つの価値の衡量・調整が、ここでの問題の基本的構図である。第2の問題として後に取り上げる企業における男女差別問題と比べると、問題の構図自体は、比較的単純といってよい。

2　裁判例の概観

　まず、この問題に関係する裁判例を見ていこう。それほど多くの裁判例が公表されているわけではないが、それでも一定の蓄積はある。具体的な問題領域は、以下の5つに整理することができる。

(1) 入店拒絶

最初に，外国人に対する入店拒絶に関して，【1①】静岡地裁浜松支判平成11年10月12日判時1718号92頁を見よう。宝石店経営主Yが，来店したブラジル人Xに対して，「外国人の入店は固くお断りします」という張り紙を示し，警察署作成の「出店荒らしにご用心」を題するビラを示すなどして，Xを店から追い出そうとした行為が不法行為に当たるものと判断され，民法709条および710条に基づいて慰謝料150万円の支払いが命じられた事件である。

判旨は，人種差別撤廃条約の意義に関して，「本件のような個人に対する不法行為に基く損害賠償請求の場合には，右条約の実体規定が不法行為の要件の解釈基準として作用する」と判示した。その上で，Yの行為は，「Xの感情を逆なでするものであ」り，「Xの人格的名誉を傷つけたもの」であるとしてYの不法行為責任を認めたのである。この判旨は，民法709条を媒介として人種差別撤廃条約の私人間間接適用を初めて認めたものとして高く評価されている[2]。

本稿では，それとともに，判旨が，本件での商店の公開性をもって結論を導く重要な根拠としている点に注目しておきたい。次のように判示する。「宝石商は，……一般に街頭で店舗を構えている以上，それはその構造上と機能から日本人であると外国であると問わず途を歩く顧客一般に開放されているものというべ」きである。「商品を倉庫に備え置き，通信販売等の方法により，品物を紹介するとかいう形態を採れば格別，被告らのような店舗を構える経営者には，顧客対象を限定したり，入店制限を行うとか，被紹介者に限るとか，完全な会員制にするとかの自由はない」。

このように「顧客一般への開放」すなわち公開性を前提とすれば，営業の自由に基づいて入店拒絶を正当化することは難しくなる。つまり，2つの価値の衡量問題という枠組みにおける一方の価値の正当性が大きく減殺されるわけである。とすれば，Yの行為について不法行為責任を認めるという解決に大きく傾くことになろう。

(2) 公衆浴場での入浴拒絶

次に，北海道小樽市の公衆浴場における入浴拒絶に関する裁判例を見よう。小樽市は，ロシア人船員などの観光客が多い町であるが，その入浴態度の悪さに手を焼いた公衆浴場の事業者が，一律に「外国人」の入浴を拒否するという方針を採用した。これによる入浴拒絶を不当として，日本に帰化していた元アメリカ人など3名が提訴したという事件である[3]。

第1審判決である【1②a】札幌地判平成14年11月11日判時1806号84頁において，事業者の不法行為責任が認められ，原告3名に対して1人100万円の慰謝料の支払いが命じられた。事業者とともに，小樽市に対しても，差別禁止の措置たとえば条例制定の措置を講じなかったとして責任が追及されたが，この責任は否定された[4]。この結論は，控訴審判決(【1②b】札幌高判平成16年9月16日公刊物未登載。http://www.debito.org/kousaihanketsu.html において参照することができる)および最高裁判決(【1②c】最判平成17年4月7日公刊物未登載)においても維持された。

第1審判決は，第1に，憲法14条1項，国際人権B規約および人種差別撤廃条約等の私人間への直接適用は否定しつつも，次のように判示して，私人間の紛争解決に当たってその趣旨を読み込むことを肯定する。すなわち，「私人の行為によって他の私人の基本的な自由や平等が具体的に侵害され又はそのおそれがあり，かつ，それが社会的に許容しうる限度を超えていると評価されるときは，私的自治に対する一般的制限規定である民法1条，90条や不法行為に関する諸規定等により，私人による個人の基本的な自由や平等に対する侵害を無効ないし違法として私人の利益を保護すべきである。そして，憲法14条1項，国際人権B規約及び人種差別撤廃条約は，前記のような私法の諸規定の解釈にあたっての基準の一つとなりうる」のである。【1①】判決と同様に，ここでも人種差別撤廃条約の間接適用が認められている[5]。

同判決は，第2に，営業の自由と差別禁止との関係に関して次のように判示する。すなわち，(i) Y には，財産権の保障に基づく営業の自由が認められている。(ii) しかし，①本件公衆浴場は，公衆浴場法による北海道知事の許可を受けて経営されており，公衆衛生の維持に資するものであって，公共性を有す

る。②そして,「公衆浴場である限り,希望する者は,国籍,人種を問わず,その利用が認められるべきである」。たしかに,他の利用者に迷惑をかける利用者に対しては,利用拒否等が認められるが,それは個別的に入浴マナーの指導等を行うべきであって,公衆浴場の「公共性」に照らすと,「安易にすべての外国人の利用を一律に拒否するのは明らかに合理性を欠くものというべきである」。(iii)したがって,外国人一律入浴拒否の方法によってなされた本件入浴拒否は,不合理な差別であって,社会的に許容しうる限度を超えているから,違法であって不法行為にあたる。

公衆浴場の公共性を説く判旨(ii)は,【1①】判決における店舗の公開性に対応している。ここでの「公共性」は,判旨(ii)②の内容からしても,「公開性」という意味で理解されるべきである。ところで,【1①】判決における公開性は,基本的には店舗への立ち入り自由という意味に止まっており,顧客の商品購入の自由,売主側からいえば相手方選択の自由の制限という意味での公開性まで意味するわけではない。これに対して,ここでの公開性は,後者の意味をも含んでいる点で,【1①】判決よりも一段階深化している。そして,当該店舗にこの意味での公開性が認められるのであれば,それを営業の自由の名によって制限して特定人へのサービス提供を否定するには,その合理性について慎重な判断が要求されよう[6]。この点は,【1①】判決において店舗への立ち入りを否定するには慎重な判断が要求されるのと同様である。そして,実際に,【1②a〜c】判決においても,外国人一律入浴拒否という方法による制限の合理性が否定されたのである。

しかし,そうであれば,判旨(ii)①の適切性は,改めて問題になろう。判旨(ii)①における「公共性」は,知事の許可を受けている点を中心に把握されている[7]。そのような点を強調すると,一般に知事の許可が必要である公衆浴場についてはともかくとして,知事の許可を受けない業種については,「公共性」がなく外国人の利用を一律に拒否することも可能ということになってしまうからである。判旨がそのような趣旨を含むと理解すべきではないであろう。

(3) 賃貸住宅の賃貸拒絶

第3の問題領域として,賃貸住宅における賃貸拒否に関する裁判例を取り上

げる。この領域においては，在日朝鮮人への入居差別が目立つ。現実にはきわめて多くの入居差別があるものと推測されるが，裁判例として公表されるものの数は少ない。それでも，いくつかの裁判例が知られている。

　(i)　この領域において公表されたおそらく最初の裁判例は，【1③】大阪地判平成5年6月18日判時1468号122頁である。協定永住の在留資格を持つ在日韓国人であるXは，住居が手狭になったため，より広いマンションに転居することを計画し，仲介業者を通じて本件賃貸マンションについての入居手続を進めた。ところが，「契約条件がすべて決まり，手付金に充当されるべき金員の授受もなされ，その後は契約書の作成と物件の引渡し，保証金等の支払が残るだけという段階」に至って，家主から賃貸借契約の締結を拒絶された。そこで，Xが，この賃貸拒否はXが日本国籍でないことを理由にするものであって不法行為に当たると主張して，家主Yらの責任を追及したという事件である。Xの主張に対して，Yらは，本件での入居拒否は，Xの賃料支払能力に不安があったためだと主張するとともに，「本件建物の入居者の選択及び入居条件の決定は，建物所有者または建物の賃貸権限を有する者において，建物の管理・維持等の観点から自由になしうるところであり，契約の締結を強制される余地はない」と，契約締結の自由を強調した。

　判旨は，前者については，本件入居拒否の理由はXが韓国籍であることにあったと認定し，Yの主張を退けた。その上で，判旨は，YがXの契約締結への期待を合理的理由なく侵害したとして，慰謝料20万円，違約金1万7000円，弁護士費用5万円，計26万7000円の損害賠償を認めた。次のように判示している。「信義誠実の原則は，契約法関係のみならず，すべての私法関係を支配する理念であり，契約成立後はもちろん，契約締結に至る準備段階においても妥当するものと解すべきであり，当事者間において契約締結の準備が進展し，相手方において契約の成立が確実なものと期待するに至った場合には，その一方の当事者としては相手方の右期待を侵害しないように誠実に契約の成立に努めるべき信義則上の義務があるというべきである。したがって，契約締結の中止を正当視すべき特段の事情のない限り，右締結を一方的に無条件で中止することは許されず，あえて中止することによって損害を被らせた場合には，相手方に対する違法行為として，その損害についての賠償の責を負うべきもの

と解するのが相当である」。……「Yらは，Xが在日韓国人であることを主たる理由として，契約の締結を拒否したものと認められ，右締結の拒否には，何ら合理的な理由が存しないものというべきである。したがって，Yらは，前記信義則上の義務に違反したものと認められ，Xが本件賃貸借契約の締結を期待したことによって被った損害につき，これを賠償すべき義務があるというべきである」。

なお，Xは，本件入居拒否は憲法および国際人権規約に違反する旨を主張した。しかし，判旨は，これらの規定は「私人相互間に直接作用するものではない」として，この主張を退けている。また，Xは，大阪府の規制監督権限不行使による責任も追及したが，この責任は否定された。

本件の事案の特徴は，賃貸借契約成立の直前になって契約締結が拒絶された点にある。一般的にも，契約締結への交渉が熟していながら合理的な理由なしに契約締結を拒絶する場合には，損害賠償請求が認められる傾向にある。いわゆる契約交渉破棄責任の問題である[8]。本判決は，この枠組みで問題を処理することを前提としつつ，在日韓国人であることは合理的な理由にはならないと判断した。この判断は，当然のものであるとはいえ，それ自体大きな意味を持つ。しかし，契約交渉破棄責任の枠組みは，外国人に対する入居差別防止の観点からは，限界を含む。次の2点を指摘しておきたい。

第1に，契約交渉破棄責任で家主Yの責任を追及する場合には，Xが契約成立を信頼することが前提となり，そのような信頼を惹起した者の責任が問題となる。そうであれば，家主が最初から外国人に対する賃貸を拒否する姿勢を明らかにしているにもかかわらず仲介業者がそれをXに十分に伝えなかった結果Xが契約成立を信頼したような場合には，仲介業者の責任を問うことはできても，外国人差別という観点からは家主の行動の問題性は大きいにもかかわらず，家主の責任を追及することは難しいということになろう[9]。

第2に，外国人の入居差別は，契約が熟した段階で問題となるよりも，契約交渉の初発の段階で生じることが多い。たとえば，最初から外国人の申込みを受け付けないような場合である。この場合について契約交渉破棄責任では，家主の責任を追及することが不可能である。本判決の射程は，このような場合には及ばないといわざるをえない[10]。

(ii) このような交渉の初発段階での問題を扱うのが,【1④a】神戸地尼崎支判平成 18 年 1 月 24 日公刊物未登載である。結婚を控えた在日韓国人夫婦が,不動産店舗内で希望物件を申し込んだところ,申込書の本籍欄を見た家主から直ちに契約を拒絶されたという事案である。公刊物に登載されていないため判決文を確認できていないが,本件における契約拒絶は国籍を理由とするものであるから何ら合理性を有せず,憲法 14 条 1 項の禁止する差別に当たる不合理な差別であって社会的に許容しうる限度を超えているとして,家主の責任(22万円の慰謝料)を認めたもののようである。なお,この結論は,控訴審(【1④b】大阪高判平成 18 年 10 月 5 日公刊物未登載)において維持されたという[11]。

(iii) もう 1 件,地方自治体の責任が主たる争点となった【1⑤】大阪地判平成 19 年 12 月 18 日判時 2000 号 79 頁を紹介しておく。この事件においては,【1①】事件や【1③】事件と同様に,人種差別禁止の条例を定めなかった地方自治体(本件では大阪府)の責任が追及された。先行の判決と同様に,本判決でもこの請求は棄却された。地方自治体の責任というこの論点に関しては,現在までのところ,X の請求を認めたものはない。

X は,差別撤廃条約第 2 条 1 項柱書を援用し,そこに定める人種差別禁止・終了措置を講じる義務は,国および地方公共団体を法的に拘束すると主張した。判旨は,これらの規定は,「一義的に明確な法的義務を定めたものとはいえ」ず,「人種差別の禁止,終了に関して締結国に対する政治的責務を定めたものと解するのが相当である」と判示して,X の主張を退けている。

これに対して,家主に対する不法行為に基づく損害賠償請求については,100 万円の解決金を支払うということで和解が成立した。このように,外国人の入居拒否ケースにおいて家主に対して不法行為責任の追及がなされ,それが功を奏する事例は,一定数現れてきているわけである。

(4) 銀行による住宅ローン提供の拒絶

第 4 類型は,銀行による住宅ローンの拒絶である。この問題に関しては,【1⑥a】東京地判平成 13 年 11 月 12 日判時 1789 号 96 頁とその控訴審判決である【1⑥b】東京高判平成 14 年 8 月 29 日金判 1155 号 20 頁がある。この事件で問題になったのは,永住資格のない外国人 X の住宅ローン申込みの拒絶である

が，銀行 Y の責任を否定した第 1 審の判断が控訴審においても維持されている。

X はまず，Y の行為が平等原則を定める憲法 14 条 1 項に違反して不法行為に当たると主張した。これに対して原判決【1⑥a】は，平等原則は民法 709 条などの個別の実体法規の解釈適用を通じて実現されるべきという間接適用説に立ちつつ，他方における経済活動の自由の保障を指摘する。そのようにして，判旨は，問題とされる行為の合理的理由の有無，社会的に許容しうる範囲を逸脱するかどうかの判断基準によって不法行為の成否が判断されるとの一般論を述べ，本件における住宅ローンについては，コスト低減の要請（貸付対象者が出国した場合には，債権回収費用が増加する），定型化の要請（大量処理と経費節減のためにはこれが必要である）からすれば，永住資格のないことを理由に住宅ローンの申込みを受け付けなかったことには合理的な理由があると判断した。

控訴審において，X は，銀行の業務の公共性からすると，「経済活動の自由」や「契約の自由」の原則を適用することは誤りであるとの主張も展開した。これに対して，【1⑥b】判決は，「銀行が公共性を有するとしても，憲法 22 条，29 条等により，銀行である Y は私企業として経済活動の自由が保護されており，その一環として契約締結の自由を有する……」と判示して，X の主張を退けている。

ここでの「公共性」は，【1②a】判決における公開性を中心とした公共性とは意味が異なる。ここでの公共性は，銀行業務の公共性であって，それは銀行業務が持っている社会的価値を中心に捉えられるべきものだからである。もちろん，銀行業務が社会的価値を持っているということは，その公開性すなわち銀行が提供するサービスへの公衆のアクセス可能性と密接に関連している。このようなアクセス可能性すなわち社会への公開性がまったく否定されたところで，その社会的価値を語ることはできないからである。しかし，社会的価値を認められるべきことが，直ちにその業務すべての公開性の要請に結びつくわけではない。その意味で，X の主張はやや短絡的であるきらいを免れない。しかし，だからといって，公共性が公開性と無関係であるわけではない。その意味で，判旨のように公共性と契約自由制約との関連性を切断するのも妥当ではない。公共性と密接な関連のある公開性によって契約自由はある程度制約され

ると把握すべきであり，問題は，その具体的線引きをどのように行うかである。

(5) ゴルフクラブへの入会拒絶

第5類型は，ゴルフクラブ会員資格についての外国人差別である。もっとも，この類型は，厳密には，「市場における」外国人差別を問題にするものではない。そこでは，一般に，結社の自由とそれに基づく一定の者の排除の自由の可否が問題とされるからである。しかし，以下の裁判例にも見られるように，会員権の流通性など市場の論理が表面に出てくることもあり，また，ゴルフクラブの営利性が前面に出る場合には，そこへの入会は，市場におけるサービスの購入という性格を帯びてくることになる。このような点を考慮して，これまでの類型との違いは意識しつつも，この類型の問題を市場における外国人差別に含めてここで取り扱うことにする。

この領域においては，3つの事件に関する4つの裁判例が公表されている。違法な差別であるとの主張が認められて慰謝料が認容された裁判例が1件あるが，あとの2つの事件では，請求が棄却されている。

否定例の【1⑦】東京地判昭和56年9月9日判時1043号74頁と【1⑧a】東京地判平成13年5月31日判時1773号36頁およびこの控訴審判決である【1⑧b】東京高判平成14年1月23日判時1773号34頁は，いずれも，憲法14条1項が私人間に直接適用されないとの考え方（いわゆる間接適用説）を採用した上で（その際に，三菱樹脂事件の最高裁昭和48年12月12日大法廷判決民集27巻11号1536頁が援用される），この領域における私的自治を強調し，社会的許容限度を超えない限り，会員資格を自由に決めることができると判示している。

【1⑧a】判決に即してその点を見ておくと，同判決は，まず，「私人間の関係においては，各人の有する自由と平等の権利自体が具体的場合に相互に矛盾，対立する可能性があり，このような場合におけるその対立の調整は，近代自由社会においては，原則として私的自治に委ねられ，ただ，一方の他方に対する侵害の態様，程度が社会的に許容し得る限度を超える場合にのみ，法がこれに介入しその調整をはかるという建前がとられている」ことを理由に憲法14条1項の直接適用を否定する[12]。その結果，「社団ないし団体を結成する者及び結成された社団ないし団体は，どのような目的の下にどのような構成員によっ

て社団ないし団体を結成し，あるいはどのような者について新たな構成員として社団ないし団体への加入を認め，さらには，どのような条件でその加入を認めるかについては，法律その他による特別の制限がない限り，原則として自由にこれを決定することができる」ことになり，そのような結社の自由にもかかわらず「新たな構成員の加入を拒否する行為を民法90条により無効とし，あるいは，民法709条の不法行為に当たるとすることは，国家が，その権力によって私人間の関係に介入し，個別的な救済を行うことになるのであるから，このようなことが許される場合は，結社の自由を制限してまでも相手方の平等の権利を保護しなければならないほどに，相手方の平等の権利に対して重大な侵害がされ，その侵害の態様，程度が憲法の規定の趣旨に照らして社会的に許容し得る限界を超えるといえるような極めて例外的な場合に限られるものと解するのが相当である」というわけである。

　これに対して，肯定例の【1−⑨】東京地判平成7年3月23日判時1531号53頁は，ゴルフクラブの内部関係における私的自治は認めつつ，会員権が市場に流通している点など指摘して，会員資格の決定に関しては，裁量に一定の限界があるものと判示している。次のようである。「今日ゴルフが特定の愛好家の間でのみ嗜まれる特殊な遊技であることを離れ，多くの国民が愛好する一般的なレジャーの一つとなっていることを背景として，会員権が市場に流通し，会員募集等にも公的規制がなされていることなどからみれば，ゴルフクラブは，一定の社会性をもった団体であることもまた否定できない。そうすると，ゴルフクラブは，自らの運営について相当広範な裁量権を有するものではあるが，いかなる者を会員にするかという点について，完全に自由な裁量を有するとまでいうことはできず，その裁量には一定の限界が存すると解すべきであり，その裁量を逸脱した場合には違法との評価を免れないというべきである」。このようにして，日本国籍を有しないことを理由にXについて会員資格を承認しないことは，社会的に許容しうる限界を超えるものとして，違法と判断されたのである。

3 裁判例の分析

以上，若干のコメントを加えつつ，裁判例の大まかな傾向を紹介した。その全体をまとめると，次の2点を指摘することができよう。

(1) 判断枠組みの共通性

まず指摘しうるのは，各類型ごとに結論は異なるし，また，同じ類型のなかでも結論が異なることもあったが，裁判例の判断枠組み自体は，ほぼ共通していることである。すなわち，ここで紹介した裁判例はすべて，平等原則を定める憲法14条や国際人権規約，差別撤廃条約等に関して，いわゆる間接適用説を採用する。間接適用説が具体的に意味するのは，異なる価値の衡量問題として問題を解決するという方向の提示である。そして，この衡量問題を判断する基準として持ち出されるのが，異なる扱いの合理性の有無であり，あるいはそのような扱いに対する社会的許容性の有無である。

たとえば，【1-①】判決は，平等原則と営業の自由という2つの異質な価値を提示した上で，問題となっている「人種，皮膚の色」等に基づく区別，制限が社会的に許容しうる限度を超えているかどうかを不法行為責任成立の基準としている。また，【1-⑧a】判決では，平等原則に対峙する価値として結社の自由(＝新たな構成員を選ぶ自由)が提示され，結社の自由による平等の権利の侵害が社会的に許容しうる限界を超えているかどうかが，【1-①】判決と同様に不法行為責任成立の基準とされるのである。

(2) 結論の相違とそれをもたらす要因

ところで，以上のような判断枠組みの共通性にもかかわらず，不法行為成否に関する結論には大きな違いがある。そしてその相違は，紛争類型に応じるといってよい。より具体的には，(1)入店拒絶および(2)公衆浴場の入浴拒絶ケースでは，一般的に不法行為責任が認められている。これに対して，(4)住宅ローン拒否および(5)ゴルフクラブ会員資格についての外国人差別という問題類型では，一般的には不法行為責任がなかなか認められないのである。

それでは，何がこのような結論の相違をもたらしているのであろうか。重要な要因として，問題となっている財やサービスが提供される市場の性格に関する理解の相違があるのではないか，というのが本稿の認識である。少し敷衍しよう。

財・サービスの提供についての裁判例の考え方を図式的に大きく類型化すると，そこには性格の異なる2つの市場が見出される。財・サービスの提供に際して顧客の人的要素を考慮しない市場と，考慮する市場である。前者を「開かれた市場」，後者を「制限的な市場」と呼ぶことにする。このような性格の差異に応じて，「差別」として違法とされるかどうかの判断が異なってくる。前者においては「差別」の違法性が認められやすいのに対して，後者においては，それが困難なのである。

本稿で紹介した裁判例で「開かれた市場」を前提とした判断を行っているのは，(1)の入店拒絶ケースおよび(2)の公衆浴場の入浴拒絶ケースである。これらの類型においては，店舗そして商品へのアクセスが，原則として万人に開かれている。あるいは規範的に開かれているべきである。ここには，公開性が認められる。これらの市場には，この意味における《公共性》がある。

このような「開かれた市場」において契約締結の自由や経済活動の自由を根拠とする顧客選別の自由を語っても，その説得力は乏しい。この市場においては，定義上，顧客選別の自由が制限されているからである。ここでは，経済活動自由を根拠とする差別がその正当性を失う。もちろん，この市場においても，一定の属性の顧客を排除することはありうるであろう。【1②】事件を念頭に置いていえば，公衆浴場で入浴マナーが悪い顧客を排除するような事態である。しかし，それは入浴マナーに着目して個別的に行うべきなのであって，外国人を一律に排除する扱いが正当性を持つことは，この市場においてはありえないであろう[13]。そのような措置が違法判断を受けるのは当然といわなければならない。

他方，(4)で問題となった住宅ローン市場は，裁判例において制限的な市場と捉えられている。つまり，取引相手方の選別が当然に予定されるのである。具体的には，(4)に関する【1⑥a】判決においては，債権回収費用という「コスト低減の要請」を強調しつつ，出国の蓋然性を考慮した顧客選別を合理的と判断

している。

　これに対して，(5)で問題となったゴルフクラブ会員資格については，市場の開放性というよりは団体の開放性が問題となる。会員資格に関するクラブ側の自由を肯定し，外国人排除の違法性を否定した【1⑦】判決および【1⑧a】判決においては，ゴルフクラブの私的団体性が強調されている。それゆえ，そこでは私的自治や結社の自由が支配するのである。ここでの団体は，閉鎖的である。ここから会員資格に関するクラブ側の自由が導かれる。

　もちろん，だからといって，会員の差別的選択を自由にできるということではない。結社の自由といっても，他方で会員申込者の平等への権利も保護すべき法益であり，両者の衡量が必要となるから，選別の合理性が問われるのである。「社会的に許容される限度」を超えないというのが，これらの裁判例が示す合理性の基準である。しかし，選別が社会的許容性基準を超えていること，すなわち差別の違法性はなかなか認められないというのが現実であった。

4　差別克服のために

(1)　市場の抽象化機能の活用

　以上の認識を踏まえると，差別を克服するための１つの方向として，市場の論理を活用するという方向が浮上する。市場は，本来的に人的属性を問題にしない。そこでの主体は，抽象的な「人」として現れる。この論理を差別克服に活用する，ということである。市場は，往々にして人格的価値と対立するものと評価される。それは，多くの場合に事実である。したがって，差別克服という人格的価値の擁護のために市場の論理を活用するというのは，ややパラドクシカルに聞こえるかもしれない。しかし，ここでは，そのような方向をあえて提示しておきたい。以下，これをもう少し具体的に述べよう。

　(i)　開かれた市場を志向する

　まず，入店拒絶を扱う【1①】判決および公衆浴場における入浴拒絶を扱う【1②】判決は，問題を開かれた市場におけるものと捉えていた。そのような論理を前提として，これらの裁判例においては，差別についての違法性がある意味

で容易に導かれた。

　これに対して，賃貸住宅市場は，評価が微妙である。賃貸住宅市場については，これを制限的な市場と位置づける考え方もありうるし，実際にはそれが多いかもしれないからである。すなわち，賃貸借契約が信頼関係に基づく契約であるというのは，よく語られる言説である。このように賃貸借契約を捉えるならば，賃借人は誰でもよいというわけにはいかない。その人的属性が重要になるのである。そうであれば，基本的には賃貸人が賃借人を選別しうる，ということになる。

　このような考え方を排除して，賃貸住宅市場を開かれた市場と構成していく。これが，この領域で差別を克服する有効な方向であろう。この領域における裁判例は数的には少ないが，その結論は，この方向に向かっていると評価してよいであろう。

　このような方向を維持・強化することが必要である。そのためには，住宅という商品の特殊性を前面に出すのが有効な手法となろう。住宅は，人間の生活にとってきわめて重要な意味を持つ。したがって，住宅市場は開かれた市場であるべきだ，という議論を展開するわけである。人格的価値の実現を根拠としながら開かれた市場を志向する。これが差別克服に結びつくのである。

　(ⅱ)　市場化の契機に着目する

　市場の論理を差別撤廃に活用するという場合には，もう１つ，市場化の契機に着目する方向がある。すなわち，本来は市場を通じて供給されるわけではない財・サービスであっても，市場化することがありうる。これに着目するわけである。具体的にここで想定しているのは，ゴルフ場会員権が市場で取引されるケースである。現実にはこのような事態がむしろ一般的であろう。この場合には，入会契約から特定の人的属性を持つ者を排除する正当性が失われてくる。会員資格が現実の取引のなかで人的属性を問題にしない物的なものに転化しているからである。この市場化の契機を重視するのが，ここで提示している方向である。

　具体的には，日本国籍要求を違法とした【1⑨】判決を参照するとよいであろう。同判決は，会員権の市場流通の事実を指摘して，ゴルフクラブが一定の社会性をもった団体であることを導き，それをもって会員選別に関する裁量には

一定の限界がある旨を判示するのである。これが,【19】判決が結果として外国人差別を違法と判断して一定の慰謝料を認容した最も大きな理由であったと考えられる[14]。

これに対して,会員権流通を認めないゴルフクラブの場合には,人的に信頼できる仲間だけを集めた人間関係の維持・発展が目的となっていると見てよい場合が多いであろう。このような目的は,会員の人格的価値の実現という観点から,法的にも保護に値する[15]。会員申込者の平等への権利がこれに当然に優先するというわけにはいかないであろう。

(2) 制限の合理性——具体性と実質性の追求

以上が市場の論理の活用であったが,市場の論理を活用しきれない市場,すなわち制限的な市場は,一定範囲で残らざるをえない。そのような制限的な市場においては,何らかの基準に基づく相手方の選別がなされる。この選別を,平等への権利侵害ということで当然に違法とすることはできない。

ここで具体的に想定しているのは,本稿で扱った問題に即していえば,住宅ローンケースである。住宅ローンという商品については,返済能力という人的属性を考慮せざるをえない。それを否定して誰にでも貸せというのは無理というものであろう。また,相手方の返済能力を軽視することは,サブプライム問題に典型的に見られるように,好ましくともいえない。住宅ローン市場は,その意味で,開かれた市場ではなく,制限的な市場である。

このように,制限的な市場の存在は認めざるをえないとしても,そこで行われる選別は,必ず差別の要素を含んでいる。この選別が差別となって人格的価値を侵害することがないように,選別の目的の正当性と,選別基準の具体性・実質性を確保していくことが重要である。そのためには何が必要か。2点を挙げておきたい。①選別の目的の正当性および②目的との関係で実際に行う選別の基準が具体的かつ実質的になっていること,である。

ここでも住宅ローンを例にとって述べると,まず,この市場において返済能力を考慮して借り主を選別するというのは,債権の回収を確実にするためであるが,この目的には正当性があるといってよいであろう(上記①の充足)。ところが,そのための選別基準がたとえば女性は返済能力がないから貸付けの対象か

ら排除する，というようになっていたとすると，それは差別であることが明らかである。このようなカテゴリカルな排除は差別に結びつく。実際に貸付けの相手とするかどうかが問題となっているその人に即して，返済能力があるかないかを具体的・実質的に判断する必要がある。

このような観点から【1-⑥a】判決を見てみると，そこで指摘される「債権回収コスト」の考慮という目的は，一応正当といえるだろう。そのため，国外出国の可能性を考慮することも合理的といえる。問題は，これを外国人の永住資格の有無という基準で判断していることである。この基準は，抽象的にすぎるきらいがある。ケースに応じてより具体的に判断する必要があったろう[16]。あるいは，永住資格で一応判断した上で，例外を認めるという仕方であれば，かろうじて合理性を認めることができるかもしれない。このように見てくると，結論的には，この判決には，選別基準の合理性という点で問題があったのではないかと考える。

III　企業における女性差別とその克服

1　問題の構図

先にも指摘したように，「外国人」差別は，問題の構図自体は比較的単純であった。しかし，以下で検討する企業における女性差別は，問題の構図が単純ではない。

基本的構図としては，企業内の差別的「制度」について，男女差別禁止の観点から公序良俗法理で審査が行われる，と一応述べることができる。その上で，一定の差別的な「制度」は，公序良俗違反として無効となる。具体的には，以下でも見る女性の結婚退職制や男女別に年齢を定めた定年制である。無効とされる結果，これらの制度はあたかも存在しなかったかのように扱われる。たとえば，結婚退職制についていえば，その適用による退職の効果が失われて従業員としての地位が回復するのである。この構図は，理解が容易である。IIで見た市場における「外国人」差別における法的救済との関連では，市場における

「外国人」差別は不法行為による救済が図られ，企業における女性差別は公序良俗による救済が図られるという形で，図式的に整理することができる。

しかし，この領域における重要論点である男女別コース制による女性差別に対する救済は，このような図式では分析しきれない。裁判例における救済法理を見ても，公序良俗法理と不法行為法理とが交錯して現れているのである。ここでは，その背景にあるものとして，次の点を指摘しておきたい。

男女別コース制についても，その「制度」が差別的であるとすれば，まずもって公序良俗法理による審査がなされ，それは場合によって無効とされることになる。実際に，男女別コース制に関する裁判においてまずもって追求されるのは，同制度の反公序良俗性の確認である。しかし，結婚退職制や男女別に年齢を定めた定年制とは異なり，男女別コース制については，無効とした後の救済をどのように構成するかが難しい。被害を訴える女性を，あたかも男性コースに採用されたかのように扱い，男性コースと同様の昇格等を実現するという形で救済を図るのか。しかし，差別がなければそのような昇格等が実現したであろうと推認するためには，いくつかの仮定を積み上げることが必要である。また，昇格には使用者の意思が不可避的に介在すると考えれば，公序良俗法理によってそのような意思を補充することができるのかが問われる。職員の適材適所といった組織運営上の判断を含む昇進については，さらに困難が大きい。

公序良俗法理のそのような困難性を踏まえる場合には，差別された女性の救済を不法行為法理(または債務不履行法理)によって図ることが考えられる。実際に，男女別コース制を問題とする訴訟においては，多くは予備的にであるが，不法行為(または債務不履行)を根拠とする損害賠償請求がなされる。これが，この類型の訴訟において，公序良俗法理と不法行為法理とが交錯する理由である。

不法行為責任の追及においては，男性と同様の昇格等が実現した場合を想定しつつ，差額賃金相当額が損害賠償として請求される。しかし，この請求が可能になるためには，差別がなければ男性と同様の昇格等が実現したであろうことの立証が必要となり，これには，公序良俗法理適用における救済と類似の困難性がある。また，不法行為法理によって，将来生じるであろう損害の回復が可能になるかという問題もある。さらに根本的には，基本的には生じた損害の

回復を過大とする不法行為法理に，企業におけるあるべき法状況すなわち差別のない状況を創り出す機能を期待しうるのかという問題がある。このような点を考えると，この領域における救済の基本は公序良俗法理に求めつつ，公序良俗法理における上記の困難を打開する方向を模索すべきであろう。

とはいえ，不法行為法理には，他方で，差別による被害者の人格的利益侵害を問題とし，その救済としての慰謝料請求を可能にするという面もある。これは，差額賃金相当額という金銭的損害とともに，またはそれが可能とならない場合でも単独で，請求が可能である。また，不法行為法理には，弁護士費用の請求を可能にするという実際的なメリットもある。これらを捨て去る必要はない。要するに，男女別コース制による差別の救済については，公序良俗法理を基本としつつも，不法行為法理との適切な分担関係を構想することが問われることになろう。

2　裁判例の概観

このような問題の構図を確認した上で，Ⅱと同様にここでも最初に裁判例を概観する。

(1)　結婚退職制

まず，結婚退職制については，【2①】東京地判昭和41年12月20日判時467号26頁(住友セメント事件)が先例で，「女子労働者のみにつき結婚を退職事由とすることは，性別を理由とする差別をなし，かつ，結婚の自由を制限するものであって，しかもその合理的根拠を見出し得ないから，労働協約，就業規則，労働契約中かかる部分は，公の秩序に違反しその効力を否定されるべきもの」であると判示している。同旨の裁判例は他にもあり(たとえば神戸地判昭和42年9月26日労民18巻5号915頁[17]，大阪地判昭和46年12月10日判時654号29頁[18]など)，結婚退職制(それを定める就業規則等)が公序良俗に違反して無効であることについては，もはや決着がついている。

(2) 定年制における男女差別

次に，定年制における男女差別を見よう。

(i) まず，女性の定年が著しく低い年齢とされ(いわゆる若年定年制)，その結果定年制における男女格差が著しいケースに関して，【2②】東京地判昭和44年7月1日労民20巻4号715頁(東急機関工業事件)が現れ(女性30歳。男性は55歳)，そのような定年制を定める「協定」を公序良俗に反するものとして無効とした。また，【2③】盛岡地判昭和46年3月18日判時626号99頁(岩手県経済農協連事件)は，一般職員と准職員とを区別し，事務雇員等である准職員について定年を31歳にしていた(事務職員を含む一般職員については55歳)という事案にかかわる。会社側は，これは職種別停年制を定めたものであり「女子の若年停年制」を定めたものではないと主張したが[19]，判旨は，運用の実態からすると，それはいわゆる女子の若年定年制を定めたものだと判断し，「労働条件について性別を理由とする合理性を欠く差別を定める就業規則は民法90条に反し無効となる」と判示している[20]。このような男女格差が著しいケースについては，「公表された下級審判決はすべてこれを民法90条に反して無効としている」[21]。

(ii) 女性の定年年齢がある程度高く若年定年制とまではいえないが，男性の定年年齢との差が10歳以上ある場合についても，公表された下級審判決は，すべてこれを無効としている[22]。【2④】東京高判昭和50年2月26日判時770号18頁(男性57歳，女性47歳)，【2⑤】福岡地判昭和56年1月12日労判358号51頁(男性60歳，女性45歳)などである。

(iii) 定年に関する男女の年齢差がそれほど大きくないケースに関しては，下級審裁判例が乏しかった。そのなかで争われたのが，日産自動車の定年制(男性60歳，女性55歳)である。この事件の地位保全の仮処分事件に関しては，申請が棄却されていた(【2⑥a】東京地判昭和46年4月8日判時644号92頁，【2⑥b】東京高判昭和48年3月12日判時698号31頁)。また，整理解雇基準に5歳の年齢差をつけたという類似の論点に関して，それを有効とする判決(佐賀地裁唐津支判昭和52年2月8日労判286号69頁〔日赤唐津病院事件〕)もあった。これに対して，上記日産自動車事件の本案訴訟では，そのような定年制を定める就業規則が無効とされた(【2⑥c】東京地判昭和48年3月23日判時698号36頁，【2⑥d】東京高判昭和53年3月

12日労民30巻2号441頁)。このように，下級審の判断が分かれていたなかで，最高裁は，日産自動車事件本案訴訟の原審における無効判断を是認した。【2⑥e】最判昭和56年3月24日民集35巻2号300頁(日産自動車事件)である。就業規則の該当部分について，「専ら女子であることのみを理由として差別したことに帰着するものであり，性別のみによる不合理な差別を定めたものとして民法90条の規定により無効である」と判示している。この判示自体は事案に即した慎重な判断でありこの判決の射程に関しては理解が分かれたが，この訴訟と判決が社会的に与えたインパクトは大きく，男女で差を設ける定年制は，急速に姿を消していくことになる[23]。さらにいわゆる男女雇用機会均等法は，1997年改正(1999年施行)によって定年・解雇についての男女の差別的取扱いを禁止し(8条)，直接差別にかかわるこの論点も，基本的には決着がついている。

(3) 男女賃金差別

男女の賃金差別も重要な問題領域であるが，使用者が女性従業員を男性従業員と同一の労働に従事させながら，女性であることを理由として賃金を差別した場合については，これを違法とすることについて問題はない。労働基準法4条の男女同一賃金の原則に反するからである。この趣旨を述べた初期の裁判例として【2⑦】秋田地判昭和50年4月10日判時778号27頁(秋田相互銀行事件)があり，近時のものとして【2⑧】岡山地判平成13年5月23日判タ1207号178頁(内山工業事件)がある。もっとも，救済法理はそれぞれ異なる。前者は，労基法4条違反を理由として労働契約の該当部分を無効とし，男性賃金との差額の請求を認める。これに対して，後者は，賃金格差を発生させ差別状態を維持した使用者の行為を，労基法4条に違反する違法なものとして不法行為を構成すると判断し，男性賃金との差額を損害としてその賠償請求を認めるのである。

これらの裁判例において問題となっているのは，あくまで同一労働を行っている男女について賃金差別がなされることである。したがって，従事する労働の内容が異なる場合は，ここでの解決の射程外ということになる。次の男女別コース制においては，この問題が論点として浮上する。

(4) 男女別コース制

(i) 男女別コース制とコース別雇用管理

ここではまず，男女別コース制とコース別雇用管理とを区別する必要がある。後者のコース別雇用管理とは，その雇用する労働者について，労働者の職種，資格等に基づき複数のコースを設定し，コースごとに異なる配置・昇進，教育訓練等の雇用管理を行うシステムであり，典型的には，事業の運営の基幹となる事項に関する企画立案，営業，研究開発等を行う業務に従事するコース(いわゆる総合職)，主に定型的業務に従事するコース(いわゆる一般職)，総合職に準ずる業務に従事するコース(いわゆる準総合職)等のコースを設定して雇用管理を行うものである[24]。男女がいずれのコースも自由に選択しうる限り，この制度自体を違法とするのは難しい[25]。ただし，現実には男女の自由選択が確保されない危険はあり(転勤要件等がある場合にはそれが制度的に明確になる)，その場合には，この制度は，間接差別の問題を生じさせ，次の男女別コース制に事実上接近してくる。

男女別コース制は，男女に異なる職務を与え，これを前提として採用・処遇を別立てとする雇用管理制度である。改正均等法は，労働者の募集および採用における男女の機会均等を事業者に義務づけ(5条)，労働者の配置・教育訓練等について女性であることを理由とする差別的取扱いを禁止している(6条)。したがって，少なくともこれが施行された1999年4月1日以降は，男女別コース制が違法であることは明らかであり[26]，裁判例の判断も，後に見るようにこの方向に収斂してきている[27]。しかし，問題は，それ以前の男女別コース制の法的評価であり，また，仮にこれが違法とされた場合の救済のあり方である。これは，過去の問題ではなく，現在においても，企業における女性差別という問題領域における重要論点の1つであり続けている。

(ii) 男女別コース制に関する基本的判断枠組み——時代制約論と補充否定論

男女別コース制に関する基本的判断枠組みに関しては，まず，【2⑨】東京地判昭和61年12月4日判時1215号3頁(日本鉄鋼連盟事件)を挙げる必要がある。これは，男女別コース制に基づく賃金格差の違法性が争われた最初の事件であ

る。ここで注目したいのは，この判決においてすでに，男女別コース制に関するその後の裁判例の展開を規定することになる2つの判断枠組みが打ち出されていることである。

第1に，【2⑨】判決は，まず，男女別コース制が公序良俗に違反するかという違法論に関して，いわゆる時代制約論を打ち出す。判旨によれば，「男子職員は，主として重要な仕事を担当し，将来幹部職員へ昇進することを期待されたものとして処遇し，一方女子職員は，主として定型的，補助的な職務を担当するものとして処遇し，職員の採用に当たっても，右のように異なった処遇を予定していることから，それぞれ異なった採用方法をとっている」というのが，被告会社の「実態」であり，それは，「男女別コース制」と呼ぶべきものである。ところで，被告会社がこの「男女別コース制」を採用していることには合理的な理由がなく，それは，「法の下の平等を定め，性別による差別を禁止した憲法14条の趣旨に合致しない」。しかし，同判決によれば，憲法14条は私人間の関係を直接に規律するものではなく，性別を理由とする差別が私人間において違法とされ，法律上無効とされるためには，その差別が民法90条にいう「公の秩序」に違反するものでなければならない。他方で，同判決は，労働者の募集・採用は労基法3条に定める労働条件ではないこと，雇用における男女の平等は，関係者の多年にわたる努力の結果ようやくその実現が図られつつあるのが現状であること，1986年に施行された雇用機会均等法においても，労働者の募集および採用について女子に男子と均等の機会を与えることは使用者の努力義務に止まること，労働者の採用について使用者は広い採用の自由を有することなどを挙げて，原告らが被告会社に採用された昭和44年ないし49年当時においては，事案における男女別コース制を公の秩序に違反したということはできないと判断するのである。

第2に，【2⑨】判決は，男女別コース制を無効とした場合の効果論すなわち救済論に関しては，男性について定められた労働条件を適用して無効部分を補充することを明確に否定する（これを「補充否定論」と呼んでおく）。すなわち，同判決によれば，仮に募集，採用における男女の差別的取扱いが公の秩序に違反すると仮定する場合であっても[28]，そのことが使用者の不法行為として損害賠償責任を生じる余地があることは別として，「そのような差別的取扱いの結

果として，男子と同一の採用基準，採用手続による応募の機会を与えられず，男子とは異なる採用基準の下に異なる採用手続を経て採用された女子と使用者との労働契約中の労働条件の定めが法律上当然無効となり，異なる採用基準，採用手続の下に男子との間に締結された労働契約における労働条件が女子にも当然適用されることになるものと解する法律上の根拠は存在しないものというべき」である。この点に関して，原告は，労基法13条を根拠として，女性についても男性と同様の内容の労働契約が締結されたことになると主張した。しかし，【2⑨】判決によれば，同条をそのような解釈することは可能ではあるけれども，そのような解釈は，「労働条件の差別的取扱いについては妥当するものの，同一の採用基準による採用の機会を与えないという男女の差別的取扱いの場合には妥当しない」。というのは，男性と同様の労働条件の適用を認めると，「同一の採用基準によらないで採用された者が同一の労働条件を享受することができることとなり，かえって不合理な結果となるからである」。

(iii) 時代制約論

以上の2つの論理は，いずれもその後の裁判例において踏襲されていくことになる。まず前者の時代制約論について見ると，これを明確に展開する裁判例として【2⑩a】大阪地判平成12年7月31日判タ1080号126頁(住友電工事件)がある。この判決は，一方では，男女別コース制を「男女差別以外のなにものでもなく，性別による差別を禁じた憲法14条の趣旨に反する」とし，「憲法14条の趣旨は民法1条1項の公共の福祉や同法90条の公序良俗の判断を通じて私人間でも尊重されるべきであ」ると判示しつつ，他方では，企業には採用の自由が認められていることを強調する。そして，昭和40年代頃における性別役割分担意識の強さなどを公知の事実としつつ，被告会社における「女子事務職の位置付けや男女別の採用方法」は，現時点では受け入れられないとしても，原告らが採用された昭和40年代頃の時点で見ると，公序良俗違反であるであることはできない，と判断するのである。

この論理は，反面では，一定の条件が調った時代になれば，男女別コース制が公序良俗違反と評価されるようになりうることを意味している[29]。そして実際に，その後の時期においては，この論理が前面に出るようになる。このようにして，【2⑪】東京地判平成14年2月20日判時1781号34頁(野村證券事件)

は，改正均等法が施行された1999年4月1日以降においては，男女別コース制を維持することは公序に反する違法な行為になっていると評価して，不法行為による救済を認めた。これは，男女別コース制で，一部にせよ請求が認容された初めてのケースである[30]。他方で，同判決は，時代制約論を前提とする点では，先例の立場を踏襲する。すなわち，改正均等法施行前の時期については，広汎な採用の自由などを根拠としつつ，社員の募集，採用について男女に均等の機会を与えなかったことが公序に反することを否定するのである。

(iv) 補充否定論

後者の補充否定論については，上記の【2⑪】野村證券事件判決が明確な形でそれを展開している。同判決は，前述のように，不法行為による原告の救済を認めたわけであるが，それが具体的に意味するのは，「性により差別されないという人格権」侵害を根拠とする慰謝料による救済にすぎない。この点に関して，原告は，公序良俗違反で無効となった労働契約部分について，「同期男性社員の基準(＝賃金額)」が原告らの労働契約の内容として補充されると主張した。したがって，この差額賃金について請求権を有するという主張である。しかし，同判決は，原告ら入社時の男女のコース別の採用・処遇が公序良俗に反するとまではいえないこと，そして，そのような違法とはいえない処遇の違いによって，「男性社員と女性社員との間で積まれた知識，経験にも違いがあった」ことを理由に，「同期男性社員の基準」の適用を否定するのである。

原告はまた，「女性であることを理由に賃金等において差別されない権利」侵害を根拠に，上記補充に基づく差額賃金に相当する損害賠償を請求した。しかし，この請求もまた，上記の知識，経験の違いがある以上，格差分をそのまま原告らの損害とすることはできないと判断された。そして，結局，具体的損害額を確定することは困難であるとされ，そのような判断を前提として，同判決は，他方で原告の慰謝料請求権を認めるとともに，以上のような事情は，原告らの慰謝料の算定に際して考慮するものとしたのである[31]。損害賠償論におけるこの結論は，補充論が否定される以上，ある意味で当然のものであった[32]。

(v) 補充肯定例の登場

このような中にあって，先の【2⑩a】住友電工事件地裁判決に対する控訴審

において成立した和解が注目される(【2⑩b】住友電工事件大阪高裁和解平成15年12月24日33))。この和解において，各500万円の「解決金」支払いとともに，原告女性2名を「主席」(課長相当)と「主査」(係長相当)に昇格させる旨が定められたのである。これまでも，補充論を前提として昇格した「職位にあるものとして取り扱われる労働契約上の地位にある」ことの確認が求められることはあった(たとえば【2⑪】野村證券事件における原告の主張)。しかし，それは，差額賃金の支払請求権の主張の論理的前提とするという性格が強かったし，他方で，裁判所には一蹴されていた。救済論として昇格の実現が望ましいことは自明であるが，それはきわめて困難な課題，ほとんど実現不可能な課題だったのである。実際，本件においては，原告は，労働組合の協力が得られず，昇格の実態や賃金実態についての証拠が決定的に不足していたということもあって，損害賠償一本に請求を絞っていた[34]。そのような困難な課題が，和解によって実現したことの意義は大きい。問題は，それを訴訟で追求することはできないのか，である。

この点に関しては，男女別コース制に関わる事案ではなく一般的な昇格差別にかかわるものであるが，柴信用金庫男女差別訴訟判決(【2⑫a】東京地判平成8年11月27日判時1588号3頁，【2⑫b】東京高判平成12年12月22日判時1766号82頁)が注目される。

第1審判決である【2⑫a】判決は，昇格差別が存在したことを認め，裁判例において初めて昇格請求権を認めた。事案において，昇格は試験によるものとされているが，男性職員については年功的要素を加味した人事政策によってほぼ全員が昇格しているのに対して，この慣行は女性職員には適用されていなかった。【2⑫a】判決は，このような措置は性別等に基づく差別的取扱いを禁止する就業規則3条に反するものであり，同期同給与年齢の男性職員全員が昇格した時点で，原告は昇格を請求することができると判断したのである。他方で，慰謝料請求，弁護士費用の請求は棄却されている。

控訴審判決である【2⑫b】判決もまた昇格を認め，それを前提とした差額賃金の請求を認容した[35]。その理由づけは，第1審判決よりも深化していると評価しうる。すなわち，そこでの人格尊重の観点を打ち出した雇用契約の把握もさることながら[36]，差別的取扱いを無効とした後の補充論に関して，従来

示されていなかった議論を展開するのである。それによれば，①賃金差別をした場合には，その原因となる法律行為は無効であり，「差別がないとした場合の条件の下において形成されるべきであった基準(賃金額)が労働契約の内容になると解するのが相当である」。②本件は，直接の賃金差別の事案ではないが，資格の付与が賃金額に連動しており，かつ，資格付与と職位に付けることが分離している場合には，資格付与における差別は，賃金差別と同様に観念することができる。そして，資格付与において差別がある場合には，労働基準法13条ないし93条の類推適用により，資格を付与されたものとして扱うことができるものと解するのが相当である。③不法行為に基づく損害賠償請求権しか認められないとすると，「差別の根幹にある昇格についての法律関係が解消されず，男女の賃金格差は将来にわたって継続することになり，根本的な是正措置がないことになる」というのも，②のように解すべき理由となる。同判決はまた，第1審判決と異なり，被告の行為が不法行為にも当たることを認め，「差別により被った精神的苦痛に対する慰謝料」および弁護士費用相当額の損害賠償額(認容額のおおよそ1割)を認容しており，この点も注目されるところである[37]。

本件は，たしかに，事案に特徴が認められる事件であった。昇格が直接賃金に反映する一方で職位とは分離されていたこと，男性職員についてはほぼ全員昇格するという年功序列的運用がなされていたこと，などである[38]。したがって，本判決の射程については，そのような事案の特徴を踏まえて理解する必要があるが，補充論に関する判示は，事案の特質を超えた一般的意義を持っているものと評価することができる。今後の議論にとってきわめて示唆的である。

（vi）　職務分析による違法性判断

（iii）において述べたように，近時の裁判例は，時代制約論の下，改正均等法が施行された1999年4月1日の前後で場合を分け，その前であれば例外なく男女コース別制度の違法性を否定していた。このようななかで，【2⑬b】東京高判平成20年1月31日判時2005号92頁(兼松事件)は，その前の時期について違法性を肯定し，4名の原告について総額7250万円強(請求は6名の原告について3億2000万円)の損害賠償を認容し，注目を集めた[39][40]。

この肯定判断を導いたのは，職務内容に同質性があると見られる男性との比

較である。すなわち，同判決は，「勤続期間が近似すると推認される同年齢の男女の社員間，あるいは，職務内容や困難度に同質性があり，一方の職務を他方が引き継ぐことが相互に繰り返し行われる男女の社員間において賃金について相当な格差がある場合には，その格差が生じたことについて合理的な理由が認められない限り，性の違いによって生じたものと推認することができる」との一般論を述べる。同判決は，その上で，原告各人についての詳細な職務分析を行い，一定の原告については，その「職務内容に照らし，同人らと職務内容や困難度を截然と区別できないという意味で同質性があると推認される当時の一般1級中の若年者である30歳……程度の男性の一般職との間にすら賃金について前記認定のような相当な格差があったことに合理的な理由が認められず，性の違いによって生じたものと推認され……」るので，このような状態を形成，維持した企業の措置は，「不法行為の違法性の基準とすべき雇用関係についての私法秩序に反する違法な行為であ」ると判断したのである。反面，「専門性が必要な職務を担当していない」などの理由で男性との職務の同質性が認められない原告については，請求が棄却された。

　ここに示されているように，この判決は，改正均等法施行前について男女コース別制度に基づく賃金差別の違法性を認めたとはいえ，それは，裁判例の時代制約論を否定するものではなく，それをあくまで前提とするものである。さらに，具体的事案の解決における同判決の積極性は認めるにしても，同判決の論理に内在する問題性もまた見ておく必要があろう。すなわち，同判決の論理によれば，女性に男性並みの基幹的労働を割り当てながら男性と同じ賃金を支払わなければ不当な差別と評価されることになるが，男性並みの労働を割り当てることを避けておけば，賃金差別の評価を回避することができてしまうのである[41]。しかし，それは，女性の能力の開発・発揮という観点からは，賃金差別以上の差別とも評価しうる事態である。企業における女性差別を，賃金差別の次元を超えた問題として捉えていく場合には，このような事態こそ問題にしていくべきであろう。

3 裁判例の特徴と問題対処への方向

(1) 裁判例全体の特徴

　以上，若干のコメントを加えつつ，裁判例の大まかな傾向を紹介してきた。IIにおける作業と同様に，その全体をまとめると，次の特徴を指摘することができよう。

　まず第1に，外国人差別の諸事例と同様に，裁判例の判断枠組み自体は，ほぼ共通していることを指摘することができる。その内容も，外国人差別の諸事例と同様といってよい。すなわち，憲法14条に関するいわゆる間接適用説を前提としつつ，平等原則と，これまた憲法上の価値に裏打ちされた企業の採用の自由等との調和の必要性が説かれるのである。そして，この衡量問題を解決する基準として持ち出されるのが，異なる待遇の合理性であり，そのような扱いに対する社会的許容性である。

　他方で，紛争類型に応じて解決に顕著な差異があることも，外国人差別の諸事例と同様である。端的にいえば，女性の雇用期間だけを短縮する性格の措置（結婚退職制，定年差別）は公序良俗に違反するという扱いが確立しているし，賃金差別についても同様に救済の可能性が認められている。しかし，男女別コース制については，改正均等法が施行された1999年4月1日前に採用された者に関しては，救済がきわめて困難になっているのである。その大きな理論的要因となっているのが，要件論では時代制約論であり，効果論では補充否定論であった。このように見てくると，現時点でこの2つの論理をどのように克服するかが，企業における女性差別撤廃のための重要な課題となっているというべきである。

(2) 差別克服の方向

(i) 時代制約論の克服

　そこでまず時代制約論を考えると，この論理に対しては，すでに学説において多くの批判が提示されている。とりわけ2つの批判に注目しておきたい。

　第1は，時代制約論が，1947年以来実定法であるはずの，両性の本質的平

等を掲げる民法2条(改正前は1条ノ2)を無視しているという批判である[42]。時代制約論を典型的な形で展開した【2⑩a】住友電工事件大阪地裁判決は，男女平等(憲法14条)と採用の自由(憲法22条，29条)という2つの憲法的価値の調和という観点を提示しつつ，結局，昭和40年(1965年)当時の社会意識のあり方を根拠に採用の自由に軍配を上げ，差別の反公序良俗性を否定した。しかし，民法2条の規定を踏まえるならば，民法90条の公序良俗の内容を判断するに際して，両性の平等の理念を重視しなければならないはずである。男女別コース制が男女差別を内容とすることを承認しながら(【2⑨】日本鉄鋼連盟事件判決や上記の【2⑩a】判決を始めとする時代制約論に立つ諸判決は，男女別コース制が憲法14条の趣旨に反する男女差別であることは認める)，時代の社会意識を根拠にその反公序良俗性を否定するのは，民法2条の観点からすれば，ありうべからざる解釈ということになろう。

　第2は，時代制約論が憲法の趣旨に反する現実に追随する議論だという批判である[43]。社会的現実と法との間には，場合によって鋭い緊張関係が存在する。この緊張関係をいずれに即して解決すべきかを，画一的に提示することは避けるべきである。法が社会を先導すべき場合もあるであろうが，反対に，法が社会的現実に追いつくことができていず，社会的現実に法を適合させる形での解釈が要請される局面もありうる。しかし，人格的価値が問題となる場合で，法が人格的価値の擁護を志向しているときは，基本的には法を優先して問題の解決を考えなければならない。職場における女性差別撤廃は，まさにそのような性格の問題であろう。この領域における現実追随には，やはり問題があるといわなければならない。

　すでに指摘されているこれら2点の批判的観点は，本稿も共有するものである。その上で，ここではさらに，もう1点指摘しておきたい。それは，差別問題に関する裁判例の全体において，時代制約論を打ち出す裁判例は，男女別コース制に限定されている，という事実である。すなわち，企業における女性差別に関する他の問題領域において，あるいは先にIIにおいて検討した外国人差別に関する裁判例においては，時代制約論は見出されないのである。たとえば，結婚退職制にかかわる裁判例は，【2①】住友セメント事件判決を始めとして少なくないが，社会意識を援用してその反公序良俗性を否定したものは存在

しない。かえって，名古屋地判昭和45年8月26日労民21巻4号1205頁のように，会社に結婚退職の慣行が存在したことを認定しつつ（会社という部分社会における社会意識の存在！），そのような慣行が憲法14条の精神に違反するがゆえに民法90条に違反すると判断するものが存在するのである[44]。

このような差異をもたらしているのは，おそらく，裁判官の意識においては，結婚退職制は「著しく不合理」であることを認めるにしても，同じく差別ではあっても男女別コース制の不合理性はそれほど大きくないと捉えられていることであろう。たとえば，【2⑩a】住友電工事件大阪地裁判決によれば，男女別コース制は，女性を「定型的補助的な単純労働に従事する要員としてのみ雇用する」ものであるが，それを支えるのは，男性は経済的に家庭を支え女性は家事育児に専念するという「役割分担意識」であると捉えられ，この点を踏まえて男女別コース制が公序良俗に違反することが否定される。つまり，ここには，役割分担意識に対する批判的視点は見出されない。

このように見てくれば，時代制約論また社会意識論の背景には，抜きがたいジェンダー・バイアスが存在するというべきである[45]。時代制約論の克服は，このような役割分担意識を内容とするジェンダー・バイアス克服の意味をも持っており，両者は，表裏一体の関係にある。

(ii) 補充否定論の克服

男女間の賃金差別の場合には，差別された女性労働者は，男性労働者との賃金の差額を請求する権利を認められる。女性労働者の賃金を定める法律行為は無効となり，その部分が男性労働者の賃金の定めによって補充される結果，差額分の請求権が認められるのである。補充の根拠については見解が分かれるが，裁判例においては労基法13条の適用ないし類推適用説が有力といえようか。これに対して，男女別コース制の場合には，仮にその反公序良俗性が認められたとしても，男性の労働条件による補充は認められない。前述のように，その理由として挙げられるのは，それを認めると同一の採用基準によらないで採用された者が同一の労働条件を享受しうるという帰結をもたらし，かえって不合理な結果となるということである（【2⑨】日本鉄鋼連盟事件東京地裁判決）。

この問題をどう考えるべきであろうか。まず，男女別コース制について，それが公序良俗に反すると評価される場合にはそれを無効とする可能性を承認す

べきである。これは，民法90条からすれば当然の帰結のようにも思えるが，意外にもこの問題に関する裁判例は，この旨を明言していない。それどころか，この問題の先例である【2⑨】判決は，傍論ではあるが，無効とすると男性の労働条件を女性にも当然に適用することになりそれは不当であることを理由に，不法行為に基づく損害賠償責任が生じる余地は認めつつ，公序良俗違反であると仮定しても無効を認めることはできないとするのである[46]。しかし，無効の場合の補充をどのようにすべきかという問題はたしかに残るが，それについての一定の考え方を先取りして無効という効果自体を否定するというのは，論理が逆転している。そのような解釈は，民法90条に規定される明示の効果を否定するものであって，実定法を無視するものといわなければならない。

　他方で，不法行為責任に救済を限定することは，この領域において救済の実効性を著しく減殺することも指摘しておく必要がある。この点は，つとに【2⑫b】芝信金事件控訴審判決が指摘するところであった。すなわち，不法行為に基づく救済だけでは，「差別の根幹にある昇格についての法律関係が解消されず，男女の賃金格差は将来にわたって継続することとなり，根本的な是正措置がない」ことになってしまうのである。不法行為の場合でも，侵害行為が継続しており将来について損害の発生が続くであろうときは，侵害行為の停止＝差止めが問題となる。これを認めるのが望ましいが，その根拠については，不法行為に求めるか他の法理に求めるかという理論上の困難な問題がある。ところで，公序良俗法理適用による無効は，侵害行為の停止＝差止めを当然にもたらす。明文が認めているのにそれを否定する理由は，何もないというべきである。

　このように，実定法の素直な適用という観点からも，救済の実効性という観点からも，公序良俗法理適用による無効の可能性を否定すべきではない。そして，無効を認めるべき場合に，採用行為や労働契約自体が無効になると解すべきではなく，無効の対象はコース制に基づく労働条件に限定される（一部無効）と考えるべきである以上[47]，補充はどうしても必要になるのである。

　もちろん，先の【2⑨】判決が示唆するように，補充をどのように行うかは，困難な問題である。現在多く受け入れられている考え方によれば，一部無効となった部分について，慣習・任意規定・信義則によって補充が行われることになろう[48]。この考え方に従えば，差別的な労働条件が無効になる場合には，

差別のない労働条件，すなわち男性と同様の労働条件によって無効部分が補充されると見るのが自然である。とはいえ，ここでの補充は，単なる契約条項の補充に止まらず，その契約条項に基づいて，あるべき現実を仮定的に再構成することを意味する。したがって，問題は，契約条項の補充の先にある。そのような意味での補充は，きわめて困難な作業を要請するといわなければならない。

しかし，他の問題領域においても，必要があればこのような作業が不断に行われている。典型的には損害賠償の領域での逸失利益の算定である。ここでは，不法行為による労働能力の全部または一部の喪失がなかったならばという仮定を置いた上で，収入というレベルに限定してではあるが，現実が再構成されるのである。この作業は，幼児の逸失利益のように，場合によっては強いフィクション性を伴う。この問題性については，「控え目な算定方法」という考え方によって一定の対処が試みられている[49]。このような考え方にも学びつつ，困難ではあっても，企業における差別という問題領域において，あるべき現実の仮定的再構成のあり方を考えていく必要がある。

さらに，そこでは，逸失利益の場合とは異なって，金銭的レベルだけではなく，職場内の地位・処遇についても，あるべき現実の仮定的再構成を図ることが望ましい。それは，差別された女性労働者の救済を，単に金銭的損害賠償に限定することなく，現実の労働のあり方という次元で図ることに通じる方向である。

1) ここで「外国人」差別といって外国人に括弧を付しているのは，ここでの差別には，もちろん国籍による差別＝外国人差別もあるが，それに限定されず，日本国籍を有していても「外国人らしく見える者」に対する差別もあるからである。後者の場合には，外観に基づく人種差別という性格が前面に出てくる。このような事態も含めるために，「外国人」に括弧を付しているわけである。もっとも，以下では，煩瑣にわたることを避けるため，括弧を付さないで《外国人》の表現を用いることもある。なお，本稿のもととなった国際人権法学会報告においては，そのような日本国籍保有者も含めるためにあえて「外人」差別という語を用いたが（阿部浩己「座長コメント」国際人権20号〔2009年〕45頁参照），「外人」の語にはそれ自体に差別的ニュアンスがないわけではなく（国際人権法学会シンポジウムにおける質疑の中でこの点の指摘も受けた），ここでは「外人」の表現を用いることは避けておきたい。
2) 阿部浩己〔本件判批〕ジュリ1188号（2000年）92頁。なお，高田映〔本件判批〕ジュリ臨増

1179号(平成11年度重要判例解説)(2000年)292頁は,この点に関して「不分明なところを残している」と見ており,やや慎重な評価である。
3）原告の1人によるこの裁判の記録として,有道出人『ジャパニーズ・オンリー』(明石書店,2003年)がある。著者は,アメリカ合衆国カリフォルニア州の生まれで,2000年10月に日本に帰化した者である。
4）この論点も重要であるが,私人による差別に対する民法の対応を扱う本稿においては,深く立ち入ることを避ける。
5）佐藤文夫〔本件判批〕ジュリ臨増1246号(平成14年度重要判例解説)(2003年)261頁,近藤敦〔本件判批〕法セ585号(2003年)112頁,伊東秀子〔本件判批〕国際人権14号(2003年)126頁,江島晶子〔本件判批〕判例セレクト2003(法教282号別冊付録)(2004年)6頁など参照。
6）本稿と多少視角は異なるが,佐藤・前掲注5)262頁,近藤・前掲注5)112頁も参照。
7）ヨーロッパの「公共性」は,公開性を重要な属性とするものとして把握されている。これに対して,日本においては,「お上」とのかかわりで「公共性」を把握する傾向がある。本文に示した判旨の「公共性」は,一方で西欧の「公共性」を踏まえつつ,同時に,このような日本の「公共性」の特徴を反映したものともいえる。その意味では,問題の奥行きは深いが,ここでそれを詳細に展開する余裕はない。
8）この問題に関する詳細な研究として,池田清治『契約交渉の破棄とその責任——現代における信頼保護の一様態』(有斐閣,1997年)がある。
9）本件においては,「原則として日本国籍であること」という入居条件が設定されていた。それゆえ,契約交渉破棄責任を厳格に考えるならば,信頼を惹起していない家主の責任を追及するのは難しいケースであった。判旨は,それにもかかわらず家主Yの責任を認めているわけであるが,その際に,このような「差別的申込条件を設定」したこと自体を家主の責任の1つの根拠としている。この点からすると,本判決の論理は,契約交渉破棄責任の枠内に止まらないとの評価も可能である。この点については,「本件は,いわば契約準備段階における信義則論に仮託して,入居差別の違法性を認めているのではあるまいか」と指摘する河内宏〔本件判批〕判評454号(判時1579号)(1996年)45頁も参照。
10）栗田佳泰〔後掲【1⑥b】判決判批〕法政研究71巻1号(2004年)147頁も参照。同旨と思われる。
11）以上の記述は,「コリアン学生学術文化フェスティバル2007」における留学同兵庫神戸学院大学支部協議体グループの論文である洪京華・李裕香・髙民雅「日本における外国人入居差別について——在日朝鮮人の入居差別の実態と問題解決の課題にむけて」(http://www.ryuhaktong.org/activity/festa/2007/ronbun/jinken.pdf)8～9頁に基づく。
12）なお,控訴審では,Xは,人種差別禁止条約も請求の根拠として援用した。しかし,【1⑨b】判決は,これについても私人間の直接適用を否定し,同条約の存在は,外国人の入会制限行為の違法性に関する判断を左右するものではないと判示した。
13）【1②a】判決から該当部分を引いておく。「もっとも,公衆浴場といえども,他の利用者に迷惑をかける利用者に対しては,利用を拒否し,退場を求めることが許されるのは当然である。したがって,被告Aは,入浴マナーに従わない者に対しては,入浴マナーを指

導し，それでも入浴マナーを守らない場合は，被告小樽市や警察等の協力を要請するなどして，マナー違反者を退場させるべきであり，また，入場前から酒に酔っている者の入場や酒類を携帯しての入場を断るべきであった。たしかに，これらの方法の実行が容易でない場合があることは否定できないが，公衆浴場の公共性に照らすと，被告 A は，可能な限りの努力をもって上記方法を実行すべきであったといえる。そして，その実行が容易でない場合があるからといって，安易にすべての外国人の利用を一律に拒否するのは明らかに合理性を欠くものというべきである」。

14) 佐藤哲治〔【1⑨】判決判批〕ひろば 48 巻 9 号 (1995 年) 46 頁も同旨。
15) 山本敬三〔【1⑧b】判決判批〕判評 525 号 (判時 1794 号) (2002 年) 12 頁参照。「信頼できる仲間だけを集めて親密な交際を楽しむことは，それ自体——プライバシーの尊重にもつながる——幸福追求権の重要な部分に属する」と論じる可能性を説く。
16) 栗田・前掲注 10)〔判批〕151 頁も同旨を説く。
17) この事件では，結婚しても退職願を提出しなかった女性が，「会社の都合上止むを得ないとき」は解雇しうると定める社則に基づいて，解雇された。判旨は，「企業が何ら特段の合理的理由なしに女子の従業員だけを結婚を理由に一方的に解雇することは性別を理由に男女を差別的に取扱うものであって，公序に反し且つ権利の正当な行使の範囲を逸脱したものとしてその効力を否定されるべきである……」と述べて，解雇の効力を否定した。
18) この事件では，組合との協定で結婚退職制が採用されていたが，併せて，能力査定のうえで 1 年更新で勤務延長が可能とされていた。判旨は，本件結婚退職制について「何ら合理的理由なくして女子従業員を性別を理由として差別待遇をなし，結婚の自由を制約する」がゆえに「公の秩序に反し無効である」とした上で，「雇用延長制の存在によって右不合理性を是正するに足りるものではない」としている。
19) 職種別定年制に関しては，新聞社の給仕の 25 歳定年制についてその合理性を認めた判決が存在した。大阪地判昭和 36 年 7 月 19 日労民 12 巻 4 号 617 頁（朝日新聞社事件）。
20) 以上のほか，就業規則が女性従業員について 30 歳の定年制を定めている場合（男性従業員については 55 歳）に，その規定を民法 90 条に反するものとして無効とした名古屋高判昭和 49 年 9 月 30 日判時 756 号 56 頁などがある。
21) 星野英一〔判例評釈〕法協 99 巻 12 号 (1982 年) 926 頁。
22) 星野・前掲注 21) 926 頁。
23) 当の日産自動車においても，最高裁判決が出る以前に，定年制は男女一律の 60 歳に改められたという。三浦恵司「男女別定年制の可否」ひろば 34 巻 6 号 (1981 年) 57 頁。また，荒木誠之「男女差別定年制の効力」季労 120 号 (1981 年) 122 頁も参照。
24) 平成 19 年 1 月 22 日雇児発第 0122001 号「『コース等で区分した雇用管理についての留意事項』による啓発指導について」参照。
25) 浅倉むつ子「雇用における性差別撤廃の課題」国際人権 20 号 (2009 年) 33 頁。森ます美・浅倉むつ子編『同一価値労働同一賃金原則の実施システム』(有斐閣，2010 年) 302 頁（浅倉）。
26) 浅倉・前掲注 25) 33 頁。
27) 柳澤武「コース別人事制度における性差別の立証と救済——兼松事件」名城法学 58 巻

4 号(2009 年)36 頁も参照。
28) したがって，この論点に関する判断は，仮定を前提としたものであり，傍論である。
29) 【2－⑨】判決の検討においてすでにこの点を指摘する論考として，野田進「『男女別コース制』に伴う男女間労働条件格差と公序」季労 143 号(1987 年)147 頁。そこでは，「立法・行政指導その他による新たな公序の形成」が語られている。
30) その後同様に改正均等法施行後の時期について男女別コース制を違法と判断した判決として，名古屋地判平成 16 年 12 月 22 日労判 888 号 28 頁(岡谷鋼機事件)がある。
31) このように，具体的損害額の認定が困難である場合に，慰謝料額算定に際してそのような損害自体は存在するという事実を考慮するというのは，必ずしも判決で明示するとは限らないが，交通事故における慰謝料算定などにおいても，しばしば用いられる手法である。損害発生は認められるが具体的損害額の立証が困難である場合には，民訴 248 条の活用も考えられるが，本判決は，その可能性は問題にしていない。なお，請求額は，原告によって異なるが，4000 万円から 5000 万円台であったのに対して，認められた慰謝料額は，これも原告によって異なるが，350 万円から 490 万円であった。
32) 以上の解決については，注 30)で引いた岡谷鋼機事件名古屋地裁判決も基本的に同じである。そこでは，違法とされた差別的取扱いについての補充論が否定され，その結果「同標準年齢の男性従業員との差額賃金請求権」および「差額賃金等相当損害金の請求権」がいずれも否定された上で，「性により差別されないという人格権」侵害を理由とする 500 万円の慰謝料が認容されるに止まった。なお，請求額は，6800 万円強であった。
33) 宮地光子監修『男女賃金差別訴訟――「公序良俗」に負けなかった女たち』(明石書店，2005 年)490 頁以下に収録されている。
34) 宮地光子「住友電工性差別訴訟の経過と論点」宮地監修・前掲注 33)62 頁。
35) 本事件については，最高裁において，①在職者の昇格，②それを前提とする差額賃金等の支払い(13 名について約 2 億 2300 万円)を内容とする和解が成立し(2002 年 10 月 25 日各新聞)，原告勝訴の内容での決着がついた。なお，この点については，「〈検討〉芝信用金庫の総括と批判的検討」労働法律旬報 1549 号(2003 年)所収の諸論考を参照。
36) 同判決によれば，「雇用契約は，労務の提供と賃金の支払を契約の本質的内容としているものであるところ，使用者は労働契約において，人格を有する男女を能力に応じて平等に扱うことの義務を負担している……」。そして，労働基準法 3 条に定める差別的取扱いの禁止は，労働者の人格を最大限尊重し，使用者としての義務の内容を具体的に明らかにしたものだというのである。労働契約における人格尊重義務を明らかにした注目すべき把握である。
37) 緒方桂子〔本件判批〕民商 125 巻 1 号(2001 年)111 頁は，本件における慰謝料の認容を「特筆すべき点」と評価する。
38) 西谷敏〔本件判批〕法時 73 巻 12 号(2001 年)95 頁，同〔本件判批〕労働判例解説集 1 巻(2009 年)326 頁。また，渡辺章〔本件判批〕別冊ジュリスト 165 号・労働判例百選(第 7 版)(2002 年)67 頁も参照。
39) なお，原審である【2⑬a】東京地判平成 15 年 11 月 5 日労判 867 号 19 頁は，裁判例の一般的傾向と同様に，改正均等法施行前の男女コース別による募集・採用についての反公序

良俗性を否定し，原告の請求をすべて棄却していた．

40) なお，同判決については，原告・被告双方から上告がなされたが，2009年10月20日に，最高裁第3小法廷においていずれも棄却の判断がなされ，同判決が確定した．日本経済新聞2009年10月21日付け参照．

41) これを鋭く指摘するものとして，笹沼朋子「賃金差別とは何か──男女別『コース制』と労基法4条」労働法律旬報1683号(2008年)23頁がある．このような認識に賛意を表するものとして，柳澤・前掲注27)35頁．

42) 樋口陽一「憲法・民法90条・『社会意識』」『栗城壽夫先生古稀記念・日独憲法学の創造力　上巻』(信山社，2003年)141頁以下，林弘子「鑑定意見書(住友電工事件・大阪高裁宛)」宮地監修・前掲注33)417頁．さらに，中島通子「雇用における性差別──賃金・昇進・昇格差別の判例を中心に」ジュリ1237号(2003年)93～94頁も参照．なお，民法1条ノ2が公序良俗や不法行為の問題を考える際に意味を持つこと自体は，従来からも指摘はされていた．しかし，そこでは，多くの場合には，民法1条ノ2の主要な適用領域は家族法だと考えられており，それ以外の領域において同条を活用するという発想は稀薄であった．たとえば，中川善之助「個人の尊厳と両性の平等──民法1条ノ2について」東北法学会雑誌10号(1960年)3頁など参照．

43) 宮地光子「男女賃金差別裁判における理論的課題」日本労働法学会誌100号(2002年)69～70頁．この問題領域における公序良俗概念が憲法規範ではなく社会通念を労働契約の有効無効の判断基準にとりこむ役割を果たしていることが指摘されるとともに，「社会通念を差別の合理的理由としていては，差別は人々の意識が変わるまで違法とされることはない」との批判が展開されている．

44) 次のように判示する．「会社に結婚退職の慣行の存することは先に認定したとおりである．……ところで，女子労働者が結婚したときは継続勤務の意思の有無にかかわりなく一律に退職することを要する旨の前記慣行は労働条件につき性別による合理性のない差別待遇をしたことになり，又女子労働者の結婚の自由を合理的な理由なく制約するものである．／(改行)従ってこのような慣行は憲法第14条，第13条，第24条の精神に違反するから，結局民法90条に違反し無効であることは縷説を要しない．」

45) この問題領域において強いジェンダー・バイアスが存在していることは，つとに指摘されるところである．浅倉むつ子「司法におけるジェンダー・バイアス」法時73巻7号(2001年)88頁，日本弁護士連合会『司法改革にジェンダーの視点を・司法における性差別』(明石書店，2002年)42～43頁，中島・前掲注42)95頁など．

46) 次のように判示する．「仮に，募集，採用について均等な機会を与えないという意味での男女の差別取扱いが公の秩序に違反すると仮定しても，そのことが使用者の不法行為として損害賠償責任を生ずる余地があることは別として，そのような差別的取扱いの結果として，男子と同一の採用基準，採用手続による応募の機会を与えられず，男子とは異なる採用基準の下に異なる採用手続を経て採用された女子と使用者との労働契約中の労働条件の定めが法律上当然無効となり，異なる採用基準，採用手続の下に男子との間に締結された労働契約における労働条件が女子にも当然適用されることになるものと解する法律上の根拠は存在しないものというべきである．」

47) 大澤彩「無効と取消し」法教 369 号(2011 年)10〜11 頁も参照。
48) 学説の鳥瞰と批判的検討として，山本敬三「一部無効の判断構造(2)」法学論叢 127 巻 6 号(1990 年)8〜11 頁参照。
49) 最判昭和 39 年 6 月 24 日民集 18 巻 5 号 874 頁参照。「年少者の逸失利益」について，「不正確さが伴うにしても，……経験則とその良識を十分に活用して，できるかぎり蓋然性のある額を算出するように努め」るとともに，この蓋然性に疑いが持たれるときは，「被害者にとって控え目な算定方法」を採用すれば，被害者救済にも資するし，損失の公平な分担を図る損害賠償制度の理念にも副うと説く。

【追記】私は，国際人権法学会 2008 年度大会におけるシンポジウム「国際人権法の国内実施——私人・私企業による差別の撤廃をめぐって」において報告の機会を与えられ，この報告を文章化した論考として，吉田克己「私人による差別の撤廃と民法学——外国人差別問題と女性差別問題」国際人権 20 号(2009 年)を公表している。本稿は，この学会報告の準備のために執筆しておいた論考に基づく。国際人権誌掲載の論文は，紙幅の関係から，この原論文を大幅に要約する形で執筆した。したがって，本稿は，国際人権誌掲載論文のもとになった詳細な原論文を公表するものということになるが(国際人権 20 号 43 頁も参照)，今回，本書に収録するに際して原論文にかなりの手を加えているので，単なる原論文の公表ではなく，書下ろしに近いものになっているかもしれない。

第5章　家族法改正問題とジェンダー

I　はじめに

　筆者に与えられたテーマは，「家族法改正問題とジェンダー」である。このテーマのもとで期待されているのは，1990年代から継続している家族法改正問題をジェンダーの観点から批判的に分析することであろう。これに応えることはもちろんであるが，本稿においては，直ちにこの課題に取り組むのではなく，それに先立って「法とジェンダー」に関する序論的考察にある程度の紙数を費やすことにしたい（→II）。ジェンダー一般についての議論の豊富さと比べて，法のジェンダー分析に関する議論の蓄積はまだまだ不十分といわざるをえない。そのような現段階においては，本題からやや逸れるおそれもあるが，法のジェンダー分析に関する一般的な次元での議論をもっと積み重ねる必要があると考えるからである。

　その上で，本題である家族法改正問題を取り上げる（→III）。そこでは，改正構想の内容に関する技術的な検討をするというよりも，IIで得られた枠組みに依拠しつつ，ジェンダーの視角から理論的分析を行うことに力を注ぎたい。90年代から試みられている家族法改正事業の内容自体は広く知られており，法のジェンダー分析に関する現状況からすれば，技術的検討よりも，ジェンダーの観点から理論的に掘り下げた検討を試みる必要性のほうが大きいと思われるからである。

II 「法とジェンダー」への序論的考察

1 近代市民社会とジェンダー秩序

(1) 近代市民社会と公私二領域区分の成立

　男女の社会的性差や男性の女性に対する性支配は，近代に固有の事態ではなく，歴史を貫いて見出される現象である。しかし，近代においては，男女の社会的性差や性支配に関して，それまでにはない新たな現象が見られるようになる。《市民社会—家族》という公私二領域区分の出現[1]と，そのもとにおける新たなジェンダー秩序の形成である。

　近代に現れた公的領域としての市民社会は，対等・平等な主体が自発的な交通関係——その客体は，商品であったり，言説であったり，さまざまである——を取り結ぶ自由な空間である。そこはまた，社会関係のあり方が法によって定められ，またそこで生じる紛争の処理が法に基づいてなされるという意味での法的空間でもあった。近代法が機能する法的空間としての近代市民社会である。

　この市民社会は，建前としては人間一般に対して開かれていた。それがゆえに，市民社会に対しては「公的領域」という性格規定が与えられるのである。しかし，それは，現実には主体がきわめて限定された狭い空間であった。その主体は，基本的には男性である家長に限定されていたのである。そして，女性は，公的領域としての市民社会から法的に，あるいは事実上排除されていた。

　多少敷衍すると[2]，まず，対等・平等な市民が商品交換を行う市場経済社会という意味での「市民社会 bürgerliche Gesellshaft」(＝市民社会 α)においては，妻は行為能力を否定されそこへの参加資格を否定されていたし，未婚女性もほとんどの場合有意の財産を保有していなかったから事実上そこから排除されていた。次に，「政治共同体としての市民社会 societas civilis」(＝市民社会 β)については，制限選挙制体制が女性の排除を制度的に確保していたし，フランス革命期に見られるような女性に対する政治活動の禁止も存在した[3]。さらに，近

時注目されるようになった「自由な意思に基づく非国家的・非経済的な結合関係」としての「市民社会 Zivilgesellshaft」(＝市民社会γ)についていえば，近代初期の公論形成の主体は，基本的に「財産と教養」(2つの B。Besitz und Bildung) の保有者すなわち家長に限定されていたから，ここでも女性は排除されていたといわなければならない。

　以上の公的領域としての市民社会に対置されるのが，私的領域としての家族(近代家族)である。ここでの家族は，単なる個人間の契約関係には解消されない。それは，社会的には一の団体である。それはまた，基本的には非法的空間であって，その内部には法は原則として介入しない。そして，公的領域から排除された女性は，必然的に私的領域としての家族に押し込められることになった。

(2)　公私二領域区分とジェンダー秩序

　重要なことは，このような公私二領域区分が，新たなジェンダー秩序形成に結びつくことである。ひとことでいえば，公的領域の活動主体たる男性と私的領域の活動主体たる女性という役割分担の成立である。

　すなわち，まず女性に対しては，女性が事実として私的領域に封じ込められることを前提条件として，「いるべき場所」として私的領域が指示され，さらに家族構成員としての「あるべき行動様式」が指示された。このようにして，「いるべき場所」に入ろうとしない者，たとえば妻になることを拒絶する独身女性などに対しては，逸脱者として社会的に否定的な評価が下される。また，妻でありながら公的領域で活動する女性(たとえば職業を持つ妻)に対しても否定的評価がなされる反面で，「いるべき場所」として家族を選択する(専業)主婦に対しては，社会的にプラスの評価がなされることになった[4]。また，婚姻外性関係が，「あるべき行動様式」に反するものとして否定的に評価されたのは当然であるし，妻の婚姻外性関係である姦通に至っては，刑事罰の対象とされた。

　次に，男性についても，公私二領域区分に基づくジェンダー秩序は厳然として存在した。男性にとっての「いるべき場所」は公的領域であり，また私的領域においては家長としての役割を期待された。そして，ここから外れる者につ

いては，やはり逸脱者として社会的にマイナスの評価が下された。独身者が社会的にきわめて厳しい評価を受けたことは，男性の場合も女性と同様である。ただし，男性の場合には，婚姻外の性関係は，女性のようには否定的評価を受けなかった(性の二重基準)5)。

さらに，法の観点から重要なのは，私的領域としての近代家族は，国家法の次元においては家父長家族と構成されたことである。典型的には，19世紀初頭のフランス民法典である。そのような考え方は，1世紀を隔てたドイツ民法典においても踏襲されている。また，同じく19世紀末に成立した日本民法典においても同様である。それらの民法典においては，夫婦間では夫優位の形で性別役割分担が法定され，親子間では父の強力な権威が基調とされた。実定法のなかに強固なジェンダー秩序が埋め込まれたのである。

2 市民社会の変容とジェンダー秩序

(1) 市民社会の変容と公私二領域区分

上に概観した近代市民社会の構造は，西欧諸国を想定していえば19世紀末葉から変容を開始する。このようにして，近代市民社会は，現代市民社会へと移行していく。変容の方向は，端的にいえば市民社会の拡大である。それまで市民社会から排除されていた無産者や女性の市民社会への参加とその役割増大が進むのである6)。

すなわち，まず，経済社会としての「市民社会 α」についていえば，近代初期におけるその狭隘性を端的に表現するものは，妻の行為能力の剥奪であったが，この措置は，19世紀末葉以降次第に緩められ，さらには廃止されていく。また，事実の次元でも，「無産者」の経済的地位が上昇するとともに彼らと彼女らが市場で果たす役割が増大していく。政治社会としての「市民社会 β」についても，その狭隘性を表現する制限選挙制体制が次第に撤廃され，その拡大が進行する(もっとも，西欧諸国で女性参政権が一般的に認められるには，20世紀中葉を待たなければならない)。また，非国家的・非経済的な結合関係(公共圏)としての「市民社会 γ」についても，公論形成主体の多元化(無産者や女性のこの領域

での地位の上昇)が進むことになる。これは，「市民社会 γ」の拡大を意味するものである。

しかし，このような市民社会の構造変容にもかかわらず，《市民社会―家族》という公私二領域区分自体は維持された。変化は，そのような二領域区分の存在自体についてではなく，いわばその境界の移動という形で生じたのである。上記のような市民社会の領域拡大は，他面でいえば家族の領域縮小を意味する。このようにして，両者の間の境界移動が生じるのである。この境界移動は，大家族から小家族へという家族の形態変化や，生産単位としての家族から消費単位としての家族へという機能変化を伴うものであった。しかし，家族の団体としての性格は維持された。

(2) ジェンダー秩序の新たな存在形態

それでは，上記のような市民社会の構造変容は，ジェンダー秩序に関して何をもたらしたであろうか。まず確認すべきことは，この構造変容に伴って，法の世界においては，家父長制家族から平等主義家族への転換が生じたことである。その限りで，実定法としての家族法に内在するジェンダー秩序の問題は，その問題性を大きく減じた。この転換を先進諸国の中で最も早期に実現したのは，戦後日本の家族法改正であった。この改正の先進性が指摘される所以である。

しかし，実定家族法の世界でジェンダー秩序が解体したことは，現実にジェンダー秩序が緩和ないし消滅したことを意味するものではない。前述のように，近代におけるジェンダー秩序の前提を形成する公私二領域区分は，実定法の世界で平等主義家族がモデルとして採用された後も，厳然として残っている。そして，この区分を前提とする男女の役割配分というジェンダー秩序も，厳然として残っているのである。

むしろ，現代市民社会における新たな公私二領域区分のもとで，ジェンダー秩序は，より純化したものとして現れる。近代初期の家父長制家族のもとでは，とりわけそれが大家族の形態を採る場合には，家長と家族構成員の支配＝被支配の関係は，ジェンダー秩序と多くは重なり合いつつも，完全に同一のものであるわけではない。たとえば，明治民法のもとでの「家」制度を採ってみると，

成年者で家長の統制に服する家族構成員は女性に限定されるわけではなかったし，反対に，例外的にではあれ女性が家長になる可能性も認められていた（女戸主）。現代市民社会のもとでの小家族においては，法律上で支配＝被支配を定める家父長制が解消された分だけ，社会レベルのジェンダー秩序が直接的に家族内の男女関係を規定することになる。そのようにして，男性と女性に対する「いるべき場所」と「あるべき行動様式」の指示が，家族内に直接的に貫徹するのである[7]。

3　ジェンダー秩序をめぐる法と社会

(1)　ハビトゥスとしてのジェンダー秩序

　以上の概観からも明らかなように，「法とジェンダー」という観点からジェンダー秩序を分析する場合には，その存在の位相として少なくとも国家法の次元と社会の次元との2つを明確に区別しなければならない。家父長制を内容とする近代初期の家族法においては，国家法にジェンダー秩序が埋め込まれているわけであるが，そのような国家法が廃止され法制度としての家父長制が解体させられたからといって，ジェンダー秩序がなくなるわけではない。社会に存在するジェンダー秩序は，それとは別に存続するからである。この次元のジェンダー秩序は，社会規範といってもいいかもしれないが，それではやや狭すぎる嫌いがある。このジェンダー秩序は，社会規範よりも深層にあって，個人の知覚，発想，行為などを無意識のうちに規定する社会的構造の総体からなるものと考えられるからである。より具体的には，習慣や慣習的行動である。このような社会的構造とは，フランスの社会学者ピエール・ブルデューがいうところのハビトゥスに他ならない。このようにして，社会におけるジェンダー秩序は，ハビトゥスとして把握されるべきである[8]。

　それでは，その内容はどのように把握すべきであろうか。先に，近代における公私二領域区分は，男性と女性に対する「いるべき場所」の指示を含むと述べた。それは，ジェンダー秩序の一部ではあるが，そのすべてではない。その背後には，近代固有ではなく歴史をより一般的に貫くハビトゥスとしてのジェ

ンダー秩序があると考えられるのである。そのようなジェンダー・ハビトゥスは，2点に集約される[9]。

　第1に，労働のあり方に関して，男性と女性とに異なる性格の労働を割り振るというハビトゥスがある。より具体的には，「自立した」活動主体として男性と，その補助としてケアを提供するケア提供型活動主体としての女性というジェンダー秩序である[10][11]。これが，近代の公私二領域区分に対応しつつ，より具体的には次のような現れ方をする。

　1つは，広義の再生産労働(育児，家事，介護など)の女性への押しつけである。再生産労働は，典型的なケア提供型活動の1つだからである。近代の公私二領域区分のもとでの女性の「いるべき場所」は私的領域であるから，このことは，再生産労働の私的領域への押し込め，あるいはそのインフォーマル(シャドーワーク)化を意味する。このようにして，再生産労働は市場から排除され，その無償労働としての把握が必然化する。アンペイド・ワークの問題である。

　次に，女性が公的領域である生産労働の場において労働に従事する場合であっても，女性は，ケア提供型活動主体として補助的労働提供の役割を強制される。このようにして，賃金における女性の低評価構造が成立する。また，女性が仮に男性と同様の労働を提供したとしても必ずしも同等に評価されないという問題も，これに関連する。「二流労働者」としての女性である[12]。

　さらに，もう1つの公的領域である政治の場(市民社会γ)も，女性にとっては「いるべき場所」ではない。近代初期に存在した政治活動の禁止は解除されたにしても，特性論(女性は政治に向いていない)と役割論(女性は家庭にとどまるべきだ)は健在であり，女性が自立した主体として政治活動にコミットすることはきわめて困難である。要するに，「二流市民」としての女性である。

　第2に，セクシュアリティのあり方に関して，男性と女性に異なる性格を割り振るというハビトゥスが存在する。「性的欲望の主体としての男性」と「性的欲望の対象としての女性」というジェンダー・ハビトゥスである。

　その結果，女性人格への性的侵害は，法的空間であるはずの公的領域において生じた場合であっても，重大な人格侵害というその実体に見合った法的取扱いをなかなか受けることができない。レイプにおける性の二重基準は，その端的な現れである。また，セクシュアル・ハラスメントは，90年代におけるそ

の「発見」までは日本においてほとんど法的に無視されていた。公的領域においてすらそのような状況であるから，非法的空間と位置づけられた私的領域における状況は，さらに問題が大きい。重大な人格侵害であり明確な法的問題であるはずの家庭内暴力（ドメスティック・バイオレンス）は，長期にわたって「見えない存在」であった。これが社会的に「見える」状態になったのは，日本においてはようやく90年代の後半期に入ってからにすぎない。

以上2つのジェンダー・ハビトゥスは，近代に固有のものというわけではない。しかし，それは，近代の公私二領域区分のもとで，近代固有の問題性を提示するものとして現れるのである。

(2) ジェンダー秩序と法

それでは，このようなジェンダー秩序との関係で，法はどのような役割を果たしているのであろうか。あるいは，どのような役割を果たすことができるのであろうか。

まず，国家法自体にジェンダー秩序が埋め込まれている場合がある。これを，「ジェンダー秩序内在型立法」と呼ぶことができよう。強行法的な家族モデルとして家父長制家族を定める近代初期の民法典は，その典型的な例を提供している。この場合もさらに分析すると，社会に存在するハビトゥスとしてのジェンダー秩序を国家法が吸い上げて法規範化する場合と，社会レベルにはジェンダー秩序が存在しないのに国家法がそれを定める場合とがある。後者の場合には，国家法は，直接にジェンダー秩序を創成し，あるいはその象徴的作用を通じて社会レベルのジェンダー秩序生成を先導する。いずれにしても，ここでの国家法は，ジェンダー秩序と親和的である。

ジェンダー秩序内在型立法に対するジェンダー論からの戦略は，ある意味で単純である。要するに，それを改正して立法からジェンダーバイアスを取り除くことが課題になるわけである。しかし，実は，これらの立法が女性抑圧的な形でジェンダー秩序に親和的ということは，現代の立法の場合には，それほど多くない。むしろ，社会的弱者としての女性保護という形で，ジェンダー秩序が国家法に埋め込まれる場合が多いのである。この場合には，立法のジェンダー中立化を志向することは，女性保護の緩和ないし撤廃に結びつくだけに，

その評価は単純ではない。たとえば，労働基準法の女性保護規定撤廃問題が，ことがらの困難性をよく示す問題領域となっている。最近は，女性に特化した保護よりもジェンダー中立化を志向すべしという問題提起が有力になされている[13]。基本的にはそのような方向で考えるべきであろう。

次に，国家法自体はジェンダー中立である場合がある。しかし，この場合であっても，そのことだけではその立法に対するジェンダー論的評価はなしえない。前述のように，ジェンダー秩序は，基本的には社会にハビトゥスとして存在する。そうであれば，ジェンダー中立的な立法が，社会に存在するジェンダー秩序を隠蔽・温存するという方向で機能する場合もありうるのである。

近代の法システムには，初期の家族法は別として，一般的には自由・平等を理念とするジェンダー中立的なものが多い。近代の公私二領域区分のもとで，非市民法的諸要素(支配・被支配，保護・被保護，情緒的・人格的関係，シャドーワーク……)は私的領域に押し込められる。その反面で，法的空間である公的領域には，対等・平等の関係のみが残される。これが，近代の法システムが自由・平等を理念とすることができた重要な条件であった。すなわち，近代法のジェンダー中立性は，その背後にある強固なジェンダー秩序と表裏一体のものだったのである。そうであれば，ジェンダー中立的な近代法は，実はその背後にあるジェンダー秩序を隠蔽し，それを巧妙に強化するものであるという評価がなされるのは[14]，十分に理由のあることである。

しかし，同時に，ジェンダー中立的な国家法は，社会のジェンダー秩序に対してより積極的に機能することもありうる。たとえば，そのジェンダー中立的な理念に反する社会のジェンダー秩序を強制的に排除する諸措置を定めることも，国家法には可能である。また，国家法のジェンダー中立的な理念が，その象徴的作用によって，社会レベルのジェンダー秩序を抑制し，克服する方向で機能することもありうる。これらは，ジェンダー秩序を埋め込む国家法が社会のジェンダー秩序生成を先導する可能性があったのと，方向は逆であるが，基本的に同様である。ただ，とりわけ前者の場合には，そのような介入が「自由」という重要な価値との間で緊張関係を孕むことにも留意すべきである。

さて，以上で，90年代の家族法改正問題にジェンダー論的視角から接近するための基本的道具立ては一応揃ったと思われる。以下，90年代の家族法改

正問題の検討に入ろう。

III　家族法改正問題とジェンダー秩序

1　90年代家族法改正の経緯と現状況

(1)　「法律案要綱」の答申とその挫折

　現在の民法親族法相続法の規定は，戦後の大改正によるものである。この改正は，憲法24条との関係で当面必要不可欠な部分について緊急になされたという性格を持っており，さらに抜本的な改正が必要であることは，当初から意識されていた。実際，法制審議会は，1954年の法務大臣諮問以来家族法全面改正に関する検討を続けてきた。しかし，部分的改正はいくつか実現したものの，全面的改正はなかなか実現しなかった。そこで，1991年から再び全面的見直し作業に取り組んだのが，今回の家族法改正事業の発端である。といっても，家族法の全部ではなく，その一番最初にある夫婦の部分，より具体的には婚姻と離婚が取り上げられた。その上で，東京高裁で違憲判断が出た[15]ことを踏まえて，急遽，非嫡出子の相続分差別規定の改正も検討対象に加えられた。

　このようにして，1994年7月には，法務省民事局参事官室から「婚姻制度等に関する民法改正要綱試案」が公表された[16]。そこで示された重要な改正事項は，①婚姻最低年齢の平等化(男女とも18歳とする)，②再婚禁止期間の合理化(女性について前婚の解消または取消しから100日とする)，③選択的夫婦別氏制度の導入(この段階ではいくつかの案が併記されていた)，④財産分与制度の合理化(いわゆる2分の1ルールの導入)，⑤離婚原因の拡大(5年別居を離婚原因に加える)，⑥非嫡出子の相続分差別の廃止，などである。そして，法制審議会は，1996年2月に，この改正構想を基本的には踏襲した「民法の一部を改正する法律案要綱」を決定し法務大臣に答申した[17]。

　しかし，この要綱に基づいて民法改正法案が国会に上程されることはなかった。与党自民党筋から強い反対論が提示され，改正作業は頓挫したのである。

反対論のターゲットとなったのは，選択的夫婦別氏制度であった。

(2) 近時の動向

その後，何回かにわたって，民主党による法律案提出や野党共同での法律案提出の動きがあった。しかし，自民党は反対の姿勢を崩さず，改正の実現までには至らなかった。この過程で，法律案の内容が絞り込まれていったことも指摘しておくべきであろう。たとえば，1998年6月に超党派の議員立法として衆議院に提出された法律案(民主有志，社民，公明，共産，さきがけ等116名が賛成)においては，前出の「法律案要綱」に示された改正事項のうち，①婚姻最低年齢の平等化，②再婚禁止期間の合理化，③選択的夫婦別氏制度の導入，⑥非嫡出子の相続分差別の廃止だけが取り上げられており，④財産分与制度の合理化と⑤離婚原因の拡大は切り落とされている。①と②の重要性は相対的には小さく，改正論の中心課題は，何といっても，選択的夫婦別氏制度の導入と，非嫡出子の相続分差別の廃止であった。

2000年に入る頃から，改正動向に新たな兆しが見られるようになる。

1つには，男女共同参画社会基本法をめぐる動きがある。この基本法に基づく「男女共同参画基本計画」(2000年12月)には，「男女共同参画の視点に立った社会制度・慣行の見直し」を進めるための具体的施策として，「男女平等等の見地から，選択的夫婦別氏制度の導入や，再婚禁止期間の短縮を含む婚姻及び離婚制度の改正について，国民の意識の動向を踏まえつつ，引き続き検討を進める」ことが書き込まれた。また，政府の男女共同参画会議基本問題調査会も，選択的夫婦別氏制度について「民法改正が進められることを心から期待する」との見解を盛り込んだ中間まとめを公表するなどしている(2001年10月)。男女共同参画社会基本法は，ジェンダーフリーで個人単位の社会の実現を基本理念とする立法である。家族法改正をジェンダーの観点から推進しようとする動向の出現として注目される。

もう1つ，改正への動きをより直接的に促進したのは，2001年8月に実施された内閣府の世論調査において，選択的夫婦別氏制度導入賛成論が反対論を上回ったことである[18]。これを踏まえて，法務大臣の意を受けた法務省が改正に向けて再び動き出すとともに，それまで反対論が圧倒的であった自民党に，

女性議員を中心に改正への動きが見られるようになったのである。

　しかし，自民党が家族法改正問題の舞台の前面に登場するとともに，改正構想の内容は大きく変わっていった。まず，改正事項については，夫婦別氏制度のみが議論の対象となり，他の改正事項とりわけ野党が選択的夫婦別氏制度導入とともに重視した非嫡出子の相続分差別規定廃止が検討対象から落ちていった。また，選択的夫婦別氏制度の内容についても，それまでの自由な選択案をやめて，あくまで別氏を例外と位置づける案が浮上してきたのである。この別氏例外案にもいくつかのヴァージョンがあるが，現在有力になっているのは，「家裁許可制」である。これは，自民党内の「例外的に夫婦の別姓を実現させる会」が示したものであるが(2002年7月)，「職業生活上の事情」と「祖先の祭祀の主宰」という2つの理由に基づいて，家庭裁判所の許可を条件として例外的に別氏を認めようという案である[19]。この案については，別氏反対派からも(本来の選択的夫婦別氏制度への突破口になりかねない)，賛成派からも(時代錯誤的案で将来に悔いを残す)，反対意見が出ている。この案の推進者は，議員立法での法案成立を狙っているが，その帰趨がどのようなものになるか，いまだ定かではない。なお，野党のほうも，従前の法案の議会提出をなお試みているが，成立の展望は見えない状況にある。

2　家族法改正とジェンダー秩序

　以上，90年代から始まった家族法改正の動向を簡単にフォローした。これをⅡで検討した理論枠組みに基づいて評価すると，何がいえるだろうか。

(1)　ジェンダー秩序内在型立法の改正

　まず，この家族法改正の動向は，ジェンダー秩序内在型立法の改正を目指すという性格を帯びている。戦後の家族法大改正は，たしかに当時としては世界の水準を抜く先進的なものであった。しかし，そこにはなお男女平等の観点から見て不徹底なものも見出された。形式的に見ても不平等な規定が残されていたからである。女性についてだけ6カ月という長期の再婚禁止期間を定める民法733条と，婚姻の最低年齢について男女で差異を設けている民法731条であ

前者についていえば，その趣旨は前婚と後婚のそれぞれにおける嫡出推定の重複を避けるところにあるとされる。しかし，それだけであれば，再婚禁止期間として100日を置けば足りるはずである。古くはそうであったような寡婦に服喪を強制する趣旨ではないにせよ，そこに「前婚の子が後婚の成立後に出生することを嫌悪する父権的感情が混入していることは否定できない」[20]ように思われる。また，後者は，肉体的・精神的そして経済的に健全な能力を欠く早婚を抑止する趣旨とされるが，とりわけ経済的能力について問題がある。男性より女性のほうが早くこの能力を身につけるというのは，学歴に対するある見方を前提とするものといえるからである。これらの規定には，一定のジェンダー秩序が潜んでいるといわざるをえない。したがって，これらの規定の改正構想には，ジェンダー秩序内在型立法からジェンダーバイアスを除去するという意味があるわけである。

(2) 公私二領域区分と家族法改正

　ところで，近代のジェンダー秩序にとって重要な前提をなすのは，IIにおいて詳しく検討したように，公私二領域区分であった。そして，この二領域区分が成立するためには，家族が広い意味で団体と構成されていることが必要である。家族が単なる個人と個人との結合関係に還元されるのであれば，それを公的領域とは別の領域を形成するものと扱う必然性はなくなるからである。

　今回の改正問題でこの点にかかわるのは，選択的夫婦別氏制度である。家族に関する日本の法制度には，他の先進諸国の制度と比べて，家族の団体的性格が強いという特徴がある。それは，単に民法にのみ関係するものではなく，社会保障法や労働法，さらには税法など家族にかかわる法制度の全体を通じて見出される特徴である。さらにいえば，日本社会の特徴は，個人が単位となって社会ができているのではなくて，団体としての家族単位となっているところに求められる[21]。民法についていえば，この特徴を最も明確に表現しているのが，戸籍制度であり，これと密接に関連する夫婦同氏制（民法750条）である。別氏制度の導入は，まさにこの家族の団体性を表現する制度の核心に風穴を開ける意味を持っているのである。

選択的夫婦別氏制度の導入については，しばしば実質的男女平等の観点からの正当化が行われる。夫婦の自由な協議に基づいて夫婦の氏を決定するという平等原則の観点から見て何の問題もなさそうな民法750条のもとで，98％を超える夫婦が夫の氏を夫婦の氏として選択している。これでは，夫婦の実質的平等は確保されていない，というのがその論旨である。これはまことにそのとおりなのであるが，制度改正の核心は，むしろ上述のところにあるというべきである。

実際，この制度導入に反対する保守派が最も問題にするのは，別氏制度の導入による家族倫理観の喪失である。たとえば，この間，別氏制度反対のキャンペーンを精力的に展開している「神社オンラインネットワーク連盟」によれば，家族は，「夫婦及び親子の絆を最も大切にすべき道徳的な存在であり，国家，社会の基礎的単位として，法的にも保護を与えられねばならない存在」であるにもかかわらず，夫婦別氏制導入論者は，「行き過ぎた個人主義にもとづき，我が国国民の健全な家族倫理観と伝統の家族制度を解消解体する」ことを狙っている，というのである[22]。

日本社会を特徴づける家族単位の考え方を改めて個人単位に切り替えることは，ジェンダー秩序克服のために避けて通れない課題である[23]。それは，家族を個人の自発的結合として捉え返すことにつながり，公私二領域区分の基盤を掘り崩していく。家族の団体性をなくし個人単位化することによって，家族としての結合関係もまた，法的空間すなわち公的領域に属する関係であることが明確になるからである。もちろん，そのような家族の公的領域化という方向を志向するからといって，家族のプライヴァシーを侵害してよいということになるわけではない。ただ，それもまた，家族レベルで問題にされるのではなく，個人レベルで捉え返されるのである。このようにして，公私二領域区分における《公私の再編》が展望されることになる[24]。

選択的夫婦別氏制度の導入は，このような展望への1つのステップになる。もちろん，それだけで個人単位化が実現するわけではない。日本社会の家族単位化を支えているのは，先に触れたように，民法というよりは，社会保障法，労働法等の家族を取り巻く法システムである。民法のある部分が変わったからといって，これらの法システムが当然に変わるわけではない。さらにいえば，

公私二領域区分に基づくジェンダー秩序は，法制度の次元に存在するというだけでなく，いやそれ以上に，社会のハビトゥス次元に存在する。法制度の改革には，限界があるのである。しかし，それでも，前述のように（Ⅱ3⑵)，法がジェンダー秩序に対して積極的に作用しうることを軽視してはならないであろう。

⑶　ジェンダー秩序克服の理念としての「平等」と「自由」

　以上，選択的夫婦別氏制度の導入を対象としてジェンダー秩序にとっての家族法改正の意義を考えてきた。そこで扱われたのは，「別氏」に重点を置いた選択的夫婦別氏制度であった。ところで，個人単位社会の実現という観点からは，「選択的」な夫婦別氏制度は，不十分な妥協とされる可能性もある。選択制であれば，同氏を選択する夫婦もあるはずであり，その場合には，従来の考え方が維持されるからである。そこではまた，実際には夫の氏が選ばれるであろうから，実質的平等の観点からも問題を生じうる。このように考えてくると，⑵で論じた観点からすれば，選択的別氏制度ではなくて，別氏を強行法的に強制するほうが望ましいということになるであろう。これは，同氏を強行法＝公序として強制している現行法を組み替えて，別氏を公序として強制する考え方である。

　しかし，「選択的」夫婦別氏制度については，別の観点からのより積極的な正当化がある。それは，「自己決定権」尊重の観点である。それはまた，社会における多様な家族の尊重という主張に結びつく。この観点からは，別氏の強制は，むしろその理念に反することになる。別氏を望む夫婦に対してそのような希望を否定して同氏を強制すべきではないのと同様に，同氏を望む夫婦に対して別氏を強制すべきではないからである。この立場からすれば，夫婦の氏で問題になっているのは，選択の幅の拡大による自己決定権の保障であり，「同氏か別氏か」がここで問われているわけではないのである。このようにして，この議論においては，一定の家族モデルを強制する公序の存在自体が問題視される。この議論は，自己決定権を通じて個人の自由を拡大し，家族における公序を相対化するのである[25]。

　家族における公序の相対化は，もう一歩進むと法律婚の相対化になる。実際，

選択的夫婦別氏制度は，モデルとしての法律婚の姿を複数化することによって，法律婚をすでに相対化している。さらに，選択的夫婦別氏制度と並んで改正推進論者のもう１つの柱である非嫡出子の相続分差別撤廃も，別の形で法律婚の相対化に結びつく性格の改正である。法律婚から生まれた子(婚内子)と法律婚外の男女関係から生まれた子(婚外子)との平等の扱いを認めるからである。

　これらの改正は，ジェンダー秩序の克服を志向する論者から肯定的に評価されている。筆者も，そのような評価に異論を差し挟むつもりはない。ただ，ここで注意しておきたいことは，これらの改正は，(2)までで触れてきた改正とは性格を異にする，ということである。ここでは，自己決定権や自由が問題になっている。「ジェンダーと自由」という新たな論点が提起されているのである。

　実際，ジェンダーを，これまでのように主として「平等」から捉えるのではなく，「自由」の観点から捉えようという主張が近時提示されている。たとえば次のようである。「ここで言いたいのは，真のジェンダー・フリーとは特定の性役割や家族モデルに依存しない形で制度をデザインすることであり，現行制度が特定の性役割や家族モデルを前提にしているからといって，それに替えて『ジェンダー・フリー』という名の，特定の性役割や家族モデルを採用することでは，問題の解決にならないということである。これでは，『固定的な性役割』を撤廃するといいながら，他方で『固定的でない性役割』を固定することになってしまう」[26]。賛同しうる指摘であるが，このような観点は，アンチ・フェミニズムに立つ論者も共有していることに注意しておきたい。たとえば，フェミニズムの問題点として，それが女性に「すべからく外に出て働くべし」という一律のライフスタイルを強要することが挙げられ，フェミニズムの正しいあり方とは，女性一人ひとりの多様な生き方を尊重し，その生き方に合った男女平等を認めることである，と説かれるのである[27]。これが具体的に意味するのは，専業主婦たることの自由である。

　ジェンダー秩序がハビトゥスとして確立しているところで自己決定権や自由を説く場合には，自由がジェンダー秩序に絡め取られる危険は常に存在する。ジェンダー秩序に適合的ではない自己決定をすることはきわめて困難であり，それがハビトゥスのハビトゥスたる所以だからである。しかし，にもかかわら

ず,自由や自己決定の価値を低めることはすべきではないであろう。自由を基調としつつ,公序による介入をどのような場合に,どのような限度で認めるべきかを具体的に議論していく必要がある。ここには,自由・自己決定と公序にかかわる困難な問題が見出される[28]。

1) なお,封建社会との関係では新しい現象であるとはいえ,かかる二領域区分は,近代の独創というわけではない。古典古代におけるポリス―オイコスの二領域区分も,同様の構造を備えているからである。この二領域区分が,古典的市民法成立の基盤となった。ただし,古典古代においては,生産労働は私的領域において営まれた。近代の市民社会においては,その初発においてはポリス―オイコス的構造がなお維持されていたとはいえ,生産労働の場は,労働力商品の市場化を契機として,次第に公的領域に移行する。

2) 以下に示す3つの「市民社会」概念および「市民社会 α」,「市民社会 β」,「市民社会 γ」という呼称について詳しくは,吉田克己「総論・現代『市民社会』論の課題」法の科学28号(1999年)8頁以下,同『現代市民社会と民法学』(日本評論社,1999年)107頁以下を参照されたい。整理の仕方は同一ではないが,同様に複数の市民社会概念を整理するものとして,星野英一『民法のすすめ』(岩波新書,1998年)111頁以下がある。また,「近代市民社会と近代市民法がもつ本来的な性支配・(近代型)家父長支配構造の本質」について簡明に示すものとして,辻村みよ子「性支配の法的構造と歴史的展開」『岩波講座・現代の法11 ジェンダーと法』(岩波書店,1997年)14〜16頁がある。

3) この点については,たとえば,金城清子『法女性学――その構築と課題[第2版]』(日本評論社,1996年)10頁参照。

4) 主婦がすぐれて近代の創出物であることについて,瀬地山角『東アジアの家父長制――ジェンダーの比較社会学』(勁草書房,1996年)60頁以下参照。また,日本における良妻賢母イデオロギーの形成については,小山静子『良妻賢母という規範』(勁草書房,1991年)参照。なお,このような主婦が近代初期から一般的に存在したわけではない。近代初期には,労働者家族において妻も就労して家計を補充することはむしろ当然のことがらであった。主婦は,当初はブルジョワ家族において成立し,これが社会的に一般化してくるのは,西欧諸国を想定していえば,19世紀末葉以降のことである。

5) 念のために付言すれば,本文では近代について述べたが,そこから,近代以前の社会たとえば封建社会において,「いるべき場所」と「あるべき行動様式」の指示がなかったと理解してはならない。事態は逆で,封建制身分社会においては,多元的身分秩序が,煩瑣なまでに「いるべき場所」と「あるべき行動様式」を指示していたのである。特に文献を挙げる必要もないかもしれないが,一例として,日本幕藩期の状況を明快に整理する『丸山眞男講義録[第6冊]日本政治思想史1966』(東京大学出版会,2000年)148頁以下を挙げておく。近代は,身分秩序に基づく指示を基本的に廃止してこれを公私二領域区分に基づく指示という形でシンプル化したが,そのゆえに,そこでは男女の性差というジェンダー秩序が前面に出ることになったのである。

6) 近代市民社会から現代市民社会への変容については，吉田・前掲注2)『現代市民社会と民法学』131頁以下参照。

7) この「いるべき場所」と「あるべき行動様式」の指示に基づく男女の性別役割分担は，フェミニズムが「家父長制」として問題にしてきた現象の1つである。上野千鶴子『家父長制と資本制』(岩波書店，1990年)が，この家父長制概念の普及に大きな役割を果たした。ところで，この「家父長制」は，本稿で語ってきた，近代初期の家長に対する大きな権限付与を特徴とする家族形態を指す「家父長制」とは，異なる概念である。この2つの「家父長制」概念は，出自も異なる。後者は，主として社会学で用いられる概念であり，ウェーバーが用いた patriarchalism の訳語である。これに対して，前者は，「男性による女性の性支配の物質的基礎」(上野・同上書57頁)などの意味でフェミニズムが提示する家父長制概念であり，patriarchy の訳語である。これらについて，瀬地山・前掲注4)11～12頁，16頁，22頁参照。ジェンダー秩序の分析に際しては，この2つの「家父長制」概念の違いを意識しておく必要がある。

8) ハビトゥスとしてのジェンダーという観点を初めて本格的に展開したのは，江原由美子『ジェンダー秩序』(勁草書房，2001年)であろう。iii頁，322頁以下参照。また，同『自己決定権とジェンダー』(岩波書店，2002年)108頁以下も参照。本稿も，ここから多くを学んでいる。なお，法学者でブルデューのハビトゥスに関心を示すものとして，大村敦志『法源・解釈・民法学』(有斐閣，1995年)387頁以下がある(ジェンダーとの関連を論じるものではない)。

9) 以下の理解は，江原・前掲注8)『ジェンダー秩序』の全体から示唆を受けている。ただし，「ケア提供型活動主体」などの用語は，本稿に独自のものである。江原は，「ジェンダー秩序」を，「男は活動の主体，女は他者の活動を手助けする存在」という「性別分業」パターンと，「男は性的欲望の主体，女は性的欲望の客体」という「異性愛」パターンという2つのパターンで把握するという定式化を示している。372～373頁参照。

10) 男女の「特性」に関するこのような理解は，きわめてありふれたものであり，それは，この点に関するジェンダー秩序がそれだけ強固なものとして成立していることを示している。たとえば，家族法学における把握ということで中川善之助のものを見てみると，中川は，ある論者の「他者中心性は女子の最大徴表であり，自己中心性は男子の基礎特質である」という理解を引きつつ，それを「比較的平凡な結論」と評価している。中川善之助『妻妾論』(中央公論社，1936年)84頁。

11) ただし，ここでの男性の「自立」の背後には，ケアの提供を受けるという形で実は女性への依存が埋め込まれていることに注意すべきである。「自立」を括弧付きで用いている所以である。

12) なお，私的領域における再生産労働の押しつけが，生産労働の場におけるハンディとなって，「二流労働者」としての女性を余儀なくさせるという面もある。金城清子『ジェンダーの法律学』(有斐閣，2002年)63～64頁など参照。

13) たとえば，浅倉むつ子「『市民社会』論とジェンダー」法の科学28号(1999年)68～70頁参照。なお，戦前期すでに同趣旨を説く先進的主張がある。河田嗣郎『家族制度と婦人問題』(改造社，1924年。復刻版，クレス出版，1989年)。現代の婦人は，「真実に人間一

足として男子の間に立交じり，少なくとも社会生存上の問題に関しては，男女の区別を無視し超越して，要求する所は要求し，行ふ所は行ひ，働くべき所は働き，負ふべき義務はこれを負ふという風になって，甫てほんとの事になり得べきである」。320頁。このようにして，「女権より人権へ」が説かれる。329頁以下。
14) そのような評価として，たとえば，浅倉むつ子「労働の価値評価とジェンダー支配の法構造」『岩波講座・現代の法11 ジェンダーと法』(岩波書店，1997年)104〜105頁参照。この観点をさらにラディカル化すると，「法によって構築されたジェンダー」という主張に至るであろう。これを説く文献として，岡野八代『法の政治学——法と正義とフェミニズム』(青土社，2002年)がある。また，同「分断する法／介入する政治」大越愛子・冷水紀代子編『ジェンダー化する哲学』(昭和堂，1999年)96頁も参照。
15) 東京高決平成5年6月23日高民集46巻2号43頁判時1465号55頁および東京高判平成6年11月30日判時1512号3頁である。とりわけ前者は，詳細な理由づけのもとに初めての違憲判断を下したもので，社会的にも注目された。
16) この「要綱試案」は，ジュリスト1050号214頁以下に収録されている。
17) この前段階である1996年1月の法制審議会民法部会「要綱案」が，ジュリスト1084号126頁に収録されている。なお，非嫡出子の相続分差別規定廃止については，この間，1995年に最高裁がこの規定の合憲性を認める大法廷決定を出した(最大決平成7年7月5日民集49巻7号1789頁)ことを指摘しておく必要がある。この結果，相続分平等化の改正が実現する可能性はなくなったとの観測も表明されていた。にもかかわらず，法制審議会が相続分差別規定廃止の方針を維持したことが注目される。
18) ①現在の同氏制維持に賛成する者29.9%，②選択的夫婦別氏制度を導入する法律改正に賛成する者42.1%，③夫婦同氏制維持だが通称使用は認めるとする者23.0%という結果であった。③は厳密には改正への慎重派であるから，①と③を合わせればなお慎重派が多数を占めていると評価しうるが，現実には，②が①を大きく上回ったことがインパクトを与えた。
19) たとえば，朝日新聞2002年7月24日付参照。
20) 上野雅和「民法733条註釈」青山道夫編『注釈民法⑳親族(1)』(有斐閣，1966年)207頁。
21) この観点からラディカルな日本社会批判を展開するものとして，伊田広行『シングル単位の社会論——ジェンダー・フリーな社会へ』(世界思想社，1998年)がある。
22) 神社オンラインネットワーク連盟のウェブ・サイト参照。http://www.jinja.or.jp/ji-kyoku/bessei/bessei0.html.
23) 伊田・前掲注21)のほか，目黒依子「ジェンダーの未来」同編『ジェンダーの社会学』(放送大学教育振興会，1994年)145頁，落合恵美子『21世紀家族へ[新版]』(有斐閣，1997年)241頁以下など。また，法学者のものとして，二宮周平「家族の個人主義化と法理論」法時74巻9号(2002年)26頁など。
24) 以上のような《公私の再編》の展望については，吉田克己「家族における〈公私〉の再編」日本法哲学会編『〈公私〉の再構成(法哲学年報2000)』(2001年)において論じた。
25) 選択的夫婦別氏制度の以上のような意義については，これまで何度か言及したことがある。次のものだけ引いておく。吉田克己「自己決定権と公序——家族・成年後見・脳死」

北大法学部 50 周年記念ライブラリー 2『私法学の再構築』(北海道大学図書刊行会, 1999 年) 254〜257 頁。
26) 赤川学「ジェンダー・フリーをめぐる一考察」大航海 43 号 (特集『漂流するジェンダー』) (2002 年) 68 頁。また, 笹谷春美「新しいジェンダー関係の可能性」同編『「女」と「男」——ジェンダーで解きあかす現代社会』(北海道大学図書刊行会, 1997 年) 190 頁も参照。さらに, 瀬地山角「ジェンダー研究の現状と課題」『岩波講座 現代社会学 11 ジェンダーの社会学』(岩波書店, 1995 年) 240〜241 頁, 同・前掲注 4) 34〜35 頁 (性に基づく役割の配分は, そこに権力が入り込んでいるから (平等でないから) 問題なのではなくて, 生物学的な性に基づいて役割が配分されてしまうということ自体が, 自由でないから問題なのである, と説く) 参照。
27) 林道義『フェミニズムの害毒』(草思社, 1999 年) 22 頁。
28) 吉田・前掲注 25) 参照。

【追記】本稿は, ジュリスト 1237 号特集『ジェンダーと法』(2003 年) に収録されたものである。このテーマの下で,「総論」,「雇用とジェンダー」,「家族とジェンダー」および「女性の身体・セクシュアリティ」の 4 つの柱が立てられ, 本稿は,「家族とジェンダー」の中の一論文として, 大村敦志「家族関係の形成とジェンダー」および野川忍「アンペイド・ワーク論の再検討」とともに特集に収められた。

本稿においては, 家族法改正動向の検討とともに,「法とジェンダー」への序論的考察も行っている。後者においては, 市民社会における公私区分とジェンダー秩序との関係が問題となる。後者に着目する場合には, 本稿は, この間の私の仕事のもう 1 つのテーマである「民法学と公私の再構成」に属する論考ということになろう。しかし, 多少迷ったが, 結局, 家族法改正問題の検討を行っていることに重点を置いて, 本書に収録することにした。

第6章　家族法改正で問われるべきもの

はじめに

　1990年代半ばの家族法改正事業は，1996年2月に法制審議会から民法改正案要綱が公表されるところまで進んだにもかかわらず，頓挫した。周知のように，とりわけ選択的夫婦別姓制度に対する自民党からの強い異議がその原因であった。

　2000年代の半ばになると，まったく異なる文脈から，債権法改正を中心とする民法改正動向が見られるようになる。「民法改正委員会」(事務局長・内田貴)などいくつかの研究会組織における改正案作成作業を受ける形で，2009年10月には法務大臣から法制審議会に債権法改正の諮問が行われた。マスコミ報道によれば，2012年の通常国会に法案提出を目指すとされている。

　先の「民法改正委員会」には家族法作業部会もあり，家族法改正についても検討がある程度進められた[1]。しかし，債権法改正とは異なり，この作業を踏まえてより本格的な立法作業が進むということには必ずしもなっていない。他方で，政権交代を受けて，選択的夫婦別姓に関する政治的決断が行われ，政治主導で一気に家族法改正に進むというシナリオもありうると思われるが，これも不透明である[2]。

　このように，具体的な家族法改正動向が煮詰まっているというわけではないが，むしろそれだからこそ，現時点で，将来のあるべき家族法改正のあり方を検討しておくことが必要であろう。そのような考え方から，以下，将来の家族法改正の課題にかかわる総論的検討を行いたい。

I　近代家族法とその前提条件の変容

1　近代家族法の特徴

　まず，これまでの家族法を「近代家族法」と性格づけた上で，その特徴を4点にまとめて提示する[3]。
　第1は，多様なカップル関係において，法律上の婚姻制度(法律婚)が特権的地位を占めているということである。現実の社会には，異性カップルが多いとはいえ，同性カップルも含めて多様なカップルが存在する。しかし，近代法は，これらの多様なカップルを多様なままでは法的に承認しない。法的に認められるのは，法的に必要な手続を履践したカップルだけで，そのためには一定の要件を満たすことが要求される。その要件を通じて，カップルの選別が行われるわけである。また，この手続を通じて，国家機関によってカップルが掌握される。日本の場合には，戸籍法に基づく届出であるが，フランスのように，権限ある官吏の面前で婚姻締結行為をするという形もある。このような方式を実行し，国家機関が把握したカップルだけを法的に保護する，つまり正統な(légitime)カップルと扱うというのが，法律婚の考え方に他ならない。
　このように公認されたカップル以外のカップルは，法の外に放置される。もっとも，放置されるだけであれば，自由ということでもある。しかし，法律婚以外のカップルは，場合によって法的に否定的な評価を与えられ抑圧の対象になる。典型例が同性愛ケースである。日本法は，同性愛に対して比較的寛容であったが，西欧法は，きわめて否定的であり，同性愛は，ごく最近まで，刑事罰の対象となることも少なくなかった[4]。また，法的に抑圧の対象にならないまでも，正統ではないカップルとして，社会的に非難の対象になった。
　第2は，カップル関係と同様に，親子関係においても法律婚が特権的な地位を占めることである。すなわち，法律婚とそれ以外のカップルとでは，生まれた子についても区別した取扱いがなされる。法律婚から生まれた子を「嫡出子」という。漢字の「嫡」は「本妻」を意味し，「嫡出子」は「本妻から生まれた子」であり[5]，言葉自体すでに肯定的価値を内在させている。英語の

legitimate child，フランス語の enfant légitime も，「正統な子」という肯定的価値判断を強く含んだ言葉である。法律婚以外のカップルから生まれた子を指す「非嫡出子」という表現は，反対に，英語，フランス語を含めて，否定的含意を強く帯びている。このような把握からすれば，「非嫡出子」に対してさまざまな差別的取扱いがなされるのも，ある意味で当然ということになる。

第3は，家族法の機能にかかわるものである。近代法の下で，家族法は，単に市民間の権利義務関係を規律するという機能だけではなく，家族形成のあるべき原理・モデルを社会に対して提示するという意味を強く持っていた。モデルを提示する主体は，もちろん国家である。

たしかに，提示される原理やモデルの内容は，時期によって異なる。19世紀においては，男性優位の権威主義的家父長家族がモデルとして採用されていた。夫婦間での男性優位と，親子関係における権威主義的親権構成がそこでの特徴である。20世紀には，このようなモデルが大きな変容を被る。平等主義家族へのモデルの転換が生じるのである。平等化は，とりわけ夫婦つまり男女間において顕著である。これに対して，親子間では，権威主義的関係から保護関係への転換という形で家父長モデルの変容が生じた。この過程は，19世紀末葉から始まるが，それが完成するのは，日本では戦後の家族法改正によってであり，西欧諸国ではかなり遅く，1960年代頃である。この点では日本の戦後民法改正の先進性が注目される。

この変化は重要なものであったが，ここではむしろ，両者の共通性にあえて着目しておきたい。両者は，いずれも，一定の原理・モデルを国家法が社会に対して提示する，そしてそれを通じて国家法が社会を導いていくという性格を持っているのである。ここでは，法によって社会を設計するという考え方が前面に押し出される。

第4は，近代家族法と私的自由領域としての家族という把握との関係である。近代家族の特徴の1つとして，家内領域と公共領域との区分がしばしば指摘される[6]。そして，この2領域区分を前提として，家内領域は，外部からの侵入から守られるべき私的な空間であるという観念が普及する。近代家族法においてこのような規範が法律に書き込まれているというわけではない。家族法はこの点に関して中立的といってよい。そのような家族法の中立性を前提として，

ここでは，社会規範や社会観念が重要な機能を果たすことになる。そして，その結果，私的自由領域としての家族という観念が成立するのである。

私的自由領域としての家族は，両義的な意味を持つ。それは，一方では，国家の私的領域への侵入に対する防波堤として，個人の権利を擁護する。しかし，それは他方で，家族内部で現実のナマの力関係が貫徹することに対して歯止めが存在しないことを意味し，個人の権利を害する危険を内包する。ジェンダー秩序が貫徹している社会においては，後者の危険が現実化する可能性が大きい[7]。このようにして，ドメスティック・バイオレンスに典型的に見られる家族内部における個人の権利侵害が進行する。

2 現代社会における前提条件の変容

以上の特徴を備えた近代家族法の前提条件は，現代社会において大きく変容してくる。ここでも大きく特徴を絞って，3点だけ述べる。

第1は，国家と社会の関係のあり方が大きく変化しつつあるということである。標語風に表現すると，ピラミッド型の国家・社会からネットワーク型の国家・社会への移行が進行しつつある[8]。

この背景には，1つにはグローバリゼーションがある。ここでは，経済のグローバル化だけではなく，人の移動のグローバル化や人間関係のグローバル化も存在することに注意しておきたい。そのようななかで，国民国家が相対化してくる。変容の背景にあるもう1つの事情は，規制緩和の動向に先導された国家の撤退である。従来，国家が担ってきた機能の少なくない部分が，私的セクターに移管されつつある。ここでも国家は相対化しつつあるのである。

これは，国家におけるポスト・モダン的状況の現実化である。しかし，このようにして国家がそのまま重要性を失うというようなものではない。ネットワーク型の社会については，国家と社会との関係における封建時代への逆行すなわち再封建化という評価もありうる[9]。公共性の担い手であるべき国家には，再封建化のデメリットを統御する可能性が期待される。そのような国家は，むしろその重要性を増している。この両面に注意すべきである。

第2は，価値の多様化・多元化が進行していることである。もっとも，社会

に多様な価値が存在すること自体は，歴史段階を問わず見出される。しかし，近代社会においては，それらの価値について差別化がなされ，ある価値は社会的に評価が低いものとして，いわば押さえ込まれていた。現代社会においては，そのような差別化の圧力が弱まり，多様な価値が自分を主張するようになる。多様な価値の「浮上」である。さらに，これに加えて，個人の前面化やグローバリゼーションという新たな現象に伴って，新たな価値も登場している。現代社会における価値の多様化・多元化は，このような事態を意味する。

このような状況の下でも，社会は，さまざまな問題について，特定の価値を選択していかなければならない。価値の多元化状況の下では，外部から超越的に持ち込んだ上位の価値に照らしてそのような選択を行うのは困難であろう。このようにして，諸価値の擦り合わせが重要になり，手続の持つ意味，プロセス的価値が増大する。最近よくいわれる法のプロセス化やソフトロー化の背景には，このような事情がある。

しかし，ここでも両面を見る必要があるが，すべてをプロセスに解消することができるかは1個の問題である。プロセスの重要性が増しているなかでも，「普遍性」を主張しうる価値も存在するのではないか。端的には，自由と平等という価値，さらには人間の尊厳という価値などである。このようにして，現代社会における具体的な価値選択は，プロセス正統化によって得られる価値と，普遍性を主張しうる価値との緊張関係のなかでなされることになろう。

第3は，価値と同様に，法源もまた多様化・多元化していることである。それはまた，法の形成フォーラムの多様化・多元化と表裏一体の現象である。この多様化・多元化は，縦と横の2つの次元で生じている。

まず，縦の多様化・多元化である。これはとりわけヨーロッパで顕著に進行している現象である。具体的には，国際法であるヨーロッパ法を構成国の国内裁判所で適用することが認められていること（ヨーロッパ法の法源化）である。契約法の領域でもこの現象が見られるが，家族法や人の法の領域でのこの現象の重要性が大きいといえよう。ヨーロッパにおいてとりわけ重要なのが，ヨーロッパ人権条約である。類似の動向は日本でも見られ，国際法の人権条項の国内の裁判での活用が問題となっている。国際人権法の重要性が増大し，国家法より上位の法源が現実化しているのである。また，国家法の下位での法形成の

動きも存在し，たとえば，地方分権の進行のなかで，条例など地域的規範の持つ意味が増大している。

横の多様化・多元化については，まず，経済のグローバル化に伴って，経済活動を媒介する法が多様化している。それを前提として，法の選択が問題になる。また，国際仲裁の選択という可能性もある。さらに進んで，法の統一化も問題になっている。ユニドロワ国際商事契約原則やPECL(ヨーロッパ契約法原則)などである。これらにおいて，いかなる法をモデルにするかに関して法の競争が生じているわけである。

また，もう1つ，人の交流のグローバル化に伴う法源の調整問題もある。家族法はこちらの問題により多くかかわるが，たとえば，国際結婚の増大は当然に抵触法の問題を提起する。また，国境を超えた人工生殖の実施に伴う親子法についても，同様の問題を指摘することができる。著名な向井ケースでは，母の決定に関してアメリカ合衆国ネバダ州の州法と日本法との内容的な抵触が問題になった[10]。

II 近代家族法から21世紀家族法へ？

以上のような変容を踏まえつつ，「21世紀家族法」のあるべき姿を考えてみたい。そこでのキーワードは，家族の多様化と法律婚の相対化の2つである。

1 多様なカップル関係の承認——法律婚の特権的地位の相対化

カップル関係から見ていくが，ここでは，多様なカップルが法の世界に登場し，自らを法的に承認するよう求めてきている。その背景には，価値の多様化・多元化がある。この動向と並行して，法律婚の特権的地位の相対化が進行している。また，法律婚の地位の低下は，社会的事実の次元でも生じている。日本ではまだ顕著ではないが，西欧諸国では，カップルが法律婚から離れるという現象がすでに顕著になっているのである。このような動向を踏まえた多様なカップルへの法的対応については，2つの方向を構想することができる。

1つは，「統合型」と呼ぶべきもので，多様なカップルを法律婚に統合して

いくという方向である。そのためには，多様なカップルの要求に対応できるように，法律婚を柔軟化することが当然に必要となる。たとえばその例として，日本の選択的夫婦別姓制度を挙げることができる。選択的夫婦別姓が実現すると，同氏制を拒絶するカップルを法律婚に取り込んでいくことが可能になるのである。また，離婚の容易化も，法律婚への統合を促進する意味を持つことになろう。要するに，ここでは，法律婚の公序性の緩和が追求される。

　もう1つの方向は，「並行型」とでも呼ぶべきものである[11]。その内容は，法律婚制度と並立する他の制度を認めることによって多様なニーズに応えるというものである。フランスのPACS(民事連帯協約)がその典型例を提供する。PACSは，同性カップルのニーズにも答えるものとして制度化されたが，異性カップルによっても利用可能であり，現実には予想以上に異性カップルがこれを利用している。ともあれ，これによって，法律婚は相対化される。先の「統合型」が法律婚の内容，公序性の相対化であり，法律婚の内部的相対化を意味したとすれば，ここでの「並行型」は，法律婚自体の公序性は維持しつつ，他の制度を認めることによってその地位を低下させる。ここでは，法律婚の外部的相対化が問題となるのである。

　「統合型」と「並行型」とは，相互排斥的なものではなく，両立しうるものである。ただ，「並行型」が追求されると，「統合型」追求の必要性は相対的に弱まるとはいえるであろう。いずれに重点を置くかは，婚姻をめぐる総合的な判断が必要で，単純ではない。しかし，これまでの日本の検討は，「統合型」にやや偏っていたといえるのではないか。そこでは，「並行型」はほとんど意識されていなかった。「並行型」も意識しつつ，婚姻法の今後のあるべき方向を探っていくべきであろう。

　このような認識は，内縁法理についても再検討を要請する。日本の内縁法理を支配してきた準婚理論は，ここでの整理に即していえば，「統合型」に属する。単一モデルを維持し，その要件を満たさないカップルを法律婚に統合することが目指されるからである。しかし，法律婚とは別の選択肢を増やすという「並行型」の内縁法理も構想しうるであろう。内縁(concubinage)を，法律婚，PACSとは異なる制度と位置づけ，カップルの選択肢を増やすことによって多様性への対応を図っているフランスの経験がここでも参考になろう。

2　親子関係と法律婚の相対化

　親子関係においても，まずもって志向されるべきは，法律婚の特権的地位の相対化である。嫡出子と非嫡出子の区別は，親が法律婚を選択しているかどうかによって子の法的地位に差別を設けるものである以上，カップル関係における法律婚の相対化を志向する場合には，当然に問題視されなければならない。ヨーロッパでは，この区別の撤廃は，すでに現実の過程になっている。さらに，そのように考えると，法律婚における嫡出推定も，否定すべきことになる。親子関係の決定について法律婚が意味を持つとすれば，それは，夫について父であることを推定するという父性推定に止めるべきことになろう。

　親権の領域においても，法律婚の相対化が求められる。現行法の考え方では，法律婚が維持されている場合についてだけ共同親権が採用され，それ以外の場合には，事実婚の場合であれ，離婚の場合であれ，単独親権になる。これらをすべて共同親権にするのは行き過ぎかもしれないが，少なくとも一定の場合には共同親権の余地を認める方向を志向すべきであろう。具体的な線引きは難しいが，少なくとも，現在のように，法律婚を選択しているかどうかで共同親権と単独親権とを截然と分ける考え方には，合理性がない。

　また，離婚や再婚の増加に伴って，親子関係についても多様化が進むことになる。女性が実の子を連れて再婚する場合のように，子にとって実の父親と新たな養育上の父とが並存するという事態が珍しくなくなる。いわゆるステップ・ファミリーである。ここでは，面会交流など実の父親との関係をどのように考えるかが重要な問題となる。法律婚に基づく新しい家族を絶対化してそれによる子どもの囲い込みを認めるという方向は，必ずしも望ましくない。子の福祉を基本的観点としつつ，ここでも，法律婚の相対化が課題となるであろう。

3　家族と公的介入

　家族と国家そして社会との関係については，一定の家族モデルを社会に提示する国家，社会を嚮導する国家というイメージは，もはや維持することが難し

い。そうであれば，家族法における法の形式も変化してくる。ルールが後退してスタンダードが前面に出てくるのである[12]。これは，立法と司法との役割分担において，司法が前面に出てくるということでもある。このようにして，家族と国家とのかかわりは，司法を中心とするものになり，国家は，家族における諸利益の調整者として現れる。そこでは，子どもの利益と大人の要望の満足，生物学的真実とプライバシーの尊重等々，さまざまな利益の調整が問題となる。このような利益調整を適切に行うために，訴訟よりもADR（裁判外紛争解決手続）が称揚されるようになる。とくに家族関係におけるADRの称揚は，世界共通に見られる現象で，日本はいわば周回遅れのトップランナーといった趣になっている。ここでは，場合によっては国家自体が後景に退いていく。

　しかし，他方で，家族における人格の保護のためには，国家あるいは法は，より積極的に家族に介入することを求められることにも注意しておきたい。ここで想定しているのは，ドメスティック・バイオレンスであり，児童虐待であり，高齢者虐待である。もっとも，このような人格権の侵害があれば家族に法が介入することは，近代法のロジックのもとでも十分に可能である。しかし，とりわけ日本では，介入できないかのような言説が流布したことも事実である。そうであれば，閉鎖的私的空間としての家族という考え方を克服することが求められる。また，親権が児童虐待の隠れ蓑になっていることも少なくないので，親権の制限・喪失を含めた親権の再構築も望まれる。

　家族と公的介入を考える場合には，さらに，家族における個人の発展を確保するという問題がある。この問題については，自己決定が重要な価値となるが，その前提条件の整備が重要である。たとえば，離婚の自由といっても，その前提条件の整備がなければ絵に描いた餅になるし，かえって女性にとって酷な結果をもたらすであろう。

4　家族構成原理の再定義

　これまでの家族法は，内容は変化してきたとはいえ，一定の価値を社会に押しつけるという点では，共通の性格を持っていた。しかし，このような考え方は，今後は退いていかざるをえないであろう。単一モデルの押しつけから多様

かつ多元的なモデルの許容へと向かうことが必要である。そこでは，法は，個人が形成していく多様な家族をそのままの形で受け止めることを求められる。この方向を徹底すると，モデル自体の放棄という方向も展望されるかもしれない。しかし，そこまで進むべきかについては，慎重な考慮が要求されよう。現実の人間を想定した場合，まったく自由に白紙から適切な関係を構築するのは困難な問題である。過度の自由は不自由につながるのである。一定の多元的モデルを用意し，その1つを選択したうえで一定の修正の可能性を認めるという方向も十分に考えられる。

　さて，以上のように多元モデルを提示することは，新しい家族法である21世紀家族法において，依拠すべき価値がないということであろうか。そうではない。多元モデルの提示は，家族法が依拠すべき価値が，実体的価値から個人の決定の尊重というプロセス的価値に移行していくということを意味するのである。そのようなプロセス的価値を表現するのが，自己決定権に他ならない。21世紀家族法を通底する1つの重要な価値は，自己決定権ということになるであろう。

　しかし，他方で，自己決定権については，それを絶対視するのではなく，その相対化がさらに求められる。1つは，それが自由かつ自発的な意思によって形成されて初めてその正当性を認めることができるということである。プロセスの正統性が確保される場合に初めて内容的な正当性も確保されると考えるわけである。もう1つは，そのようにして得られた自己決定を，人間の尊厳や平等，生存権等の実体的価値でチェックする可能性を認めることである。自己決定といっても，現実には人は一定の社会的環境のなかで決定を行う。そこには，人間の決定に影響を与える習俗や秩序も存在する。ここでの文脈で重要なのは，ジェンダー秩序である。一定の実体的価値によるチェックの可能性を考えておかないと，ジェンダー秩序を反映し，個人抑圧的に機能する「自己決定」を尊重するという帰結が導かれてしまうのである。

おわりに——「人の法」と「家族の法」

　家族については，それを制度と把握するか契約として把握するかという古典的議論がある。もちろん現実の家族は両者の中間と把握すべきものであろうが，

今後の家族が契約に傾斜したものになっているであろうことはたしかであろう。法律婚の相対化は，そのような方向を向いている。ここでは，カップルを中心とする「家族」は，個人の自発的結合体，アソシエーションとして把握される。

このような新しい家族を対象とする家族法においてまず問題になるのは，その構成員たる個人の保護である。その人格的価値が侵害された場合に法が介入すべきことは当然であるし，それに加えて，個人の発展のためにも法は配慮を払うべきである。さらに，家族には子どもという不可避的に保護を必要とする存在がある。これへの支援も，21世紀家族法の重要な役割である。

次に，個人の自己決定によって選択される多様で多元的な家族それ自体の保護も課題となる。たとえば継続性の保護である。多元的な家族の1つとして法律婚を認めるならば，そこではある程度の継続性保障すなわち離婚のチェックが認められるべきことになろう。これは，たとえばライフスタイル選択の自由といった個人の自由と緊張関係をもたらす可能性もある。しかし，そのいずれかの価値を絶対視するのではなく，両者の価値を対峙させ両者の均衡を求めることが望まれる。

また，多元化ということは，継続性保護が弱いタイプの結合関係も認めることを意味するであろう。しかし，その場合でも，財産関係の清算等の点で，当事者間の公平が確保されるように法は配慮すべきである。このような複数の利害を公平に調整し均衡を追求することのなかに，21世紀家族法のあるべき姿があるように思われる。

このようにして，一言でまとめるならば，今後の家族法改正において問われているのは，「人の法」を基盤とした「家族の法」の再構築である。

1) 中間的な検討として，内田貴ほか座談会「家族法の改正に向けて(上)(下)」ジュリ1324号(2006年)46頁以下，1325号(2006年)148頁以下がある。この座談会は，のちに中田裕康編『家族法改正──婚姻・親子を中心に』(有斐閣，2010年)に収録された。また，2009年の日本私法学会において，この委員会の作業の成果を踏まえた形で，家族法改正をテーマとするシンポジウムが行われた。その報告内容については，ジュリスト1384号(2009年)の特集「家族法改正」を参照。
2) 現にそのような動向が最近浮上したが，その先行きは不透明である。
3) 観点は必ずしも同一ではないが，丸山茂『家族のメタファー』(早稲田大学出版会，2005年)とりわけその第1部「家族のメタファー」を参照。

4) ユダヤ，キリスト教の影響が強い。概観として，Flora Leroy-Forgeot, *Histoire juridique de l'homodexualité en Europe*, PUF, 1997, p. 21. et suiv.; Flora Leroy-Forgeot et Caroline Mécary, *Le couple homosexuel et le droit*, Editions Odile Jacob, 2001, p. 25. et suiv. など参照。

5) 榮田猛猪ほか『大字典』(講談社，普及新装版，1965年)564頁。

6) 一例として，落合恵美子『近代家族とフェミニズム』(勁草書房，1989年)18頁参照。このような家内性が「中産階級にあっては18世紀後半から，労働者階級では19世紀半ばから」現れたことについては，石川実編『現代家族の社会学』(有斐閣，1997年)11頁(牟田和恵)。

7) 法が中立性である場合のジェンダー秩序との関係について，吉田克己「家族法改正とジェンダー秩序」ジュリ1237号(2003年)131～132頁(本書第5章113頁)参照。

8) François Ost et Michel van de Kerchove, *De la pyramide au réseau? pour une théorie dialectique du droit*, Publications des Facultés universitaires Saint-Louis, 2002.

9) Alain Supiot, Les deux visage de la contractualisation: déconstruction du Droit et renaissance féodale, in Sandrine Chassagnard-Pinet et David Hiez, *Approche critique de la contractualisation*, LGDJ, 2007, p. 9. et suiv., notamment p. 33.

10) タレントの向井亜紀さん(X1)を卵子提供者とする代理出産ケース。X1が，夫(X2)の精子と自分の卵子を人工的に受精させ，その受精卵を第三者(アメリカ合衆国ネバダ州在住の女性)Aの子宮に着床させて，Aが懐胎・出産した(双子BC)。いわゆる代理出産で，有償の代理出産契約があった。Xらは，ネバダ州の裁判所で，XらがBCの血縁上および法律上の実父母であることの確認を受け，帰国後，東京都品川区長に対してBCがXらの嫡出子であるとの内容の出生届を提出したところ，受理されなかったので，その受理を命じることを申し立てたという事件である。最高裁は，母の決定についていわゆる分娩主義を採用し，懐胎・出産していないX1とBCとの親子関係の存在を否定するとともに，それに反する外国裁判所の裁判は，民訴法118条3号にいう公の秩序に反するものと判断した(最決平成19年3月23日民集61巻2号619頁)。

11) シンポジウム報告においては，これを「分離型」と呼んだ。梅澤彩「家族法改正の動向──ジェンダー法学会」法セ664号(2010年)49～51頁に，その紹介がある。その後，「分離型」という表現には，「本体」である法律婚をカップルの正統な形態と見るニュアンスが含まれているかもしれないと考えるようになり，それを避けるために，本稿では「並行型」という表現を用いてみた。この呼び方の問題については，なお考えてみたい。

12) 家族法領域でのスタンダード化現象について，Patrick Courbe, *Droit de la famille*, 5e éd., Sirey, 2008, p. 13.

【追記】本稿は，2009年12月5日に開催されたジェンダー法学会シンポジウム「ジェンダーと家族法改正」において，総論報告として行われた報告を文章化したものであり，ジェンダーと法7号(2010年)に掲載された。総論報告

という性格から，本稿は，行われるべき家族法改正を大きな歴史的文脈において位置づけることに力を注いでおり，家族法改正をめぐる個別の論点については触れていない。

　本文中にも触れたように，家族法改正に向けての具体的検討を行っている研究者の作業グループの１つに，「民法改正委員会」(事務局長・内田貴)家族法作業部会がある。同部会の改正構想とその検討の現在の状況は，中田裕康編『家族法改正――婚姻・親子を中心に』(有斐閣，2010年)にまとめられている。私も，そこに収録されている座談会「家族法改正に向けて」(同書207頁以下)にゲストとして出席して，個別的改正構想について意見を述べる機会を得た。また，2009年度私法学会シンポジウム「家族法改正」において公表された同部会のその後の構想についても，同書において補足的にコメントする機会を得た(「家族法改正への若干の視点」319頁以下)。併せて参照していただければ幸いである。

第7章　民法改正と民法の基本原理

I　はじめに

　民法典は，社会の基本構造とその基本原理を法的に表現し，それを通してあるべき社会の姿すなわち社会像を示す市民社会の基本法である。ところで，21世紀を迎えこれまでの社会のあり方が大きく変わろうとするなかで，ヨーロッパの民法典を持つ国で債権法を中心とする民法典の全面改正作業が進行しつつある。ドイツでは，2001年に新債務法が制定され，フランスでも，担保法(2006年)，相続法(2006年)，時効法(2008年)の全面改正が実現した他，債務法に関しても2005年のいわゆるカタラ草案の提示を始めとして全面改正に向けての作業が進行している。また，これに先行して，オランダ民法典の全面改正もなされている(1992年)。アジアの多くの国においても，民法典の全面改正あるいは新規制定の努力がなされている。そして，日本においても，民法典の全面改正が現実のものとなってきており，昨年(2009年)10月28日の法務大臣諮問を受けて，法制審議会民法(債権関係)部会が設置され，さしあたりは債権関係法に対象を限定してではあるが，民法全面改正作業が開始された[1]。

　この法制審議会の民法改正への検討作業に先立って，学者を中心とするいくつかのグループによる改正案検討の作業がなされ，その成果がすでに公表されていることは，周知のことがらに属する。本稿は，それらのうち，「民法(債権法)改正検討委員会」が公表した「債権法改正の基本方針」[2](以下「改正検討委員会案」という。)を主たる素材として，そこにどのような民法の基本原理を読み取ることができるか，そこにどのような社会像が示されているか，などを検討しようとするものである。改正検討委員会案を素材とするのは，同案が，あるべ

き民法典の基本原理と社会像に関して他の案[3]よりもクリアなメッセージを発していること，法制審議会での検討において，法務省関係者が公式には否定しているにもかかわらず，事実上の原案に近い意味を持つであろうこと[4]，による。もちろん，以上は事実認識であって，そのことの是非についての評価は別の問題である[5]。

II 〈契約パラダイム〉の採用とその帰結

1 〈債権パラダイム〉から〈契約パラダイム〉へ

　改正検討委員会案による債権関係法改正の基本方向を一言で表現すれば，それは，まずもって，〈債権パラダイム〉から〈契約パラダイム〉への転換と特徴づけることができる。

　この点を多少敷衍すると，まず，現行民法が物権と債権という二つのカテゴリーの権利を中核としてその体系を組み立てていることについては，多言を要しない。それは，現行民法が，パンデクテン体系を採用していることと表裏の関係にある。そこでは，物権や債権の背後にある法的な諸関係，たとえば契約関係は，法典の体系構成の前面には出てこない。もちろん，現行民法が契約について低い位置づけしか付与していないということではない。契約は，債権の発生原因として重要な意味を持つ。しかし，それは，不法行為などとともにあくまで債権の発生原因として捉えられるのであって，法典の体系的構成の核は，やはり物権と債権という権利の二大カテゴリーにあるのである。債権関係に即していえば，現行民法における〈債権パラダイム〉の採用である。

　ところで，1990年代半ば以降に日本で契約責任に関する議論が活性化するが，そこでは，力点の移動が観察される。すなわち，個別・具体的な「契約」から問題を捉え，債務不履行問題を，当該債務を発生させた「契約」の内容を中心に処理しようという姿勢が鮮明になったきたのである[6]。〈債権パラダイム〉を踏まえた〈債務不履行責任パラダイム〉から〈契約パラダイム〉を前提とする〈契約責任パラダイム〉へのシフトである。改正検討委員会案が立脚す

るのも，このような新しい考え方である。

2 伝統的理論の再構成

このようなパラダイム・シフトは，さまざまな点で伝統的理論に再構成を迫ることになる。それらを網羅することはできないので，ここでは，それらのうち重要と思われる2点だけを指摘しておこう。

(1) 損害賠償責任の基礎づけ

第1は，損害賠償責任の基礎づけの再構成である。伝統的理論は，ドイツ民法学の強い影響の下で，ドイツ法の基礎にある次のような考え方に基づいて債務不履行に基づく損害賠償理論を組み立てた。すなわち，債権は，債務者が財貨または労務を給付することを目的とする権利であるところ，債務者がそのような給付を行わないことは，債権者の権利である債権の侵害となる。この給付が未だ可能である場合には，債権者は，権利の対象の給付を強制的に求めるという形で侵害状態を除去することができ，これには帰責事由は不要である。これに対して，給付の対象が損なわれるなどして給付がもはや不可能になる場合には，それに代わる損害賠償が問題となるが，これは，債務者の支配領域への介入を意味するから，その故意過失すなわち帰責事由を要件としてのみ損害賠償という救済が認められる。要するに，不法行為に準じた形で組み立てられた債務不履行論である[7]。このような把握からすれば，債務不履行の基礎に過失責任主義が据えられるのは，いわば当然のことであった。

これに対して，改正検討委員会案は，まず，債権者が債務者に対して債務不履行によって生じた損害の賠償を請求することができる旨の原則を明示した上で(【3.1.1.62】)，この損害賠償責任の免責事由として，「債務者が引き受けていなかった事由」によって債務不履行が生じたことを掲げる(【3.1.1.63】)。現行法の下で履行不能について明示されている帰責事由(415条後段)は，損害賠償責任の要件から排除される。改正検討委員会案が前提とする〈契約責任パラダイム〉によれば，債務不履行に基づく損害賠償責任の基礎づけは，契約の拘束力に求められる。そうであれば，人の行動の自由を前提とした過失責任主義の

考え方を，債務者の行動の自由の制約が前提となる契約責任の領域に持ち込むことは，理論的に不適切なのである[8]。債務者が債務不履行責任から免責されるかは，ドイツ型の過失責任主義に基づく基準ではなく，契約に基づくリスク分配を基準として決めるべきことになる[9]。このような意味で，損害賠償責任要件の再構成は，〈契約責任パラダイム〉に立脚する改正検討委員会案の改正構想の核心にかかわる性格のものである。

この構想に対しては，とりわけ取引実務界から強い抵抗が示されている。そこでは，たとえば，「債務者が引き受けていなかった事由」という概念が不明確であること，帰責事由はすでに過失責任主義から解放された概念として機能していること，などが批判の理由とされる[10]。免責事由の判断が規範的評価であることを適切に表現していない，従来の裁判実務における帰責事由の内容を変更するかのごとき誤ったイメージを与えてしまうという批判も提示された[11]。これらは，過失責任主義を肯定的に評価してそれを維持すべきという方向での批判ではなく，その意味で，改正検討委員会構想の核心を否定する趣旨のものではない。しかし，パラダイム・シフトに対する実務の抵抗には根強いものがある。

(2) 損害賠償の範囲

第2は，損害賠償の範囲についての再構成である。現行法は，債務不履行から通常生ずべき損害の賠償を損害賠償の目的としつつ，特別事情によって生じた損害も，当事者がその事情について予見可能であった場合には損害賠償の範囲に入るものとしている(416条)。伝統的理論は，ここでの予見主体である「当事者」を契約当事者ではなく「債務者」と理解し，また，予見可能性を判断する時期を契約締結時ではなく履行期ないし不履行期と解している[12]。債務不履行は，債務者による債権の侵害である以上，その損害賠償の範囲も，侵害者である債務者の，侵害時の予見可能性を基準として画されるべきなのである。ここでも，債務不履行に基づく損害賠償を不法行為に準じて取り扱うという考え方がその基礎にある[13]。

改正検討委員会案は，当然ながら，このような考え方を否定する。同案によれば，契約に基づいて発生した債権については，予見の主体は契約の「両当事

者」であり，予見すべき時期は「契約締結時」なのである(【3.1.1.67〈1〉】)。その趣旨は，「債務者の不履行行為(作為・不作為)を基点とした相当因果関係の理論を基礎とせず，両当事者が合意した契約を基点とし，当該契約に照らせば債務者が負担すべきとされる損害が何かという観点から」，損害賠償の範囲を定めるということである[14]。要するに，損害賠償の範囲決定の基礎に契約当事者が自律的に創出した契約規範と契約利益を定置するという構想である[15]。これも，〈契約責任パラダイム〉から当然に導かれるものというべきである。

しかし，同時に注意しなければならないのは，改正検討委員会案が，契約締結後の，債務不履行が生じるまでに債務者が予見し，または予見すべきであった損害についても，債務者がこれを回避するための合理的な措置を講じなかったことを条件として，損害賠償を認めていることである(【3.1.1.67〈2〉】)。この提案は，改正検討委員会案の解説によれば「契約締結後の債務者の不誠実な行動を抑止」するという配慮による[16]。このようにして，損害賠償の範囲の決定に際して，契約に基づく損害リスクの分配だけでなく，それを補完する別の理念が持ち出されることになる。債務者の機会主義的行動の抑止は，契約における当事者による自律的リスク分配では必ずしも確保することができない。それを補完的準則の定立によって確保しようというわけである[17]。ここには，当事者間で自律的に形成された契約規範を原則に据えつつそれを別論理の補完原理で補うという複合構造が見出される。

この構想は，少なくとも現在までのところでは，それほど活発な議論の対象になっていない[18]。そのような発想の妥当性については異論の余地がさほどないということであろうか。しかし，改正検討委員会案が提示する民法の基本原理という観点からは，ここに示された複合構造には興味深いものがある。このような複合構造は，Ⅲで見るように，契約の基本原理である契約自由とその制約原理をめぐっても同様に見出すことができ，改正検討委員会案全体を貫く特徴を形成しているからである。

3 債権概念の維持

ところで，改正検討委員会における検討の過程で，〈レメディー・アプロー

チ remedy approach〉と呼ばれる考え方が議論されたことがあった[19]。レメディー・アプローチという語は多義的であるが[20]，大まかにいえば，履行強制や損害賠償・解除などの契約法上の救済手段の要件・効果のあり方を考える際に，債権概念を媒介として債権の内容・効力などからアプローチするのではなく，個別の救済手段がそれぞれ固有の論理を持つことを重視して，それぞれについて要件・効果を考えていこうという発想である。それを徹底した先にあるのは，債権概念を用いることなく，個別の救済手段を契約それ自体から直接に導くという構想である。債権概念の解体が展望されるのである。実際，〈契約パラダイム〉を徹底するならば，中間概念としての債権は不可欠の存在ではない。現に〈契約パラダイム〉を採用するコモン・ローの国においては，債権概念は存在しない。

しかし，改正検討委員会案がそこまで進んでいるわけではない[21]。改正検討委員会が提示するのは，「債権法」の改正案であるし，また，〈契約パラダイム〉を徹底するならば，履行障害について「契約不履行」や「契約違反」を語るほうが適切なようにも思われるが，改正検討委員会は，一貫して「債務不履行」というタームでこの問題を捉えている。もちろん，「契約構成をとっても，契約にもとづいて一方当事者がなすべきことを債務と呼び，それに対応した相手方の権利を債権と呼ぶこと自体に不都合があるわけではない」[22]が，論理的には債権概念の放棄という選択肢もありうるところ[23]，その維持を自覚的に選び取っていることに，ここでは注目しておきたい。

改正検討委員会は，パンデクテン体系という現行民法の基本枠組みを崩すことなくそれを前提として改正案を提示している。そうである以上，債権概念の放棄は，現実の選択肢にはなりえなかったはずである。債権概念の維持は，まずもってこのような体系上の要請から理解することができるであろう。

現代社会における債権は，他方で，パンデクテン体系における物権と対置される債権にとどまらない意義を獲得するに至っている。債権は，特定人に対する行為請求権というよりも，財産的価値を有する存在としての性格，すなわち一の財貨としての性格をますます強めているのである。

改正検討委員会案も，債権のこのような性格を十分に意識している。財貨としての債権はその譲渡性を必要とするが，現行法の下では，譲渡禁止特約違反

の債権譲渡は原則的には無効と解されている(判例。もっとも,近時,その緩和も見られる。最判平成21年3月27日民集63巻3号449頁)。この点に関して,改正検討委員会案は,譲渡禁止特約違反の譲渡であってもそれが有効であることを前提に,債務者は特約を譲受人に対抗しうるという構成を採用する(【3.1.4.03】)。現在の原則的考え方を転換し,譲渡禁止特約がある場合の譲渡を第三者との関係では有効としつつ,この特約が債務者保護にあるという制度理解を直截に特約の効力制限論に反映させるのである[24]。また,金銭債権譲渡の第三者対抗要件を登記に一元化するという構想(【3.1.4.04】)も,金銭債権の財貨性を反映する改正構想と性格づけることができる。さらに,改正検討委員会案は,債権者代位権および詐害行為取消権を規定する章のタイトルを,「責任財産の保全」とする。これらの制度については,より広く債権の第三者効を認める制度として民法体系上位置づけられているという理解もあるところ[25],それらに関して,責任財産の保全という債権の財貨性を踏まえた位置づけを前面に押し出すのである[26]。このように債権の財貨性を強調する場合にも,債権概念は当然に維持されなければならないはずである。

III 〈契約パラダイム〉を支える合意原則・契約自由原則とその補完・制約原理

1 契約自由原則の宣明とその実質化

以上のように,〈契約パラダイム〉を民法体系の前面に押し出すとともに,契約を支える基本原理についても明示の規定を置くというのが,改正検討委員会の基本構想である。改正検討委員会は,その検討の初期の段階から,契約法ひいては市民社会の根本原則である合意原則を民法典のなかに定めておくという構想を打ち出していた。契約当事者は合意内容に拘束されるという合意原則の積極的側面と,合意していないことには拘束されないという消極的側面をともに明示しようというのがその具体的構想である[27]。

改正検討委員会案は,このような構想の延長線上で,まず,法律行為の効力

に関して，その効力を発生させるものが当事者の意思表示である旨を積極的に明文化することを提案する（【1.5.01】）[28]。その上で，契約に関する基本原則として，契約締結の自由と内容も自由に決定することができる旨を定める（【3.1.1.01】）。契約締結に関する自己決定権と契約内容形成に関する自己決定権とを確保するというわけである[29]。

もちろん，このような合意原則と契約自由の原則は，近代民法における大原則であって，それを明示することが従来と異なる原理を導入することを意味するわけではない。しかしそれでも，そのような原理を明示的に宣言することの意味は小さくない。

改正検討委員会案における契約自由の原則についてはさらに，実質化への配慮がなされているという点にその現代的意義を認めることができる。たとえば，改正検討委員会案に対して，そこでの合意原則が信頼性を獲得するためには，合意に至る過程において当事者が合理的で自由な意思決定ができるような条件が充足されるべきだとの意見が表明されたことがある[30]。これに対して，改正検討委員会側は，この指摘に賛意を表するとともに，実質化のための手当として，不実表示規制（【1.5.15】）のほか，沈黙による詐欺に基づく取消しの可能性（【1.5.16】）や交渉当事者の情報提供義務・説明義務に基づく損害賠償責任（【3.1.1.10】），約款についての組み入れ要件の明文化（【3.1.1.26】）等を構想していることを挙げ，契約締結過程の適正化に配慮している点を強調している[31]。これらの消費者ルールの一般法化というべき諸措置は，たしかに，改正検討委員会案の現代的特徴としてよいであろう。断定的判断の提供（【1.5.17】），困惑（【1.5.18】）などに関する消費者契約法の特則の民法への統合も，同様の文脈に位置づけることができる。

2　契約自由原則の補完・制約原理

(1)　信義則による補完

他方で，改正検討委員会案は，これも当然のことではあるが，契約自由原則が絶対であるとは考えていない。同案は，契約自由原則に対するいくつかのレ

ベルでの補完原理ないし制約原理が存在することをも想定している。信義則は，その最重要のものといってよいであろう[32]。改正検討委員会案は，債務の履行と債権の行使に際しての債務者および債権者の信義則に基づく行動義務を定め，さらに一般的に，債権債務関係において当事者が信義則に従って行動する義務を定めている（【3.1.1.03】）。そこから，保護義務や安全配慮義務など，現在判例上認められているさまざまな義務が導かれるとともに，受領義務も信義則上の誠実行為義務として認められるべきものとされる[33]。また，契約交渉の破棄についても，原則としてその自由を認めつつ，信義則に反する形で契約締結を拒絶する場合などには，損害賠償責任が認められる（【3.1.1.09】）。契約交渉過程における情報提供義務・説明義務も信義則から導かれる（【3.1.1.10】）。また，債権者に損害軽減義務が課されているのも（【3.1.1.73】），明示されているわけではないが，信義則から基礎づけることができよう。期間の定めがある契約の更新について，信義則に照らした更新拒絶制限の可能性が提示されていることも（【3.2.16.14】），ここで指摘しておこう。

ここに示されているように，信義則は，まずもって，当事者の合意を補完するものとして機能する。しかし，それだけではなく，契約交渉破棄責任に見られるように，契約自由との緊張関係をもたらす場合もある。契約当事者の合意という自律に対して，信義則という回路を経由した司法的介入の可能性が自覚的に認められているのであり，ここに改正検討委員会案の一つの特徴を見出すことができる[34]。

(2) 平等原則など公序による制約

契約自由に対するもう一つの重要な制約原理は，公序および強行法規である。改正検討委員会案は，これを「第3編債権」の個所ではなく，「第1編総則」において掲げるという構想を提示している（【1.5.02】，【1.5.03】）。とりわけ，現代的暴利行為論を具体化し，いわゆる保護的公序が認められることを明確にしている点は注目に値する（【1.5.02〈2〉】）。

契約法における基本原理としては，自由とともに平等の原則ないし思想を想定することができる。そこで，公序を具体化するものとして，平等原則を契約法の基本原理として定める考え方もありうるであろう。改正検討委員会は，そ

のような考え方が首肯しうるものであることを認めつつ，平等の思想を示す準則を債権法の「基本原則」の箇所に置くことは見送るものとしている。その理由は，平等権の保障は債権法にとどまらない民法全体の基本原理として検討すべきであるという点と，契約自由との関係で問題となる平等取扱いの具体的内容に関していまだ共通理解が形成されていないという点に求められている[35]。

このような態度決定については，批判が少なくない。法制審議会における審議[36]においても，契約自由に対する制約原理を規定すべきとの異論が少なからず提示された。一般論として，契約自由だけを明文化するとそれがひとり歩きする危険があるので，これと併せてその制約原理たとえば契約正義的観念を規定する必要があるのではないかとの主張がなされ，これに対する賛意が少なからず表明されたのである[37]。これに対して，改正検討委員会案を擁護する立場からは，公序等による制約は契約だけに当てはまることではなく法律行為一般に妥当することだ，批判論はヨーロッパ契約法原則を論拠にするが，パンデクテン体系を維持し法律行為論も維持する以上，ヨーロッパ契約法原則をここにそのままの形で持ってきて論拠にするのは解せない，などが指摘された[38]。公序による制約の存在は当然の前提とした上で，その体系的位置づけにかかわって対立が生じたのである。パンデクテン体系の現代的意義をどう把握するかという民法体系上の論点が対立の背景にあることに注意すべきである。

(3) 契約によるリスク配分の限界

合意原則を打ち出し，契約によるリスク配分を契約法の基本原理にする場合には，そもそも契約当事者の当初の意思(当初契約意思)によってどこまでリスク配分を行うことができるのかが問われる[39]。契約主体をすべてを見通すことができる合理的経済人と捉え，情報の非対称さえ解消されればすべてを当初契約意思でまかなうことが可能と考えるのは，モデルと現実との乖離があまりに大きいといわなければならない。改正検討委員会案も，そのような合理的経済人モデルは前提としていない。当初契約意思によるリスク配分を尊重しつつ，それによってカバーされない部分については，補充的契約解釈や任意法規による補充が当然に予定されているのである[40]。つまり，ここでは，当初契約意思は規範化され，当事者の自律的な合意の確定と他律的な規範による補充とい

う2つの作業によってリスク配分のあり方が決定される（二元論）[41]。ここで前提とされているのは，近時の行動経済学などにおいて提示されている限定合理性に立脚した人間像であり，合理的経済人モデルよりもモデルが現実に近い点で，説得力がより大きいといってよい。

改正検討委員会案においてさらに注目されるのは，このような補充をどのように広げても，当事者がすべてのリスクを当初契約において想定することができないことを明示的に承認していることである。この観点が前面に出るのは，事情変更の原則に関してである。改正検討委員会案は，契約締結に当たって当事者がその基礎とした事情に変更が生じた場合であっても，当事者は契約の拘束力を免れないという原則を確認した上で，一定の要件を充たす場合には，事情変更の原則を適用して，再交渉義務さらには契約解除権を認める（【3.1.1.91～92】）。この措置は，もはや当事者の意思によっては基礎づけられない。この場合における当事者間のリスク配分は，当事者意思の外部にその基準が求められ，裁判官の裁量的介入によって具体化されるのである[42]。ただし，その場合でも，第一義的には，再交渉を通じた当事者の自律的リスク配分の促進が図られるものとされる。

事情変更の原則の適用は，当事者が合意に基づくリスク配分を行えなかった事項に関するものであるから，合意尊重の原則と理論的に矛盾するものではない。しかし，それにもかかわらず，やはり合意尊重原則との微妙な緊張関係があることは否定しえない。現在の実務においては，裁判所は，事情変更の原則の適用にきわめて慎重である。にもかかわらずこの原則を法文として定めることがどのような意味を持つかという問題もある。そのような事情を反映して，改正検討委員会案に対しては，実務界から，これらの点を踏まえるならば，事情変更原則を明文化することが合意尊重原則を弱める危険をもたらさないかという批判が提示されている[43]。

Ⅳ　改正検討委員会案が提示する基本原理と民法学の課題

以上のように，改正検討委員会案は，第1に，〈債権パラダイム〉に代えて〈契約パラダイム〉を前面化するとともに，第2に，その契約の基本原理とし

て合意尊重原則と契約自由原則を明示し，そのような基本原理に基づいて具体的な契約制度を組み立てようとしている。その基礎にあるのは，社会を個人の自律を基礎に形成していこうとする私的自治・自己決定権とリベラリズムという社会哲学であるといってよい[44]。それは，現代社会における民法全面改正の基礎に据える社会哲学として，まことに適切なものであろう。

しかし，この把握は，あくまでも改正検討委員会案の大まかな特徴づけにかかわるものであって，これにはさまざまなニュアンスを付加する必要がある。改正検討委員会案は，単一の原理に依拠するものではなく，むしろその基礎には複合的な原理が存在すると見るべきものなのである。その一端は本稿のこれまでの検討でも触れたが，以下では，その点について若干のことがらを補完的に述べて，本稿のむすびに代えることにしたい。

1　民法体系の問題

まず，〈債権パラダイム〉から〈契約パラダイム〉へのパラダイム・シフトは，いうまでもなく，パンデクテン体系の相対化を意味している。それが指向するのは，〈人の法〉〈物の法〉〈行為の法〉というインスティトゥティオーネン型の体系といってよい[45]。先に指摘した，改正検討委員会案における財貨としての債権という把握の前面化にも，同様の指向性を読み取ることができる。また，そのような大陸法的体系を超えて，コモン・ローへの接近をそこに見出すことも可能であろう[46]。

とはいえ，改正検討委員会案のスタンスは，他方で微妙である。この点にかかわって注目されるのは，法律行為関連規定の配置について改正検討委員会内部で対立があったことである。そこでは，法律行為関連規定を総則編に存置するという案と，その大部分を契約に関する規定に書き直して債権編に移すという案が提示され，結局は前者の案が本案として採用された[47]。この本案が指向するのは，パンデクテン体系の維持である。おそらくはそのような経緯も踏まえて，改正検討委員会は，物権・債権の峻別，総則・各則の階層性を重視する方法（パンデクテン体系のことと理解してよい）と，人・所有権・不法行為・契約等を核として機能的な関係に配慮する方法とを対比させつつ，自らの構想を

「複合型(構造＝機能双指向)の民法典」と特徴づけるのである[48]。改正検討委員会は，債権法の全面改正を課題とする研究会である。そうであれば，現行の民法体系に抜本的に手を付けることは，もともとその任務を超えた困難な課題であったといわなければならない。

　ともあれ，以上の経緯が示すのは，民法学に，パンデクテン体系の現代的意義，さらには民法体系論という重要な理論的課題が提起されているということである[49]。19世紀末ドイツで法典に採用されたパンデクテン体系は，その時代における適合性を有していたと考えられる。だからこそ，同時代のフランスにもその考え方が大きな影響を与えたのである。問題は，諸価値が多元化し錯綜する現代社会において，この体系をどのように評価するかである[50]。この問題は，現実の法改正がどのような形を採用することになろうとも，現代の民法学にとって避けて通ることができない理論的課題になっていると考える。

2　契約自由とその補完・制約原理

　次に，改正検討委員会案の基礎にある私的自治と自律重視の社会哲学に関して述べると，改正検討委員会案がそのような社会哲学にのみ立脚していると理解するならば，それは，単純化の誹りを免れないであろう[51]。改正検討委員会案においては，合意原則との間で微妙な緊張関係がある信義則を始めとする他の原理もまた，債権法の基本原理として法典に明示的に埋め込まれようとしているのである。それらは，単に合意原則の補完と特徴づけるのでは足りない存在感を発揮している。むしろ，改正検討委員会案においては，合意原則と信義則を始めとするその補完・制約原理とが両極をなす2つの基本原理として提示されていると把握したほうがよいように思われる。そして，この2つの基本原理は，場合によって補完関係にあるものとして協働するが，場合によっては緊張関係を孕むものとして対抗しあうはずである。現代社会における利害対立の多様性や多元化を踏まえるならば，そのような法典のあり方は，一貫性に欠けるとして消極的に評価すべきものではなく，むしろ積極的に評価すべきものであろう。

　契約自由に対する補完・制約原理として本稿が析出したのは，①信義則，②

公序良俗や強行法規，③当初契約意思の限定性に基づく補充の必要性の3つである。これらのうち，②だけは，総則編に規定するというのが，改正検討委員会案の方針であることは先に触れた。パンデクテン体系の維持を前提とすればそれなりに理解しうる判断であるが，契約法の見通しの良さという観点からは，異論を提示する余地はあるであろう。実際に，法制審議会の審議において異論があったことは，先に述べた通りである。少なくとも，そのような規定の位置によって，②の契約法における位置づけが低まることがないように注意する必要がある。

　これらの補完・制約原理について問われるのは，その具体的内容である。それぞれの柔軟性を失わないように配慮しつつ，その可能な限りの分節化が要請される。その際には，債権法改正を任務とする改正検討委員会案において関心の対象にはなっていないようであるが，〈人の法〉に属する人格的利益の観点が，重要な1つの視角になるであろう。その解明の作業は，法典自体に織り込むべき規定内容の検討という枠を超えるであろうが，それもまた，今日の民法学に与えられた重要な課題というべきである。

1) その作業状況は，法務省の法制審議会(債権関係)部会のサイト(http://www.moj.go.jp/shingi1/shingikai_saiken.html)上で順次公開されている。以下で「法制審議会民法(債権関係)部会第○回会議議事録」として引用する資料は，ここから採録したものである。
2) 代表者は鎌田薫，事務局長は内田貴である。その内容および提案要旨は，民法(債権法)改正検討委員会編『債権法改正の基本方針』別冊 NBL 126 号(2009 年)として公表されている(以下，『基本方針』として引用する)。また，より詳細な解説として，民法(債権法)改正検討委員会編『詳解・債権法改正の基本方針Ⅰ～Ⅴ』(以下，『詳解Ⅰ～Ⅴ』という形で引用する)(商事法務，2009 年～2010 年)があり，また，提案の概要を解説するものとして，内田貴『債権法の新時代──「債権法改正の基本方針」の概要』(商事法務，2009 年)がある。
3) 代表的なものとして，加藤雅信を代表者とする「民法改正研究会」による改正案がある。ここでは，担保法を除く民法財産法の全面改正案が提案されている。改正案は，3度にわたって公表されているが，現時点での最新案は，法律時報増刊『民法改正　国民・法曹・学界有志案──仮案の提示』(2009 年)に収録されている。また，その内容の解説を含むものとして，民法改正研究会(代表加藤雅信)『民法改正と世界の民法典』(信山社，2009 年)がある。同研究会案の基本的スタンスは，現在の法制度の方向性を維持した上でそれを整序していくというもので，「壊れていないものを修理するな」という標語がしばしば引かれている。たとえば，加藤雅信「日本民法改正試案の基本方向」前掲『民法改正と世界の

民法典』160〜161頁。なお、この言葉は、カール・リーゼンフーバー(渡辺達徳訳)「債務不履行による損害賠償と過失原理」前掲『民法改正と世界の民法典』268頁で紹介されたものである。

4）法制審議会審議の冒頭において、改正検討委員会の委員長を務めた鎌田薫が法制審議会の部会長に推薦されたことに関連して、改正検討委員会案が事実上の原案にならないことについての確認が求められ、法務省の担当者は、それを確認している。法制審議会民法(債権関係)部会第1回会議議事録3頁筒井健夫幹事(法務省民事局参事官)発言(2009年11月24日)。また、改正検討委員会の側でも、それが作成した改正試案が自動的に法制審議会での審議の原案になるものではないことを断っている。シンポジウム「債権法改正の基本方針」(2009年4月29日)における鎌田薫「総論」別冊NBL127号(2009年)6頁参照。しかし、とはいっても、1カ月に2回に近い頻度で開催される部会に、原案あるいは論点整理案とその詳細な説明を提示するためには、周到な事前の準備が要求される。部会に配布される論点の詳細版と改正検討委員会案とその解説等を比較対照してみれば、改正検討委員会案とその解説が、法制審議会で提示される論点整理とその解説のために活用されていることは明らかである。他方で、この改正検討委員会には、当初から法務省の担当官が参加していたことも指摘しておく必要があろう。

5）注4)に示した法制審議会事務局(法務省)と改正検討委員会案との関係を始めとする同委員会の検討プロセスについては、批判が少なくない。研究者のものとして、加藤雅信「民法改正と労働法制」季労229号(2010年)16〜22頁、角紀代恵「債権法改正の必要性を問う」法時82巻2号(2010年)74頁以下、池田眞朗「民法(債権法)改正のプロセスと法制審議会部会への提言」法時82巻3号(2010年)88頁以下(池田眞朗『債権譲渡と電子化・国際化』(弘文堂、2010年)419頁以下に収録)、法律実務家のものとして、佐瀬正俊・良永和隆＝角田伸一編『民法(債権法)改正の要点』(ぎょうせい、2010年)6〜9頁(角田伸一)などがある。後者は、改正検討委員会における検討プロセスに実務家の参加が認められなかったことを批判する。その認識によれば、「改正論議に関してこれほど実務家が関与しない案が出されたことはあまり例がな」い。同書はしがき(佐瀬正俊)参照。

6）潮見佳男「総論──契約責任論の現状と課題」ジュリ1318号(2006年)81〜82頁。

7）以上について、山本敬三「契約の拘束力と契約責任論の展開」ジュリ1318号(2006年)89〜90頁参照。

8）座談会「債権法の改正に向けて(下)」ジュリ1308号(2006年)136〜137頁(潮見佳男発言)、シンポジウム「債権法改正の基本方針」における第1準備会報告(潮見佳男)別冊NBL127号(2009年)18〜19頁、『詳解II』247頁、250頁など参照。

9）『基本方針』137頁、『詳解II』244〜245頁、247頁以下参照。

10）シンポジウム「債権法改正の基本方針」における米山健也コメント。前掲注8)別冊NBL127号84頁。また、同様の考え方が提示された法制審議会の審議においても、同様の批判が提示されている。法制審議会民法(債権関係)部会第3回会議議事録(2010年1月26日)25頁以下参照。

11）大阪弁護士会『実務家から見た民法改正──「債権法改正の基本方針」に対する意見書』別冊NBL131号(2009年)92〜95頁。

12) たとえば，我妻栄『新訂債権総論(民法講義Ⅳ)』(岩波書店，1964年)120頁，於保不二雄『債権総論(新版)』(有斐閣，1972年)141頁など。
13) そして，このような把握を前提として，債務不履行に関する416条が，判例によって，不法行為の損害賠償の範囲を定める準則として準用されることになる。
14) 『詳解Ⅱ』264頁。
15) 伝統的理論に対峙してこのような理論をつとに示していたのは，平井宜雄『損害賠償法の理論』(東京大学出版会，1971年)である。同書の416条論(145頁以下)を参照。この点については，潮見佳男「損害賠償責任の効果――賠償範囲の確定法理」ジュリ1318号(2006年)127頁以下も参照。
16) 『詳解Ⅱ』266頁。
17) 現在の学説における不履行時説もまた，機会主義的行動の抑止を内容としている。このことは，中田裕康「民法415条・416条」広中俊雄・星野英一編『民法典の百年Ⅲ』(有斐閣，1998年)48頁がつとに指摘するところである。
18) 法制審議会における審議については，法制審議会民法(債権関係)部会第3回会議議事録(2010年1月26日)40頁以下参照。
19) 座談会「債権法の改正に向けて(上)」ジュリ1307号(2006年)114～119頁など。
20) 潮見・前掲注6)85頁に整理されている。
21) レメディー・アプローチに基づく改正構想の提示という方向は，現在ではすでに放棄されていると見てよいであろう。この点に関して，渡辺達徳「債務の不履行(履行障害)」法時81巻10号(2009年)16頁注14)も参照。
22) 山本・前掲注7)91頁。
23) 前掲注19)座談会「債権法の改正に向けて(上)」114頁(窪田充見発言)参照。「債権」概念を民法の基本概念として維持するか，「債権」概念を媒介させずに契約の効力を直接に捉えていくという方向を考えるかが，論点として指摘されている。
24) 石田剛「債権譲渡」法時81巻10号(2009年)32頁。
25) 片山直也「詐害行為取消権」法時81巻10号(2009年)25頁。
26) 片山・同上論文は，当然のことながら，改正検討委員会案のこのような姿勢を批判する。25頁，27頁参照。そこでは，改正検討委員会は，「民法の破産法化」に目を奪われているとされている。
27) 前掲注19)座談会「債権法の改正に向けて(上)」120頁(山本敬三発言)。
28) この点に関連して，契約の成立についても合意原則が強調され，契約を成立させる合意が別途必要とされる場合には，契約はその合意がされたときに成立するとされる(【3.1.1.07】)点も注目される。この点に関しては，法制審議会民法(債権関係)部会第9回会議議事録(2010年5月18日)16頁(沖野眞已幹事発言)参照。重要な問題であるし，基本的考え方に共感を覚えるが，本稿で詳しく検討することはできない。
29) 『基本方針』89頁，『詳解Ⅱ』3頁。
30) シンポジウム「債権法改正の基本方針」における中井康之コメント。前掲注8)別冊NBL127号80頁。
31) 前注の中井コメントに対する山本敬三リプライを参照。前掲注8)別冊NBL127号95

32) 改正検討委員会案における信義則の意義を強調するものとして，内田・前掲注 2) 44〜46 頁参照。そこでは，合意原則を相対化するニュアンスが色濃く見出される。
33) 『詳解 II』10 頁以下参照。受領義務に関しては 13 頁参照。
34) なお，これは，改正検討委員会案だけに特有の特徴というわけではない。ヨーロッパでの近時の動向にも共通して見出されるところであって，むしろ現代の民法典改正にかなりの程度共通した特徴といったほうがよいであろう。
35) 『詳解 II』6〜7 頁。
36) 法制審議会民法(債権関係)部会第 9 回会議議事録(2010 年 5 月 18 日)においてこの論点が取り上げられている。
37) 本文の主張については，法制審議会民法(債権関係)部会第 9 回会議議事録(2010 年 5 月 18 日)3 頁の鹿野菜穂子幹事発言参照。これに，中井康之(弁護士)，岡田ヒロミ(消費者生活専門相談員)，木村俊一(東京電力株式会社総務部法務室長)の各委員が賛意を表した(同会議議事録 5〜6 頁)。中井はさらに，「契約の総則のところに，契約の自由の原則だけがあるというのは弁護士会として反対意見が多くありました。」との事実を紹介している(同会議議事録 5 頁)。
38) 法制審議会民法(債権関係)部会第 9 回会議議事録(2010 年 5 月 18 日)3 頁(山本敬三幹事発言)，6 頁(潮見佳男幹事発言)。
39) この観点から改正検討委員会の初期の議論を分析する論考として，森田修「〈民法典〉という問題の性格——債務法改正作業の『文脈化』のために」ジュリ 1319 号(2006 年)36 頁以下，同「『新しい契約責任論』は新しいか——債権法再生作業の文脈化のために」ジュリ 1325 号(2006 年)210 頁以下がある。また，同「履行請求権か remedy approach か」ジュリ 1329 号(2007 年)82 頁以下も参照。
40) 『詳解 II』382 頁参照。
41) 二元論という性格づけも含めて，以上については，山本・前掲注 7)99〜102 頁参照。なお，山本は，二元論に対して，当事者に自律的合意確定と他律的規範による補充とを対立的に捉えるのではなく，むしろ融合的に捉える融合論を対置している。改正検討委員会の基本的発想は，伝統的な二元論であるといってよい。
42) 『詳解 II』382〜383 頁。
43) シンポジウム「債権法改正の基本方針」における米山健也コメント。前掲注 8)別冊 NBL 127 号 85 頁，大阪弁護士会・前掲注 11)108 頁など。
44) 森田・前掲注 39)「〈民法典〉という問題の性格」37 頁も参照。改正検討委員会案の 1 つの理論的基礎を提供したと見られる山本敬三の議論に即した評価として，基本的に同旨が述べられている。
45) 前掲注 19)座談会「債権法の改正に向けて(上)」105 頁(内田貴発言)，114 頁(窪田充見発言)なども参照。
46) 野澤正充「民法(債権法)改正の意義と課題」法時 81 巻 10 号(2009 年)9 頁参照。そこでは，改正検討委員会案の性格に関して，大陸法から英米法への転換，あるいは少なくとも，英米法を基本としつつ大陸法の制度を融合させた法システムへの移行という指向性が指摘

されている。なお，野澤自身は，このような移行には慎重なスタンスである。
47)『詳解Ⅰ』32〜34頁，内田・前掲注2)57〜58頁参照。
48)『基本方針』11頁，『詳解Ⅰ』16頁。加藤雅信「『国民の，国民による，国民のための民法改正』を目指して」前掲注3)『民法改正　国民・法曹・学界有志案』7〜8頁も参照。
49) 近時の検討として，赤松秀岳「民法典体系のありかたをどう考えるか——パンデクテン，インスティトゥティオーネン，その他」椿寿夫ほか編法律時報増刊『民法改正を考える』(2008年)47頁以下，広中俊雄「『第一編　人』で始まる新しい民法典の編纂」同書45頁以下がある。
50) 加藤雅信を代表者とする民法改正研究会は，パンデクテン体系の維持を自覚的に選択しているが，そのメリットは，物権法定主義によって取引の迅速性を確保し契約自由の原則によって取引の柔軟性を確保する，また，法典のコンパクト性を確保するなどの点に求められている。加藤雅信「民法改正の歴史と課題」前掲注3)『民法改正　国民・法曹・学界有志案』89頁参照。また，同「『日本民法改正試案』の基本枠組」前掲注3)『民法改正と世界の民法典』6〜7頁も参照。
51) 中田裕康「民法(債権法)改正と契約自由」法の支配156号(2010年)38〜39頁も参照。そこでは，改正検討委員会案を「合意尊重」だとのみいいきるのは，やや不正確な単純化だとの指摘がなされている。

　【追記】本稿は，法律時報82巻10号(2010年)の特集「民法(債権法)改正——基礎法学・法の歴史の視点から」に寄せたものである。原タイトルは，「民法改正と民法の基本原理——民法(債権法)改正検討委員会『債権法改正の基本方針』をめぐって」であったが，本書収録に際してサブタイトルを削除した。
　法律時報誌の特集は，サブタイトルにも示されているように，「主として——やや広義における——基礎法学・法の歴史といった視点から，民法(債権法)改正をめぐる今般の議論を補完しようとするもの」(渡辺達徳「企画の趣旨」同誌4頁)であった。本稿も，そのような企画の趣旨を受けて，改正構想の基本的方向を大きな文脈において位置づけることに力を注いでいる。
　本文で示した「改正検討委員会案」における〈債権パラダイム〉から〈契約パラダイム〉への転換という認識も，そのような問題意識に基づくものである。この転換が，パンデクテン体系を大きく相対化するものであることはたしかであろうが，それとインスティトゥティオーネン体系との関係，さらにコモン・ローとの関係は，さらに考える必要があると思っている。また，「改正検討委員会案」が最も影響を受けたといわれているウィーン売買条約(CISG)との関係も，さらに考えてみたい。

民法改正案の審議に当たっていた法制審議会民法(債権関係)部会は，2011年4月12日開催の第26回会議において，「民法(債権関係)の改正に関する中間的な論点整理」(http://www.moj.go.jp/content/000074384.pdf)を決定し，現在，このパブリック・コメントの手続が進行中である。「中間的な論点整理」の内容やこれが決定されるに至った法制審議会における審議プロセスの全体的な評価については，今後十分な検討を行う機会を持てればと思っている。この問題については，すでにさまざまな角度から多くの検討がなされているが，ここでは，実務界からの本格的検討として，大阪弁護士会編『民法(債権法)改正の論点と実務〈上〉』(商事法務，2011年)(現時点で下巻は未刊)，学界における批判的検討を代表するものとして，加藤雅信『民法(債権法)改正――民法典はどこにいくのか』(日本評論社，2011年)(改正作業の手続的問題点の批判に重点が置かれている)だけを挙げておく。

第II部　特別法制と市場・人格

第8章　借地借家法制の経済社会的分析

I　は じ め に

　土地やその上に建築される建物は，資本主義的市場経済社会においては，一の商品として市場において自由な交換を通じて供給されるのが本則である。それは，売買市場だけではなく，賃貸借市場においても同様である。しかしながら他方で，土地には，生産に親しまず，また移動可能性がないため常に位置の独占性と結びついているなどの点において，通常の商品とは異なる特殊性がある。建物もまた，それ自体は通常の商品と同様に生産に親しむが，必然的に土地とともに供給されるため，土地と同様に，商品として特殊な性格を帯びることになる。借地借家法制は，一般的にいえば，建物所有を目的とする宅地の賃貸借市場[1]および建物の賃貸借市場に対して，特別法によって介入するものであるが，そのような法制度が展開する根底には，土地および建物の上記のような商品としての特殊性がある。本稿は，そのような借地借家法制の経済社会的な意義を，賃貸借市場とのかかわりを中心に検討することを課題とする。また，かかる検討のなかで，借地借家法制のあるべき姿についても一定の見方を提示してみたい。

　ところで，不動産賃貸借市場に対する特別法による介入といっても，そこには性質の異なる2つのものがある。

　1つは，賃借権の属性や権利内容に関して法的規整を行うための介入である。たとえば，不動産賃借権の対抗力や譲渡性に関して民法の規定と異なる規整を導入することは，権利の属性にかかわる介入である。また，一定の期間の確保や投下資本の回収にかかわる法制度の整備は，権利の内容に関する介入である。

これまでよく用いられてきた表現に従えば，ここで図られているのは，賃借権の市民法的強化である。これらは，市場に対する特別法による介入といっても，市場における競争メカニズムや価格形成メカニズム自体を制限する性質の介入を意味するものではない。賃貸借市場における価格は，そのような権利の属性や内容を前提としつつ自由に形成されるし，これらの介入によって競争が排除されるわけでもないからである。この種の介入は，市場に供給される権利の内容等の合理化を図る性格を持つ。その意味で，これを市場整備的介入と呼ぶことができよう。

もう1つは，市場における価格形成メカニズムや競争メカニズム自体に対する介入である。賃料規制を始めとする不動産賃借権の対価に対する介入は，市場における自由な価格形成自体を制限することになる。また，存続保護は，賃貸借市場における位置の利益に関する競争を排除ないし制限する機能を果たす。これらは，市場メカニズム自体を制約する性格の介入という意味で，市場規制的介入と呼ぶことができよう。これまで社会法的強化と呼ばれてきた賃借権強化は，基本的にはこの市場規制的介入の性格を持つものであった。

借地借家法制の経済社会的意義は，問題となっている制度がこの2つの介入のいずれの意味を持つかによって大きく異なる。そこで，以下では，大きくは問題をこの2つの領域に分けて検討することにしよう。

II 市場整備的介入とその経済社会的意義

1 借地借家法による賃借権強化とその性格

まず，明治民法における賃借権規定の特徴を簡単に押さえた上で，借地借家法における賃借権強化の内容とその性格を確認しておこう。結論的にいえば，1921年の借地法および借家法における賃借権の強化は，基本的には市民法的強化であって市場整備的性格を持つにすぎない，と性格づけることができる。

(1) 旧民法から明治民法へ

　1890年に公布されたいわゆる旧民法[2]は，賃借権を物権と構成した(財産編115条以下)。その結果，賃借権の第三者対抗力が認められ，また，賃借権に基づく物上訴権，賃借権自体についての抵当権設定も可能とされた。旧民法の起草に当たったボワソナードによれば，賃借権の物権的構成は国民経済上の利益に適合的である。賃借人に安定性を確保することによって，農業，商業および工業を増進するからである[3]。

　もっとも，ここでの物権としての賃借権は，現行民法の地上権のような用益物権的イメージと異なり，当事者間の関係については，債権契約としての賃貸借関係と同様の法律関係を維持するものであった。すなわち，旧民法においては，賃借権の期間やその他の具体的権利義務関係の決定は基本的に契約自由に委ねられており，賃貸借契約の内容について強行法によって枠をはめるという発想も，賃貸借市場における競争を制限しようとする発想も存在しないのである。ある権利を物権として構成することには，①その権利に物権に特有の属性を賦与する(これは，当事者間の私的自治では如何ともしがたい事項である)，②権利の一定内容(たとえば期間)について強行法の規整を設けて当事者間の契約自由を制限する，という2つの意味を持ちうるが，旧民法における賃借権の物権的構成は，もっぱら①の意味を持つものであった。産業発展という国民経済上の観点から，賃貸借市場に供給される賃借権の属性について，いわば品質管理を行ったのが旧民法であった。

　1896年公布，98年施行の明治民法は，旧民法とは異なり，「我国従来の慣習」と諸外国における「多数の例」にならって[4]，賃借権を債権と構成した。その結果，旧民法が賃借権の安定性確保に資すると考えた物権的属性は，基本的に否定されることになった。ただし，そのうち最重要と見られる不動産賃借権の対抗力については，債権であっても明文の規定を設ければ登記による対抗力取得は可能だとされた(605条)[5]。しかし，この規定は，賃借権に基づく登記請求権が解釈によって否定されたこともあって，現実にはほとんど機能しないことになる。

　明治民法には，賃借権の属性に関して旧民法と比較して大きな変更を加えた

部分もある。無断での賃借権譲渡・賃借物転貸の禁止である。旧民法は，賃借権の譲渡・転貸の原則的自由を認めていた(財産編134条)。賃借権を物権として構成したことがその理由というわけではなく，賃借権の人的性格をあまり強調しない旧民法の賃借権観に基づくものである[6]。したがって，人的性格の強い類型の賃貸借については，旧民法においても賃借権の譲渡性が否定されることになる(同条4項)。また，賃借権の譲渡性は，当事者間の特約によって排除することができるほか，反対の慣習がある場合にも排除された(同条1項但書)。このような旧民法の考え方を逆転して，明治民法は，日本の地方の慣例の多くは賃借権の譲渡・転貸を許していないことを根拠に[7]，賃借権の無断譲渡・転貸を禁止したのである(612条1項)。そこで主として想定されていたのは農地賃貸借すなわち小作関係であり，そのような賃貸借関係における人的関係の強さである[8]。

　無断譲渡・転貸の否定という政策判断は，そのような行為を無効とする，あるいは賃貸人に対する対抗を認めないことによっても十分に確保されるはずである。しかし，明治民法は，そのような消極的効果に加えて，無断譲渡・転貸があった場合には，賃貸人に解除権を与えるものとした(同条2項)。無断譲渡・転貸を行う賃借人は将来再び同様の「不法の所為」に出る危険があるというのがその理由であり[9]，人的信頼関係を重視する明治民法の賃貸借観をよく示す規定である。

　他方で，明治民法は，賃借権の期間やその他の具体的権利義務関係の決定を，基本的に契約自由に委ねた。その結果，当事者の契約形成における交渉力と力関係を反映した現実の賃貸借関係が，そのまま法的関係に昇華することになる。これが戦前の寄生地主制の法的基盤となったことは，しばしば指摘されるとおりである。一定の理念に支えられた強行法によって賃貸借関係を設計し，現実の賃貸借関係をある方向に導くという発想は，明治民法のもとでは存在しない。なお，この事情は，前述のように旧民法のもとでも基本的には同様であるが，明治民法のほうが，賃貸借関係の人的性格を前面に出している点に特徴が認められる[10]。

(2) 借地借家法の成立

明治民法賃貸借規定が最初に引き起こした社会問題は，借地関係におけるいわゆる地震売買の弊害であった[11]。日露戦争頃からの日本資本主義の飛躍的発展とそれに伴う地価上昇，そして政府の地租増徴の動きのなかで，地主は，地代増額を借地人に求めるようになる。明治民法は，前述のように，賃貸借の登記による賃借権の対抗力を認めた(605条)。しかし，借地人が現実にこの方法によって対抗力を取得できたケースは，ほとんどなかった。この状態が，地代増額請求の武器として用いられたのである。この弊害に対処するために制定されたのが，1909年の建物保護法である。同法によって，借地上の建物の登記(これは借地人が単独でなしうる)によって借地権の対抗力取得が認められることになった。もっとも，日本の旧慣は，登記を条件とすることなく借地権の対抗力を認めていたし，明治民法の起草者も，借地関係については賃借権ではなく地上権が用いられるのが本則で借地権が通常対抗力を取得するであろうと見ていたから，建物保護法による借地権保護は，結局のところ，民法起草者の見通しの誤りを是正するという消極的意義を持つものに止まった。

借地関係においてもう1つ重要な社会問題になったのは，その期間の安定性である[12]。無限定の契約自由を認める明治民法のもとで，3年とか5年とかのきわめて短期の借地期間しか定められないという事態が少なからず生じたのである。ある程度の期間が確保されなければ借地上の建物の経済的価値は全うされないことを考えれば，このような定めは，形式的には契約自由によって正当化されても，経済合理性に欠ける。1921年の借地法が是正を目指したのは，主要にはこの問題であった。借地法は，結局，建物の客観的性格(堅固建物か非堅固建物か)に応じて，一定の期間(期間を定める場合には20年または30年，期間を定めない場合には30年または60年)を強行法的に保障することとした(2条)。また，その期間が経過した時点で建物がいまだ存続している場合を想定して，更新請求の制度と更新がない場合の建物買取請求権の制度を設けた(4条)。後者は，建物という財産に対して投下した資本の回収を可能にする性格の制度改正である。さらに，借地権の譲渡・転貸について賃貸人の承諾がない場合の建物買取請求権の制度も定められた(10条)。

このように，制定当初の借地法は，建物の経済的価値の保護を中心的理念としつつ，借地権の期間について当事者間の契約自由に強行法的に介入し，また，投下資本回収のための制度的整備を行ったものと性格づけることができる。ここでの強行法的介入は，借地権という商品に関する市場原理を否定する性格のものではない。建物所有を目的とする利用権の期間が短期であることは，それ自体経済合理性に反するものであることを考えれば，この介入は，借地権市場の合理化を志向するものにすぎないものと性格づけるべきである。立法過程においては，借地法は，契約自由の否定を意味するものではなく，当事者間の合理的意思の尊重という観点から正当化しうるものであるとの説明がなされた。この説明は，上記のような介入の性格からすると，それなりの説得力を持つものである。要するに，制定当初の借地法による借地権強化は，市場整備的介入を目指すものであり，そこには，市場原理の制限を志向する社会法的性格は見出されない。

借地法と同時に，借家法も成立した[13]。その主要な内容は，引渡による借家権の対抗力の承認(1条)，解約申入期間の延長(3カ月から6カ月に。3条1項)，造作買取請求権の承認(5条)である。1941年に正当事由制度が導入された後，戦後には借地法を圧倒する社会的意義を持つようになる借家法も，制定時には，借地法の添え物的存在でしかなかった。内容的にも微温的なものである。諸外国においては，戦間期のこの時期，家賃統制が問題になっていた。居住用建物賃貸借の主要な主体である勤労者層によって求められたその措置は，借家市場における市場原理の貫徹を直接に制限する性格の介入である。しかし，日本の借家法制定時においては，そのような性格の介入はおよそ問題になっていない。立法過程で最も議論の対象になったのは，造作買取請求権の承認であったが，それは，主として営業用建物の借家人の保護に資する性格の改革であった。借地法と同様に，借家法の場合にも，この時期の賃借権強化は，市場原理を前提とした市民法的強化と性格づけることができるものであった。

2 賃借権の市民法的強化の経済社会的意義

以上概観したような借地借家法による賃借権の(市民法的)強化についても，

それが契約自由の制限を含むことから、制定当初は反対する見解が少なくなかった。しかし、次第に、その経済社会的意義を肯定的に評価する見解が優勢になっていった。その代表的見解は、賃貸借規定修正の根本の動機として、不動産を物質的に利用することを土台とする生活と経済の運営が、所有者の手から借主の手に移ったことを挙げた。それゆえ、「借主の地位を強化しないと、その上に築き上げられた生活と経済が脆弱になり、社会経済の発展が阻害されることになる」。このようにして、私法において、「所有から利用へ」という新たな指導原理が採用されるようになるのである[14]。これが広い意味での賃借権の物権化論である。

戦後に至ると、賃借権の市民法的強化＝物権化の経済社会的意義をより精緻に理論化しようとするさまざまな見解が出されるようになる。その代表的な理論として、いわゆる「賃借権の物権化＝近代化論」を挙げることができる。この理論は、土地所有権と土地利用権との相関的法構造の近代的なあり方を〈土地所有権に対する土地利用権の優位〉に求め、その具体的な法構造を大陸法上の用益物権に求める[15]。したがって、この理論によれば、明治民法上の賃借権の債権的構成は、一見契約自由という近代的性格を持つように見えながらも、実は、土地所有権の前近代的性格を表現するものである。それは、戦前期日本の寄生地主制に適合的な法律構成であった。反面、借地法による土地利用権の物権的な強化は、土地所有権の近代化を意味することになる。これらの把握は、直接的には認識論の次元のものであるが、「近代化」は、一方で、戦後の一定の時期には強烈な規範的含意を持ちえた。したがって、賃借権の物権化＝近代化論は、単なる認識論に止まらず、不動産利用権が目指すべき方向を示す規範論・価値論にかかわる理論としても強い説得力を持った。

賃借権の物権化＝近代化論は、土地賃借権についてだけでなく、建物賃借権についての理論的枠組みをも提供する。すなわち、建物賃貸借関係においても、農業における三分割制と同様に、「資本の価値法則が貫徹したところの近代的形態」として、「地主―借地貸家営業資本(家)―借家人」というシェーマが描かれ、賃労働者を中核とする勤労者で占められる借家人層と貸家資本とは、経済的基礎の不平等のために、法論理上も市民法的な対抗関係に立たないものと把握される。したがって、借家法で追求されるのは、賃借権の市民法的強化を

超えた社会法的強化である。住宅用建物に関する特別法が展開するのが，土地賃貸借に関するそれよりも遅れ，先進資本主義諸国において一般的に独占段階に入ってからのことであるのは，そのような借家法の性格を反映したものである[16]。

他方，営業用建物賃貸借においては，借家人もまた資本であって，借家人と賃貸人(貸家資本)とは市民法的対抗関係に置かれると把握される。これが意味するのは，営業用建物賃借権については，土地賃貸借の場合と同様に，市民法の枠内にある利用権強化(具体的には改良費償還請求やグッドウィル補償の確保)が必要でかつそれで十分である，ということであろう[17]。

賃借権強化に関する以上の把握は，いずれも，賃借権に基づく利用のあり方に着目している。そこで想定されているのは，とりわけ生産活動である。そして，そのような視角に立つ場合には，賃借権の物権化論は，賃借権の市民法的強化の経済社会的意義に関する理論的説明としても，それを積極的に肯定する価値論の次元においても，説得力に富むものと評価することができる。

他方，この理論には，市民法的強化が賃貸借市場に及ぼす影響という市場論的視角は稀薄である。この理論のもとでは，近代的＝資本主義的生産にとっては自己所有上での生産ではなく，利用権に基づく生産が適合的と捉えられている。非生産的土地負担を避けることができるからである。したがって，資本主義的関係の浸透とともに，利用権に基づく土地利用が一般化することになる。ここでは，賃借権の市民法的強化が賃貸借市場において供給阻害的に機能するとは考えられていないようである。賃借権の市民法的強化は，直接に市場における価格や競争を制限する性格を持たないことからすれば，そのような見通しがあながち的外れともいえない。しかし，賃貸借市場に対する介入は，それが市場整備的性格しか持たない場合であっても，供給阻害的に機能する場合はありうる[18]。また，現実の日本の借地借家法制の展開は，賃借権の市民法的強化に止まらず，その社会法的強化に進むことになる。そこでは，市場論的視角がより重要性を持つことになろう。以下，この点の検討に移ろう。

III 市場規制的介入とその経済社会的意義

1 借地借家法制と賃借権の社会法的強化

　日本における賃借権の社会法的強化の動向を考える上で重要な意義を持っているのは，戦時期の借地借家法制の展開である[19]。まず，1939年には，国家総動員法に基づいて地代家賃統制令が公布・施行された。戦時物価統制政策の一環としてではあるが，ここで初めて賃貸借市場の領域において価格自体に対する規制措置が導入されたのである。次いで，1941年には，借地法および借家法が改正されて，正当事由制度が導入された(借地法4条1項，6条1項。借家法1条ノ2)。これによって，更新拒絶および解約申入の自由が制限されることになった。

　1941年改正によって正当事由制度を導入した立法者の主要な目的は，借家関係を主として念頭に置きつつ，解約申入の自由が，家賃統制に抵抗して脱法的に闇家賃を請求する家主の武器として用いられることを防ぐことであった。したがって，解約自由が制限されるのは，別の借家人に貸して統制額を超える家賃を得ようとするような場合に限定される。つまり，当該家屋を賃貸借市場に供給し続ける限りは，正当事由が原則として具備されず現在の借家人に貸すことを強制されるが，家主が家屋を賃貸借市場から引き上げ自分で使用する場合(自己使用)には，当然に正当事由が具備されるものと考えられていた。他方，地代家賃の統制額は，少なくとも建前的には，地主家主の適正な収益を実現する水準を確保すべきものとされた。この時期の市場規制的介入は，いまだそれほど厳しいものではなかったのである。

　敗戦後の深刻な住宅難のもとで，市場規制的介入は，厳しさを増す。最も重要な点は，正当事由に関して，戦時期の判例によって導入されたいわゆる利益比較の原則が，この時期から本格的に機能するようになったことである。利益比較の原則とは，地主や家主の事情だけではなく，借地人・借家人の土地・建物利用の必要性も含めて総合的に正当事由の有無を判断すべきものとする考え方である。その結果，地主や家主は，たとえば自己使用の必要性があっても，

当然には正当事由を認められないことになった。他方，地代家賃統制も，戦後の混乱に伴う経済統制の一環として継続された。その内容も，家主等の適正利潤を確保するものとはほど遠くなり，さらに深刻なインフレーションのもとで，地代・家賃の実質的減価も進行した。

　戦後の住宅難に対処するためには，本来であれば大量の住宅建設が必要であったし，そのためには，公的資金の投入が不可欠であった。現に，同様に第二次世界大戦によって大きな被害を被った欧州諸国においては，一般に国家資金を投入して大量の住宅建設が図られたのである。しかし，日本の住宅政策は，その方向において著しく貧弱であった。日本においては，地代家賃統制と借家人等の存続保護が現実に採られた住宅政策のほとんどすべてだったのである。それは，ある意味で最も安上がりな住宅政策であり，公的な住宅政策の貧困を家主に転嫁するものであった。

　その後，地代家賃統制に関しては，民間賃貸住宅部門における供給拡大を目指して規制緩和が進む。新築建物や商工業用建物についての適用除外措置の導入(1950年)，一定面積以上の住宅についての適用除外措置の導入(1956年)などを経て，1986年には地代家賃統制令の効力がなくなるのである。しかし，他方で，正当事由制度は一貫して維持され，利益比較原則も判例理論として維持される。この存続保護の仕組みはかなり実効的であり，戦後における借地権，借家権の安定性は高いといわなければならない。また，そのような賃借権の安定性と地代家賃増額請求権行使における裁判所のコントロールシステムのもとで，とりわけ都市中心部の古くから存在する借地や借家において，新規賃料水準と継続賃料水準との乖離が生じてくる。戦後の借地借家法制においては，存続保護による競争排除を中心として，市場規制的介入が実施されたのである。それは，既存の借地人，借家人との関係では，多くは社会的弱者である彼らの利害を擁護する介入という意味で，賃借権の社会法的強化を意味するものであった。

2 賃借権の社会法的強化の経済社会的意義

(1) 社会法的強化の理論的把握

　正当事由を中心とする賃借権の社会法的強化の経済社会的意義を理論的にどのように把握するかについては，IIで検討した賃借権の市民法的強化＝物権化とは異なり，見解が区々に分かれている[20]。さらに，そのような状況を反映して，社会法的強化の正当性をどのように評価するかについても，見解が大きく対立している。

　(i)　IIで紹介した賃借権の物権化＝近代化論は，比較法的考察から得られた理論枠組みに依拠しながら，世界史的法則の正常形態においては，一定規模または一定価格以下の建物(社会法的建物)の賃貸借について，資本主義の独占段階から，居住利益の保護を目指して存続保護と賃料規制を中心とする借家法制が展開すると説く[21]。このような理解からすると，社会法的建物の規模・価格を超える建物(市民法的建物)は，本来的には借家法による保護に親しまない。仮にこれらの建物について社会法的保護が与えられているとすれば，それは住宅難などの例外的事情によって説明されるべきものとなる。他方，「社会法的建物」についての賃借権の社会法的強化は，この見解において肯定的に評価されているはずであるが，その正当性の論証は，特になされていない。そこでは，歴史的法則の析出が正当性の論証に代えられている印象がある。また，そこでは，賃借権の社会法的強化が賃貸借市場にどのような反作用を及ぼすかという市場論的視角も稀薄である。

　社会法的・市場規制的介入をより積極的に正当化するとすれば，大きく次の2つの方向が考えられる。

　1つは，不動産の利用利益(ここで主として問題になっている賃貸借類型に即して言えば居住利益)の要保護性の高さから社会法的保護の正当性を導く方向である。このような方向を採用するある見解は，居住利益の要保護性の高さを示すために「郷里観念 Heim-gedanke」という精神的愛着を援用し[22]，ある見解は，「借家人およびその家族が形成している社会関係」という，よりザッハリッヒな関係を援用する[23]。このような発想からすると，建物の規模や価値にかか

わりなく存続保護が正当化される反面，居住と異なる営業などについては別個の観点の検討が必要になる。

他の1つは，賃貸借契約が継続的契約であるという契約の特性から存続保護の必要性と正当性を導く方向である。賃貸借契約の解除については，古くから継続的契約の特質に見合った法的処理の努力があったが(いわゆる信頼関係理論)，近時，より一般的にこの方向で一定の存続保護の正当性を示そうとする見解が提示されている[24]。

(ii) 他方で，以上の諸見解とは対照的に，正当事由による社会法的強化を否定的に評価する見解もある。もっとも，そこにも理論的把握の違いがある。

第1に，借家法による存続保護を人格と所有の自由を否定する全体主義的立法と把握し，全面的に否定的評価を下す見解がある[25]。この見解によれば，解約申入自由の制限は，契約＝所有者の自由によらない使用権の設定であり，人格・所有・契約の形式には外的な，すなわち公法的な規定である(196頁)。居住の必要性は，法にとっては外的な事実問題であり，そのような外的な必要によって他人の所有の自由を侵すのは不法である(199頁)。所有の自由侵害が市民法によって承認されるのは，生命の危機の場合だけであり，この場合には，生命は緊急避難権を主張しうる(200頁)。他方，所有の自由を他律的に制限するところの社会化立法・統制立法は，国民の政治的自由に媒介されることによってのみ不法を免れる。ただ，その場合でも，社会化＝統制立法は，私法と直接同一・連続性において捉えられてはならない。そのような同一化が進行するならば，全体主義化の危険がある(以上，201〜203頁)。この，借家法＝全体主義立法とでも呼ぶべき見解は，市民社会の自律の擁護と国家介入の否定に立脚するものであり，注目に値する。なお，そこでの国家介入否定論は，市民の自由の観念に支えられており，必ずしも市場論的視角によるものではないことに注意しておきたい。

第2に，近時強く提示されるようになったものであるが，市場論的視角を前面に立てて借家法による市場規制的介入の反作用を強調し，その撤廃を主張する見解がある。この見解は，近代経済学者(いわゆるエコノミスト)を中心とするものであるが，具体的には存続保護のない自由な借家権を認めるべきだという立法論の形をとっている(定期借家権論)[26]。この見解によれば，借家法による規

制の結果，借家市場において，家族向けの規模の大きな良質な借家の供給が著しく抑制されている。供給されるのは，非定着借家人を対象とした小規模借家ばかりである。そのような理解に立って，存続保護を排除し，賃貸借市場における自由を回復するならば，規模の大きな良質な借家が大量に供給され，家賃水準も競争の結果として下落するという見通しが語られるのである。

　これらの2つの見解は，社会法的介入に否定的という点では共通しているが，その発想の点ではかなりの違いがある。後者の定期借家権論の場合には，何よりも市場の機能に対する肯定的評価があり，それに対する敵対物として正当事由が捉えられるのに対して，前者の借家法＝全体主義立法説の場合には，問題は，市民社会に対する国家の介入と全体主義化の危険である。このような違いを反映して，具体的な政策論の次元でも，この2つの見解には違いが出てくる。端的にいえば，定期借家権論は例外的にでもあれ社会法的介入の余地を認めないのに対して，借家法＝全体主義立法説の場合には，一定の例外を認めるのである。1つは，先に引いたように，立法に際して国民の政治的自由が確保されている場合である。もう1つは，「政治的緊急避難」が認められる場合であり，この観点から，正当事由についての判例(対象とされているのは戦後初期の判例である)の結論は承認されるのである。

　(iii)　以上(i)と(ii)という対極的な見解を見たが，これらの中間に位置すると見られるのが，借家法を「家主の犠牲による社会住宅立法」と把握する鈴木説である[27]。この見解によれば，住居が人間の生活にとって不可欠の基礎をなす以上，居住の利益が保護されるべきことは当然である(この点では(i)の系列の見解と立場を共通にする)。しかし，借家法による社会法的介入は，本来は国家がその予算を投入して解決すべき住宅問題の負担を家主に転嫁するという性格を持つ(47頁以下)。それはその限りで，私的所有権に基づく法秩序を侵害するものである(この点では(ii)と同様の認識である)。そのように他の利益が犠牲に供される以上，居住の利益を無制限に保護するわけにはいかず，賃貸人の利益との妥協を図る必要がある。これが鈴木説の基本的認識である。

　このような認識に立ちつつ，実践的には，次の2点が提示される。第1に，具体的な日本の住宅事情や住宅難解決のために配分される国家予算額の現状を前提にすれば，大衆の居住の安定を図りその人間らしい生活を保障するための

社会法は，強化発展されるべきである。そのような介入は，たしかに家主に負担を強制するものであるが，それはやむをえないものである(56～57頁)。第2に，しかしながら，借家法を住宅難解決の恒久的手段とすべきではない。住宅難解決の本道は，国家予算による公営住宅の建設であり，その方向での努力が必要である。市場規制的介入は供給を減少させる危険があるし，さらに言えば，かかる介入は人格の否定を導く危険があるからである(57頁)。

この見解によれば，社会法的介入の正当性は，ア・プリオリに論証されるようなものではない。市場規制的介入には反作用がありうるがゆえに，そのような介入の政策論的正当性は，反作用のデメリットと，介入を必要とする具体的事情との相関的考慮によって決定されるべきなのである。この立論は説得的であり，市場規制的介入の正当性の有無は，メリット，デメリット両面に関するリアルな分析の上で決定されるべきであろう。以下，このような観点から現時点での多少の検討を行ってみたい。

(2) 市場の反作用

戦後の借地借家法制が市場規制的介入を行ってきたことは，争いがたい事実である。まず，そのような介入に対する市場の反作用の問題から取り上げよう。しばしば問題とされるのは，次の2つである。

(i) その1つは，借地権価格および借家権価格の発生である。また，借地借家法制以上に存続保護と賃料統制による市場規制的介入が行われた農地賃貸借の領域においても，小作権価格の発生が問題になった。具体的には，一方で，賃借人が立ち退く際に一定の金銭を取得する立退料あるいは離作料慣行が発生し，他方では，これと表裏一体の現象として，契約締結時に賃貸人が一定の金銭を要求する権利金慣行が生じてくるのである。

権利金は，借地の領域では，高度経済成長後期の時期から一般的に見られるようになる[28]。その額も，地価の一定の割合でかなり高い。これに対して，借家の領域では，営業上の利益の対価として支払われることが多い営業用借家を除けば，権利金慣行は，それほど目立つものではない。居住用借家についても，地域によっては支払が慣行化しているところがあるが，そこでも，額は数カ月分の家賃程度と限定されている。

立退料は，少額の移転料的性格のものは，借家を中心に戦後初期から見られたが，その額が借地を中心に高騰してくるのは，高度成長後期である。この時期の判例は，立退料の提供を正当事由の補完要素とすることを認めつつ，借地については借地権価格の一定割合の提供を求めるようになった[29]。そこでは，正当事由は，地価上昇と開発利益の一部を借地人に配分する機能を果たすようになった。さらに1980年代半ばの時期から90年代初頭のいわゆるバブル経済期になると，大都市部における立退料は異常な高騰を示した。借地に限定されず，借家の場合にも高額の立退料が支払われるケースが出てきたことがここでの特徴である。

賃借権価格の発生は，さまざまな観点からその問題性を指摘される。まず，それが権利金の形を取る場合には，経営資本の合法則的な運動を妨げる危険がある。具体的にはここではとりわけ農地賃貸借が想定されるが，賃貸借形態での経営拡大を志向しても，非生産的な土地負担を余儀なくされることがあるからである。また，それが立退料の形を取る場合には，土地所有権の価値の一部が賃貸借終了時に賃借人に配分されることになるが，その正当性が問題になりうる。契約時に地価の一定割合を権利金として支払っている借地の場合にはともかくとして，借家の場合にその正当性を肯定することは難しいであろう。また，高額の立退料は，立退自体を困難にして，都市の機能更新・再開発の阻害要因になるとも批判される。

賃借権価格については，借地権と借家権とで問題状況が異なるし，また具体的コンテクストによっても問題状況が異なるが，あえて一般的にいえば，高額の賃借権価格が賃借人に帰属するという事態を正当化するのは難しい。賃借権価格発生の前提には，賃借権の社会法的強化がある。ところで，賃借権の社会法的強化は，居住を中心とする現実の利用保護を理念とする。賃借権価格は，利用の終了時にそのような利益が金銭化されることを意味しているからである。

社会法的強化によって賃借権価格が発生している場合でも，賃借人によるその実現は回避するような方向で対応すべきであろう。正当事由判断に当たって立退料を補完要素とすることを認めている判例の立場は，そのような観点から再検討の必要がある。また，借家権については特別法による譲渡性の拡大が実現していないが，それは，むしろ積極的に評価すべきである(ただし，無断譲

渡・転貸の制裁として賃貸人の解除権を認める民法の考え方は、いきすぎである)。借家権については、物権化ではなく、あくまで居住利益に着目した人的な賃借権強化が望ましい[30]。そのようにして、賃借権価格の弊害に一定の対応を行うことは可能である。もっとも、それは、経済的には発生してしまっている借家権価格の実現を阻止するものにすぎないという意味で、弥縫策でしかないこともたしかであるが。

　(ii)　市場の反作用でより重要な意味を持つのは、供給減少である[31]。まずもって指摘されたのは、新規の借地供給の減少である。実際、1970年代からは、借地権が新規に設定されることはまずなくなっていくのである。その原因は、借地における市場規制的介入に求められ、1980年代に入ると、借地制度を活性化させるために、借地権の存続保護の緩和が説かれるようになる。このような発想の上に実現したのが、1991年制定の借地借家法における定期借地権制度の創設であった。この借地権においては、一定の期間を定めることを条件に(具体的には類型によって異なる)、借地期間満了時における正当事由による存続保護が排除されるのである(借地借家法22～24条)。

　もっとも、借地権の社会法的強化が供給抑制効果を持つと一般的にはいえても、実際に借地法制の供給抑制効果がどのようなものであるのか、また借家法制以外に重要な抑制要因がないかなどの問題に対する解答は、具体的コンテクストの分析から導くべきものであって、一般論から導くことはできない。実際、借地権供給の大幅な減少の原因についても、借地法制以外に、地価上昇によるという見解や[32]、それを批判してその原因を金利低下に求める見解[33]などが提示されている。定期借地権の制度化後のその実績も、さほど顕著なものではない[34]。借地供給停滞の原因を単純に借地権規制のみに求める見解は、実態を反映するものではないというべきであろう。

　他方、借家については、数的にはかなりの供給が確保されていたためか、借地についてのような問題の指摘は最近までなかった。ところが、この領域においても、近時、正当事由による存続保護の借家供給に対する否定的影響が叫ばれるようになった。先にも引いた定期借家権論である。この見解によれば、借家法の供給抑制効果は、とりわけ規模の大きな良質な借家について作用している。それゆえ、正当事由を廃止すれば、このような良質の借家の供給が増加す

るというのである。

　規模の大きないわゆるファミリー向けの借家供給が不足していることは，この見解が指摘するとおりである。また，正当事由が一般的に供給抑制効果を持つことは，借地の場合と同様である。しかし，ここでも政策論として正当事由による存続保護を緩和すべきかを考えるには，一般論では不十分であって，具体的コンテクストのもとで，正当事由が供給抑制の決定的要因となっているか，あるいは他の要因がより重要な機能を果たしているかを解明する必要がある。現在までのところ，定期借家権論者は，この点の十分な解明には成功していない。規模の大きな借家供給停滞の主要な原因は，地価水準を始めとする借家権規制以外の要因である可能性が高い。とすれば，仮に借家の領域で正当事由を廃止しても，定期借地権創設後の借地についてと同様に，期待された良質の借家の大幅な供給増は実現しないであろう[35]。

(3) 正当事由の社会的機能

　それでは，以上のような市場の反作用というデメリットと対比されるべき，正当事由によって確保されているメリットはどのようなものであろうか。一般的に，居住を始めとする利用利益の確保という社会的意義はあるが，より具体的には，次の2点が重要である。

　(i)　まず，正当事由の第1の社会的機能は，戦後初期の深刻な住宅難のもとで，借家人の居住利益を確保したことである。この時期には，明渡を求められた借家人が他に住居を見出すことはきわめて困難であった。そのような事情のもとでは，解約自由は，借家人の居住自体の否定につながる。正当事由の運用を厳格化し存続保護を実効的にしたこの時期の裁判実務は，十分に理解しうるものであろう。ただし，先に引いた鈴木説が強調するように，絶対的住宅難に対処するための本筋は，住宅建設に対する公的資金投入である。これが大きく前進するならば，賃借権の社会法的強化の必要性は大きく減じる。借家権強化による住宅難への対処は，あくまで代替的な措置であることを認識する必要がある。

　(ii)　ところで，戦後初期の絶対的住宅難は，その後大きく改善された。その結果，正当事由の裁判所における運用も，ある時期，相当程度に緩和された。

しかし，1980年代に入る頃から，正当事由制度は，新たな機能を果たすようになる。端的にいえば，土地に内在する位置の独占性を賃借人に配分する機能である。ここで想定しているのは，いわゆるバブル経済期における正当事由の機能である。この時期，大都市都心部の既存の借地や借家の対象地は，いわゆる「地上げ」の波に襲われた。ここで問題になったのは，大都市都心部の位置の利益に関する競争である。土地の所有者が同時に利用者である場合には，この競争に関して，独占的な地位に立つ。彼は，その意思に反しては，その位置の利益の享受の断念すなわち売却を強制されないからである。これに対して，賃借人が利用している場合には，彼は，利用期間経過後にはその時点での新規の利用希望者と競争関係に立ち，独占的地位を享受しない。仮にそのような状態が現実のものであったならば，資金力において圧倒的に優位に立つ新規需用者(通常は銀行の後押しを受けた不動産資本である)に，既存の利用者(多くは生活者あるいは小規模の営業者である)は競争で歯が立たず，駆逐されることになったであろう。それは，公正な競争とはいえない。ところが，正当事由に示される存続保護措置によって，当該土地の利用権者も，一定の独占的地位を保障される。ここでは，土地所有権の独占的機能が，正当事由に基づく存続保護を介して利用権に乗り移るのである。位置の利益をめぐる競争はその限りで制限され，既存の利用権者は，これによって，新規需用者の競争に対抗することが可能になった。なお，ここで問題になる利用権は，土地に直接にかかわる借地権に限定されない。直接的には建物にかかわる借家権も，ここでの文脈では，土地所有権に基づく位置の独占性の配分を受けるのである。

　以上の文脈における正当事由の社会的機能は大きいと考えられるが，ここでも注意すべきは，以上のような位置の利益の競争を公正なものとして確保するための本筋の手法は，私法的な規制ではなく，土地利用計画だということである。しかし，日本の土地利用計画法制は，その内容の非実効性のゆえに，十分にここでの競争を制御しうるものになっていない。借地借家法制における社会法的介入は，ここでも，このような不十分性を補完するための代替的機能を果たすのである。

　(iii)　結論的にいえば，現時点における賃借権の社会法的強化の主要なメリットは，上記のような位置の利益に関する競争制限機能であると考えられる。

これを先に検討した賃借権の社会法的強化のデメリット——それは現実にはさほどのものではなかったし，あるいは対処が可能なものであった——と比較するならば，この領域においては社会法的強化のメリットが勝るといわなければならない。もっとも，この社会的機能によって賃借権の社会法的強化を根拠付ける場合には，位置の利益をめぐる競争が現実化する地域はある程度限定されてくることにも注意が必要である。これに対して，一般的な居住を始めとする利用利益確保という社会的機能を強調する場合には，地域的な限定は必要がない。ただし，この機能だけで現在の強い存続保護を十分に根拠付けることができるかについては，議論が分かれうるであろう。それによって根拠付けることができるのは，たとえば制定当初の正当事由に期待されたような弱い存続保護ということになるかもしれない。

1) 借地借家法上の借地は，建物所有を目的とする賃借権だけでなく，同様の目的を持つ地上権をも含む。したがって，宅地に関して賃貸借市場だけを語るのは狭きに失するが，以下では，現実の重要性を考慮して，賃借権だけを叙述の対象とする。もっとも，以下での分析は，基本的には地上権についても妥当する。
2) 周知のように，1893年施行予定であったが，いわゆる民法典論争を経て，帝国議会において施行延期法案が可決され，結局1度も実施されることなく終わった。旧民法典の編纂に関する最も基本的な文献として，大久保泰甫＝高橋良彰『ボワソナード民法典の編纂』(雄松堂，1999年)がある。
3) Boissonade, *Projet de Code Civil pour l'Empire du Japon accompagné d'un commentaire*, 2e éd., tome premier, 1882, pp. 219-220.
4) 広中俊雄編著『民法修正案(前三編)の理由書』(有斐閣，1987年)575頁。
5) 同上書・575頁，579頁。
6) 実際，ボワソナードは，債権であれ，物権であれ，権利一般の原則的譲渡性を認めるとともに，物権であっても人的性格の強いもの(用益権の一種である使用権，住居権)については譲渡性を否定している。Boissonade, supra note(3), p. 250.
7) 梅謙次郎『民法要義巻之三債権編』(訂正増補版，復刻版，有斐閣，1984年)653頁。
8) 梅・前掲注7)654頁。
9) 梅・前掲注7)655頁。
10) たとえば，不可抗力による収益減少の場合の借賃減額に関する609条などである。この規定については，小柳春一郎「穂積陳重と賃借権——民法609条を中心に」山梨大学教育学部研究報告33号(1982年)参照。
11) 以下については，渡辺洋三『土地・建物の法律制度(上)』(東京大学出版会，1960年)167頁以下，山田卓生「借地の生成と展開(一)」社会科学研究18巻2号(1966年)175頁

以下，鈴木禄弥『借地・借家法の研究 I』(創文社，1984 年，論文初出は 1967 年) 98 頁以下など参照．
12) 以下については，渡辺・前掲注 11) 217 頁以下，山田・前掲注 11) 197 頁以下，鈴木・前掲注 11) 108 頁以下など参照．
13) 以下については，渡辺・前掲注 11) 291 頁以下，鈴木・前掲注 11) 125 頁以下など参照．
14) 我妻栄「賃貸借概説」法時 29 巻 3 号 (1957 年) 4 頁．我妻説の全体については，鈴木・前掲注 11) 15〜19 頁が有益である．
15) この見解の立論の根拠は，ほぼ次の 2 点に集約することができる．その一は，資本・労働投下の創出物に対する所有権と，人間にとって所与の前提である土地所有権との間には，資本主義的私有財産制度の中において，本来的に地位の違いがあることである．渡辺・前掲注 11) 3〜7 頁，水本浩『土地問題と所有権』(有斐閣，1973 年) 25 頁など．他の一は，資本主義農業の典型的発達と三分割制 (地主—農業資本家—農業労働者) の成立が認められるイギリスにおいては，産業資本主義段階で土地利用権優位の法律構成が認められることである．水本浩「近代イギリスにおける借地権の性質」法時 29 巻 3 号 (1952 年)，同『借地借家法の基礎理論』(一粒社，1966 年) など参照．
16) 以上について，水本・前掲注 15)『基礎理論』240 頁，259〜65 頁参照．また，渡辺洋三「市民法と社会法」法時 30 巻 4 号 (1958 年) 22 頁も参照．
17) 水本・前掲注 15)『基礎理論』266 頁．
18) 1921 年の借家法について，すでにそのような可能性を指摘していたものとして，末弘厳太郎「住宅問題と借家法案 (一) (二完)」法学協会雑誌 39 巻 2 号 141 頁以下，3 号 361 頁以下 (1921 年) がある．また，我妻栄『債権各論中巻一』(岩波書店，1968 年 12 刷，1 刷 1957 年) 414 頁も参照．
19) これについては，渡辺洋三『土地・建物の法律制度 (中)』(東京大学出版会，1962 年) 430 頁以下，鈴木・前掲注 11) 136 頁以下など参照．
20) 借家法を中心とした学説の整理として，鈴木禄弥『居住権論 (新版)』(有斐閣，1981 年) 11 頁以下，水本・前掲注 15)『基礎理論』280 頁以下が有益である．
21) 水本・前掲注 15)『基礎理論』259 頁以下．
22) 篠塚昭次『借地借家法の基本問題』(日本評論新社，1962 年) 206〜207 頁．
23) 佐藤岩夫「社会的関係形成と借家法」法時 70 巻 2 号 (1998 年) 28 頁．
24) 内田貴「管見『定期借家権構想』——『法と経済』のディレンマ」NBL 606 号 (1996 年) 6 頁以下．
25) 三宅正男「借家法による解約の制限と法の形態」法政論集 1 巻 2 号 (1951 年) 195 頁以下．以下，この文献からの引用等は，直接に本文中に参照頁を示す．
26) 多くの文献があるが，さしあたりまとまったものとして，阿部泰隆・野村好弘・福井秀夫編『定期借家権』(信山社，1998 年) を挙げておく．なお，この構想に基づく法律案が，議員立法の形で国会に上程され，それに基づいて 1999 年に成立したのが，「良質な賃貸住宅等の供給の促進に関する特別措置」(平成 11 年法律第 153 号) (いわゆる定期借家権立法) である．
27) 鈴木・前掲注 20) 47 頁以下．以下，この文献からの引用等は，本文中に直接に参照頁を

示す。また，同「居住権」および「居住権の限界」,『借地・借家法の研究 II』(創文社, 1984 年) 3 頁以下も参照。
28) 瀬川信久『日本の借地』(有斐閣, 1995 年) 180 頁以下参照。
29) 具体的には，澤野順彦『借地借家法の経済的基礎』(日本評論社, 1988 年) 256 頁以下参照。
30) 鈴木・前掲注 20) による「居住権論」は，そのような方向をつとに提示するものであった。なお，以上は，あくまで居住用建物の借家権についての一般論である。営業用賃貸借については別の考慮が必要になるし，借地については，その上の建物の財産的価値を実現するためにはどうしても賃借権の譲渡性が必要となるという意味で，これまた別個の考慮が必要となる。これらの問題について，本稿で詳論することはできない。
31) もっとも，そのような事態に対する評価は，借地と借家とで異なりうる。建物所有を目的とする土地の賃貸借という意味での借地は，日本に特有の土地利用形態であり，その合理性とそのような利用権に基づく住宅供給を推進する政策の正当性については，再検討の余地がある。本稿においてこの点についての説明を行う余裕がないが，吉田克己「借地・借家法改正の前提問題」法時 58 巻 5 号 (1986 年) 45〜48 頁，同「住宅政策からみた借地・借家法改正」法と民主主義 220 号 (1987 年) 22〜23 頁などを参照されたい。これに対して，多様な借家の供給が確保されることは，国民の良好な住生活確保にとって重要であり，借家供給の減少が住宅政策の観点から問題であることに疑いはない。
32) たとえば，水本浩『転換期の借地・借家法』(日本評論社, 1988 年) 5〜6 頁。
33) 瀬川・前掲注 28) 209〜215 頁，特に 212 頁参照。
34) 67 企業・団体が加盟する定期借地権普及促進協議会の調査によると，定期借地権に基づいて建築された住宅は，1996 年 3 月時点での実績で 2461 戸にすぎない。http://www.threeweb.ad.jp/~ttown/key2.html のデータによる。〔補注 1〕
35) 定期借家権論のより詳しい批判的検討としては，吉田克己「定期借家権を考える」法時 70 巻 2 号 (1998 年) (本書第 9 章に収録) を参照されたい。

〔補注 1〕定期借地権のその後の供給動向を紹介しておく。これに関しては，毎年，国土交通省から供給実績調査が公表されているが，現在 (2011 年) の時点で 2009 年までの供給実績が公表されている。参照：http://tochi.mlit.go.jp/wp-content/uploads/2011/02/H21_jutakukyoukyu.pdf それによれば，定期借地権付住宅の供給は 1993 年に開始し，2009 年までの供給累計は 7 万 3808 戸である。内訳は，一戸建持家が 3 万 6297 戸，分譲マンションが 2 万 711 戸，賃貸マンション・アパートが 1 万 6800 戸となっている。

供給傾向を見ると，2000 年 (年間 5840 戸の供給) までは基本的には増加傾向にあったが，その後減少傾向に転じ，2004 年には 4163 戸。2006 年には 2622 戸となった。その後再び回復傾向に転じ，2007 年には 5195 戸，2008 年には 7206 戸 (これが最高値である) と増加したが，2009 年には再び 2461 戸と落ち込んでいる。

回復傾向を支えたのは，都市再生機構の「民間供給支援型賃貸住宅制度」に基づく供給で，これは，都市再生機構が，エンドユーザーではなく民間事業者に定期借地権で土地を供給し，民間事業者がその上にマンションを建築してエンドユーザーに供給するというものである。

したがって，いわゆる「定借マンション」の供給増が回復傾向を支えたもので，2009年に供給が急落したのは，都市再生機構がこの供給を大幅に減少させたことによる。

他方，一戸建持家についていえば，2000年以降は，ほぼ一貫した減少傾向にある。この減少傾向の原因としては，①低金利のゆえに土地所有者は定期借地供給よりも賃貸住宅供給を選択する，②都心部に低未利用地を保有する企業が，土地の長期保有による活用（定期借地権）を図るよりも土地の売却を選択している，③住宅地価格が低水準で，エンドユーザーにとって住宅用地の購入が容易である，④大口の定期借地供給主体であった都市再生機構が，エンドユーザー向けの定期借地供給を2004年から減少させ，2006年からは打ち切った，などが指摘されている。

【追記】本稿は，稲葉威雄ほか編『新借地借家法講座1 総論・借地編1』（日本評論社，1998年）に収録されたものである。借地借家法の総論的分析を担当する論説の1つとして執筆された。本稿の前には，借地借家法の歴史的分析（内田勝一），また比較法的分析（廣渡清吾）が配置され，本稿の後には，紛争の解決方策を扱う論説（和田仁孝）が置かれた。本稿は，借地借家法の「経済社会的分析」を課題とするわけであるが，経済分析といっても私の能力の関係もあり，「法の経済分析」を展開するわけではない。基本的には，借地借家法による私的自治への介入を「市場整備的介入」と「市場規制的介入」という2つのタイプに整理した上で，それぞれの介入の正当化根拠とそれを踏まえたあるべき介入の範囲・限界を明らかにすることを目指したものである。

本稿で採用した「市場整備的介入」と「市場規制的介入」という類型化は，借地借家法による介入を市場機能の観点から性格づけたもので，本稿に期待された「経済社会的分析」という課題を意識したものである。その後，サブリース契約を扱った際には，賃料増減額請求権の機能という観点を意識して，「市場補完機能」と「市場修正機能」という2つの機能を析出してみた。ただし，この用語の使い方については批判もあり，その後は，「契約補完機能」と「契約修正機能」という用語も用いている。これら全体の整理については，なお検討の余地があると考えている。

第9章　定期借家権を考える

はじめに

　現在(1998年初頭)，現行借地借家法による借家権保護から存続保護(正当事由制度)を外した「定期借家権」を新たに導入しようとする立法の動きが急である。自民党は，この問題の検討に当たる「定期借家権等に関する特別調査会」(保岡興治会長)を1997年9月に設置していたが，同調査会は，同年12月19日に，定期借家権を導入する議員立法の自民党原案を決定した。新聞報道によれば[1]，①定期借家権は新規契約にのみ導入し，既存契約には適用しない，②貸主と借主が合意する限り完全に自由な契約とする，③家屋の広さ，家賃水準，地域，最低契約期間に関する制約を設けず，居住用・業務用といった建築物の用途でも区別しない，というのが原案の基本的内容である。自民党は，この原案に基づいて与党案をまとめた上で，次の通常国会には議員立法で借地借家法改正案を提出する予定であるという。

　これより先，法務省は，定期借家権問題を検討するために，私的な研究会である「借地借家法制研究会」を発足させていた(1995年7月。座長野村豊弘学習院大学教授)。この研究会は，政府の「規制緩和推進計画について」(1995年3月)による定期借家権の検討要請を受けて設置されたものである。同研究会は，1997年6月に『借家制度等に関する論点』を明らかにしてこの問題に関する各界の意見を求め，この結果も最近公表された。

　法務省は，これを踏まえて法改正の要否を検討する予定というが，先の自民党の動きは，法務省のこのような対応を緩慢かつ消極的なものと評価し，そのような立法プロセスを迂回して直接的に法改正を目指そうとするものである。

この動きは，定期借家権の導入を主張する一部経済学者の強力な後押しを受けている[2]。議員立法が一般的に立法のあり方として問題があるというわけではないが，今回の右のような立法動向には，大きな危惧を感ぜざるをえない。一部経済学者を中心とする定期借家権論には，多くの疑問点がある。それにもかかわらず，十分な議論を経ないままで，借地借家法という民事基本立法の改正が行われかねないからである[3]。

定期借家権に関して論ずべき点は多い。しかし，本稿では，課題を限定し，借家権のあり方に関する固有の法律学的検討というよりも[4]，土地住宅政策（および都市政策）の観点を中心とした定期借家権論の批判的検討を試みる[5]。現在の立法動向を踏まえるならば，経済学者の反論を期待しつつ，定期借家権論についての疑問点を率直に提示することが重要だと考えられるからである。なお，借家には居住用と営業用とがあるが，紙幅の関係から，本稿では居住用借家だけを想定する。

I　定期借家権は良質な賃貸住宅供給を拡大しうるか

1　定期借家権論の主張

定期借家権論者は，正当事由を外した新しい借家権という立法構想を，まずもって住宅政策の観点から正当化する。その論理は，もちろん論者によって同じではないが，次のようにまとめて大過ないであろう[6]。

①現行の借地借家法の下では，正当事由という例外的事情がない限り，家主は貸家を取り戻すことができない。他方，判例によって，継続賃料の上昇率は市場家賃のそれよりも低く抑えられている。このような正当事由制度と継続賃料抑制主義のために，家主は，一旦貸してしまえば，借家人に安い家賃で半永久的に居座られることを覚悟しなければならないことになった。返還を受けることができるにしても，正当事由の有無については予測可能性が乏しく，さらに正当事由を認められるためには高額の立退料支払いを余儀なくされることが多い。

②これらの結果，右のようなリスクに見合う権利金等の授受を期待できる場合の他は，余剰建物の所有者であっても，借家市場に参入してこない可能性が高くなる。あるいは，参入するにしても，回転率の高い単身者向けのワンルームマンションなどを供給することになり，ある程度の面積を持った家族向けの新規の借家は供給されなくなる。要するに，現行の借家権保護には，借家供給とりわけ規模の大きい借家供給についての強い抑制機能があるのである。

　このような借家権保護の供給抑制効果の結果，戦前との比較で借家率が大幅に減少した。正当事由制度が導入された1941年と1988年とを比較すると83.2%から30.4%に借家率が下落している。また，家族向けの規模の大きい借家供給が抑制された結果，日本の民間借家の規模は，諸外国と比較してその狭小性が突出することになった。1980年代の数値で，アメリカ合衆国が112.0平方メートル，英国が69.7平方メートル，フランスが65.8平方メートルであるのに対して，日本のそれは，29.8平方メートルにすぎない[7]。

　③このような供給抑制機能が存在しない定期借家権を新規の契約について導入することによって，ア)借家供給の増大とりわけこれまで供給されてこなかった家族向けの規模の大きい借家の供給増が期待される。そして，これによって家賃水準も低下する。イ)都心部における高齢者世帯の住宅など，住宅ストックの活用を図ることができる。ウ)事前予測が困難であった正当事由制度の弊害を解消し，透明で公正なルールの確立に寄与する。それは，紛争を減少させて社会的な費用を低下させる。エ)定期借地権の創設は，政策経費をかけることなく，住宅市場全体の活性化をもたらし，居住水準の向上と内需振興を牽引することができる。

　要するに，現行の正当事由制度を中心とする借家権保護は借家とりわけ規模の大きな借家の供給を抑制しており，これを外すことによって借家の供給増と家賃の低下，居住水準の向上が実現される，というわけである。この見通しが正しいものであれば，定期借家権導入は，住宅政策の観点から十分に正当化しうる措置ということになろう。問題は，この見通しが十分な説得力をもって展開されているか，である。

2 良質な賃貸住宅供給拡大についての論証の不在

　借家権保護が借家の供給抑制機能を持つこと自体は，一般的には古くから指摘されていることであり[8]，また，経済学者の数式を駆使した分析を待つまでもなく常識的にも了解しやすい論理である。経済学内部では，借家権保護のファミリー向け借家に対する供給抑制効果の有無について論争があるようであるが[9]，「仮に供給者のマインドが借家の法システムにより影響を受けているとするならば，他の条件を一定としたとき，その影響がない場合と比べて必ず供給関数のシフトが起こっており，それにより，賃料や量の変化が生じている」[10] というだけの意味であるならば，借家権保護に供給抑制効果があることは，おそらく否定しえないであろう。

　しかし，問題はその先にある。問われているのは，定期借家権導入という政策判断の是非であり，この判断のためには，そのような一般論だけでは不十分だからである。定期借家権導入を住宅政策論として語るのであれば，その正当化のために，実際に定期借家権導入によって借家(特に規模の大きい借家)の供給が増大し，国民の居住水準が向上すること，そして，そのようなプラスが，現在の借家権保護が住宅政策について果たしている役割を上回ること，を示すことが必要であろう。

　借家権保護に供給抑制効果があることと，借家権保護を外した場合に借家供給が大きく増大することとは，イコールではない。民間部門での借家供給のあり方を規定する要因は，借家権のあり方以外にも，借家供給主体(不動産資本)の存在形態，持家取得についての住宅政策のあり方，公共住宅供給のあり方，土地税制や相続税制の仕組み，地価水準など，多種多様であるからである。a(借家権保護)という要因が x(借家供給減少)の原因になっているとしても(《a → x》)，それ以外の要因もまた x の原因となっているとすれば，a が排除されたからといって，x がなくなることには当然にはならない(《×a → ×x》が成立しない)のである。a の排除が x の消滅をもたらすといえるためには，それ以外の原因が存在しないことを示すか，少なくとも a が x の主要な原因であることを示すことが必要であろう。この解明のためには，抽象的な一般理論だけでは不十分で

あり，その社会における具体的分析が必要となる。政策論を行う経済学者に期待されるのは，まさにそのような具体的分析であろう。

定期借家権論者は，《a → x》の論証には力を注いでいるが，《×a →×x》の論証には驚くほど熱意がない。たとえば福井秀夫氏は，借家制度が賃貸住宅供給を抑制しているという現象を「現象A」とし，借家におけるワンルームマンションの割合の増大，持家率の上昇，借り上げ社宅による相対的に規模の大きな借家の供給増などを「現象B」として，現象Aが存在すれば現象Bが生じる（《A → B》）ことの実証を自らの研究の目的とする[11]。この問題の立て方は，現象A（＝借家権保護の借家供給抑制効果）の蓋然性の高さを示すことだけが研究の関心であることを示すものであろう。ここでは，借家権保護以外の要因が借家供給に果たす機能の分析は，方法論的に排除される。A以外にBの原因がまったく存在しないという命題は，およそ論証が不可能ないしきわめて困難だというのがその理由である。

しかし，右のA以外にBの原因が存在するかどうかは，定期借家権導入に関する政策論的検討にとっては，決定的な重要性を持つはずである。それは，定期借家権導入によって良好な借家供給が増加するかどうかを判断するための，重要な要素となるからである。たしかに，その論証は困難であろう。しかし，ここで問題になっているのは，厳密な科学的論証というよりは，政策論の正当化，その説得性を高めるための論証である。しかも，A以外の原因が無限定的に問題になるのではなくて，現実の定期借家権をめぐる論争の中で，規模の大きい借家供給が不十分である原因として，借家権保護以外にいくつかの要因がすでに指摘されているのである。政策論を展開する以上は，少なくともこのような指摘に対する反論を試みるべきであろう。そうでなければ，その政策論としての説得力は，著しく減殺されることにならざるをえない。

3　良質な賃貸住宅供給拡大についての論証の不十分性

もっとも，一定の定期借家権論者は，右のような反論の必要性を認識しているようである。借家権保護以外に考えられる借家供給抑制要因についての検討を行っているからである[12]。問題は，その反論が説得的といえるかである。

ここでは，私にとって重要と思われる論点を 2 点だけ取り上げよう。

(1) 戦後日本の持家率低下の原因

定期借家権論者は，戦後日本の借家率の大幅な低下の原因を 1941 年の正当事由制度の導入(のみ)に求めている[13]。このような理解に対して，経済学内部から，戦後日本の持家率の上昇の原因として，借家権保護以外の要因(キャピタル・ゲイン取得への期待，住宅税制や住宅金融のあり方……)がありうるとの批判がなされた[14]。これについては，定期借家権論者から次のような反批判がなされている。すなわち，キャピタル・ゲイン取得への期待に持家率上昇の原因を求める理解は，借家権保護を前提とするものであって，仮に借家制度がないとすれば，持家居住(自己が居住する住宅を所有する)でも，貸家所有・借家居住(自己所有住宅を他人に貸して，自己は借家に居住する)でも，キャピタル・ゲインの側面についてはまったく同等であるから，持家居住か貸家所有・借家居住かの選択は，キャピタル・ゲイン取得期待とはまったく独立に，家計の選好の問題として決定される，というのである[15]。

キャピタル・ゲイン取得への期待という点に問題の枠組みを限定するならば，論理的には，定期借家権論者のいうとおりであろう。しかし，問題は，そのようなホモ・エコノミクス的人間観によって現実の人間の行動を十分に説明しつくせるかである。生活世界に生きる現実の人間にとっては，キャピタル・ゲイン取得もさることながら，持家は，生活スタイルの自由の確保，また，その安定性の確保にとってこそ魅力的である。そのような観点からは，支払い能力さえあるならば，持家が選択されることは，自然なことである[16]。さらに，この観点からは，借家権保護が存在せず借家権の安定性が存在しない場合には，ますます持家が選択される，ということにもなるのである。

実際，第二次世界大戦後，先進資本主義諸国では，高度経済成長と所得水準向上のなかで，ほぼ共通して民間賃貸住宅部門の縮小と持家率の上昇という現象が見られた。もちろん，国によって差異はある。図式的にいえば，最も持家化が進んだのはイギリスであり，1938 年の 32.5% が 1981 年には 58.0% になった[17]。これに対して，持家化が緩慢であったのは(西)ドイツであり，大戦直後の数値は得られなかったが，1972 年に 35.6% であった持家率が，1987 年

には 39.3％になっている[18]，この中間に位置するのがフランスである。1954年の持家率 33.1％が 1988 年には 45.2％になっており，この間，民間借家は，33.4％から 15.8％に減少した[19]。

　これらの国における戦後の借家法制の変遷は，単純ではない[20]。しかし，大まかにいえば，どの国も，戦後のある時期に民間部門の賃貸住宅への投資を促進する観点から新築建物や新規の賃貸借について，戦間期および戦時期に実施されていた家賃統制を始めとする借家権保護の解除を図ったという経験を持っている(イギリスは 1957 年の家賃法，フランスは 1948 年の借家法，ドイツは 1960 年のいわゆるリュケ法)。しかし，そのような試みも，民間部門での不動産投資を十分に引き出すことはできず，借家権保護の解除は，かえって賃貸借部門における紛争を増大させることになった。そのような中で，再度の賃貸借規制の導入やその撤廃などのジグザグの過程が進行し，他方で持家化が進行したのである。

　また，定期借家権論者の図式からは，持家化が大きく進展した国(イギリス，フランス……)では借家権保護が厳格で，それが緩慢だった国(たとえばドイツ)では自由な賃貸借市場が支配的であった，という予測が成り立ちそうである。しかし，それは現実と合致する予測ではない。たとえば，フランスでは，1948年に新規建物についての賃貸借が自由化されて以降，その弊害に対処するための立法がなされる 1982 年までは，新築建物の賃貸借市場はきわめて自由であった。これと比較すれば，ドイツの方がむしろ賃貸借規制が厳格だったのである。

　これらの現象について，本稿において本格的な比較法的検討を行えるわけではない。しかし，上の概観だけからでも，持家率上昇の原因を借家権保護のみ求めようとする定期借家権論の主張が，現実を単純化しすぎる嫌いのあることが示されているであろう。

(2)　規模の大きな借家供給不足の原因

　現在の日本の民間賃貸住宅市場の大きな問題点は，いわゆるファミリー向けの相対的に規模の大きな借家供給の不十分性にある。これは定期借家権論が強調するとおりである。定期借家権論者は，その原因を借家権保護に求め，借家

権保護を撤廃すればこのタイプの借家供給が拡大するという。問題は，この主張の是非である。

　右のような定期借家権論者の認識については，澤野順彦氏による「家賃負担限度論」とでも呼ぶべき批判がある。つまり，床面積が比較的広く，間取りも多い(たとえば，4 LDK 程度)住宅の供給が少ないのは，家賃が高額になるため，借手がいないからである。たとえば，マンションを借家にするとした場合，4 LDK で床面積は 90〜100 平方メートル，都心から約 1 時間程度の郊外で新築の売買価格は 6500 万円前後のマンションを想定すると，これを賃貸する場合の積算賃料はおおむね月額 40 万円程度となり，通常のサラリーマンには到底支払いきれない額になる，というのである[21]。

　私には，規模の大きな借家供給不足に関するこの説明は，きわめて説得的なように思われる。地価を必ずしも家賃に転嫁しなくともよい伝来の所有者が借家を供給する場合は別として，地価を一旦顕在化させた場合には，現在の日本の大都市部の高地価を前提とすれば，——いわゆるバブル崩壊後の不動産価格の低迷状況を踏まえてもなお——通常のサラリーマンが負担しうる家賃で提供しうる借家の面積は，かなり限定されたものにならざるをえないであろう。また，右の見解に付け加えて，通常のサラリーマン向けの一定程度の規模の借家供給が期待される地域は，同時に持家が供給される地域であることも考慮する必要がある。したがって，借家供給者は，持家との競争関係に立つことになるのである。持家取得のための費用が家賃と同程度であれば，住宅需用者は，まず間違いなく居住の安定した持家取得に向かうであろう。借家がこの競争関係に勝つために，持家取得費用との関係でどの程度の家賃水準でなければならないかについては，専門家のご教示を得たいが，ともあれ，ファミリー向けの借家について家主が設定しうる家賃水準は，このような面からも限定されてくるのである[22]。

　右のような事情がファミリー向けの借家供給の主要な抑制要因であるとすれば，定期借家権を導入してもこの領域での供給増大は期待しえないことになる。したがって，この見解に対する反批判は，定期借家権論にとって重要な意義を持つはずである。実際に，この見解に対して，定期借家権論の側からの 2 つの議論がある。

1つは，久米良昭氏の次のような議論で，これは森本信明氏の「家賃支払限度額論」に対する反批判を意図したものである。そのまま引用しよう。「賃貸居住世帯の『家賃支払限度額』が小さいのは，このような先験的な制約が家計の資産選択・消費行動に存在するからではない。借家制度による影響の結果である。仮に借家制度の制約がなければ，……貸家経営・借家居住でもキャピタルゲインが取得可能であるし，規模も大きく良質な借家が供給されるため，家計が持家取得のため無理して貯蓄にはげむ必要もない。このため，賃貸住宅居住世帯の『家賃支払額』は，大きく増大すると予想される。すなわち，『家賃支払限度額』が借家制度とは独立に持家率を上昇させる要因であるとするのは誤りである」[23]。

先に示した澤野氏による家賃計算は，——おそらく現時点では不動産市場の状況の変化に応じた若干の修正が要請されるであろうが——きわめてリアルである。それに対して，この反批判は，私には観念論としか思えない。借家権保護が撤廃されれば「貯蓄にはげむ必要もない」(貯蓄にはげむ余裕などない?)ことを仮に認めたとしても，「賃貸居住世帯」の家賃負担能力が無限に増大するわけではない。「大きく増大すると予想」するだけでなく，それまでの貯蓄分も加算して増大した家賃負担能力がどの程度のものになるかを明確にする必要があろう。その上で「ファミリー向け借家」について想定される家賃水準と比較するのでなければ，反批判にはなりえないはずである。この程度の議論でどうして「家賃支払限度額論」を「誤りである」と断定しうるのか，私の理解能力を超えている。

もう1つは，八田達夫氏による「キャピタルゲイン期待論」とでも呼ぶべき議論である。それによれば，ワンルームマンションは，何年後かには取り戻して売却が可能だから，土地の予定キャピタルゲインを事業収益の一部に加えることができて採算にのる。これに対して，家族向け借家は，何時戻ってくるかわからないので予定キャピタルゲインを事業収益に含めることができず，採算にのりにくい。したがって，定期借家権が導入されると，家族向け借家も採算にのるようになる，というのである[24]。

この議論は，現在の時点では家族向け借家について積算賃料よりも低い家賃しか取れないことを前提としているようである。とすれば，これは，「家賃負

担限度額論」を認めるものである。その上で，将来のキャピタルゲイン取得によってその不足を補って採算をとるというのがこの議論の要諦であろう。しかし，たとえば，80平方メートルの家族向け借家の高い積算賃料では借り手がいないが，同一の土地に20平方メートルのワンルームマンション4戸を建築すれば相対的には低い積算賃料全額を借家人から収取することができ，その合計は前者の家賃収入よりも高いとしよう(現実にもそのような事態が通常である)。将来期待しうるキャピタルゲインは同一であろうから，ホモ・エコノミクスたる家主＝土地所有者は，躊躇なく後者の投資を選択するはずである。そうであれば，「家賃負担限度額」は，やはり規模の大きい借家への投資を制約するのである。

また，「キャピタルゲイン期待論」の論理からすれば，将来のキャピタルゲインを期待しうる地価高騰期ほど家賃水準は低くなり(積算賃料よりも低く現実の家賃を設定しても採算が合う)，それを期待しえない不動産不況期(現在がまさにそうである)には積算賃料を現時点で確保しなければならないから家賃水準は高くなるはずである。これは，現実と適合する議論と言えるのであろうか。結局，この議論も，「家賃負担限度額論」に対する説得力ある反批判を提示しえていないと言わざるをえない。

以上の検討からすると，結局のところ，定期借家権論が主張する住宅政策上の定期借家権の効果，すなわち定期借家権に基づく良質な借家の供給拡大という効果は，およそ説得力に乏しい[25]。『ジュリスト』誌上で行われた定期借家権をめぐる座談会の中で，岩田規久男氏と私との間でこの点に関する質疑が行われた。返ってきた答えは，規模の大きい借家経営のリスクが減るから広いものが増えるはずだが，「実際にそれを実証することはなかなか難しい」というものであった[26]。供給増は，結局，実証されないのである。全体として，定期借家権論者のこの点に関する近時の主張は，初期のものと比べてトーン・ダウンしているようにも見える[27]。論者自身，この主張の説得力の乏しさを感知したのであろうか[28]。

II 定期借家権は正義・公平を実現しうるか

　以上のように,良質な賃貸住宅の供給拡大という住宅政策上の観点から定期借家権を正当化することは困難と思われるが,定期借家権論は,定期借家権がそれ自体として価値的に正当化されるという議論も用意している。そこで援用されるのは,あるいは正義・公平であり,あるいは効率性である。それでは,これらの価値で定期借家権を正当化することはできるのであろうか。以下,検討しよう。

1　開発利益の分配と正当事由

(1)　開発利益と立退料

　定期借家権論が現行借家権保護の弊害として指摘するものの1つは,立退料の問題である。周知のように,とりわけバブル経済期の土地投機といわゆる地上げの中で,異常なまでの立退料の高騰が見られた。これは,本来借家人に帰属するものではない土地の値上がり益(＝開発利益)を借家人に分配するものであるから,正義に反する,というわけである[29]。

　私もまた,巨額の立退料を借家人が当然に取得することについて正当性を肯定することは難しい,と考える。現行の借家権保護が正当化されるとすれば,それは居住利益が保護に値するからに他ならない。現在の立退料には,そのような保護の利益を居住をやめるに際して金銭化するという性格のものがあるからである[30]。

　しかし,だからといって,借家権から正当事由の保護を外すべきだということにはならない。それは,反面の問題性を拡大することになりかねないし(→①),また,正義に反するような立退料が現行の正当事由制度に内在的なものかも疑問だからである(→②)。

　①とりわけバブル経済期に見られた巨額の立退料については,それが生じてきた具体的文脈を見る必要がある。それは,周知のように,大都市都心部の

「再開発」(それは,業務用スペースによる居住用空間の駆逐を意味する)を企図するデベロッパーの地上げがらみで生じてきたものであった。銀行のバックアップを受けたいわゆるノンバンクの放漫な融資を背景として,一部デベロッパーは,金に糸目をつけない地上げに狂奔した。それは,公共性の確保されない経済的論理だけで都市における生活空間を踏みにじるという意味で,土地財の分配に関する正義に反する行動であった。

　この時期の裁判所による巨額の立退料との引換での明渡判決は,そのような実際の「慣行」を抜きにしては理解しえない。裁判例のうち一定のものは,大きな問題性を孕んでいた。正当事由判断の原則である利益比較を重視せずに,巨額の立退料提供を重視して正当事由具備を認めたからである。それは,右のような一部デベロッパーの正義に反する行動を追認することを意味した。これらの裁判例を通じて立退賃借人が巨額の立退料を得たことは,決して肯定的に評価しうるものではない。しかし,それは,賃借人が望んだというより,一部デベロッパーと裁判所に押しつけられたものであったことを認識する必要がある。

　この時期に仮に正当事由制度が存在しなかったとすれば,都市部に居住する賃借人が何の対価もなしに地上げによって生活の基盤を否定されるという事態が続出したであろう。これと,生活の基盤を否定されるにしても立退料を得た場合とを比較して,いずれが正義に合致していると考えるかが,ここでは問われているのである。さらにいえば,正当事由による借家権保護は,この時期に,立退料付与という形で機能するだけではなく,現実に都心部において地上げを阻止して生活空間を擁護することに大きな意味を持った。これは,土地財分配における正義という観点から肯定的に評価すべきだ,というのが私の見方である[31]。

　定期借家権の導入は,さしあたりは新規契約に限定されるという。しかし,都市部における既存の契約関係が「合意」によって定期借家権に転換されていく可能性は,論者によって何ら否定されていない。この可能性の現実化は,生活世界防衛の手段の喪失を意味し,かつての地上げ以上の不正義を帰結することになろう。定期借家権は,それが無限定的に導入されるならば,都市部の土地利用分配における正義という観点から大きな問題を含むといわざるをえない

のである。

②定期借家権論者は，しばしば，開発利益の立退借家人への配分が正当事由制度によって不可避的に生じるというようなニュアンスで現行制度を批判する[32]。しかし，それは，正当事由制度の正確な理解に基づく議論ではない。

まず，正当事由判断の原則は，借地借家法 28 条に明らかなように，当事者間の利益比較であって，これによって正当事由具備が認められれば，立退料が支払われることはない。立退料は，正当事由の補完要素にすぎないのである。この規定は，1991 年の同法制定によって導入された規定であるが，これがそれまでの判例の扱いを明文化するにすぎないものであることは，立法関係者が繰り返し明言するところであった。そして，実際にも，公表されている裁判例で立退料を補完とすることなく正当事由が認められるものも決して少なくないのである。定期借家権論者が目の敵にする——そして，私も不当と考える——法外な立退料支払いとの引換による明渡判決は，主としてバブル期の例外的事象にすぎない。

次に，現行制度の下で，立退料の支払いが賃貸人の意思に反して強制されることはないことに注意する必要がある。たしかに賃貸人が提供した額よりも高い額での立退料支払いとの引換に明渡しを認める判決が，現在の実務で可能とされている。しかし，賃貸人が立退料をまったく提供していないのに立退料支払いを命じることは，一般的には否定されている[33]。民事訴訟の大原則である処分権主義(旧民訴 186 条，新民訴 246 条)の要請である。また，仮に前者のように提供額よりも高い立退料を判決で命じられた場合であっても，明渡を諦めるならば立退料支払いを強制されることはない(福岡地判平成 8 年 5 月 17 日判タ 929 号 228 頁参照)。利益比較という正当事由の本道で明渡を求める機会は，常に残されているのである。

以上のように，現行制度の適正な運用によって，法外な立退料という弊害は十分に回避することができる。この弊害への対処を目的として正当事由制度を廃止するというのは，「角を矯めて牛を殺す」類の行き過ぎである。

(2) 開発利益の公共還元と定期借家権論

先に，開発利益の借家人帰属は必ずしも正当化されない旨を述べた。しかし，

そのことは，開発利益の家主＝土地所有者への帰属を正当とするという意味を含むものではない。土地所有者の勤労にも資本投下にもよらない開発利益を土地所有者が所有権の担い手だというだけの理由で取得することは，土地に関する正義に適合しないからである。開発利益が，多くの場合，公共による社会資本の整備に由来することを考えれば，——その具体的手法については多くの議論が必要であるが——土地税制などを通じたその公共還元を図ることが望ましい。

　定期借家権論者もまた，借家人帰属を否定した場合の開発利益の家主帰属を当然に認めているわけではない。土地税制などを通じたその公共還元が本来の姿だという。福井氏の次のような見解がその立場を最も明確に示すものだといえよう。「借地借家の法システムの自由化は，決して地家主の利益を増大させるための提案ではなく，地家主に結果として発生する利益を，地家主や借手の寄与により増大した土地の価値についてはこれを控除したうえで土地税制により吸収し，社会化・公共化することにより，新たなインフラ投資等を通じた土地の有効利用の促進へと循環させる仕組み，すなわち再分配・再投資のサーキットを伴って実質的な意義をもつことになる」[34]。このような措置を通じて，定期借家権が家主等の単なる私的利益実現に資するものではなく，社会的公平に合致することが主張されるわけである。

　福井氏がここで述べている開発利益公共帰属論に，私は同意する。それは，前述の観点からすれば，まことに土地に関する正義に合致した考え方である。他方，このような観点からすれば，「地家主や借手の寄与により増大した土地の価値」については，それぞれの者への帰属を認めることもまた，正義に合致した措置ということになる。

　問題は，そのような開発利益公共帰属論と定期借家権の考え方とが，理念的に整合するか，である。定期借家権論は，現行借家権保護の問題点の1つとして，継続家賃水準が市場家賃水準と比較して抑えられていることを挙げる（Ⅰ1①の記述参照）。つまり，定期借家権論の狙いの1つは，存続保護を撤廃することによって，新規の借家契約については全期間の家賃水準を可能な限り市場家賃水準と一致させることなのである。借家供給主体にそのような利益を確保することが，借家供給拡大のための不可欠な条件でもあった。ところで，市場家

賃水準が地価も含めて形成されることは,改めていうまでもない。この地価には,当然に開発利益が入っている。すなわち,右のような定期借家論の議論は,(売却に至らない未実現の)開発利益の全面的な土地所有者帰属を認める議論なのである。理念的な整合性が問題となる所以である。

仮に,地価上昇に由来する家賃増額による家主の利益は税制を通じて公共還元する,というような構想が提示されるならば,理念的な整合性は確保されることになろう。しかし,その場合には,今度は借家供給マインドの刺激という定期借家権の効用が大きく減殺されることになる。開発利益の公共還元という正義にかなった考え方は,結局のところ,定期借家権構想に整合的に組み込むことが難しいのである。

2 賃貸借市場の「歪み」と効率的土地利用

定期借家権者がもう1つの定期借家権の価値論的基礎として援用するのが,賃貸借市場の「歪み」の是正とそれを通じた効率的土地利用の実現である。たとえば,山崎福寿氏は次のようにいう。「日本の土地や住宅についての賃貸借市場を著しく歪めているのは,借地借家法である。ひとたび土地や住宅を他人に貸すと,十分な正当事由がなければ返還されないという事態は,……賃貸借市場の機能を損なうものである。定期借家権の導入によって,借地借家法が契約自由な方向で次第に改正されれば,賃貸借市場はその本来の機能を回復し,効率的な土地住宅利用が実現する」[35]。

それでは,効率的な土地利用とは具体的には何を意味するのか。再び山崎氏の議論を引こう。「人口の流入によって宅地需要が増大し,その需要価格が農地の価格を上回るとき,農地は売却され宅地として転用されていく。また都心部に古くからある低層の住宅地も需要価格の高い高層のアパートやマンションあるいは商業ビル用地として転用されていくことになる」。これが市場メカニズムによって効率的に土地が利用されていることに他ならない[36]。

ここで示されているのは,端的に市場メカニズムに基づく土地財の分配であり,それを阻害するような法制度はすべて,都市計画規制であれ,農地に関する利用や取引規制であれ,借地や借家に関する民事法的な法規整であれ,市場

を歪めるものとして否定的に評価されることになる。そして，この新自由主義的発想こそが，定期借家権論の最も根本的なところにある政策哲学なのであろう。このように捉えると，Iで検討したように，定期借家権論者が良質な賃貸住宅供給の拡大を一応の政策目標に据えながら，その現実可能性の検討には驚くほど熱意を欠いていた理由も，得心がいく。正当事由制度は，自由な市場メカニズムの作動を抑制している点においてそれ自体「悪」であるから，撤廃がどのような効果をもたらすかよりも，ともあれ撤廃すること自体が重要だ，ということになるからである。

　右の市場万能主義はまた，市場メカニズムの作動の結果得られた結果については，それに価値論的評価を加えることなく，そのまま是認するという態度に結びつく。定期借家権論者による普通借家権と定期借家権との「選択の自由」論にも，そのような性格がある。つまり，定期借家権論者によれば，定期借家権構想は，旧来型の借家権に加えて新たに選択しうるオプションを作るにすぎない。そして，仮に新規の契約において定期借家権が借家人に選択されるとすれば，それは定期借家権が有利だからであって，それを問題にするのは借家人を馬鹿にした議論だ，というわけである[37]。

　現実の供給が借家人の「選択の自由」を確保するような形でなされるかを問題にする観点は，ここには一切見出されない。法律家には周知の事実であるが，現行民法の起草者は，建物所有を目的とする土地の利用関係(借地)については，物権的利用権である地上権を原則とすると考えていた。しかし，現実の市場においては，地主に有利な債権的利用権である賃借権による借地しか供給されなかった。債権たる賃借権に基づく建物所有にはさまざまな問題点があったと考えるが(特別法たる借地法が必要となる理由はその点にある)，先の論理からすれば，借地人が地上権ではなく賃借権を「選択」したのはそれが有利だったからで，その結果を問題にするのは借地人を馬鹿にした話だ，ということになるのであろう。

　ところで，新自由主義的市場万能論に基づく土地住宅政策をよく表現する近時の政策文書は，「6分野の経済構造改革」と題する経済審議会建議(1996年12月3日)である。定期借家権の導入は，ここに示された土地住宅政策の一環と位置づけられるものである[38]。「市場原理を貫徹させ，競争を促進することが何

よりも必要」とし，規制緩和によって経済的弱者が不利な立場に陥るとしても，「こうした副作用があることを理由に規制撤廃・緩和を行わないことは，『少数の利益』を守るために『国民経済的に得られたはずの多数の利益』を犠牲にしている」という観点から規制緩和を推進することが，この政策文書の基本的スタンスである。この発想と定期借家権論とを突き合わせてみると，次のような定期借家権論の問題点が浮かび上がってくる。

第1に，定期借家権論は，既得権保護に配慮して，定期借家権の導入は新規の契約に限定されるべきものとする。しかし，新自由主義的土地住宅政策の観点からは，市場原理に基づく土地利用の分配について既存の借家が堆積する都心部を排除する理由はないし，定期借家権論者がしばしば強調する不動産投資による内需拡大効果も，大都市都心部についてこそリアリティを持つ。現に，経済審議会建議も，「既存借家権についても，都心部等都市再開発の必要性が高い地区においては，家賃補助等の代償措置の下でこれを消滅させることができるよう特例的立法措置を講ずる」ものとしていたのである[39]。

このコンテクストに定期借家権論を置くとき，重要な意味を持つのは，新規契約に定期借家権を限定することではなくて，既存借家でも当事者の合意によって定期借家権に切り替えることができることであろう[40]。現在の借家契約関係の実態からすれば，「合意」の名の下に既存借家人に定期借家権が押しつけられてくる危険は小さくない。定期借家権論が真に既得権(その主体の多くは経済的弱者である)保護を図ろうとするならば，この点に関する実効的な法規制も併せて提示する必要があろう。これをするかどうかが，定期借家権論の性格を判断する試金石になるように思われる。

第2に，定期借家権論は，一方で賃貸借関係における規制緩和を主張しつつ，それによって打撃を被る経済的弱者については，公営住宅や家賃補助等の公的援助が講じられるべきだとする[41]。この観点は，先の経済審議会建議でも提示されており，弱者に対しては，市場原理貫徹の副作用自体を対象にした別個の政策手段が用意されるべきものとされていた。

市場原理と公的補助を組み合わせていくという一般的提言の限度では，この方向性を否定すべき理由はない。しかし，問題は，公的補助として想定されているものの具体的内容である。ここでも，経済審議会建議のこの点に関する態

度を確認しておくことが必要であろう。そこでは，「住宅取得能力の向上」に重点を置いてきたこれまでの住宅政策の否定的評価の上に立って，次のような方向が提示される。「様々な住宅都市関連補助金，住宅金融公庫融資，住宅取得促進税制当は，市場の失敗，特に外部経済・不経済を根拠とするものに精選し，根拠の明らかでない再分配措置は撤廃する。一方，住宅弱者に対する再分配措置としての公営住宅，家賃補助等については，困窮度に応じて分配するという原則をいっそう貫徹していくことが必要である」。

　困窮度に応じた分配という政策がどのように具体化されるか明確ではないが，少なくとも言えることは，ここで提示されている住宅政策は，現行のものよりも公的補助を縮小するということである。新自由主義的観点からの政策提示であれば，それもまた当然であろう。しかし，現行制度ですらその不十分性を指摘されているというのに，それをさらに後退させるという住宅政策の方向が，分配における正義の観点から肯定されるべきものか，大いに議論の余地がある。定期借家権論者が定期借家権導入に伴う副作用について用意する公的補助は，これと同様の考え方に立つものなのかそうでないのか。この点を具体的に明らかにしないと，公営住宅への優先入居などによって社会的弱者に対するセーフティネットも確保するという定期借家権論者の主張も，説得力を得ることができないであろう。

　市場メカニズムを通じた財の分配こそが効率性にかない正当だという考え方は，――私は支持しないが――1つの立場としてありうる考え方である。ただ，そうであればこそ，その考え方の帰結を具体的に示した上で，それへの支持を求めるという態度が必要であろう。定期借家権論についても，その帰結に関する具体的な議論がなお深められることが望まれる。〔補注1〕

1) 日本経済新聞1997年12月20日付。
2) その前提となっているのが，強烈な法務省批判と法律家批判である。福井秀夫「立法が行政・司法の裁量抑えよ」日本経済新聞1997年2月25日付，久米良昭「借地借家法の社会的費用」都市住宅学18号(1997年)106頁以下，座談会「定期借家権の創設を」BMJ 8号(1997年)59〜60頁(八田達夫，福井秀夫発言)，八田達夫・山崎福寿・福井秀夫・久米良昭「『定期借家権』の実現を阻む法務省の越権」エコノミスト1997年7月29日付80頁以下，岩田規久男「論争／定期借家権の『法務省論点』に異論あり①　アンシャンレジー

ム法務省」論争東洋経済 1997 年 9 月号 186 頁以下など。しかし，そこで展開されている利権追求論（法律家は，不明確な正当事由制度に伴う借家紛争多発によって利益を得ているから，定期借家権による法の明確化に反対するのだ，という議論）は，私にはまったく理解しがたい。このような批判に想到すること自体，私の発想を超えている。鎌田薫「論争／『定期借家権』導入積極派への反論② 法務省論点のどこに問題があるのか」論争東洋経済 10 号(1997 年)233 頁にあるように，「蟹は自分の姿に似せて穴を掘る」ということなのかもしれない。どのように反論してよいかにも戸惑うが，たとえば，1978 年の「仮登記担保契約に関する法律」は，かつての代物弁済予約等に由来する法律関係を明確にし，この領域での紛争を劇的に減少させたが，この法律制定を主導したのは，民事法学者を中心とする法律家であった，という事実を指摘することは，多少の反論になるであろうか。

3) 内田勝一「論争／『定期借家権』導入積極派への反論① 比較法的には『事実』の裏付けなし」論争東洋経済 10 号(1997 年)227 頁参照。なお，法制審議会という通常の立法プロセスを経由しないバイパス的立法という点では，すでにストック・オプションを導入した商法改正(平成 9 年法律第 56 号。商法 280 条ノ 19 以下の新設)という先例がある。近時目立ってきたこのような事態が何を意味するかについては十分な検討が必要であるが，本稿では立ち入ることができない。

4) この領域での近時の注目すべき成果として，内田貴「管見『定期借家権構想』」NBL 606 号(1996 年)がある。また，問題を捉える基本視角について，金山直樹「権利の時間的制限」ジュリ 1126 号(1998 年)が示唆的である。私自身の基本的考え方については，座談会「定期借家権論をめぐって」ジュリ 1124 号(1997 年)4 頁以下において，不十分ではあるが発言した。

5) 吉田克己「借家法改正は住宅問題を解決できるのか」法セ 440 号(1991 年)34 頁，同「競争原理と借地借家法改正」法の科学 24 号(1996 年)81 頁なども参照。

6) 多くの文献があるが，以下は，岩田規久男「借地・借家契約の自由化」岩田規久男＝小林重敬＝福井秀夫『都市と土地の理論』(ぎょうせい，1992 年)59 頁以下，福井秀夫「借地借家の法と経済分析(上)(下)」ジュリ 1039 号 76 頁以下，1040 号 87 頁以下(1994 年 a)，同「定期借地の法と経済分析」税務経理 7605＝7606 合併号(1994 年 b)2 頁以下特に 7〜8 頁，同「借地借家の法と経済分析」八田達夫＝八代尚宏編『東京問題の経済学』(東京大学出版会，1995 年)191 頁以下，阿部泰隆ほか「定期借家権の早期実現を」都市住宅学 19 号(1997 年)208〜209 頁，八田達夫「借家の供給を促し，家賃を引き下げるために定期借家権を考える」月刊 keidanren 1997 年 12 月号 38 頁以下などを参照している。

7) 以上の数値は，福井・前掲注 6)1994 年 b 論文 7 頁による。ただし，最後の日本の数値は，福井氏が参照した資料(日本住宅総合センター『居住水準の国際比較』1991 年)の不正確な読みによるもので，本来は，巻末の一覧表の不正確な数値 29.8 平方メートル(188 頁)ではなく，同資料本文記載の数値 42 平方メートル(95 頁)を採るべきであった(同資料の著者，大阪市立大学檜谷美恵子氏に確認した)。このようなミス自体はありうることであろうが，論者がその後もかなりの間このミスに気づいた形跡がなく(前掲注 2)座談会「定期借家権の創設を」49 頁の福井発言参照)，他の論者も，おそらくは出典に当たることなく，この数値を無批判的に援用していることは(久米良昭「借地借家法の社会的費用」

都市住宅学19号(1997年)106頁，田中啓一「動きだした定期借家権(上)」住宅産業新聞1997年7月2日付など），——日本の民間借家の規模が小さいという結論がこれによって決定的に左右されるわけではないが——データが命とも思われる経済学者の分析態度として，遺憾なことといわなければならない。近時の文献においては，さすがにこのミスは踏襲されていない。山崎福寿「定期借家権と望ましい土地住宅税制」税研74号(1997年)74頁(『平成8年版建設白書』に従って，日本の借家規模の平均を約45平方メートルとしている)。また，八田達夫ほか・前掲注2)「『定期借家権』の実現を阻む法務省の越権」81頁のグラフも参照。

8) 末弘厳太郎「住宅問題と借家法案(1)(2完)」法協39巻2号141頁以下，3号361頁以下(1921年)。
9) 「福井—森本論争」と呼ばれる。福井・前掲注6)1994年a論文に対して，森本信明「借地借家法によるファミリー層向け賃貸住宅の供給制限効果」都市住宅学8号(1994年)60頁以下が批判を加えたことが契機となった。その後多くの文献があるが，ここでは，岩田規久男「都市住宅に対する経済学的アプローチとは何か」都市住宅学8号(1994年)48頁以下，森本信明「我が国の持家率の高さと借地借家法」ジュリ1088号(1996年)35頁以下(ここに，その時点での関係論文が挙示されている)および都市住宅学14号(1996年)特集『借家制度が住宅市場に与える影響』所収の諸論文だけを挙げておく。
10) 福井・前掲注6)1994年a論文(ジュリ1040号)89〜90頁。
11) 福井秀夫「借地借家法問題の学術的分析方法」都市住宅学14号(1996年)82頁。
12) 岩田・前掲注2)191〜192頁に諸反論についての概観的記述がある。
13) たとえば，八田達夫・赤井信郎「借地借家法は，賃貸住宅供給を抑制していないのか？」都市住宅学12号(1995年)61頁。
14) 森本・前掲注9)1996年論文35頁以下参照。
15) 久米良昭「借家制度が住宅市場に与える影響と住宅政策再編の方向性」都市住宅学14号(1996年)90〜91頁。また，岩田規久男「キャピタル・ゲイン取得期待は持ち家比率を高めるか」都市住宅学14号(1996年)69頁以下も参照。
16) 内田・前掲注3)論文228頁も参照。また，「土地所有の敵対性」の克服という観点から持家化の歴史的必然性を説く注目すべき試みとして，山田良治『土地・持家コンプレックス』(日本経済評論社，1996年)がある。特に128頁以下参照。
17) 日本住宅総合センター『居住水準の国際比較』(1991年)170頁による。
18) 外国住宅事情研究会『欧米の住宅政策と住宅金融』(住宅普及金融協会，1992年)275頁による。
19) CNAB-PARIS-ILES-DE-FRANCE, L'industrie du logement, 1991, pp. 20-22. による。なお，このパーセンテージは，二次住居や空き家も含んだもので，主要住居に限定すれば，フランスの持家率は，1984年には50％を超えている。吉田克己「フランスの住宅事情と住宅政策」住宅問題研究会・(財)日本住宅総合センター『住宅問題事典』(東洋経済新報社，1993年)378頁の表を参照。
20) 全体を概観する上では，稲本洋之助＝望月礼二郎＝広渡清吾＝内田勝一編『借地・借家制度の比較研究』(東京大学出版会，1987年)が便利であろう。また，イギリスについて，

内田勝一『現代借地借家法学の課題』(成文堂, 1997年), ドイツについて, 藤井俊二『現代借家法制の新たな展開』(成文堂, 1997年)参照.
21) 澤野順彦「『定期借家権』構想の問題点」NBL 585号(1996年)13頁. 森本・前掲注9) 1994年論文65頁の発想も同様である.
22) このような観点から問題を指摘したのは,「定期借家権についての東借連の意見」東京借地借家人新聞369号(1997年12月15日付)である.
23) 久米・前掲注15)91頁.
24) 八田達夫「『定期借家権』はなぜ必要か」ジュリ1124号(1997年)58頁注(2).
25) 近時, 民事法の領域から, 良質な借家供給の拡大を主たる根拠として定期借家権導入に賛成するものが現れた. 加藤雅信「『定期借家権』論の倫理と論理——立法試案の提示をかねて」判タ954号(1998年)67頁以下. 本稿は, 良質な借家供給の拡大が実現されるというこの議論の前提自体を疑っているわけである. なお, 同論文で示されている, 定期借家権論の行き過ぎに対して消費者保護的観点から歯止めをかけるという観点は, 評価に値する.
26) 前掲注4)座談会17頁.
27) たとえば, 八田達夫氏は,「定期借家権が導入された場合に, 借家の新築がどの程度増えるかは, その時の景気の局面を始めとした様々な要因に依存する」と述べ, 新築での供給拡大をあまり強調しない. 八田・前掲注24)55頁. 阿部泰隆氏も,「新築が増えるかどうかは, 私は知りません. それは, 現実の市場経済の問題であるから, とても読めない」という. 前掲注4)座談会20頁. これに対して, 初期に, 定期借家権導入はその1年目だけで国内総生産を約5兆6200億円増大させると予測した福井秀夫氏は(前掲注6)1994年b7頁), 近時も同様の強気の予測を崩していない. 同氏の「定期借家権の意義」と題する1997年9月2日付の文書による. ただし, その論拠は示されていないし, この間の経済状況の激変にもかかわらず, 数値にまったく変化がないというのも, よく理解できない点である.
28) 新築に代わって強調されるのが, 既存の住宅ストックの活用である. 高齢者の持家などの既存ストックが, 借家権保護の緩和または撤廃によって市場に供給される可能性があることはたしかであろう. また, この場合の賃貸借関係は, 職業的貸主と住宅消費者との関係ではなく, まさに市民相互の契約関係である. この領域において借家権保護のあり方を一般の場合とは異なって構想することは, 十分にありうることである. ただ, そうであれば, 既存の期限付建物賃貸借制度(借地借家法38条以下)の要件の再検討などから議論を始めるべきであって, 現在のような一般的な定期借家権導入を検討することは必要ないはずである. なお, この点との関連で, 定期借家権論のなかには, 自然人の持家賃貸をこれからの借家市場のメインと捉え, そのような供給促進を図る観点から, 類型ごとの定期借家権導入を検討すべしと説く見解がある. 丸山英気「類型毎に導入を議論」日本経済新聞1997年7月29日付. また, 同・公開市民フォーラム「定期借家権を考える」都市住宅学19号(1997年)201頁発言. これは十分にありうる見解であって, これと一般的な定期借家権導入論とは区別して捉えた方がよいであろう.
29) 阿部泰隆「早期導入で効率と正義を」日本経済新聞1997年7月28日付. 現行立退料に

対する批判としては，福井秀夫「定期借家権の創設で賃貸住宅投資が増大」住宅産業新聞 1997 年 7 月 2 日号なども参照．
30) 前掲注 4) 座談会 13 頁の吉田発言も参照．
31) このような観点からの問題の検討として，吉田克己「現代市民社会の構造と民法学の課題(13)」法時 69 巻 12 号 (1997 年) 63～64 頁 (同『現代市民社会と民法学』〔日本評論社，1999 年〕238～242 頁) 参照．
32) さらに，そのような事態を「違憲」とまで主張する論者も存在する．阿部・前掲注 29) 参照．
33) たとえば，星野英一『借地・借家法』(有斐閣, 1969 年) 572 頁，広中俊雄編『注釈借地借家法 新版注釈民法(15)別冊』(有斐閣, 1993 年) 940 頁 (広中俊雄・佐藤岩夫) 参照．
34) 福井・前掲注 6) 1994 年 a (ジュリ 1040 号) 91 頁．もっとも，定期借家権論者のすべてがこのような見解というわけではない．たとえば，先に紹介した八田達夫氏の「キャピタルゲイン期待論」は，開発利益の土地所有者帰属を前提としている．
35) 山崎・前掲注 7) 77 頁．
36) 山崎福寿「土地・住宅賃貸借市場の不完全性について」都市住宅学 10 号 (1995 年) 114～115 頁．
37) 福井秀夫「オピニオンワイド・定期借家権」毎日新聞 1997 年 8 月 26 日付，前掲注 2) 座談会 58 頁 (八田達夫発言) 参照．
38) 実際，この建議の「土地・住宅」の部分には，定期借家権導入が唱われているし，その部分の検討に当たったワーキンググループには，定期借家権論者の主立ったメンバーが含まれている．
39) 関連して，福井秀夫「既成市街地における狭小敷地の法と経済分析」岩田規久男・八田達夫編『住宅の経済学』(日本経済新聞社, 1997 年) 167～168 頁参照．
40) たとえば，前掲注 4) 座談会・阿部泰隆発言 23 頁．
41) 岩田・前掲注 6) 論文 71 頁，福井・前掲注 6) 1994 年 a 論文 (ジュリ 1040 号) 93 頁など．もっとも，この点に必ずしも積極的ではない定期借家権論者もいる．シンポジウム「住宅市場の意義と限界——公的介入の対象と方法のあり方を探る」都市住宅学 9 号 (1995 年) における八田達夫発言 (23～24 頁)．

〔補注 1〕定期借家権構想は，その後，1999 年に「良質な賃貸住宅等の供給の促進に関する特別措置」(平成 11 年法律第 153 号) として立法化された．その後ほぼ 10 年程度が経過したが，定期借家権は，現実にはそれほど普及していないようである．国交省が 2008 年 7 月に発表した「2007 年度住宅市場動向調査」によれば，賃貸契約の種類は 93.3％が「通常の借家」で，「定期借家制度を利用した借家」の比率は，5.8％にすぎない．なお，この比率は，翌 2008 年度住宅市場調査では，さらに下落して 2.4％になったようである．植田芳博「最近の民間賃貸住宅をめぐる動きと家賃債務保証」住宅会議 82 号 (2011 年) 12 頁参照．この事実をどう評価するかは難しい問題であるが，定期借家権創設によって安価で良質な賃貸住宅が大量に供給されるようになるという定期借家権推進論者の主張が現実を反映していなかったことはたしかであろう．

また，同法については，議員立法によるという事情や政治的思惑が先行して十分な規定内容の検討ができていないことに由来する規定振りの不十分さも指摘されている。そのような問題点の1つを扱った下級審裁判例として東京地判平成21年3月19日判時2054号98頁があるが，その検討として，吉田克己「定期建物賃貸借契約の終了に当たり，賃貸人が契約期間満了後に借地借家法38条4項の通知をした場合でも，通知の日から6か月を経過した後は契約の終了を賃借人に対抗できるとされた事例」判評617号(2010年)17〜21頁(判時2075号179〜183頁)を挙げておく。

【追記】本稿は，法律時報70巻2号(1998年)の特集「都市・住宅問題と規制緩和」のなかの一本として執筆されたものである。この特集は，当時，都市・住宅問題の領域で急激に進行していた規制緩和政策の批判的検討を課題とするもので，定期借家権問題はその重要な論点の1つであった。本稿では，定期借家権推進論とりわけ経済学的知見に依拠した推進論を批判的に検討した。経済学は，政策論を展開する際に貴重な知見を提供しうるが，そこから単線的に政策論を導くことには慎重であるべきである。少なくとも，政策論としての実効性に関する検討と正義・公平の観点からの検討という二面の検討を踏まえる必要がある。本稿は，そのような試みの1つである。このようなアプローチは，経済学的知見に基づく政策論を検討する場合に，現在でも必要なものであろうと考えている。

第10章　市場秩序と民法・消費者

I　はじめに

　消費者法の体系は，消費者と事業者との間で行われる取引を規律するミクロレベルのもの(ミクロ消費者法)と，そのような取引が行われる場としての市場のあり方を規整する法秩序やルール(市場秩序)にかかわるマクロレベルのもの(マクロ消費者法)とに大別することができる[1]。本稿は，対象をこのうち後者のマクロ消費者法に限定して，市場に関わる法秩序の現状を素描し，市場秩序の形成と確保において民法と消費者が果たしうる役割を考えてみようとするものである。

　マクロ消費者法の基本理念の1つは，自由かつ公正な市場の確保である。独占が排除され，価格および品質に基づく競争が確保される市場でこそ，資源配分の効率性も確保され，消費者の利益も実現される。市場秩序の重要な部分には，このような自由で公正な競争を内容とする競争秩序が存在する。

　しかし，マクロ消費者法の理念はそれに止まるものではない。市場における取引の結果として消費者がその生命・身体を侵害されたり，生活を破壊されることがないように配慮することもまた，マクロ消費者法の重要な理念である。これは，安全な市場の確保と表現することができよう。この理念に従って，消費者にとって有害な商品は，場合によって事前の行政規制を通じて市場から排除される。市場の効率性の観点からこのような規制を正当化しうるものであるかは別として，消費者が「生身の人間」であり，生命侵害等の権利侵害が取り返しのつかない被害であることを考慮すれば，このような任務を消費者法が引き受けることは，むしろ当然のことである[2]。

このような理解を前提として，以下では，自由かつ公正な市場の確保(II)と安全な市場の確保(III)をめぐる問題状況を概観する。そこでは，市場秩序と消費者との相互関係の整理とそこで民法が果たしうる役割の検討が主要な課題となる。その上で，消費者法における人間像について，一定の見方を提示してみたい(IV)。

II 自由かつ公正な市場の確保

1 独占禁止法による自由かつ公正な市場の確保

自由かつ公正な市場を確保するために中心的な役割を果たしているのは，私的独占の禁止及び公正取引の確保に関する法律(以下，「独禁法」という)であり，その中心的担い手は，独立行政委員会である公正取引委員会(公取委)である。マクロ消費者法は，個々の消費者の私的利益というよりも，消費者全体にかかわる公共的な利益にまずもって関心を持つ。そうである以上，マクロ消費者法においては行政規制が中心となり，そのアクターとして主要には行政機関が登場するのである。

(1) 自由な競争の確保

まず，自由な競争を確保する措置に関する法の基本的考え方を確認しておこう。自由競争侵害行為としては，事業者間の協調行為による競争の回避(横の協調行為である価格カルテル等と，縦の協調行為である再販等がある)と，略奪的価格設定などの不当な手段でライバル事業者を排除することによる競争の排除などがある。これらの行為は，独禁法上違法とされるが，そのサンクションのあり方は，同じではない。

横の協調行為である価格カルテルや談合は，「不当な取引制限」(独禁法2条6項)として，公正取引委員会の排除措置命令の対象になる(同法3条，7条1項)だけでなく，課徴金納付命令の対象にもなる(同法7条の2第1項)。競争の排除は，独禁法上は「私的独占」と呼ばれ(同法2条5項)，同様に排除措置命令の対象に

なるが(同法3条，7条1項)，課徴金納付命令の対象は，いわゆる支配型の私的独占に限定される(同法7条の2第2項。したがって，上で例示した排除型私的独占は，課徴金納付命令の対象にならない)。縦の協調行為である再販等は，競争を制限する点でカルテル等の横の協調行為と同様の性格を有するようにも思える[3]。しかし，独禁法上は，「不公正な取引方法」として別類型の違反行為とされ(同法2条9項4号，一般指定12項1号参照)，排除措置命令の対象にはなるが(同法19条，20条)，課徴金納付命令の対象にはならない。

要するに，排除措置命令は，すべての違反行為を通じる共通のサンクションであるが，課徴金は，一定類型の違反行為に限定されるわけである。課徴金は，基本的には，違反行為のうち，価格に影響を及ぼすものに限定されると考えてよい[4]。

(2) 公正な競争の確保

市場における競争はまた，価格および品質に基づいて行われるべきである(能率競争)。不公正な競争とは，これとは異なる手段で顧客を獲得しようとする行為をいう。典型的には，自己の商品役務について誤った情報を提供して顧客を誘引したり(不当表示)，不当な利益(景品等)を提供して顧客を誘引したりする(不当利益顧客誘引)行為である。独禁法は，これらの行為を「不公正な取引方法」として規制している(同法2条9項3号，一般指定8号，9号)。これについては，さらに，独禁法の特別法として「不当景品類及び不当表示防止法」(「景表法」)もある。〔補注1〕

「不公正な取引方法」の他の例としては，不当な手段(たとえば根拠のない情報に基づく誹謗中傷)によって競争者とその取引相手方との取引を妨害する行為などを挙げることができる。これらは，競争者との関係では不正競争として不正競争防止法上の損害賠償請求権や差止請求権を発生させることも多いであろうが，独禁法上も違法とされる(同法2条9項6号，一般指定15項)。

これらの行為は，排除措置命令の対象となる(同法19条，20条)。しかし，課徴金納付命令の対象にはならない。独禁法違反行為でも直接に価格に影響を及ぼすものとは評価できないことがその理由ということになろう。

(3) 市場効果要件

カルテルや再販など先に例示した行為があった場合でも，実は，その事実だけで公取委の介入が可能になるわけではない。カルテルについて「不当な取引制限」と評価するためには「一定の取引分野における競争を実質的に制限すること」(独禁法2条6項)が，再販について「不公正な取引方法」と評価するためには「公正な競争を阻害するおそれがある」こと(同条9項柱書)が必要とされるのである。

前者の「競争の実質的制限」とは，ある事業者がその意思で，ある程度自由に，価格，品質，数量等の条件を左右することによって市場を支配することができる状態をいう(東京高判昭和28年12月7日高民集6巻13号868頁など参照)。後者の「公正競争阻害性」は，いわば「競争の実質的制限の小型版」[5]である。このような市場支配力が認められない行為であれば，消費者は他の供給者から当該商品を購入すればよい。したがって，公取委の介入という行政資源を用いるまでもなく，市場の自律作用に委ねておけば，そのような行為の排除が実現されるはずだという考え方に基礎を置く。十分に合理的な考え方である。これは，反面では，消費者による民事訴訟の提起の場合には，行政資源の有効利用という配慮が不要であるから，市場効果要件も不要でよいという考え方を示唆する。なお，「不公正な取引方法」の中でも(2)で見た不公正競争と性格づけられるものは，市場効果ではなく，競争手段の不公正性自体に「公正競争阻害性」が認められることになろう[6]。

2 消費者による民事訴訟の提起

消費者は，自由で公正な競争を内容とする競争秩序から利益を得ている。それでは，そのような利益が侵害された場合に，民事訴訟を提起して救済を求めることができるであろうか。具体的には，損害賠償請求と差止請求が問題となる。

(1) 消費者を主体とする損害賠償請求

競争秩序侵害行為によって消費者が損害を被る場合には，消費者には2つの救済の可能性が与えられている。独禁法25条による損害賠償請求と民法709条に基づく損害賠償請求である。かつては後者を否定する見解もあったが(独禁法25条は民法709条では認められない救済を創設したという理解になる)，現在では，両者は並存し，独禁法25条は民法709条の特則をなすという理解が一般的である[7]。

このいずれにおいても，損害賠償請求は，まずもって，消費者の個別具体的な利益侵害の救済としての意味がある。しかし，それだけではなく，そのような損害賠償が事実の次元において競争秩序違反行為の抑止効果を持つとすれば，その効果は，消費者一般にも均霑する。すなわち，競争秩序違反行為に対する損害賠償請求は，消費者の個別利益の擁護を通じて，消費者一般の公共的利益を擁護するという公共的機能をも果たしうるのである。換言すれば，ここでの被侵害利益には，私的性格の背後に公共的性格があるという二重構造が認められる[8]。もちろん，そのような公共的利益擁護の役割は，第一義的には公取委に帰するとしても，公取委の資源は限定されており，競争秩序違反行為のすべてに対処することは不可能である。消費者が，公取委の活動の及ばない部分を補完しつつ，競争秩序違反行為の抑止に主体的役割を果たすことを積極的に位置づけるべきである。

このような観点から見ると，独禁法25条の損害賠償請求には限界がある。この請求の前提として，公取委による排除措置命令等の確定が必要とされているからである(同法26条1項。審決前置主義)。その結果，消費者が公取委の活動の及ばない部分で問題を掘り起こすという機能は，期待しえないことになる[9]。消費者のイニシアティブで問題を積極的に掘り起こすという観点から活用しうるのは，民法709条に基づく不法行為責任の追及である。もっとも，公取委による排除措置命令等が確定していれば，独禁法25条による訴訟を提起して，無過失責任や(同法25条2項)，公取委に対する求意見制度(同法84条)などを活用しうるのであるから，独禁法25条を無用とまでいう必要はない。重要なのは，消費者が自らの判断で使い分けられるようになっていることである。

独禁法25条に基づくものであれ民法709条によるものであれ，競争秩序違反行為に対する損害賠償請求で原告にとって難しいのは，損害の立証である[10]。それを端的に示したのが，著名な石油製品の価格カルテルに関する鶴岡灯油事件最高裁判決であった(最判平成元年12月8日民集43巻11号1259頁)。この判決は，消費者の被る損害は当該価格協定のために支出を余儀なくされた余計な支出であるという理解を前提として，価格協定が実施されなかったとすれば現実の小売価格よりも安い小売価格(想定購入価格)が形成されていたであろうことの立証を原告である消費者に求めた。そして，事案においては，この立証がないとして，消費者の不法行為に基づく損害賠償請求を排斥したのである。

　この損害の把握は，差額説的発想に立つものである。それは，被侵害利益が排他的に私人に帰属していることだけを把握する損害概念である。これに対して，ここでの被侵害利益には，前述のように，そのような私的性格に加えて公共的性格がある。それを踏まえるならば，損害概念もそのような被侵害利益の二重構造を反映したものに再構成することが望ましい。この点については，すでに《公正かつ自由な競争によって形成された価格で商品を購入する利益》の侵害を損害と見るべきことが有力に主張されている[11]。これは，被侵害利益の二重構造というここでの問題のあり方を素直に反映した損害概念である。この方向で問題を考えるならば，価格カルテルの存在を立証できれば，損害は立証されたことになる。たしかに公取委の活動と独立してカルテルの存在を立証することは容易ではないとはいえ，消費者に不可能を強いるとまでいわれた従来の状況と比較すれば，事態は大きく改善されるであろう。そして，損害が立証されれば，損害の額の詳細な立証がなくとも，口頭弁論の全趣旨に基づいて裁判所が相当な損害額を認定することが認められる(民訴248条)。被侵害利益に公共的性格が認められるという点も，この相当な損害賠償の認定において考慮することが可能であろう[12]。

(2) 消費者を主体とする差止請求

　自由で公正な競争を侵害する行為がある場合に，その差止は可能であろうか。不正競争防止法は，この点に関して古くから差止請求権を認める規定を持っている(同法3条)。しかし，この請求権の主体は，営業上の利益を侵害される者

に限定されている。この差止が消費者の利益に間接的に寄与することはあっても，消費者が直接的に差止請求権を認められるわけではない。

　消費者のイニシアティブによる差止請求という観点から重要なのは，独禁法2000年改正によって新設された差止請求権制度である(同法24条)。この差止請求権には「営業上の」という限定がかかっていないから，消費者もその行使を認められるのである。この差止請求権には，独禁法25条のような審決前置主義という限定もかかっていない。したがって，この制度によって，公取委の活動を前提とすることなく，消費者のイニシアティブで違反行為の是正が可能になる[13]。

　しかし，他方で，この差止請求権の対象行為は，「不公正な取引方法」に限定されている。日本の「不公正な取引方法」概念は，私的独占や不当な取引制限など他の違反類型と重複する部分が多いから，この限定によって除外される行為がきわめて多いというわけではない[14]。しかし，それでもカルテル等重要な違反行為が差止請求権の対象から漏れることはたしかである。

　この限定の理由としては，立証の比較的容易な行為を対象とすることが適当であること(とりわけカルテル等秘密裏に行われる違反行為の立証困難性が指摘される)，カルテル等は，不特定多数の私人に損害を与えることが多いので，被害者による訴訟の提起を期待しにくいことが指摘されている[15]。しかし，立証の困難性をもってその権利を否定する理論的根拠はなく，また，訴訟提起が困難であることをもってその困難性に立ち向かおうとする者の権利を否定する理論的根拠もないであろう[16]。

　あえて理論的根拠を忖度すれば，この限定の背後には，「不当な取引制限」・「私的独占」と「不公正な取引方法」とを別類型の違反行為と把握する考え方があるのかもしれない。すなわち，前者が公共的性格の強い利益にかかわるのに対して，後者は私的色彩が強い利益にかかわるものと把握した上で，差止請求権を後者に限定するという考え方である[17]。しかし，そうだとすれば，そのような考え方は，私的利益侵害を梃子に消費者が公共的利益の実現に主体的に関与することを否定するものであり，本稿の視角からは克服すべき考え方である。

　独禁法24条の差止請求権については，もう1つ，「著しい損害」という限定

がある。この要件については，経済法学からの批判だけでなく，民法学からも，従来の差止請求権の要件論との整合性という観点から批判的検討が行われている[18]。本稿では，そのような問題性に加えて，さらに一点だけ，この要件もまた，独禁法上の差止請求権を私的利益侵害への救済としてだけ捉えるという発想を前提としていることを指摘しておきたい。しかし，独禁法違反行為に対する差止請求権は，その効果が原告だけではなく他の消費者にも及びうるという点で，すぐれて公共的性格を有している。そのような視角からすれば，私的利益侵害の重大性にかかわる「著しい損害」を要件とする理由はないというべきである。

III 安全な市場の確保

マクロ消費者法のもう1つの課題は，安全な市場の確保である。ここでは，一定の危険な商品の市場からの排除と，市場対応能力のない「人」の市場からの排除という2つの問題が提起される。

1 危険な商品の市場からの排除

(1) 商品の安全性と規制緩和

商品の安全性は，最も早くからの消費者法の課題であった[19]。とりわけ，食品や薬品という直接に人体に摂取される商品の安全性は重要な問題であり，実際に，安全性に欠ける食品や薬品が流通したことに伴い，大量かつ深刻な食品公害問題・薬害問題が発生した(カネミ油症事件，スモン事件，クロロキン薬害事件等)。

この領域においては，食品に関する食品衛生法，薬品に関する薬事法，一般的な家庭用品についての消費生活用製品安全法などさまざまな法律が，一定の安全基準を満たすものに限って製造・販売を許容するという事前規制の体系を作り上げている。この事前規制の体系は，1990年代以降の規制緩和政策の進展のなかで大きな変容を被った。そこでは，事前規制から事後的規制への転換

が基本理念として説かれ、また、消費者に対する過剰な非効率的保護をやめて、情報提供の上での自由な自己決定に委ねるべきことが説かれた。このようにして、1990年代には、各種の規制立法に関して一連の改正が行われることになる。たとえば食品衛生法に関していえば、食品添加物等の安全基準の緩和、製造年月日表示から期限表示への切り替え、事業者による自主的な衛生管理体制への転換、輸入食品の一律検査からモニタリング検査への転換などである[20]。

しかし、この領域での立法動向が規制緩和の一方向で進んだわけではない。むしろ2000年代に入ると、規制緩和の弊害が顕著になり、雪印集団食中毒事件やBSE問題の発生を主たる契機に、食品を中心とした安全規制の再強化が重要な課題として浮上してきている。そのようにして、2003年には食品衛生法が規制強化の方向で改正されるとともに、食品安全基本法が新たに制定されるに至った。

また、規制緩和が称揚された1990年代においても、安全性の問題領域で規制緩和が説かれることはあっても、事前規制の撤廃が問題になることはなかった。この時期に多く見られた言説によれば、公的規制については、財やサービスの適切な供給を目指すための経済的規制と、消費者の安全や健康の確保を目的とした社会的規制とを分け、経済的規制については原則自由、例外規制とし、社会的規制については本来の政策目的にそった必要最小限なものとすべきものとされた。安全性については、規制内容をどの程度のものにするかについて議論はありうるとはいえ、事前規制が必要であること自体については広範なコンセンサスが存在するのである。

(2) 規制の正当性

商品の安全性の領域で、その範囲はともかくとして事前規制の正当性自体は疑われることがない理由は、ある意味で自明である。安全性の欠如は場合によって消費者の生命を奪うことになるが、消費者は、「生身の人間」であるがゆえに、ひとたび生命についての被害が生じると、取り返しがつかないからである。事前規制ではなく事後規制で問題に対処するという場合には、商品選択に失敗した消費者は、その損害を損害賠償請求によって回復しながら、以後はそのような商品を選択しないということで、危険な商品を市場から駆逐してい

くという筋道が想定されている。しかし，生命にもかかわる安全性の場合には，ここで想定されている，市場における失敗を通じて学習していくという自立的消費者像が適合的ではないのである。

生命侵害が「取り返しのつかない」侵害であることに異論の余地はないが，そこまでいかない場合でも，それに準じたものとして，消費者の権利侵害を事前規制によって防止することが正当化されるケースはありうる。健康被害はそのようなケースに位置づけることができよう。

また，生命・健康のような直接の人格的利益侵害でなくとも，直接的には経済的な負担が生活破壊という人格的利益侵害につながるケースもある。金利規制は，基本的にはミクロ消費者法に属するものであろうが，このような観点からその正当性を議論すべきである。金利規制については，その自由化こそが競争を介して資金需要者の利益になるという議論もありうる。しかし，現実には，金銭という商品の市場については，その供給者と需要者との間に構造的な力関係の格差が存在することを否定しがたい。それは，情報格差に解消されるものではない。そのような格差構造を前提として形成される高金利のゆえに，しばしば需要者の生活が破壊され，さらにそれは場合によって生命の喪失にも結びつく (自殺)[21]。この領域での規制は，たしかに「商品」の対価に関する当事者間の自由な決定があってもそれを否定するという強力なものではあるが，その原理的正当性は認めなければならない[22]。要するに，消費者法における規制の正当性は，基本的には人格権ないし人格的利益に定位されるということである[23]。

さらに，商品の安全性に関して一定の事前規制を行うことは，形式的には消費者の選択の自由を狭めるようにも見えるが，実質的にはその自由を拡大すると評価することも可能である。つまり，安全性についてはすでにクリアされていると考えてよいので，消費者は，それ以外の点で商品を比較選択すればよく，実質的な選択ができる[24]。これを別の観点からいえば，契約について個人の領分と社会の領分を想定し，予め社会の領分において内容が著しく不当な契約を市場から放逐することによって，個人の領分における実質的選択の自由，自己決定を確保するということである[25]。

このようにして自己決定コストの削減が可能になるわけであるが，この図式

において重要となる問題は，社会の領分における決定の正統性をどこに求めるかである。先に挙げた生命という人格的価値については，その実体的価値自体に正統性の根拠を求めることができよう。健康についてもおそらくは同様に考えることができる。これに対して，それ以外の多くの場合には，事前規制にかかわる消費者が社会の領分の決定に実質的に参加しているという決定手続に，換言すれば市民社会の自己決定に正統性の根拠を求めることになろう(プロセス正統化)。

2 一定の「人」の市場からの排除

(1) 投資商品に関する適合性原則の登場

市場における商品のなかには，財産的に大きなリスクを伴うものがある。投資的な性格を備えた金融・保険商品である。このような商品販売をめぐる紛争が噴出したのは，バブル経済崩壊後の 1990 年代である。その紛争のなかで，ワラント，変額保険などのハイリスク商品を販売した業者の責任が問われ，業者の責任追及を支える法原理の 1 つとして，適合性原則が援用された。

適合性原則とは，最大公約数的にいえば，投資商品については，顧客の知識，経験，投資目的および財産の状況に照らして不適当と認められる勧誘を行ってはならないという内容のルールである[26]。日本でも，大蔵省証券局長通達 (1974 年)や証券業協会の自主規制(公正慣習規則)として導入された後，証券取引法 1992 年改正によって実定法上のルールとしても承認された。適合性原則は，その後，内容を強化され，かつ，適用範囲を拡大されてきている(金融商品取引法 40 条 1 号，商品取引所法 215 条，金融商品の販売等に関する法律 8 条，9 条 2 項 1 号等参照)。さらに，2004 年の改正によって，消費者基本法にも，事業者の責務として「消費者との取引に際して，消費者の知識，経験及び財産の状況に配慮すること」が盛り込まれた(同法 5 条 1 項 3 号)。

これらの法律によって定められた適合性原則は，一般には，あくまで事業者の行為ルールであって，その違反が直ちに民法上の効果をもたらすものではないと考えられている。伝統的公私峻別の発想である。下級裁判所は，これに対

して，1990年代以降のこの問題にかかわる紛争解決の際に，このルールの内実を契約法理や民事責任法理で受け止める努力を積み重ねてきた[27]。そこでは，端的にいえば，適合性原則に関するルール違反が社会通念上許容される範囲を逸脱すれば民法上も違法になるという法準則が形成されてきている。そして，最高裁も，この動向を承認して，「適合性の原則から著しく逸脱した」勧誘行為は，「不法行為法上も違法となると解するのが相当である。」と判示するに至った(最判平成17年7月14日民集59巻6号1323頁。ただし，事案においては，不法行為の成立を否定して，これを肯定した原判決を破棄して差し戻している)。適合性原則は，単なる業者の行為ルールに止まらず，民事違法を判断する一要素となっているのである。

(2) 適合性原則の2類型とその正当化原理

適合性原則に関しては，一般に狭義と広義の2つがあると説かれる。狭義の適合性原則とは，ある特定の利用者に対してはどんなに説明を尽くしても一定の商品の販売・勧誘を行ってはならない，という意味である。これに対して，広義の適合性原則とは，業者が利用者の知識・経験，財産力，投資目的に適合した形で勧誘(あるいは販売)を行わなければならないというルールである[28]。この2つの適合性原則の法的意義は，質的に異なる。

広義の適合性原則については，次の2点を押さえることが必要である。第1に，広義の適合性原則は，契約当事者間の情報格差の存在を前提とした情報提供義務の枠内で把握することができない。民法の古典的原則に従えば，情報収集と収集した情報に基づく判断は，いずれも消費者側のリスクで行うべきものである。これに対して，構造的な情報格差を踏まえ，情報収集の負担から消費者を解放するのが，情報提供義務に他ならない。しかし，ここでは，提供された情報に基づく判断は，あくまで消費者側のリスクで行うべきものとされる。これに対して，広義の適合性原則のもとでは，そのような判断のリスクもまた，業者側に転嫁されるのである[29]。第2に，しかしながら，広義の適合性原則は，情報提供義務の延長線上に位置づけることができる。その内容は異なるとはいえ，いずれも市場における自己決定の支援と位置づけることが可能だからである。

これに対して，狭義の適合性原則は，もはや自己決定の支援と位置づけることができない。狭義の適合性原則は，いかに説明を尽くしても，特定の消費者に対して特定の商品を販売することを禁止する。これを消費者側からいえば，特定の者は，十分な情報を備え自らのリスク判断に従ってある商品を購入しようとしても，その自己決定を否定されるということである。ここでは，自己決定の支援ではなく，自己決定の否定が問題になっている。

　このような自己決定の否定を正当化しうるとすれば，それは，経済的次元ではなく，人格的利益の次元で生じるダメージの大きさ以外にはないであろう[30]。当該消費者の生活への過大なダメージを避けるために，自己決定を否定するのである。これは，典型的なパターナリズムに基づく介入に他ならない。取引から生じうるリスクへの耐性のない者は，市場自体から排除され，そのようにして安全な市場が確保される。

　パターナリズムに基づく介入によって人格的利益を擁護するという意味で，狭義の適合性原則は，先に見た危険な商品の市場からの排除と基本的には同一の正当化原理に基づく。しかし，両者の間には看過しえない差異もある。狭義の適合性原則は，人格的利益によって正当化されながら，まさにその人格的利益の見地から問題性を孕んでいるのである。それは，狭義の適合性原則が不可避的に対象者の具体的属性を評価するという点にかかわる。個人の差異に着目するこの評価は，法の象徴的作用を介して，差別に転嫁する危険を孕んでいる。たとえば，女性について男性よりも適合性原則の適用基準を緩めるとすれば，保護の観点からは望ましいにしても，それによって男性に対する女性の劣位という社会的イメージが醸成・強化される危険もある(適合性原則のジェンダー・バイアス)[31]。

　狭義の適合性原則は，バブル崩壊後の紛争のなかでたしかに投資商品の被害者保護の観点から積極的な役割を果たしたのであって，それは十分に評価すべきである。しかし，そこには，上記のような根源的な問題性もある。それを考慮すれば，狭義の適合性原則は，むしろ次善の法理と捉えるべきであろう。

　このような観点から改めて浮上するのが，不招請勧誘の禁止である。それは，安全な市場の確保にとってきわめて実効的な手法であるだけでなく，上記のような差別について中立的である。禁止されるべき取引の範囲，禁止されるべき

行為態様の確定等具体化には多くの問題があるにせよ，不招請勧誘の禁止が実現するならば，投資商品に関する紛争の多くは，未然に防止されるであろう[32]。

IV　消費者法における人間像

　近時，消費者のパラドックスが語られている。民法の「強く賢い人間」という人間像は，各種の社会問題への対応が迫られるなかで，「弱く愚かな人間」という人間像に転換してきた。消費者は，「弱く愚かな人間」の典型である。しかるに，近時の規制緩和の理念に先導された法制度の展開のなかで，「保護される消費者」から「自立した消費者」への消費者の位置づけの転換が図られている。これはパラドックスではないか，という問題提起である[33]。本稿の検討から，このアクチュアルな問題提起に対する何らかの回答を引き出すことができるであろうか。

1　市場秩序によって保護される消費者

　本稿のIIIにおいて検討した市場の安全性における消費者は，保護の客体としての消費者，保護される消費者であった。そして，この保護の任に当たるのは，市場のあり方を定める法秩序であり，市場における行動ルールであり，一言でいえば市場秩序であった。

　安全な市場を確保するという形での消費者保護は，場合によって消費者の自己決定を排除して確保される。その意味でそれは，典型的なパターナリズムに基づく保護である。そして，このようなパターナリズムに基づく保護は，単なる経済的利益を対象とするものであっては正当化が難しく，人格権・人格的利益を対象とするものである場合に初めて正当化しうる，というのが本稿の理解である。

　それではここで保護の対象とされる消費者は，「弱く愚かな人間」なのであろうか。そうではなく，ここでの保護にとって決定的に重要なのは，消費者が「生身の人間」であるという事情である。生命を持ち生活を持つ「生身の人間」

であるがゆえに，回復不能な損害回避のための事前のパターナリスティックな法の介入に，社会的コンセンサスが容易に成立するのである。その意味で，ここでは，「強く賢い人間から弱く愚かな人間」への転換ではなく，これもしばしば援用される「抽象的人間から具体的人間へ」という人間像の転換を語るべきである。「生身の人間」は，人格権や人格的利益を侵害されることがあり，それを回避するための保護を求めることがあっても，それだけで「弱者」であるわけではないのである[34]。

「生身の人間」を保護するために事前のパターナリスティックな法の介入が許容されているということは，その限りで市場における効率性の論理が貫徹しないということである。市場における効率性は，それ自体重要な価値であるにせよ，それのみを自己目的的に追求すべきものではない。人格権と人格的利益，そしてその環境となる生活世界の論理もまた，重要な価値である。この2つの価値の相剋が見出されるところで両者をどのように調整していくかは，現代法の重要な課題である。両者が対抗する場合には，基本的には人格権と人格的利益を優先して考えていくべきと考えるが，人格権と人格的利益といってもその価値の重さには軽重がある以上（現実の生命侵害，健康侵害の危険性，生活環境侵害の危険性……），調整の内容を一定の手続に委ねるという解決もありうるであろう。

2 市場秩序を守り創る消費者

以上に対して，本稿のⅡにおいて検討した消費者は，自由で公正な競争秩序から利益を得るとともに，競争秩序違反行為がある場合には，その是正のために積極的に行動する存在であった。市民としての消費者である。あるいは，公共事，公共性の担い手としての消費者といってもよいであろう。ここでの消費者は，上記1での表現をあえて用いるならば，「強く賢い人間」といってよいかもしれない。しかし，それは，1で見た「生身の人間」としての消費者と矛盾するものではない。生活世界においては「生身の人間」として保護を求める消費者が，市場のあり方にかかわる公共世界においては「強く賢い人間」として積極的な行動主体になることは，人間像のあり方として整合性を欠くものではないのである。

日本の伝統的な法学の思考様式に従えば，国家と市民社会は峻別され，その当然の帰結として公私も峻別されていた。そこでの個人は，私的自治を認められ個人間の法律関係形成の自由は認められていたものの，公共事に直接に関与することは想定されていなかった。市民社会の構成員である市民は，選挙による議員選出を通じて公共事に携わるのであって，公共事の遂行は，議会のコントロールに服するとはいえ，基本的には行政に委ねられていたのである。

しかし，本稿で詳述することはできないが[35]，現代においては，国家と市民社会との関係は大きく変容しており，上記のような見方を維持することはできない。国家の相対化とその反面での公共事に関する市民社会の役割の増大に伴って，市民は，より積極的に公共事に関与していくことを求められるのである。したがって，競争秩序違反行為がある場合に，行政機関である公取委とともに，それと協働して消費者がその是正のために行動することは，積極的に評価されるべきである(公私協働)[36]。本稿のⅡで行ったのは，そのような観点からの解釈論の検討と，現行法制の批判的検討であった。

さらに，市民としての消費者は，単に市場に関する法秩序が侵害された場合にその是正のために行動するだけでなく，より主体的に，市場秩序創成のためにも行動することが望まれる。この点に関する具体例は，これまでに乏しい。しかし，著名な主婦連ジュース訴訟は，初期に消費者団体がそのような意思を示した例として挙げることができよう。最高裁は，この事件においては消費者団体の主体的行動に否定的態度を示したが，この領域における問題状況については，その後大きな進展がある[37]。また，これも本稿では検討することができなかったが，2006年の消費者契約法改正によって設けられた消費者団体訴訟制度(消費者契約法第3章「差止請求」参照)もまた，消費者のイニシアティブによる市場秩序形成に資する制度である。このような方向を踏まえつつ，市場秩序の内容形成に関する消費者の関与の拡大をさらに志向するのが望ましい。

1) 大村敦志『消費者法(第3版)』(有斐閣，2007年)37頁以下参照。ミクロ消費者法とマクロ消費者法という体系化は，同書のものである。
2) 以上のような自由の確保と規制という両面は，ミクロ消費者法においても見出すことができる。ミクロ消費者法の中心をなす消費者契約法の基本理念は，情報格差を是正して自由な自己決定の基盤を確保すること(＝自由の創出)といってよいが，不当条項規制を同様

に正当化しうるかは問題である。ここには，別の基本理念が表現されていると見るべきである。この点にかかわっては多くの文献があるが，たとえば，1999 年の日本私法学会シンポジウム「『消費者契約法』をめぐる立法的課題」(私法 62 号，2000 年)における河上正二「総論」(特に 9 頁以下)，潮見佳男「不当条項の内容規制」(40 頁以下)，川濱昇コメント(58 頁以下)を参照。経済学者のものとしては，松村敏弘「経済効率性と消費者法制」ジュリ 1139 号(1998 年)32 頁などを参照。

3) 実際，欧米では，縦の協調行為である再販は，横の協調行為であるカルテル等と同質の競争制限行為とされることが多い。滝川敏明『日米 EU の独禁法と競争政策〔第 3 版〕』(青林書院，2006 年)318 頁以下参照。

4) その趣旨は，いわゆる「やり得」を防ぐために，利益保持を許さないところにある。たとえば，川濱昇・瀬領真悟・泉水文雄・和久井理子『ベーシック経済法・独占禁止法入門』(有斐閣，2003 年)28 頁。ただ，そうだとすれば，再販が課徴金の対象にならないのは，解せないことになる。この観点から現行法を批判するものとして，滝川・前掲注 3)330～331 頁。なお，課徴金納付命令制度は，2005 年の独禁法改正によって抜本的に強化された。算定率の引上げ，課徴金減免制度(いわゆるリニエンシー)の導入などである。支配型私的独占について新たに課徴金納付命令の適用が認められるようになったのも，この改正によってである。2005 年独禁法改正については，諏訪園貞明編著『平成 17 年改正独占禁止法──新しい課徴金制度と審判・犯則調査制度の逐条解説』(商事法務，2005 年)が詳しい。

5) 金井貴嗣・川濱昇・泉水文雄編『独占禁止法〔第 2 版〕』(弘文堂，2006 年)28 頁。

6) 金井ほか編・前掲注 5)28～29 頁参照。

7) 学説の整理としては，菊地元一「独占禁止法違反行為者の民事責任(上)」NBL 265 号(1982 年)31 頁，根岸哲「独占禁止法違反と損害賠償請求」『石田喜久夫・西原道雄・高木多喜男先生還暦記念論文集・中巻・損害賠償法の課題と展望』(日本評論社，1990 年)272 頁などを参照。

8) ここに見られる被侵害利益の公共化は，現代不法行為理論を考える場合の重要な視角になると考える。このような理解について，吉田克己「現代不法行為法学の課題──被侵害利益の公共化をめぐって」法の科学 35 号(2005 年)143 頁参照。

9) これを強調する文献として，白石忠志『独占禁止法』(有斐閣，2006 年)577 頁参照。実際にも，独禁法 25 条訴訟の数はきわめて少ない。第 1 審が東京高裁であることも(独禁法 85 条 2 項)，使い勝手を悪くしている一因である。

10) 以下については，吉田克己「競争秩序と民法」『競争法の現代的諸相(上)』(厚谷襄兒先生古稀記念論集)(信山社，2005 年)40～43 頁に，もう少し詳細な検討がある。

11) 淡路剛久「独禁法違反損害賠償訴訟における損害論」経済法学会編『独禁法違反と民事責任』(経済法学会年報第 3 号)(1982 年)48 頁以下，特に 51 頁以下がつとに提起する考え方である。また，鶴岡灯油裁判の控訴審判決(仙台高秋田支判昭和 60 年 3 月 26 日判時 1147 号 19 頁)においても，そのような構成の萌芽を見出すことができる。藤岡康宏『損害賠償法の構造』(成文堂，2002 年)265 頁以下も参照。

12) 以上は，吉田克己「民法学と公私の再構成」早稲田大学比較法研究所編『比較の歴史の

なかの日本法学——比較法学への日本からの発信』(早稲田大学比較法研究所，2008 年)424 頁で指摘したことである。
13) 白石・前掲注 9)577〜578 頁がこれを強調する。「独禁法違反に対する民事的エンフォースメントの双璧は独禁法 24 条と民法 709 条」である，という。
14) 独禁法 24 条には「私的独占」と「不当な取引制限」は規定されていないが，明示的に排除する文言もない以上，それらが「不公正な取引方法」の違反要件をも満たす場合には，差止請求権の対象になると解するのが通常の見方である。谷原修身『独占禁止法と民事的救済制度』(中央経済社，2003 年)136 頁。また，金井ほか・前掲注 5)497 頁，白石・前掲注 9)578〜579 頁も参照。
15) 東出浩一編著『独禁法違反と民事訴訟』(商事法務研究会，2001 年)24〜25 頁。編著者は，前公正取引委員会事務総局経済取引総務課企画官であり，改正案の立案にかかわっている。また，金井ほか・前掲注 5)496〜497 頁も参照。
16) 村上政博・山田健男『独占禁止法と差止・損害賠償〔第 2 版〕』(商事法務，2005 年)18 頁以下，谷原・前掲注 14)131 頁以下参照。
17) 谷原・前掲注 14)132 頁以下が，対象行為限定の背景にこのような考え方がある旨を指摘する。国会における公取委委員長の答弁でもその趣旨が述べられたようである。白石忠志「独禁法における差止請求権の導入」総合開発機構・高橋宏志編『差止請求権の基本構造』(商事法務研究会，2001 年)85 頁参照。
18) 根本尚徳「差止請求権と不法行為法——独禁法 24 条の解釈論に寄せて」法時 78 巻 8 号(2006 年)60 頁。もっとも，同論文の力点は，一見整合性がないと見えるこの要件について，にもかかわらず整合性を確保するためにはどのように解釈すべきかの検討に置かれている。その結論は，この要件の意義を最小化することに帰着する。
19) たとえば，消費者法に関する最も初期の体系的な著作といわれる正田彬『消費者の権利』(岩波書店，1972 年)は，食品の安全性と商品安全性への消費者の権利から叙述を始めている。
20) 近藤充代「WTO 体制下のハーモナイゼーションと消費者の健康・安全」高橋岩和・本間重紀編『現代経済と法構造の変革』(三省堂，1997 年)295 頁以下，同「消費者法制の変容と法」法律時報臨時増刊『改憲・改革と法』(日本評論社，2008 年)188 頁参照。
21) このような事態は，狭い意味の消費者金融に限定されるものではない。中小・零細な企業活動においては，企業活動と経営者の生活とが切り離しがたく結びついており，企業活動の破綻が経営者の生活の破綻に結びつく。その点は，商工ローンをめぐる問題状況を想起すれば，直ちに了解されるであろう。
22) 茆原正道・茆原洋子『利息制限法潜脱克服の実務』(勁草書房，2008 年)4 頁は，「契約自由の原則に委ねると，経済的弱者の生活や人権が徐々に蝕まれ，ついには深刻な事態になる」ことを金利規制正当化の根拠として挙げる。本文に説いたところも，結局はこれと同旨になるであろう。
23) このような理解は，消費者法の他の問題領域，たとえば契約勧誘の領域においても，人格的利益の観点から消費者保護を根拠づけるという視角を導くであろう。具体的には，不招請勧誘を消費者のプライバシー保護の観点から問題視する，などである。このような観

点をつとに提示していた論考として，滝沢昌彦「契約環境に対する消費者の権利——自己決定とプライバシー」『岩波講座・現代の法13 消費者生活と法』(岩波書店，1997年)79頁以下がある。また，不招請勧誘に関して，後藤巻則「消費者契約法制の到達点と課題」法時79巻1号(2007年)83頁参照。

24) 大村・前掲注1)282頁。
25) 大村・前掲注1)117～118頁。
26) 潮見佳男「証券取引における適合性原則違反と不法行為の成否」リマークス33号(2006年)67頁参照。
27) その具体的内容については，潮見佳男『契約法理の現代化』(有斐閣，2004年)第1章「投資取引と民法理論」が詳細にフォローしている。
28) 以上の説明は，金融審議会第一部会『中間整理(第一次)』(1999年)17～18頁による。
29) 潮見佳男「適合性原則違反の投資勧誘と損害賠償」新堂幸司・内田貴編『継続的契約と商事法務』(商事法務，2006年)184頁。
30) 潮見・前掲注27)121頁は，これを「生存権の保障が問題になっている」と表現している。
31) かつての準禁治産者制度は，「聾者，啞者，盲者」を準禁治産宣告を受けうる者に数えていた(民法旧11条)。本人保護を標榜する制度であったが，障害者団体の強い批判を受け，これらの文言は，1979年に削除された。他方，労働者保護法制における女性保護規定をジェンダー・バイアスの視角からどう考えるかは，労働法学における重要論点の1つである。
32) 本文の検討は，差し当たり投資商品を想定して不招請勧誘の禁止を説いたが，それは，この禁止を投資商品の領域に限定しようとする趣旨を含まない。不招請勧誘の禁止をより一般的な消費者保護のための制限法理として採用するという方向も，検討に値する。
33) 後藤巻則「消費者のパラドックス」法時80巻1号(2008年)33頁以下。
34) 「弱く愚かな人間」という人間像が消費者について当てはまるように見えるのは，本稿では検討の対象から除外したミクロ消費者法に属する消費者契約の領域である。そこでは，情報格差を前提とする業者からの情報提供が大きな課題になるからである。しかし，ここでも，消費者は，単に「弱者」であるわけではない。それは，構造的な情報格差のもとで自己決定の基盤を奪われているという現状を克服し，支援を得て自己決定の主体になろうとする消費者である。このような人間像は，「自律のために支援を要請する個人」と定式化することができよう。このような見方について，吉田克己「民法学における『人間像』の転換——総論・近代から現代へ」法セ529号(1999年)34頁以下参照。
35) 近代市民社会から現代市民社会への構造変容に伴う民法学の課題について整理した筆者の作業として，吉田克己『現代市民社会と民法学』(日本評論社，1999年)がある。
36) このような観点を前面に出した筆者の近時の検討として，吉田克己「総論・競争秩序と民法」NBL863号(2007年)39頁がある。
37) 主婦連ジュース訴訟では，業者の団体である日本果汁協会が商品表示の仕方を定めるために自ら作成した公正競争規約(景表法12条参照。この制度の詳細は，穂積忠夫「景品・表示の規制(3)——公正競争規約」『消費者法講座4』(日本評論社，1988年)91頁以下参照。

の内容について，消費者団体が行政訴訟を通じて異議を述べることができるかが問題になった。最高裁は，消費者団体の原告適格を否定した(最判昭和53年3月14日民集32巻2号211頁)。この判断については，学説上批判が強い。多くの批判があるが，民事法学者の批判として，上原敏夫『団体訴訟・クラスアクションの研究』(商事法務研究会，2001年)349頁以下だけを挙げておく。その後の判例は，原告適格の要件である「法律上の利益」について一定の柔軟化の傾向を示している。また，立法上も，2004年の行政事件訴訟法改正によって9条2項が新設され，「法律上の利益」に関する解釈指針が明示された。これも，原告適格拡大の方向を向いている。このような判例・立法の展開については，櫻井敬子・橋本博之『行政法』(弘文堂，2007年)276～284頁を参照した。

〔補注1〕本稿執筆後に，消費者庁が設立され(2009年9月1日)，景表法の所管が公取委から消費者庁に移されたことに伴って，景表法が全面改正された(平成21年法律第49号)。改正前の景表法は，不当な表示の禁止の規定(4条1項1号～3号)に違反する行為について，公取委が排除命令を発してその差止め等を命じることを認めるとともに(6条1項)，独禁法25条等の適用に関して，この違反行為を同法19条の規定に違反する行為すなわち「不公正な取引方法」とみなし，排除命令を独禁法上の排除措置命令とみなすものとしていた(6条2項)。そこで，景表法上の排除命令が確定した場合には(独禁法26条参照)，その行為の「被害者」は，この違反行為を行った事業者等に対して，無過失損害賠償責任を追及することができることになる(独禁法25条)。このように，改正前の景表法は，独禁法の独別法の性格を有していたわけである。これに対して，改正後の景表法においては，目的規定において消費者保護が前面に出され(新1条)，適格消費者団体の差止請求権が認められ(新10条)，他方で，公取委の排除命令制度に代わって，内閣総理大臣の措置命令，都道府県知事の指示等の制度が導入された(新6条以下)。独禁法25条との連携をつける規定も削除された。所管が消費者庁になったことを受けた改正である。このようにして，景表法は，現在では，独禁法の特別法という位置づけを失っている。

【追記】2008年11月30日，日本消費者法学会の設立大会が開催され，そのなかで「消費者法のアイデンティティ」をテーマとするシンポジウムが行われた。本稿は，その報告原稿として，現代消費者法創刊号(民事法研究会，2008年)に掲載されたものである。民法からは，山本豊教授と私が報告を行うことになっており，山本教授の報告テーマは，「消費者契約私法のアイデンティティ —— 一般契約法と消費者契約法」であった。本稿は，これとの分担を意識しつつ，事業者と消費者との取引が行われる場としての市場のあり方を規整する《マクロ消費者法》に焦点を当てた考察を行うものである。

本稿では，マクロ消費者法の理念として，生命・身体，生活の安全の確保と，

自由かつ公正な市場の確保という2つを析出した。前者は，消費者の人格権・人格的利益の基盤を確保するものであり，それがゆえに，パターナリスティックな法の介入が正当化される。後者は，基本的には行政の任務に属するが，国家が相対化され市民社会の法形成機能が重要視される現代社会においては，市民としての消費者にも主体的役割が期待される。そして，本稿においては，このそれぞれに対応する人間像として，「市場秩序によって保護される消費者」(保護客体としての消費者)と「市場秩序を守り創る消費者」(法形成主体としての消費者)を提示してみた。消費者法における人間像は，この二面性を統一するものとして構成されるべきである。このような理解は，第11章で扱う労働契約法における労働者像においても通底している。

第11章　労働契約と人格的価値

I　日本法のシステム変容と労働法制

(1)　1990年代に入りバブル経済が崩壊する頃から，日本の法制度は，システム変容というべき本格的な変容の時代に入った[1]。その背景にあるのは，経済と人口構造両面での「右肩上がりの時代」の終焉であり，またグローバリゼーションの進展である。これらの変化を受けて，国家・社会・個人の間の相互関係が大きく変容しつつある。

国家についていえば，小さく強い国家が志向されている。「小さな国家」の方向を表現するのが，新自由主義イデオロギーに先導された規制緩和の動向である。これによって，国家の役割縮小と民間部門の役割増大という形で，公私の役割分担関係が大きく変わりつつある。社会についていえば，日本型産業社会を支えた中間団体の相対化が進行した。とりわけ重要なのは，企業と家族をめぐる動向である。企業については，終身雇用制や年功序列型賃金制度に端的に示されている日本型雇用システムが大きく変容し，非正規労働者が急増するなかで，「企業への帰属」を特徴とする企業主義が大きく揺らいでいる。家族については，家族の機能不全と家族の危機が語られるとともに，20世紀を支配した単一の近代家族モデルに代わって多様な家族像が浮上している。

この動向は，個人の自律と人格的価値の発展という観点から見ると，アンビヴァレントな意味を持っている。それは，一方では，国家との関係，社会との関係において個人の位置づけが高まり個人が前面化するという点で積極的な意味を持っている。しかし他方で，そこでの個人は，国家との関係でも社会との関係でもセーフティ・ネットを外される形で前面に押し出されてくる危険があ

るのである。今日の日本社会は，まさにこの後者の危険が現実化している状況にある。この危険に対処しつつ前者のメリットをいかに現実化するか。これが現時点で問われている。

(2) 右に触れた企業の相対化と企業主義の動揺は，当然のことながら労働法制に深刻な影響を及ぼしている。労働法制もまた，同じく1990年代に入る頃から，規制緩和の理念に先導されつつ本格的な変容の時代に入るのである[2]。2007年に成立した労働契約法も，大きく捉えるならば，このコンテクストのもとに位置づけることができる。もっとも，そうであっても，多少掘り下げると，労働契約法の位置づけは単純ではない。

第1に，労働契約法は，当初構想と比較すれば大きく切り詰められたとはいえ，労働契約に関する一般的ルールを定めている。そこには，労働契約が合意によって成立し，変更されるという合意の原則(1条)，労働契約は，労働者および使用者が対等の立場における合意によって締結し，変更すべきものとするという原則(3条1項)など，契約法理からすればある意味で当然の原則が再確認されている。それは，企業と労働者との関係が企業への帰属関係から契約関係へと移行しつつあるという契約化の現実を反映するものであり，またそのような動向を促進する意味を持つものである。そこでの労働契約は，労働者と使用者の，私的自治に基づく自由な法律関係の形成を媒介するものと位置づけられる。それは，個人の自律という観点から積極的な意味を持っている。

第2に，しかしながら，労働契約法には，同時に，従来の日本型雇用システムのもとで形成された判例法理を基本的にそのまま成文化したとされる条文も含まれている。とりわけ重要なのは，解雇権濫用規制に関する16条と就業規則による労働条件の不利益変更に関する9条および10条である。これらは，伝統的な契約法理によっては，正当化が容易ではない。その意味で，労働契約法には，一種の緊張関係が内在している。

第3に，さらに問題となるのは，右で伝統的な契約法理との緊張関係ということでその共通性に着目した解雇権濫用法理と不利益変更法理とが，法価値論的には対立する評価を受ける可能性があることである。後述のように，この2つを相互不可分の法理と捉える見方も有力であるが，それに対して，労働者の利益擁護という観点から，解雇権濫用法理は積極的に評価しつつ，個別労働者

の同意を必要としない不利益変更法理については否定的評価を行うという見方もありうるのである。

このように，契約法理の前面化，解雇権濫用法理の維持，および不利益変更法理の維持という3つの考え方相互の理論的関連をどのように把握し，どう評価するかが，現在，労働契約法をめぐって問われている。本稿は，この問題について，民法学とのフィードバックを意識しつつ，一定の検討を行おうとするものである3)。さらに，そのような検討を踏まえて，労働法における人間像についても一定の見方を提示してみたい。

II 解雇権濫用法理とその正当化原理

(1) (i) 民法上は，期間の定めのない雇用契約の解約申入れは自由である(627条1項)。しかし，戦後の裁判例は，権利濫用法理をこの領域で活用して，解雇権濫用法理を確立した。この法理は，最高裁によって，「使用者の解雇権の行使も，それが客観的に合理的な理由を欠き社会通念上相当として是認することができない場合には，権利の濫用として無効となる。」と定式化された(最判昭和50年4月25日民集29巻4号456頁)。2003年の労働基準法改正は，この判例法理をほぼそのままの形で立法化し(18条の2)，この規定は，2007年の労働契約法にそのまま移し替えられた(16条。労働基準法の規定は削除された)。

この法理が戦後日本の労働関係において果たしてきた役割は大きい。長期雇用慣行と閉鎖的労働市場を前提とすると，解雇は，労働者の生活に苛酷な影響を及ぼす。解雇権濫用法理は，この苛酷さから労働者を保護してきたのである。

(ii) しかしながら，近時，この解雇権濫用法理に対して，激しい批判が提起されている。たとえば，最近の文書として，「規制改革会議再チャレンジワーキンググループ労働タスクフォース」による『脱格差と活力をもたらす労働市場へ』(2007年5月21日)4)を見てみよう。この文書によると，解雇規制は，「人的資源の機動的な効率化・適正化を困難にし，同時に個々の労働者の再チャレンジを阻害している」のであって，「一部に残存する神話のように，労働者の権利を強めれば，その労働者の保護が図られるという考え方は誤っている。」あくまで，「当事者の自由な意思を尊重した合意」を重視すべきであって，「解

雇権濫用法理を緩和する方向で検討を進めるべき」なのである。

　新自由主義的発想に基づくこのような解雇権濫用法理批判をどう評価すべきか。この批判を否定的に評価する場合には，批判を踏まえつつ解雇権濫用法理の正当性をどこに求めるべきか。これが，近時の解雇権濫用法理をめぐる基本的問題となっている。

　(2)　(i)　まず，解雇権濫用法理を正当化するための根拠を整理しておこう。①伝統的には，この法理の法的基礎として，憲法上の生存権(25条)や労働権(勤労権。27条1項)が援用されてきた[5]。また，②近時は，経済学的に解雇権濫用法理を基礎づけようとする試みもあり，そこでは，不完備契約の観点から解雇権濫用法理の経済合理性が説かれる[6]。さらに，民法学からは，③継続的契約に関する近時の裁判実務のなかから関係的契約モデルとそこでの継続性原理と柔軟性原理を析出し，労働契約について，継続性原理から解雇権濫用法理の正当化を試みる見解が提示されている[7]。

　(ii)　これに対する新自由主義的発想からの批判の理論的論拠は，次の2点にまとめることができよう。

　第1は，市場の失敗がないにもかかわらず市場に国家が介入すると，非効率な資源配分を招く，という批判である。具体的には，①人材の仕事への適否が分からないのに，一旦採用すると解雇できないとなると，リスクを避けて採用しないようになり，雇用が縮小する，②リスク負担を最小化させるために，学歴やコネなど多少は相関のある指標を基準として雇用を決めることになる，③努力しなくとも解雇されないから労働意欲がわかなくなる，などが指摘される[8]。

　ところで，非効率を取り除く政策によって，すべての人々の生活水準が向上する保障はなく，むしろ逆に，ある人の生活水準を上げ，他の人の生活水準を下げるということが一般的である[9]。そしてその結果，極端な貧困状態に陥る人が生じることもありうることになる。新自由主義的発想も，この場合については国家の介入による所得の再配分を認める。ただ，効率性確保の問題とこの所得再配分の問題は，別次元のものとして峻別するのである[10]。

　この議論は，先の解雇権濫用法理正当化論と関係では，①の生存権論と真っ向から対立するものとなっている。すなわち，この発想によれば，国家の責務

である生存権をもって私人の契約への介入の根拠とし，私人に社会福祉の肩代わりを強制することは許されないということになるからである[11]。

　第2は，労働契約における情報の非対称性(これは使用者側にも労働者側にも存在する)さえ解消できるならば，当事者の機会主義的行動に対する対処策などを，100％ではないにせよかなりの程度に契約に記述することは可能である，という主張である。したがって，契約に対する国家介入は，情報の非対称性を解消する性格のものに限定されるべきことになる。それ以上の「個人の失敗」の救済を目指す介入は，非効率を生み出すからである[12]。

　この議論は，先の解雇権濫用法理正当化論との関係では，②の不完備契約論および③の継続的契約論と対立する。②も③も，将来の予測の困難性を強調してであれ，人間の合理性の限界を強調してであれ，契約においてすべてを記述することはきわめて困難である，あるいはコストが高くつきすぎるという発想から出発するからである[13]。

　(3)　以上の批判については，少なくとも次の2点の問題性を指摘しておきたい。

　(i)　第1は，効率性基準のみを政策論の根拠とすることの問題性である。資源配分の効率は，たしかに1つの重要な価値である。しかし，それだけを政策論の基礎とすることに自明の正当性があるわけではない。効率が重要な価値であるのは，それを通じて個々人の厚生の増大が期待されるからであろう。ところで，新自由主義的発想は，個々人の厚生の増大それ自体に関心を払うことが少ない。重要なのは，社会における厚生の最大化なのである。しかも，それは長期の将来的な到達目標なのであって，当面の政策目標になるわけではない[14]。その結果，当面の政策論として浮上するのは，効率化政策の遂行によって一定の個人が損失を被ることの正当化だけである。そのような個人の権利利益は，「既得権」として一律に切り捨てられるのである。

　しかし，政策論の思考枠組みは，そのような権利利益を保護するか切り捨てるかをその場その場で問題にしうるものでなければならないであろう。もちろんそれは，効率化政策との関係で問題視される個人の権利利益の擁護を無条件で是認するものではない。そこでは，適正なバランスをどのように取るかが問われるのである。問題は，多様かつ多元的な利害が錯綜する現代社会において，

利害調整の公平な枠組みをどのように構想するかである。新自由主義の発想は，そのためには，あまりに単線的であるように思われる。

なお，このようにいうと，新自由主義的発想からは，市場における効率の追求とは別に，セーフティ・ネットとしての社会保障を追求すべきなのであって，財配分の公平性はその次元で追求すべきだという反論が予想される[15]。セーフティ・ネットとしての社会保障の充実という提言は，まことにそのとおりであろう。しかし，問題は，現実の政策過程においては，新自由主義イデオロギーに先導されつつ，市場における規制緩和と社会保障からの国家の撤退とが同時並行的に進行していることである。現実の政策課題は，セーフティ・ネットに関するそのような状況が改善されない限り，財配分の公平性も視野に入れつつ私人間における利害関係をどのように調整するか，という形で提示されざるをえない。他方で，解雇権濫用法理への批判を含めて市場における規制緩和を強力に主張する新自由主義的潮流が，このような状況を克服するために，社会保障の領域での国家の撤退を批判し，社会保障充実のための理論活動を展開したという事例を，私は寡聞にして知らない。

(ii) 第2は，新自由主義的発想が前提とする人間像にかかわる問題性である。新自由主義的発想は，「合理的で利己的な経済人」を人間モデルとする[16]。だからこそ，情報の非対称性さえ解消されれば，すべてを契約に記述することが可能という発想が出てくるのである。しかし，このモデルが，とりわけ労働契約関係において，現実と大きく乖離していることは明らかである。抽象度がきわめて高いがゆえに，たとえば労働契約における労働者の人格的価値，情報の非対称性が解決した後の交渉力格差，企業内における権力的契機などは，このモデルではすべて切り落とされるのである[17]。

もちろん，モデルである以上，現実の一定の抽象化とその結果としての現実からの乖離があることは，当然のことである。学問的モデルとしては，そのことだけをもって批判されるべき筋合いではない。しかし，ここで問題となっているのは，政策論あるいは法的議論の基礎とすべきモデルである。このモデルにおいては，現実との乖離が甚だしくなる場合には，当該モデルを正当化根拠とする政策論や法的議論は，説得性を大きく減じることになろう。新自由主義的発想が提示する議論は，まさにそのようなケースの一例のように思われる。

政策論や法的議論の基礎としうる，現実からの乖離が少ない人間像——たとえば限定合理性に立脚した人間像[18]——が求められる。

(4) 他方で，先に触れた解雇権濫用法理を正当化する従来の議論についても，なお指摘しておくべき点があるように思われる。

(i) まず，②の不完備契約論は，限定合理性に立脚した人間像に依拠しつつ，解雇規制の正当性を経済学のレベルで問題にし，その経済合理性を論証しようとするものである。問題を経済学レベルで把握し，その観点から継続性を根拠づけた点に，不完備契約論のメリットがある。しかし，まさにその点において，不完備契約論の問題性をも感じる。つまり，この議論は，経済合理性(効率)の追求という新自由主義的発想と同じ土俵に乗った上で，解雇権濫用法理は経済合理性にむしろ適っているというところに，その正当性を求めるわけである。しかし，解雇権濫用法理の本質は，経済合理性と労働者の利益とを秤にかけ，場合によっては仮に前者を害することがあっても後者を優先するという判断をするところにあるのではないか。不完備契約論は，このような異質な利益の衡量問題というここでの問題の枠組みを捉え損なっているように思われる。その結果，ここからは，どのようにしてこの異質な利益の衡量を行うかという問題解決の手がかりを得ることができない。

(ii) これに対して，先の③の関係的契約論は，異質な利益の対立があるという問題枠組みは前提としつつ，「契約の継続性に対する当事者の合理的期待」[19]をもって労働者の利益を優先すべき根拠とする。いわゆる継続性原理である。

ところで，継続性への当事者の合理的期待は，労働契約に限定されるものではなく，継続的契約一般に見出される。しかし，当事者の経済的利害関係だけが保護法益となる継続的契約関係(たとえば企業相互の代理店契約など)と人格的価値が重要な意味を持つ労働契約とを，同列に論じてよいのであろうか[20]。このいずれも継続的契約である以上，いずれについても継続性原理は働くべきものと考えるが，前者の場合には，関係特殊的投資に基づくロックインが問題なのであり，金銭的保障によるその投資の回収が確保されれば，継続性自体を確保する必要は必ずしもない。これに対して，雇用契約の場合には，雇用継続への労働者の利益は，必ずしも金銭には解消されない。たしかに，雇用継続によ

る賃金確保という経済的利益も重要であるが，それは，それ自体が自己目的なのではなく，それによって労働者の生活が確保されるがゆえに重要なのだと考えられる。また，労働契約の場合には，雇用の場と働く機会を確保されることによる人格的な利益の確保も重要な意義を持っていると見るべきである。そうであれば，解雇の金銭的解決[21]については慎重に考えるべきということになろう。継続性原理だけでは，多様な継続的契約の性質の違いに応じたこのような差異が切り落とされる危険がある。

(iii) 右での指摘の基礎にある観点は，これまでの議論との関係では，①の生存権論，労働権論に連なるものである。しかし，以上の観点は，憲法があって初めて導かれるものではない。それは，むしろ，人間の労働を対象とする労働契約の特質に由来するものというべきである。そして，その基礎の上に憲法上の保障がなされていると理解すべきである。

労働契約は，人格自体を契約の目的とし，商品化する。それは，本来は人間的な労働を「物(モノ)」化するところで初めて可能になる。その意味でそこには，「人と物」の峻別を基本的パラダイムとし，「人」の「物」化を峻拒する近代法パラダイムから見ると，鋭い緊張関係が内在している[22]。他方，労働の「物」化というフィクションによって人格的利益が現実に消滅するわけではない。労働の提供主体が「生身の人間」である以上，労働契約においては，不可避的に人格的価値がその保護を求めて浮上するのである。解雇においてもそれは例外ではない。ここでは，既存の経済学的モデルでは取り上げていない価値の評価が問題になっている。たとえば，「働くことが生きがいであるという現実をそのまま(経済学的なタームに翻訳することなく)肯定しようとする」ような態度である[23]。

この人格的価値を解雇の可否の判断において法的に考慮すべき1つの価値として確認すること，その上で効率あるいは企業の自由などの他の異質な価値との衡量を行うこと，これが解雇について採用すべき基本的判断枠組みであろう。現在の解雇権濫用法理は，このような判断枠組みとして，十分な合理性を備えているものと考える。

III 就業規則による労働条件の不利益変更とその問題性

(1) 民法のもとでは、契約期間中の契約条件の変更については、両当事者の合意が要求される。不利益変更についてはましてそうである。これに対して、労働契約については、判例によって、就業規則による労働条件不利益変更の法理が作り出された。すなわち、最高裁は、秋北バス事件大法廷判決(最大判昭和43年12月25日民集22巻13号3459頁)において、就業規則の変更等によって「既得の権利を奪い、労働者に不利益な労働条件を一方的に課すことは、原則として許されない」としつつ、労働条件の統一的かつ画一的な決定を建前とする就業規則の性質からいって、「当該規則条項が合理的なものであるかぎり、個々の労働者において、これに同意しないことを理由として、その適用を拒否することは許されない」と判示したのである。要するに、「合理性」を要件とする一方的不利益変更の容認である。そして、これを出発点としつつ、その後も判例による不利益変更法理の明確化が図られた。

この判例法理については、根本的な理論的問題性が指摘されていた。すなわち、合理性があればなぜ反対する労働者をも拘束するのかという根本問題に答えていない、という指摘である[24]。就業規則による一方的不利益変更法理を伝統的な契約法理によって基礎づけることは、もともと不可能事に属するのである。

にもかかわらず、労働契約法は、一連の判決によって形成された判例法理をほぼそのままままとめる形で立法化した(10条)。あるいは、理論的正当化が不可能であるがゆえに、立法的解決が必要になった、ということなのかもしれない[25]。労働契約法は他方で、労働契約の合意原則(3条1項)を労働条件について再度確認し(8条)、労働条件の不利益変更についても、労働者との合意なしに就業規則の変更によってそれを行うことはできない旨を定めている(9条)。すなわち、原則的には契約法理に基づく問題の解決が図られるのであって、就業規則による不利益変更は、あくまで例外と位置づけられる。それは、右のような理論状況を意識したものであろう。しかし、例外とはいえ、就業規則による不利益変更が実定法上認められた意味は大きい。

(2) (i) この不利益変更法理の背景には解雇権濫用法理があると一般に指摘される。つまりこうである。経営をめぐる諸条件の変化に伴って，労働条件変更の必要性が生じることは当然にありうる。その場合に，労働契約の内容をどのように変更することができるか。主として問題となるのは，使用者側からの変更(多くの場合には不利益変更)である。契約法理からすれば，変更について両当事者の合意が必要であることは当然である。この前提のもとで，民法上の雇用契約であれば，解約申入れ(解雇)の自由を踏まえつつこの交渉が行われることになる。そこでは，労働者側にも，交渉成立へのインセンティブが存在する。しかし，戦後の解雇規制法理のもとでは，使用者側は，解雇の自由を背後に控えた労働条件変更の交渉ができない。そこでは，労働者側には，交渉成立へのインセンティブが基本的には存在しないことになる。そうである以上，当事者の合意によらない何らかの不利益変更法理が必要となる[26]。——

以上の意味において，解雇権濫用法理が採用される以上何らかの不利益変更法理が必要となることについては，労働法学においてほぼ一致が見られるといってよいようである。対立が生じるのはその先であって，この不利益変更法理が，判例が創出した就業規則による不利益変更でなければならないか，である。

(ii) 労働契約法の立法過程において，就業規則による不利益変更の考え方に対して，強い批判が提起されていた。最も重要な批判は，角田邦重，西谷敏，毛塚勝利の三教授を呼び掛け人とし，35名の労働法学者の賛同を得て公表された「就業規則変更法理の成文化に再考を求める労働法研究者の声明」[27]であろう。

この声明によれば，たとえ合理性の要件に制約されるとはいっても，判例が認める使用者による一方的な労働条件の決定は，一方当事者による契約内容の変更を認めることに他ならず，「契約法としてはきわめて特異であり，契約原理に悖るものといわざるを得ない。」そのような問題性を考えれば，労働契約法の制定作業において必要なのは，判例法理を立法によって固定化することではなく，「理論的・実務的妥当性に耐えられる契約内容の変更法理とその手法について検討を深めることでなければならない。」そして，この批判は，当然のことながら，成立した労働契約法に対しても向けられることになる[28]。こ

の批判においては,「契約内容の変更法理」の必要性は肯定されつつ,判例とは異なる内容の変更法理が志向されるのである。

(iii) これに対して,労働法学界の主流は,判例法理を正当なものと評価し,それを立法化した労働契約法もまた正当なものと評価している。たとえば,判例法理について,菅野和夫は,早くから,解雇権濫用法理のもとで判例法理が是認されるべきことを説いていた。すなわち,就業規則の不利益変更については,法規範説のように当然に労働者を拘束すると考えるのは妥当ではないが,他方で,契約説のように労働者の明示または黙示の同意がない限り拘束しないというのも適切ではない。判例の枠組みは,このような硬直的な処理基準に代えて,裁判所が労働条件の集合的処理と事業経営の弾力性とを調整することを可能にするのである[29]。また,土田道夫も,解雇権濫用法理に見られる契約継続への要請を機能させるためには,使用者が種々な事情変更に応じて契約内容を柔軟に調整することを認める必要がある,という観点から,判例を「基本的に妥当」と判断している[30]。

また,民法学の領域から,内田貴は,裁判例の集積から継続的契約における継続性原理を析出するとともに(先の解雇権濫用法理がこれによって正当化されていた),ここでの問題については,同様に判例から,柔軟性原理を析出する。この法理は,「伝統的な契約理論に立つ限り,正当化は困難」である。したがって,ここでも,判例によって新たな関係的契約法理が確立されていると理解すべきことになる[31]。

(3) (i) 契約についてある程度長期の期間が確保される場合に,期間中の契約改定を可能にする制度を設けるという発想は,すでに借地法および借家法において賃料増減額請求権という形で制定当初(1921年)から存在する(旧借地法12条,旧借家法7条。現行借地借家法11条,32条)。この制度は,とりわけ借地を想定して,借地法によって一定の期間保障が導入されたこととの引き換えに導入されたものであった。その考え方は,簡単にいえば,借地について一定の期間保障(たとえば,堅固建物について期間の定めがない場合には60年)を導入する結果,地代の市場的決定の機会が長期にわたって排除される。ところで,借地法自体は,地代統制とは無縁であり,地代については市場水準を確保するという考え方を前提にしている。このような前提があるのに借地に関する市場的決定が長期に

わたって排除されるのでは，地代水準が事実上市場水準から離れてしまい，借地法の体系的整合性を損なう危険がある。そこで，裁判所の介入によって当事者の市場的決定を代替し補完しようとしたわけである[32]。

この制度と就業規則による不利益変更法理とを比較した場合の最大の違いは，賃料増減額請求権については当事者双方に請求権が認められているのに対して，不利益変更法理の場合には，使用者のみに変更権が認められていることである[33]。また，賃料増減額請求権の場合には，当事者の一方が提示した賃料に基づいて裁判所が相当賃料を形成的に決定するのに対して，不利益変更法理の場合には，使用者が提示した変更内容の合理性を裁判所が判断するだけで，それと異なる内容を裁判所が形成する権限は付与されていない。また，賃料増減額請求権については，裁判所による相当賃料の形成に先立って，当事者の協議が予定されており，また，増減額請求訴訟の提起前に民事調停を申し立てることが義務づけられている(調停前置主義。民事調停法24条の2第1項)。これに対して，就業規則による不利益変更法理の場合には，たしかに組合との集団的交渉の考え方は見出されるとはいえ，労働者代表の意見聴取(労働基準法90条)，周知(同106条1項)にすぎず，労働者の自己決定という観点からはきわめて不十分である[34]。

(ii) これらすべてに見出されるのは，就業規則による不利益変更の権力性ということである。そこでは，基本的には不利益変更が上から押しつけられ，裁判所の合理性審査に服するのは，その先である。ここでの最大の問題は，労使の対等性が確保されず，かつ，労働者の自己決定の契機が完全に排除されていることである[35]。労働契約の契約性を再確認した上で，期間中の改定を認めるにしても，これらの点に配慮した制度設計をすべきである。そして，労使の交渉が尽きたところで，第三者機関具体的には裁判所の判断を得て問題を解決するのが公平ということになろう。その意味では，「契約内容を維持することが困難な事情が発生したことを理由にする合理的な契約内容の変更申入れに相手方が応じないときに，裁判所の判断に基づき契約内容の変更を実現することができる権利」としての「契約変更請求権」を提示する毛塚勝利の構想[36]などが注目されるところである[37]。

就業規則による不利益変更法理に見られる権力性は，戦後日本を支配した企

業主義における企業の権力性を反映するものである。労使の対等性と労働条件変更に向けての労使の交渉，労働者の自己決定に配慮した契約変更法理を展望することは，まさにこのような企業の実態に対する対抗構想を提示することに他ならない。判例と労働契約法における不利益変更法理に積極的評価を与える見解においては，この企業の権力性に関する認識が欠けているか，あるいは著しく稀薄である。その結果，就業規則による不利益変更法理における「一方性」の問題性に対する批判的観点が欠落するのである。

(iii) さらに指摘すべきは，労働条件決定における労使の対等性，労働者の自己決定を重視するという観点は，単に労働者の経済的利益を擁護する意味を持つだけではないことである。この観点は，自らの労働条件を自らが関与して決めていく，企業のあり方の決定について自らが関与していくという点に価値を認めるという考え方を内包している。それは，人格的価値の実現・発展に深く根ざす考え方である。その意味で，この方向を志向することは，解雇権濫用法理と対立するものではない。これらはむしろ，人格的価値の維持・発展という共通の価値に基礎づけられるのである。

IV 労働法における人間像

この間の労働法制の改正を指導した労働者像は，「弱く保護されるべき労働者」(従属的労働者)から「強く主体的な労働者」(自立的労働者)へ，あるいは画一的・取締的・強行的な規制になじむ「集団としての労働者」から，個別的・自由意思を尊重した任意的な規制が適切な「個人としての労働者」への転換といってよい[38]。

この転換は，人格的価値の発展という観点から見て，本稿の冒頭で指摘したのと同様のアンビヴァレントな意味を持っており，現時点では，その消極的側面が前面に出ている，というのが本稿の理解である。このような問題状況を踏まえつつ，本稿の検討から，労働法における人間像について何らかの示唆を引き出すことができるであろうか。ごく簡単に2点だけ指摘して本稿のまとめに代えたい[39]。

第1に，保護を必要とする労働者という人間像は堅持すべきである。ただし，

その根拠を従属的労働者像に求めることには慎重であるべきである。その根拠は，まずもって，労働法の世界に登場する労働者が人格的価値を担った「生身の人間」であることに求めるべきである。そのような「生身の人間」が担う労働が契約の客体とされるがゆえに，労働契約のあり方によっては，人身の自由さらには生命・健康に至る人格的利益が侵害される危険がある。それゆえ，労働契約については，無条件での私的自治は認められず，労働基準法による最低限の労働条件規制を始めとして，各種の立法の介入が展開されるのである。そしてそれは，憲法上の要請でもある(27条2項)。解雇権濫用法理も，生命や健康とは次元が異なり，それがゆえに保護の手法やその要件等について別個の配慮が必要となるにせよ，根本的にはこのような人格的価値の観点から基礎づけるべきだというのが，本稿の理解であった。

　第2に，人格的価値の観点から保護を要請する労働者は，当然に弱者として保護の客体に甘んじるだけの存在ではない。それは，積極的に自己の生活関係さらには社会関係を構築していくことを志向する[40]，その意味では「強く自律的な」人間である。そして，このような積極的な関係形成のなかでこそ，さらなる人格的価値の発展も期待されるのである。就業規則による一方的不利益変更法理を本稿が否定的に評価するのは，このような方向と対立するからに他ならない。

　そして，このように他者との関係形成を志向する人間像からさらに，他者との連帯を志向する人間像が展望される。本稿では一切触れることができなかったが，現在の労働関係をめぐる最大の問題の1つは，雇用形態の多様化とそれに伴う労働者間の格差，分断であろう。とりわけ非正規雇用の激増と正規雇用との間の格差拡大は，深刻な問題を提起している。法学は，この問題性を受け止め[41]，それへの対処を展望しうる人間像を構築しなければならない。人格的価値に基礎を置く人間像が，その手がかりとなるというのが，本稿の認識である。

　このようにして，一言でまとめれば，人格的価値に基礎づけられた労働契約論と労働法論の構築が望まれている[42]。

1）その全体像を概観する筆者の試みとして，吉田克己「90年代日本法の変容」法時72巻

9号(2000年)5頁以下がある(本書第1章)。また，大島和夫「総論・日本の構造変化と法改革」法の科学34号(2004年)8頁参照。
2) この全体については，名古道功「90年代における雇用慣行・労働市場・労働法制の変容と労働者統合」法の科学32号(2002年)21頁，西谷敏『規制が支える自己決定』(法律文化社，2004年)3頁以下，とりわけ68頁以下，矢野昌浩「構造改革と労働法」法の科学34号(2004年)43頁，米津孝司「企業社会の変容と労働契約法」法の科学38号(2007年)81頁，田端博邦「労働法改革の背景」法の科学38号(2007年)123頁など参照。
3) その意味で，本稿は，民法学の観点を踏まえつつ，労働契約法のマクロの検討を志向するものである。民法学の観点から労働契約法のミクロの丁寧な検討を行う論考としては，丸山絵美子「労働契約法と民法」季刊221号(2008年)56頁を参照されたい。
4) この文書は，http://www8.cao.go.jp/kisei-kaikaku/publication/2007/0521/item070521_01.pdfで入手することができる。なお，規制改革会議が近時の労働関係の政策決定過程において有している意味の一端について，花見忠＝山口浩一郎＝濱口桂一郎「労働政策決定過程の変容と労働法の未来」季労222号(2008年)6頁(花見忠発言)参照。また，近時の労働政策決定過程の変容に関してより一般的には，中村圭介「逸脱？それとも変容？——労働政策策定過程をめぐって」日本労働研究雑誌571号(2008年)17頁が興味深い。
5) 多くの文献があるが，近時の例として，藤原稔弘「整理解雇法理の再検討」大竹文雄＝大内伸哉＝山川隆一編『解雇法制を考える——法学と経済学の視点〔増補版〕』(勁草書房，2004年)153～154頁を挙げておく。
6) 中馬宏之「『解雇権濫用法理』の経済分析」三輪芳郎＝神田秀樹＝柳川範之編『会社法の経済学』(東京大学出版会，1998年)425頁，江口匡太「整理解雇法規制の経済分析」大竹ほか編・前掲注5)59頁。法学者の文献で同様の観点を打ち出すものとして，土田道夫「解雇権濫用法理の正当性」大竹ほか編・前掲注5)103頁。
7) 内田貴『契約の時代——日本社会と契約法』(岩波書店，2000年)第6章「規制緩和と契約法」，とりわけ238頁以下，同「解雇をめぐる法と政策——解雇法制の正当性」大竹ほか編・前掲注5)201頁参照。
8) 八田達夫「効率化原則と既得権保護原則」福井秀夫＝大竹文雄編著『脱格差社会と雇用法制』(日本評論社，2006年)32頁。
9) 八田・前掲注8)8頁。
10)「効率と所得分配とは独立に考える」のが法と経済学の基本的思考であるとされる。福井秀夫「解雇規制が助長する格差社会」福井＝大竹編著・前掲注8)53頁。
11) 福井・前掲注10)53頁参照。
12) 八田・前掲注8)28頁以下参照。
13) たとえば，③について，内田・前掲注7)『契約の時代』243頁。
14) たとえば，八田・前掲注8)13頁以下参照。
15) 八田・前掲注8)35頁，福井・前掲注10)53頁など参照。
16) 法学は，これを「強く賢い人間」という形で表現してきた。
17) これまで新自由主義的発想を表現する文献として引用してきた福井・前掲注10)論文に

ついて，多くの労働法学者による検討がなされているが，そこでほぼ共通して指摘されるのは，このような点である。一例として，道幸哲也ほか座談会「労働法理論の現在」日本労働研究雑誌572号(2008年)42頁(濱口桂一郎発言)。

18) なお，経済学においても，人間をより具体的に把握し，その限定合理性を正面から見据えて市場参加者の行動を理論化しようとする試みが始まっている。たとえば，「行動経済学」の試みである。これは，「通常の経済学が想定してきた『経済人』という仮説……を放棄し，限定合理性の下にある現実の人間の行動を捉えることから出発しようとする」経済学である。根井雅弘『経済学とは何か』(中央公論新社，2008年)167頁。行動経済学の概説書としては，多田洋介『行動経済学入門』(日本経済出版社，2003年)，友野典男『行動経済学——経済は「感情」で動いている』(光文社，2006年)，リチャード・セイラー／篠原勝訳『セイラー教授の行動経済学入門』(ダイヤモンド社，2007年)などがある。もちろん，このような試みを直ちに政策論の基礎とすべきということではないが，注目すべき動向といえよう。

19) 内田・前掲注7)『契約の時代』243頁。

20) 内田がこれを意識的に同列に置いていることについては，内田・前掲注7)214頁参照。

21) この積極的活用を主張する見解が強まりつつあることについて，大内伸哉「解雇法制の"pro veritale"」大竹ほか編・前掲注5)259頁および注23)に引かれている文献を参照。

22) 吉田克己『現代市民社会と民法学』(日本評論社，1999年)162頁参照。同様の観点は，つとに労働法学からも提示されている。西谷・前掲注2)211～212頁参照。また，米津孝司「労働契約法の成立と今後の課題」労働法律旬報1669号(2008年)13頁参照。そこでは，「継続的で人格的な，かつ契約当事者の経済的生活(生存)の基礎をなす契約関係であることをふまえて，労働契約の構造と原理を理解する」ことの重要性が強調されている。

23) 内田・前掲注7)論文215頁。内田は，そこで，雇用のミスマッチは生ぜず，転職による不利益も生ぜず，解雇されても失業するリスクがほとんどないがゆえに解雇が自由に認められる「社会A」と，そのような条件が満たされてもなお解雇に正当な理由が要求されたり，企業は内部市場の活用等を通じて可能な限り雇用を確保しようとする「社会B」を想定し，「社会B」においては，本文記載のような理論が採用されるという。本稿は，人格的価値を考慮すべきものとして承認するこの「社会B」を，労働契約のあり方を構想するための規範的モデルとして選び取っている。それは，現実との乖離も大きくないものと考える。ただし，内田がそこで，「同じ議論は，……企業間の継続的取引でも妥当する」と述べる点については，同意することができない。それは，「社会B」における解雇権制限が人格的価値に基礎づけられるという，内田が「社会B」について提示する観点と矛盾するであろう。

24) 最新の体系書による指摘として，土田道夫『労働契約法』(有斐閣，2008年)494頁。

25) 土田・前掲注24)508頁。

26) 解雇権濫用法理は，不利益変更法理以外にも，労働関係のさまざまな領域に影響を及ぼしている。定年制が適法とされていること，パートタイム等の非正規従業員の雇用の終了が緩やかに解されること，配転・出向等の人事異動が解雇に代わる雇用調整措置として広く認められることなどである。これらの法理が一般に解雇権濫用法理によって正当化され

ていることについて，土田・前掲注6)95頁参照．
27) この声明は，労働法律旬報1639＝1640号(2007年)4〜5頁に掲載されている．また，同様の批判的立場からの詳細な検討として，浜村彰「就業規則による労働条件の決定と変更」労働法律旬報1639＝1640号(2007年)27頁以下，とりわけ36〜37頁参照．
28) たとえば，毛塚勝利「労働契約法の成立が与える労使関係法への影響と今後の課題」季労221号(2008年)27頁など．
29) 菅野和夫『労働法〔第2版補正版〕』(弘文堂，1989年)92頁．また，同『同〔第6版〕』(弘文堂，2003年)120〜122頁，同「就業規則変更と労使交渉」労働判例718号(1997年)9頁以下(多数組合との交渉・合意というプロセス正統化の観点が前面に出ている)，同『新・雇用社会の法』(有斐閣，2002年)359頁も参照．
30) 土田・前掲注24)505頁．
31) 内田・前掲注7)『契約の時代』119頁以下，とりわけ122頁参照．
32) 以上の点についてより詳しくは，吉田克己「サブリース契約と借地借家法32条に基づく賃料減額請求」清水誠先生古稀記念論集『市民法学の課題と展望』(日本評論社，2000年)337〜338頁(本書第12章263頁〜265頁)参照．
33) 浜村・前掲注27)38頁は，「法制度としてアンフェアである」と批判する．また，毛塚勝利「労働契約変更法理再論」『労働保護法の再生——水野勝先生古稀記念論集』(信山社出版，2005年)6頁は，「労働契約法理としての基本的欠点」と批判する．
34) 土田道夫「労働保護法と自己決定」法時66巻9号(1994年)58頁が指摘している．
35) 自己決定の排除という問題点の指摘として，西谷敏「労働法における自己決定の理念」法時66巻9号(1994年)34頁．
36) 毛塚・前掲注33)11頁以下参照．
37) なお，労働契約法に関する民主党案(2007年9月)は，毛塚案と同様の労働契約変更請求権構想を提示していた(24条)．この民主党案は，野川忍『わかりやすい労働契約法』(商事法務，2007年)186頁以下に収録されているものを参照した．
38) 和田肇「労働法制の変容と憲法理念」民主主義科学者協会編『改憲・改革と法』(法律時報臨時増刊)(日本評論社，2008年)196頁．また，同『人権保障と労働法』(日本評論社，2008年)257頁，271〜272頁も参照．
39) 関連して，消費者法における人間像について私の一定の見方を提示した論考として，吉田克己「市場秩序と民法・消費者」現代消費者法創刊号(2008年)67頁以下(本書第10章207頁以下)を参照されたい．とりわけ，220〜222頁．
40) 道幸哲也「業務命令権と労働者の自立」法時66巻9号(1994年)42頁にある「同僚とコミュニケーションし，さらに社会参画をする」労働者が，ここでの人間像につながる．また，同所にある「日々の仕事を通じて自己実現を」する労働者，「自己の仕事によって自己のアイデンティティを形成している」労働者という人間像は，解雇権濫用法理との関係でも意味のある把握である．
41) 脇田滋「現代日本における『ナショナル・ミニマム』——労働法から観た諸問題」法の科学39号(2008年)120頁は，「非正規雇用労働者の目線に立った発想」が従来の研究者に欠けていた，と指摘している．

42) 同様の志向性を提示する論考として，米津・前掲注2)を挙げておく。そこでは，「我々は，近代市民法原理の核心にある人格保護の原理に立ち返り，近代的な雇用関係・労働契約法の基本原理を再確認することが必要である」と指摘されている(88頁)。

【追記】本稿は，法律時報80巻12号(2008年)の特集「新たな労働者保護の形」への寄稿論文として執筆されたものである。労働の領域における現代的特徴といえる雇用形態の多様化と労働契約法の成立とを踏まえた特集であり，労働法(和田肇)のほか，労働経済学(樋口美雄，玄田有史)や憲法学(葛西まゆこ)など多様な領域からの論考が寄せられた。また，労働法学者による座談会(菅野和夫ほか)も収録された。本稿では，労働契約法を素材として，問題を民法学の観点から検討した。

そこでの中心的問題関心は，①契約法理の前面化，②解雇権濫用法理の維持および③不利益変更法理の維持という3つの考え方相互の理論的関連をどのように把握し，どう評価するかであった。通常は，②と③とは相互補完的なものと捉えられ，労働契約法の考え方が支持されるわけであるが，本稿においては，③に含まれている権力的契機を問題視し，その上で，労働条件における労働者の自己決定権を重視する方向での「契約内容変更法理」の必要性を打ち出した。そのような方向は，労働者の人格的価値の実現・発展に基礎づけられるものであり，その意味で，②の解雇権制限法理と矛盾するものではなく，むしろ共通の価値に基礎づけられるというのが，本稿における主張である。ここに示した人格的価値に定位した制度構築という方向は，本書の全体を貫く基本的問題意識の1つでもある。

第Ⅲ部　サブリース契約と市場

第12章 サブリース契約と借地借家法32条に基づく賃料減額請求

I はじめに

1 問題の社会的背景

　バブル経済の崩壊は，民法学理論にさまざまな問題を提起している。サブリース契約における賃料減額請求の可否の問題も，その1つである。サブリース契約とは，そのミニマムのところで押さえるならば，不動産事業者が，建物(ビル)の各区画を自己の採算で転貸することを目的として，当該建物を一括して賃借する契約ということができる。この契約は，端緒的にはすでに1970年代にいわゆる等価交換方式の代替方式として登場してきたもののようであるが[1]，その本格的な普及は，バブル経済期のことに属する。地価の異常な高騰を前提として，土地を自ら取得して賃貸ビル経営をすることが困難になった不動産業者が，固定資本の投下を避け，土地所有者にビルを建築させてそれを借り上げ，賃貸ビル経営をするという形態が広まったのである。

　バブル経済期のサブリース契約の大きな特徴は，しばしば最低賃料保証が付されたことにある。一定期間(2年あるいは3年)毎に賃料を一定パーセント増額するという自動増額特約が付されることも多かった。期間についても，かなりの長期間(15年とか20年)が約された。賃貸人すなわちビルオーナーは，長期にわたって保証された賃料の総額を考慮して，ビル建設という投資をするかどうかを決定したのである。

　ビルオーナーに支払う賃料と転貸料との差額が賃借人である不動産業者の利

益になるわけであるから、賃料自動増額特約を付したサブリース契約は、オフィス賃料についての「右肩上がり」を前提として初めて採算が成り立つものであった。しかし、現実には、バブル経済は崩壊し、オフィス賃料水準は低迷、さらには下落の途をたどった。かくして賃借人(不動産業者)と賃貸人(ビルオーナー)との間の紛争が多発することになった。不動産業者は、賃料自動増額特約に従った増額などとても不可能として特約の効力を争い(事情変更原則を援用することが多い)、さらには、借地借家法32条の賃料減額請求権を援用して賃料の減額を請求する。これに対して、ビルオーナー側は、賃料減額を否定するとともに、さらに特約の効力を援用して賃料増額を主張することになる。実際、ビルオーナーは、保証された賃料を前提として銀行から融資を受けることが多いから、それが取得できないということになると、今度は彼が窮地に陥るのである。

2 問題の所在と検討の基本的視座

サブリース紛争において問われているのは、賃貸人たるビルオーナーと賃借人たる不動産業者がさまざまな交渉のすえに定めた建物賃料のあり方について、広い意味での事情の変更(具体的には、バブル経済崩壊に伴うオフィス賃料水準の下落)があった場合に、裁判所の介入による修正が認められるか、また、仮に認められるとすると、どのような要件の下で、どのような限度で認められるか、である。そこでは、より具体的には、賃料自動増額特約がある場合に、賃貸人は、上記のような事情の変化にもかかわらず特約に従った増額賃料を請求することができるか、反対に、賃借人は、自動増額特約の存在にもかかわらず、一定の要件の下で賃料減額請求を認める借地借家法32条に基づいて、賃料の減額を請求することができるか、が問われる。本稿は、これらの問題のうち、サブリース契約における賃料減額請求の可否の問題に限定して(したがって、自動増額特約に基づく賃料増額の可否の問題については扱わない)、その基本的考え方を検討しようとするものである。そのような作業に入るに先立って、作業の基本的視座に関連して、2点をまずもって述べておきたい。

第1は、本問題を検討する基本的視角にかかわる。本稿が扱う賃料減額請求

の可否については，これまで，少なくない学説の展開がある。これらの議論においては，多くの場合，サブリース契約の「法性決定(法的性質決定)qualification」が検討の中心に据えられている。すなわち，サブリース契約は本質的には賃貸借契約であって，当然に借地借家法32条に基づく賃料減額請求権が認められる，あるいは反対に，それは賃貸借とは異なる非典型契約(たとえば事業受託契約)であって，そうである以上法32条に基づく賃料減額請求権は認められない，などである。

　しかし，本問題を考える際に，法性決定は，たしかに指針として重要な意義を持つが，それだけで解決の方向を決定しうるという性格のものではない。当該サブリース契約が賃貸借契約であるとの法性決定を行ったとしても，サブリース契約の特殊性を考慮して借地借家法の規定を修正しつつ適用することは，十分にありうることである[2]。他方，当該サブリース契約が特殊の非典型契約であるとの法性決定を行ったとしても，サブリース契約と賃貸借契約との類似性を考慮して借地借家法の一定の規定を類推適用し，その上でその要件や効果を修正することも，十分にありうることなのである。とすれば，まずもって問題になるのは，適用の可否が争われる法32条の趣旨や法構造をどのように把握するか，そして，その把握を通じて，法32条がサブリース契約に適用あるいは類推適用されるべきか，されるとすればどのような要件の下で，どのような効果を伴ってか，などを解明することである。このようにして，本問題を検討する際の重点は，法性決定論から借地借家法32条論に移される必要がある。本稿における作業は，かかる視座からなされるものである。

　第2は，本問題を検討する基本的姿勢にかかわる。改めていうまでもなく，近代社会においては，市場を始めとする社会の各領域において私人が自らの法律関係を自主的・自律的に形成していくことが要請される。これが私的自治の原則であり，近代法の基本的な構成原理の1つを構成する。その意義は，現代社会においても減じていない。それどころか，21世紀に向けて，過剰な行政規制の排除と市民社会の活性化が叫ばれる現代日本社会にとって，私的自治の考え方は，その重要性を増しているといってよいであろう。

　ところで，法32条は，単に広義の事情変更原則の考え方に基礎を置いた賃料増減額請求権を定めるだけでなく，不増額特約がある場合を別として(1項但

書),「契約の条件にかかわらず」賃料増減額請求権を認めている(1項本文)。その意味で,同条は,——片面的強行法規性を定める法 37 条には入っていないが——ある種の強行法規としての性格を有し,将来の賃料のあり方に関する当事者の私的自治を制限しているのである。かかる強行法の介入は,どのような根拠によって正当化されるのか。法と市場との関係における現代的な問題状況を踏まえるならば,法 32 条論に取り組むときは,この問いを不断に念頭に置く必要がある。そのようにして,強行法による市場に対する介入の限界を画し,強行法の過剰な介入を抑制する必要があるのである。

　上記のような基本的視座に立ちつつ,以下では,まず,Ⅱにおいて,従来の議論の中から,本問題についての基本的発想を抽出する。次に,Ⅲにおいて,本問題にかかわる下級審裁判例の動向を概観する。かかる検討を踏まえて,Ⅳにおいて,サブリース契約にかかわる本問題の一般的検討を行うことにする。

Ⅱ　問題に関する基本的考え方

　サブリース契約における借地借家法 32 条適用の可否に関する学説の議論は 1990 年代半ばに始まるが,初期の議論においては 3 つの考え方が鼎立した。①まず,原則的適用否定説が提示され(澤野順彦),②ついで,原則的に適用を肯定しつつ,最低賃料保証がある場合には法 32 条の適用要件を厳格に解する制限適用説が現れ(加藤雅信),③さらに無条件で法 32 条の適用を認める単純適用肯定説が現れたのである(道垣内弘人)[3]。以下,これらの 3 つの学説を概観することから作業を始めよう。そこには,本問題に関する基本的考え方がよく示されているからである[4]。また,それと合わせて,それぞれの見解の基本的な問題点も指摘しておこう。

1　原則的適用否定説(澤野順彦説)

　この見解の特徴は,サブリースを次の 3 類型に分けるところに求められる。①「総合受託方式」。これは,用地確保,建物建築,建物賃貸借の管理まで一貫してデベロッパー等に委託されるもので,その性質については,「全体として

は，組合契約類似の契約(または組合契約そのもの)といえるが，事業細部については，委任もしくは準委任，請負，賃貸借類似の契約もしくはこれらの混合契約と考えられる」。②「賃貸事業受託方式」。これは，用地の確保，建物の建築は貸主側で行い，借主側はその完成した建物を一括して借り上げ，ビルの賃貸事業についてのノウハウを提供し，最低賃料を保証するタイプである。この方式は，「準委任，請負および賃貸借類似の混合契約とみるべきであろう」。③「転貸方式」。これは，ビルを一括して賃借し，自らも使用・利用するが他に転貸することができるというタイプである。この方式は，「賃貸借もしくは賃貸借類似の契約と考えてよい」。そして，この 3 類型のいずれに当たるかによって，借地借家法の適用関係が変わってくる。すなわち，①「総合受託方式」および②「賃貸事業受託方式」に関しては原則として借地借家法の適用はなく，それに対して，③「転貸方式」については借地借家法の適用を認めるというのが，澤野説の考え方である(以上，澤野・前掲注 3) 37～38 頁)。現実のサブリース契約のほとんどすべては①または②の方式に当たると考えられるから，澤野説は，事実上サブリース契約に対する法 32 条の適用を否定する見解と見てよい。

　この見解によれば，③については借地借家法の適用があるから，不減額特約は法 32 条の趣旨から無効になるのに対して，①，②については借地借家法の適用がないから，最低賃料保証条項や賃料自動増額条項などのサブリース契約における賃料特約は有効であり，特約に従った賃料に当事者は拘束されることになる(澤野・前掲注 3) 38 頁)[5]。もっとも，事情変更原則に基づく賃料改定の可能性は，法 32 条とは別にありうる。しかし，伝統的な事情変更原則適用の要件は，サブリース契約ケースにおいては満たされないというのが，澤野説の結論である。結局，サブリース契約のほとんどを占めると見られる①および②については，賃料減額の可能性は否定されるわけである。

　この見解の最大の問題点は，①「総合受託方式」および②「賃貸事業受託方式」について借地借家法の適用を否定する根拠を十分に展開していない点にある[6]。澤野説は，これらの契約を，準委任，請負，賃貸借類似の混合契約と見ており，その点を借地借家法の適用を否定する根拠としているようである。しかし，賃貸借(類似の)契約が含まれる混合契約と見るのであれば，賃貸借契約に関する特別法である借地借家法の適用も認めるほうがむしろ伝統的考え方で

あろう[7]。そうであれば，これらの契約類型について借地借家法の適用を排除する理論的根拠を，より積極的に展開する必要があるのである。澤野説の基礎には，サブリース契約を推進したビル賃貸業者の企業責任を問うという価値判断があると考えられる[8]。それが，借地借家法の適用を「転貸方式」に限定するという解釈論に結びつくのであろう。これは，妥当性判断の見地からは十分にありうる見解ではあるが，やはり理論的には不十分性を免れないものといわなければならない。

2　制限適用説（加藤雅信説）

　この見解は，まず，「不動産の事業受託(サブリース)」の契約構造を，「基本契約が上部契約としてアンブレラとなり，建物建築請負契約，建物賃貸借契約，(場合によっては建物管理委託契約その他)を傘の下の下部契約とする複合契約」と捉える。その上で，この複合契約に対する典型契約規定の適用について，次のように説く。「基本契約や下部契約の規定が民法の任意規定の適用を排除しているときは格別，そうでないときは，請負の部分に関しては民法の請負の規定が，賃貸借の部分に関しては民法の賃貸借の規定が，建物管理委託契約の部分に関しては民法の準委任の規定が，それぞれ適用されることになるであろう。それに加え，賃貸借の部分に関しては，借地借家法の適用がありうることは当然のことであると思われる」(加藤・前掲注3)(上)23頁)。

　このようにサブリース契約に借地借家法の適用を肯定すると，多くのサブリース契約に存在する最低賃料保証条項と法32条の賃料減額請求権との関係が問題になる。加藤説は，最低賃料保証条項があってもそれは強行法規としての法32条に違反し無効と「まずはいえそうであ」り，同条項の存在にもかかわらず賃借人からの借賃減額請求権の行使が可能と「まずは考えられる」とする。しかし，加藤説は，結論的には，法32条の要件である「不相当となったとき」が認められる場合を例外的にしか認めないという形で，借賃減額請求権の適用を限定する。その判断を導く過程では，借地借家法が通常予定しているような家屋賃貸借とサブリースとではその社会的性格がかなり異なることも指摘されるが，これが決定的とされるのではない[9]。むしろ重視されるのは，サ

ブリース契約においては，一般に，「多少経済状況に変動があり，その変動のリスクを不動産会社が負わなければならなかったとしても，それは不動産の事業受託取引が当然に予想していたものともいえる」(加藤・前掲注3)(上)25頁)ことである。

　加藤説は，サブリース契約が建物賃貸借契約の要素も含む複合契約であることを根拠に，澤野説とは反対に，借地借家法の適用を肯定する。これは，伝統的考え方に沿うものである。しかし，加藤説は，その上で，結論的には，法32条の単純な適用を認めず，要件を厳格に絞る。その結論を支えるのは，明示されているわけではないが，最低賃料保証を始めとするサブリース契約の特殊性を解決に際して考慮しない場合には，解決の妥当性が損なわれるという判断であろう。この判断は，十分にありうるものと思われるが，問題は，法32条の制限適用という結論をどのような理論的根拠で導くかである。たとえば，借地借家法の適用を認める以上，通常の発想に従えば，最低賃料保証条項は，不減額特約に他ならないから，法32条によって無効になる。とすれば，これを法32条制限適用の論拠とすることは，論理的に矛盾していることになろう。

3　単純適用肯定説(道垣内弘人説)

　この見解の最大の特徴は，自覚的に，借地借家法適用の判断を形式的に行おうとする点にある。すなわち，借地借家法は，「建物の賃貸借」に適用され，「賃貸借」という法性決定(法的性質決定 qualification)がなされるか否かは，「一方が他方へ『建物』の使用・収益を許し，他方が一方にその対価を支払うことになっているか否かのみで決定される」。その際，当事者が「賃貸借」という言葉を用いているか否か，他の契約と結びつけられて複合契約の外形をとっているか否か，当事者が賃貸借に関する民法の任意規定の適用を排除しているか否かには影響されない，というのである。その論拠としては，そのように解さないと強行法規の潜脱はいとも容易なものになってしまうことが指摘される。したがって，サブリース契約には賃貸借の要素が含まれている以上，借地借家法が当然に適用されることになる(以上，道垣内・前掲注3)29～30頁)。

　この見解はさらに，最低賃料保証条項の効力に関しても，形式的判断を貫く。

すなわち，借賃不減額特約は無効であり，そのような特約があっても，賃借人は法32条の請求権を行使できる。「借賃が……不相当になったとき」というこの請求権の要件の判断は，同条の判断基準，さらにこれまでの判例法理によって形成されてきた規準に照らして行えば十分であって，不減額特約の存在は考慮されるべきではない，というのである(道垣内・前掲注3)32頁)。そして，この点に関して総合的判断を説く澤野説[10]に対しては，現行借地借家法は貸主と借主の実質的な経済力の差異等を考慮していないと批判し，また，澤野説が不減額特約の存在を減額請求の際の相当性判断に組み入れる点については，そのように解することは特約の効力を否定することと矛盾すると批判するのである(道垣内・前掲注3)31〜32頁)。

　この見解は，たしかに形式的には明快である。しかし，まさにその点に反面の問題性が伏在している。この見解は，サブリース契約の一面だけを捉えて，自動的に借地借家法の規定の適用を導く。そこでは，サブリース契約の具体的実態が意識的に捨象されるのである。これで具体的に妥当な解決が確保されるのか。これが道垣内説の最大の問題である[11]。澤野説，加藤説は，多少の理論的不明確性を覚悟して，サブリース契約の実態に即した解決を志向した。そのような問題意識が，道垣内説の下では切り捨てられるのである。より原理的な次元でいえば，この見解は，社会において生成してくる新しい契約類型を国家法が定めた典型契約と強行法規の枠に閉じこめようとする。それは，市場において当事者が必要に応じて新たな取引類型を制度設計する自由を大幅に制限するものである。たしかに，脱法行為抑制の要請はある。市場における制度設計の自由と強行法規が体現する公序との間には，鋭い緊張関係が存在するのである。しかし，道垣内説は，公序に傾斜しすぎることによって，市場の自由とダイナミズムを過度に抑制することにならないかという問題性を内包する。

III　裁判例の動向と問題の所在

　サブリースに関する紛争は，90年代半ば頃から裁判所に持ち込まれるようになり，地裁レベルにおいては，ある程度の裁判例の集積が見られるようになっている。高裁レベルの判決も出されており，現在は，そのうちの数件が最

高裁に係属中である。それでは，これらの裁判例は，どのような発想で問題を解決しようとしているのであろうか。右に整理した3つの基本的考え方とその問題性を念頭に置きながら，基本的傾向を整理しよう[12]。その中で，どのような方向で問題を検討すべきかについての示唆もえられるであろう。

1　単純適用説の排斥

　サブリース契約に対する借家法適用の有無について説示した最初の裁判例は，おそらく①東京地判平成4年5月25日判時1453号139頁である。この判決は，当事者が賃貸借契約という法形式を採用したことを理由に，サブリース契約に対する借家法の適用を単純に肯定した(単純適用説)。借家法を適用すべき実質的理由としては，転借人保護の観点が指摘されている。もっとも，この判決で争われたのは，信頼関係破壊を理由とするサブリース契約解除の可否であり，法32条適用の可否が問題になっていたわけではない。また，信頼関係破壊に基づく解除の可否は，借家法適用の有無とかかわらないから，借家法の適用を肯定する判旨は，傍論である。

　その後，サブリース契約における法32条の適用と賃料減額請求を争点とする裁判例が公表されるようになる。そこでは，結論的には借地借家法32条の適用を認める裁判例が続いた。しかし，そのほとんどは，最低賃料保証の存在や自動増額特約の存在などのサブリース契約の特殊性を考慮して，減額の幅，可否を判断しており，単純適用説を採用するものではない。そのような中で，②東京地判平成8年10月28日判時1595号93頁は，単純適用説的発想を示す判決と位置づけることができようか。判旨は，サブリース契約は本質的には賃貸借であるとの法性決定を行った上で，「賃料の増額特約の存在にもかかわらず，賃料が不相当になれば減額を請求することができると解すべきである」とする。サブリース契約であることの特殊性は，適正賃料算定に際して考慮されるにすぎないものとされるが(考慮の余地を認めている点で，純粋の単純適用説といいにくい)，現実にそれらが減額後の相当賃料算定にどのように考慮されたかは，明確でない。なお，③東京地決平成7年10月30日判タ898号242頁も，調停に代わる決定の事例であるが，同様の考え方に立つものである。しかし，これ

ら以外に単純適用説的発想を示す裁判例は存在しない。

　このように，単純適用説的発想を採る裁判例は，その数も少なく，その1つは傍論であり，他のものも厳密な意味で単純適用説といえるか微妙なものであった。また，これらの裁判例は，時期的には初期に固まっており，その後には見られない。単純適用説は，裁判所によって基本的には排斥されている考え方と評価することができる。その理由が明示されているわけではないが，当該サブリース契約に関する具体的諸事情を考慮せずに法32条の単純適用によって減額請求を認めると，当該紛争の妥当な解決を確保しえないというところにあるのであろう。実際，多くの裁判例は，当該サブリース契約に関する具体的諸事情と特殊性を考慮する中で，法32条を修正して適用するのである。

2　特殊性考慮説の一般化

　右にも触れたように，裁判例の主流は，サブリース契約に対する法32条の適用を認めつつ，その適用に際して最低賃料保証や自動増額特約が存在するなどのサブリース契約の特殊性を何らかの形で考慮している。以下，これを「特殊性考慮説」と呼ぼう。先に見た学説における制限適用説も，この特殊性考慮説の1つのヴァージョンである。ただし，制限適用説は，要件論の次元で法32条の適用を修正しようとするのに対して，特殊性考慮説は，要件論もさることながら，むしろ効果論の点で法32条の適用を修正しようとしている点に留意すべきである。

　特殊性考慮説の論理を，④東京地判平成11年7月26日判タ1018号267頁を例にして見ておこう。判旨はまず，法32条の適用については，サブリース契約も「民法の賃貸借契約の要素を含んだ建物の賃貸借であることについては疑いがない以上……特に借地借家法の適用が否定されるいわれはな」く，そうである以上，「賃料の最低保証がなされていたとしても，同法32条による賃料減額請求は当然に認められる」と判示する。その上で，同条適用のあり方について，同条の規定は「裁判所における右相当性の判断において契約の内容や契約締結を巡る諸事情等について斟酌することを何ら妨げるものではないというべきであるから，本件における適正賃料の算定においても，右本件鑑定の結果

の他に本件のサブリース契約としての種々の特殊性や本件における契約締結における諸事情等をも考慮に入れた上で，賃料が不相当になったときにあたるか否か，更に，賃料が不相当になったとして適正賃料は幾らであるかについて判断するのが相当である」とするのである。そして，結論としては，鑑定結果と現行賃料額との差額の3割の減額を認めるにとどまった(具体的な減額幅の結論は別として，ほぼ同様の論理を展開する判決として，⑤東京地判平成10年2月26日判時1661号102頁がある)。

要するに，④判決は，サブリース契約について賃貸借との法性決定を行って法32条の適用を認めつつ，効果論の次元で法32条の修正適用を認めるのである。しかし，その理由づけは，詳細に展開されることがない。先に学説の制限適用説について，理論的根拠づけの困難性を指摘した。裁判例における特殊性考慮説においても，その問題性は解消されていない。

なお，特殊性考慮説は，サブリース契約の特殊性を考慮して法32条に基づく賃料減額を緩和するわけであるが，それを徹底すれば，論理的には場合による減額の否定にまで行き着く。実際に，そのような結論を打ち出した判決もある(⑥東京地判平成7年1月24日判タ890号250頁)。また，より一般的に，信義則を根拠に減額請求が否定されることもある(⑦東京地判平成10年3月23日判時1670号37頁)。

3　適用否定説の出現

以上が主流であるが，その中で，近時，まだ例外的ではあるが適用否定説が現れたことが注目される。⑧東京地判平成10年8月28日判タ983号291頁(センチュリータワー事件第1審判決)，⑨東京地判平成10年10月30日判時1660号65頁(横浜倉庫事件第1審判決)の2件である。

⑧を素材としてその論理を追うと，次の3点が重要である。ア)契約の法性決定の次元で，サブリース事業を基本的に共同事業と捉えつつ，「中でも受託者による賃料等としての事業収益の保証はその本質的要素であると考えられた」とする。イ)契約締結に至る交渉の経緯も踏まえつつ本件契約書の解釈を行い，本件の契約当事者は，「15年という長期の契約期間全体にわたって，最

低賃料額の取得を保証し」，したがって，「そもそも借地借家法32条に基づいて賃料の増減請求を行う余地を残さない合意をした」と認定する。また，その他の本件契約の趣旨，目的等に照らして，借地借家法32条は本件契約には適用されないとする。その結果，不動産業者側からの賃料減額請求は否定されることになる。ウ)借地借家法32条が適用されない結果，本件契約書の賃料自動増額特約は有効であり，オーナーは特約に基づく増額賃料を請求しうることを認めている。その論拠として，本判決は，サブリース契約が将来2度と利用されるべきではない不当な契約ではなく社会的に肯認されている契約であることを考慮すれば，「事後的な司法審査の場で安易に私的自治に介入して当事者間で当初から予定されたその効力を否定することは妥当ではな」いことが指摘される。

　要するに，サブリース契約に関して共同事業契約という法性決定を行い，そこから法32条の不適用という結論を導くのが本判決のポイントである[13]。その結果，賃料自動増額特約の効力が肯定され，それに対する介入が否定されるのである。

　この2つの適用否定判決は，高裁においては維持されなかった(⑧の控訴審判決として，⑩東京高判平成12年1月25日判タ1020号157頁，⑨の控訴審判決として，⑪東京高判平成11年10月27日判時1697号59頁参照)。もっとも，適用否定説を排斥するこの2つの高裁判決の論理は，同一ではない。⑪は，本件契約を事業受託方式の契約としつつ，その中心部分は建物部分の賃貸借契約であることを理由として法32条の適用を肯定する。しかし，その効果については修正して適用する。先に示した裁判例の主流である特殊性考慮説を採用するわけである。これに対して，⑩は，正面から合意に基づく法32条の修正を認めている。すなわち，判旨によれば，「本件契約にあっては，借地借家法32条の賃料増減額請求権の制度は，本件契約6条3項の調整条項で修正され，手続や請求権の行使の効果など限定された範囲でのみ適用があると解するのが相当である」。その結果，特約に基づくオーナー側の増請求は否定されたが，反面，法32条に基づく不動産業者側の減額請求も否定された。以上の修正適用の理論を支えているのは，サブリース契約の法性決定論である。判旨によれば，本件契約は，「(建物賃貸借とは)異なる性質を有する事業委託的無名契約の性質をもったもの

であると解すべきであり，当然に借地借家法の全面的適用があると解するのは相当でなく，本件契約の目的，機能及び性質に反しない限度においてのみ適用があるものと解すべき」なのである。

4 小括——検討の方向

　以上，ごく簡単にこれまでの裁判例の傾向を整理してきた。そこから，この問題に関する検討の方向について，次のような示唆を得ることができよう。
　(1) まず，単純適用説については，検討の対象から外してよいであろう。裁判例はこの発想を基本的には排斥しており，そしてそれは，契約の実態を反映した紛争解決という観点から妥当と考えられるからである。とすると，特殊性考慮説と適用否定説のいずれの発想を採るべきかが問われることになる。
　(2) この問題については，まず，サブリース契約の法性決定論からアプローチすることが考えられる。サブリース契約の法性決定に関しては，かなり明確な裁判例の展開があった。すなわち，サブリース契約を形式的に賃貸借に引きつけて理解する傾向から，サブリース契約の実態と特殊性を重視する傾向(事業受託契約としての法性決定)への移行である。法性決定は，基本的には個々の契約の実態に即して行うべきものであって，一般論を語りにくい。しかし，サブリース契約について事業受託契約という法性決定を行う裁判例が増加していることは，裁判所のサブリース契約理解の深化を反映するものとして高く評価すべきものであろう。実際，裁判例の事案を見る限り，サブリース契約は単なる賃貸借ではなく，事業受託契約との法性決定に親しむ場合が多いように思われる。
　しかし，注意すべきは，サブリース契約の法性決定は，先の2つの考え方のいずれを採用するべきかを考える際に，最終的な決め手にはならないということである。たしかに，サブリース契約の賃貸借としての側面を強調する場合には，——単純適用説を採らないのであれば——特殊性考慮説に結びつき，事業契約(事業受託契約)という法性決定を行う場合には，適用否定説に結びつきやすいということはいえる。しかし，事業受託契約との法性決定を行ったとしても，法32条の(修正)適用はありうるのである。現に，適用否定説を採用した地裁

判決を否定する高裁判決(⑩および⑪)は，そのような態度を採っている。したがって，サブリース契約の法性決定論からアプローチするだけでは，ここでの問題解決にとって十分とはいえない。

　(3)　それでは，どのような方向で問題を考えるべきか。ここでは，まず，サブリース契約について事業受託契約との法性決定を行った上で法32条の適用を認めるという場合を想定してみるとよい。この問題の性格が明瞭になるからである。すなわち，事業受託契約という賃貸借ではない契約に法32条の適用を認めるとすれば，それは類推適用によると考える以外ないのである。その場合には，要件，効果とも，本来の法32条適用の場合と同一である必要はない。先に引いた⑪は，合意に基づく法32条の要件，効果の修正を認めていた。それは，この場合に問題になっているのが法32条の類推適用であると捉えることによって，初めて正当化されるものであろう。また，先に整理したように，裁判例の主流は，法性決定の次元ではサブリース契約の賃貸借性を前面に出し法32条を当然に適用するが，その効果の面では，サブリース契約の特殊性を考慮して効果を修正する(特殊性考慮説)。これは，法32条の適用を語りながら，実はその類推適用を行うものということができよう。そして，このように考えてこそ，効果の面での修正を正当化しうるのである。

　要するに，最低賃料保証さらには賃料自動増額特約が付されたサブリース契約において賃料減額請求が認められるか否かは，法32条のサブリース契約に対する類推適用を認めるべきか否かによる。問題をこのように把握するのが，本稿の基本的な視座である。類推適用の可否を検討するためには，まずもって，法32条の趣旨とその射程，法構造を明確に把握する必要がある。その中で，どのような場合に類推適用を認めるべきか，また，類推適用を行った場合の効果をどのように考えるべきかなどの問題についての判断基準がえられるであろう。以下，そのような作業に移る。

Ⅳ　借地借家法32条の射程とサブリース契約への類推適用

　賃料改定特約が付いたサブリース契約に法32条を類推適用するということは，サブリース契約の対価に関する当事者の私的自治あるいは市場的決定を制

約して，少なくともその一部を裁判所による権威的決定によって置き換えるということを意味する[14]。それでは，どのような根拠に基づいて，どのような場合に，どのような限度でこの介入が認められるのか。以下，このような問題意識をもって，借家関係における法32条の趣旨とその射程を検討しよう。

1 賃料増減額請求権の立法趣旨

(1) 賃料増減額請求権の承認

借地借家法32条は，借家法制定当時から存在した同法7条の規定を受け継いだものである。借家法は，1921(大正10)年に借地法と同時に制定されたが，借地法制定への動向が明治以来の長期にわたる前史をもっていたのに対して，借家法はそのような前史をもたず，借地法の添え物のような形で，突如として制定された。そのような事情を反映して，借家法7条も，その独自の意義を十分には説明されることなく，借地法12条と揃える形で，借家関係に導入された。

それでは，借地法12条は，どのような意義をもった規定であったのであろうか。その目的は，端的にいえば，借地法による最重要の改革である長期の期間保障と引き換えに，地主に地代増額の可能性を与えることにあった[15]。もっとも，規定上は，地主の増額請求権だけではなく，借地人の減額請求権も認められており，相互性が確保されている。

これを多少敷衍すればこうである。借地関係における対価の市場的決定は，まずもって借地関係設定の際に行われる。さらに，借地関係更新の際にも，市場的決定が可能である[16]。ところで，借地法によって長期の期間が保障されることになると，対価の市場的決定が長期にわたって排除されることになる。経済事情等の変化による新たな賃料決定が望まれる場合に，当事者の一方(通常は地主)がそれを申し入れたとしても，他方はそれに応じる必要がないからである。他方，借地法は，借地関係の対価について，市場水準を確保するという考え方を採用している。同法は，対価を統制する性格の規定を一切含んでいず，同法の立法過程においても，政府は，一貫して，借地契約時の対価決定に対す

る介入に消極的姿勢を示したのである[17]。そのような観点から見ると，長期の期間保障によってその間の対価に関する市場的決定が排除されることは，対価に関する借地法の体系的整合性を損なう危険がある。そこで，司法的介入によって市場的決定を代替し補完する必要がある。借地法 12 条は，このような機能を担う規定と位置づけることができる。それはまた，当初の賃料決定の基礎となった事情が変更して新たな市場的決定が望まれるようになった場合に賃料改定を認める制度であるから，事情変更原則の考え方に立脚する制度ともいわれる。

　以上要するに，借地法 12 条は，たしかに市場的決定ではなく，司法的介入という権威的決定による借地関係の対価決定を認める規定である。しかし，それは，市場的決定を修正する規定ではない。それは，市場的決定が望まれるにもかかわらずそれがなされる条件がないところで，市場的決定を補完する規定なのである。本稿では，この機能を「市場補完機能」と呼ぶことにしたい[18]。また，市場的決定の補完が必要になるのは，期間の長期性，換言すれば契約の継続性が確保されるがゆえであることにも留意しておきたい。

　借家法は，借地法とは異なり，長期の期間保障を設けず，また，制定当初は存続保護の規定も設けていなかった（正当事由による存続保護が図られるのは，借家法の 1941〔昭和 16〕年改正によってである）。そうであれば，借家法においては，借賃の増減額請求権に関する規定を設ける必要性は，借地法の場合ほど大きくはなかったということができる。にもかかわらず借家法が 7 条の規定によって賃料増減額請求権を認めた理由は，必ずしも明らかではない。借地法にある規定を必ずしも十分な検討なしに借家法に横滑りさせたということであろうか。

　しかし，その後の借家法の展開の中で，借家関係における賃料増減額請求権は，借地関係以上に重要なものとなっていった。その制度的前提となったのは，1941（昭和 16）年改正によって，正当事由による存続保護が図られたことである。この改正当時は，地代家賃統制令によって地代家賃の直接的な統制が実施されていたため，賃料増減額請求権が大きな機能を果たすということはなかった。しかし，戦後には，一方で地代家賃統制令の緩和が進み，他方で判例法理が正当事由に関していわゆる「利益比較の原則」を採用することによって存続保護が抜本的に強化される。かくして，家賃の市場的決定に代わる賃料増減額請求

(2) 将来の賃料に関する特約の扱い

　1918年に議会に上程されたが廃案となったいわゆる第1次借地法案[19]は，一定の期間借賃の増減をしない特約をした場合には，賃料増減額請求権が排除されるものと定めていた（24条但書）。不増額特約および不減額特約に関しては，当事者の私的自治が認められたのである。この法案は，一定の将来を見越した賃料のあり方について市場的決定を優先するという考え方を採用している。賃料増減額請求権の考え方が先に述べたように「市場補完機能」で説明できるとすれば，一定の将来についての市場的決定が存在する以上，それを否定する必要はない。右の機能を持つ賃料増減額請求権は，強行法的性格を持たないのである。

　これに対して，成立した借地法12条は，不増額特約がある場合にだけ賃料増減額請求権の排除を認めるとともに，賃料増減額請求権を認める本文に「契約の条件に拘らず」という文言を追加した。この結果，賃料不減額特約の効力は，反対解釈によって否定されることになった[20]。当事者のこの点に関する私的自治は，片面的に，賃借人に有利な方向で制約されることになったのである。賃料増減額請求権は，このようにして，強行法的性格を獲得することになった。この賃料増減額請求権を「市場補完機能」ということで説明することはできない。そこには，パターナリスティックな配慮に基づく強行法的な「市場修正機能」が見出されるのである。これを正当化するのは，基本的には社会的弱者としての賃借人保護の要請であろう。借地法12条但書は，同条本文とは異なる原理を導入したものといわなければならない。

2　賃料増減額請求権の機能

　制定当初の賃料増減額請求権の意義と法的構造は以上のように把握することができるが，それでは，賃料増減額請求権は，現実の運用の中でどのような機能を果たしていくのであろうか。

(1) 賃料増減額請求権と市場賃料

賃料増減額請求権が行使された場合，裁判所は，不動産鑑定士による鑑定結果も考慮しつつ，以後当事者間で適用されるべき新たな賃料(一般に「相当賃料」と呼ばれる)を定めることになる。ここでまず注目したいのは，この相当賃料は，現実の市場で成立するであろう賃料(市場賃料)とは，必ずしも一致しないことである。

不動産鑑定評価の現在の基準(1990年策定)〔補注1〕は，継続家賃としての適正賃料を求める場合には，「差額配分法による賃料，利回り法による賃料，スライド法による賃料および比準賃料を関連づけて決定するものとする」としている[21]。これらのうち，「利回り方式」は，土地と建物を資本と擬制して，あるべき市場賃料を算定する方式と特徴づけることができる。したがって，この方式の下では，地価の上昇が直接的に適正賃料の上昇に跳ね返る(「差額配分法」は，基本的には同様の考え方に立ちつつ，その緩和を狙った算定方式である)。「比準方式」は，同等ないし類似の賃貸事例を参照して適正賃料を求める方式であり，実際の市場賃料に揃えるという考え方に立脚する。どのような市場賃料を想定するかの点で違いはあるが，これらの方式は，市場賃料を求めるという点では共通の考え方に立っている。これに対して，「スライド方式」は，現実の支払賃料に一定の指数を乗じて適正賃料を算定する方式である。これによって求められる賃料は，市場賃料とは必ずしも一致しない。この方式の意味は，スライド指数に何を採るかで異なってくるが，たとえば一般物価指数をスライド指数に採用する場合には，この方式は，貨幣に関するノミナリズムを回避して当事者間で貨幣価値を維持する機能しか果たさないのである。地価変動率ないしそれに準じた指数を採用する場合にはそのような結果を避けることができるが，その場合でも，契約当初の賃料決定時に存在した特殊事情による一般市況との差は維持されることになる。

現実の裁判例は，独自の法的判断に基づいてこれらの各方式を組み合わせて相当賃料を決定している(総合方式)。この方式の下で，とりわけバブル経済期の地価急騰時には，スライド方式の比重を高めることによって，地価上昇の賃料への反映を緩和する努力が払われた[22]。その結果，賃料増減額請求権は，

立法当初予定された「市場補完機能」を超えて,「市場修正機能」を果たすようになったというべきである。

　かかる介入を正当化するために，多少観点を異にする次の2つの根拠が援用される。第1は，賃借人保護の要請である。例示的に裁判例を1つ引こう。「しかしながら，右評価法(「積算式評価法」=「利回り方式」——引用者)は当該不動産への投下資本の報酬として供給者則の通常期待し得る額を基本とし，増額請求時の地価から適正利潤率でもって逆算するのであるから，需要と供給の原則よりして需要者たる借地人が他人資本を正常に運営し，右資本利子を支払うに足りる利潤を獲得できることが期待され，正常な自由市場において通常の標準的経済能力を有する需要者が一般的に負担するであろう額と表裏一体をなしているのであり，借地法を貫く借地人保護の法律的要因を少しも考慮していないことは明らかである」(大阪地判昭和43年10月29日判夕229号280頁)。第2は，投機的地価高騰の全部を賃貸人に帰属させることの不公平性である。たとえば，ある裁判例は，次のように判示する。「ところで，本件建物の適正賃料額を算定するに際し，約70パーセントもの大幅な地価の上昇があった本件地域(東京銀座——引用者)において，これをそのまま反映させる結果となるような積算方式あるいは……いわゆる比準方式により求めた新規賃料との差額を配分する方式は採用できない。けだし土地価格の異常な高騰は投機的価格を多分に含んでおり，……衡平を欠くことになる恐れがあるからで」る(東京地判平成元年11月29日金判852号27頁)。

　実際,「市場修正機能」を果たす介入を正当化しようとすれば，社会的弱者保護と当事者間の公平の確保というこの2つの根拠に帰着するであろう。それはまた，この介入が認められるべき範囲を画するものでもある。

(2) 賃料自動改定特約の効力

　借地借家関係において，賃料を一定の客観的指標(固定資産税・都市計画税等の公租公課額，物価指数など)の変化に応じてスライドさせたり，一定期間毎に定率の増額を約したりすることが少なくない。この賃料自動改定特約は，一般的にいえば，将来の経済状況の変動に備えつつ賃料額を事前に定める当事者間の市場的決定である。それでは，この特約と賃料増減額請求権との関係をどのよう

に考えるべきであろうか。この問題については，大きくは2つの方向での考え方がありうる。

　第1に，借地借家法は，賃料額の決定を当事者の私的自治＝市場的決定に委ねている。そうである以上，かかる特約は，それ自体として有効であるという考え方がありうる[23]。この考え方に立てば，かかる特約がある場合には，市場的決定がなされていないことを前提とする市場補完的介入は行われる必要はないし，行われるべきではない。賃料自動改定特約は，賃料増減額請求権に優先するのである。

　ところが，第2に，法32条は，前述のように，当事者の将来の賃料改定に関する特約のある種のもの(不増額特約)についてしか，賃料増減額請求権を排除する効力を認めなかった。その結果，これも前述の通り，不減額特約は無効と解されることになった。法は，将来の賃料決定に関する市場的決定の効力を部分的にしか認めていないのである。自動改定特約は，賃料をそれ以下にしないという不減額特約の意味を持つと解する余地がある。このように考えると，賃料自動改定特約は無効ということになり(たとえば，借家法7条1項但書の反対解釈によって賃料自動改定特約の効力を否定するものとして，大阪地判昭和50年8月13日判タ332号303頁参照)，賃料改定は，法32条に従って行われることになる。

　裁判例の大勢は，この2つの極のいずれでもなく，法32条1項が強行法規であることを前提としつつ，特約の合理性とその適用結果の合理性を評価した上で場合によって無効となりうるとの見解を採用している。一例を引くと，次のようである。賃料自動改定特約(事案においては，「将来の特定期間における賃料を特定額に増額する旨を両当事者間の合意によってあらかじめ定めた」特約)は，「借家法7条に違反するものとはいえず，ただ約定の内容が借家法7条の法定要件を無視する著しく不合理なものであって，右約定を有効とすることが賃借人にとって著しく不利益なものと認められる特段の事情のある場合に限って無効となるにすぎないものというべきである」(東京地判平成元年9月5日判時1352号90頁。同趣旨の判決として，京都地判昭和60年5月28日金判733号39頁。また，借地の事例では，札幌高判昭和54年10月15日判タ403号120頁など)。この判旨は，要するに，特約に基づく新たな賃料が法定の要件に従って算定した結果と比較して著しく乖離しない場合には特約の効力を認めるものであり，特約を法32条に基づく合理

性審査に服せしめる考え方ということができる。

　注意すべきは，この解決は，法32条の本来の射程を超えていると考えられることである。法32条は，建物の借賃が一定の事情の変化によって「不相当となったとき」に，賃料増減額請求権を認める。この規定は，ある賃料が改定の対象となるためには，それが決定されてからある程度の期間を経ることを必要とするという考え方を前提にしている。この請求権行使のためには，前回の賃料決定以来相当の期間を経過していることが必要とされているのも，その考え方を表現している。法32条が(緩和された)事情変更原則適用の一場合といわれる所以である。ところが，裁判例の大勢が採用する解決においては，賃料自動改定特約によって形成されるべき新しい賃料に対して，法32条に基づく合理性審査がなされるのである。

　このようにして，現在の裁判例の下では，将来の賃料のあり方に関する市場的決定の自由は大きく制限される。賃料増減額請求権は，そこでは，強行法的性格を帯び，市場修正的に機能するのである。そのような介入の正当性は，どこに求められるのであろうか。これが法32条の本来の射程を超えている以上，法の適用という形式的正当化で満足すべきではなく，実質的な正当化根拠を示す必要がある。

　裁判例の多くは，右に示した東京地判平成元年もそうであるが，特約に基づく賃料改定(これまでに問題になったケースのほとんどは賃料増額である)をそのまま認めることが賃借人にとって著しく不利益になる場合，あるいは苛酷な結果をもたらす場合に，特約の効力の制限を認める。ここには，先に(1)において示したのと同様に，2つの根拠が含まれていると考えられる。1つは，賃借人保護の要請である。なお，この根拠の前提には，いうまでもなく，問題となっている事件における賃借人が社会的弱者であるという認識がある。そうでなければ，賃借人保護のための「市場修正的介入」に正当性を求めることはできなくなるであろう。もう1つは，公平の確保である。この類型の紛争においては，賃料相場の上昇(この背景には地価高騰がある)の利益を特約を媒介として賃貸人にそのまま帰属させることが適切かが問われている。特約適用の結果が場合によって賃借人にとって苛酷になりうるということは，右の利益の賃貸人帰属が場合によって公平に反するという判断を含んでいると見るべきである。

ところで，一定の裁判例は，事情変更原則を援用しつつ，自動改定特約の拘束力を否定または制限する。たとえば，札幌地判昭和52年3月30日判夕365号306頁である。借地ケースで，固定資産評価額を指標とするスライド条項が存在したところ，大幅な評価額の上昇が生じたという事案にかかわる。判旨は，そのような当事者の責に帰すことのできない事情の変更が生じた場合には，「契約文言どおりに当事者を拘束することは信義衡平の原則上著しく不当」として，「事情変更の原則の適用を肯定」して契約内容の合理的改訂を認めた(さらに，名古屋地判昭和58年3月14日判時1084号107頁，また，特約が有効とされたケースとして東京地判平成10年8月27日判時1655号138頁など参照)。このようにして自動改定特約の拘束力が否定されれば，賃料増減額請求権に基づく新しい賃料の形成が当然に可能になる。

しかし，この論理についても，本来の事情変更原則の考え方を超えていることを指摘する必要がある。というのは，ここで問題になっている事情の変更は，端的にいえば地価と賃料水準の暴騰(または急落)という経済事情の変化にすぎないからである。伝統的な事情変更原則によれば，かかる経済変動のリスクは契約当事者によって引き受けられるべきものであり，特約の否定または改訂が認められるようなものではないのである。かかる変動について一般的に事情変更原則の適用を認めた場合に生じるであろう経済の混乱を考えれば，伝統的な事情変更原則の考え方の正当性は明らかであろう。

それでは，賃貸借ケースにおける右のような事情変更原則の緩和は，どのようにして正当化されるのか。たとえば，先に引いた札幌地判昭和52年3月30日判夕365号306頁は，「契約文言どおりに当事者を拘束することは信義衡平の原則上著しく不当」として「事情変更原則」を適用した。現実に問題になったほとんどが，地価高騰を背景として特約どおりの賃料増額を認めると賃料の高騰が生じるケースであったことを考えれば，右の「当事者」が現実に意味するのは，賃借人である。これまでの他の介入の正当化と同様に，ここでも，賃借人保護の要請と公平の確保が，事情変更原則緩和による法の介入を正当化する根拠と捉えてよいであろう。

3 サブリース契約に対する法32条の類推適用

以上の検討を踏まえつつ、サブリース契約に対する法32条類推適用の可否、その要件、効果に関する基本的考え方を示すよう試みよう。

(1) 類推適用の一般的可能性

まず、そもそもサブリース契約に法32条類推適用の可能性はあるのか。これは、サブリース契約に、法32条が適用される借地借家関係との類似性が認められるか、との問題である。そして、この「類似は言葉(mot)のなかではなく事物(chose)のなかに求められなければならない」[24]。まず、サブリース契約において、目的物の使用・収益の許容とそれに対する対価の支払いがあることはたしかである。したがって、サブリース契約関係に賃貸借関係との類似性があることは、否定することができない。次に、借地借家法において賃料増減額請求権が認められるのは、期間保障、存続保護の結果、賃貸借の継続性が強化され、賃料に関する市場的決定のチャンスが排除されるからであった。このような継続性は、サブリース契約にも一般的に認められる。サブリース契約については、通常かなり長い期間(15年とか20年とか)が定められ、その期間中、事情の変更にもかかわらず、対価に関する市場的決定が排除される可能性があるからである。この類似によって、法32条類推適用の可能性はある、と一応いってよいであろう[25]。

(2) 特約がある場合の類推適用の可能性

しかし、この点に関しては、直ちに次の点に注意しなければならない。右のように継続性を根拠として法32条の類推適用を認めることは、当事者が期間中の対価について市場的決定を行っていなかった場合に、それを補完するために裁判所の介入を認めることを意味する。すなわち、「市場補完機能」を担う賃料増減額請求権の類推適用である。しかし、現実にサブリース契約において問題になるのは、最低賃料保証や賃料自動改定特約が付されている場合の扱いである。つまり、そこでは、事前の市場的決定が存在すると見られるのである。

とすると，ここで実際に問題になるのは，先に整理した論点としては，賃料自動改定特約の効力に関する判例法理をサブリース契約についても適用することができるか，である。すなわち，ここで問題とされるのは，市場的決定を修正する強行法的な賃料増減額請求権を内容とする法32条を類推適用することが可能かであり，「市場修正機能」を担う賃料増減額請求権の類推適用である。サブリース契約の継続性だけでは，この問題を肯定する根拠として足りないことが明らかである。

先に，借地借家関係における「市場修正的介入」正当化の根拠が，賃借人保護の要請および公平の確保の2点に求められることを指摘した。これらの根拠は，サブリース契約についても当てはまるであろうか。

まず確実にいえることは，賃借人保護の要請をもってサブリース契約への法32条類推適用の根拠とすることはできないということである。サブリース契約においては，賃借人は通常は不動産業者であり，特別の保護の要請は見出せないからである。それでは，もう一点の正当化の根拠である公平の確保はどうであろうか。結論的には，この観点によっても，サブリース契約に対する法32条の類推適用を正当化するのは難しいように思われる。次の2点を指摘したい。

第1に，ここで問題になる「公平」の内容に注意したい。通常の賃貸借関係の場合には，問題になったのは，地価高騰が賃料に直接的に跳ね返ることを認めることの是非であった。法32条によって賃料自動改定特約の合理性を審査することは，賃料増額を抑えることによって，地価高騰の利益を賃貸人に完全には帰属させないことを意味する。これは，公平の観点からの正当化が容易である。地価高騰について賃貸人は寄与していず，いわば不労所得になるからである。これに対して，サブリース契約の場合に問われるのは，バブル経済崩壊に伴う賃料水準下落のリスクの分担である。賃料自動改定特約の内容と異なる形で賃料減額を認め，これを賃貸人に分担させることが公平に合致するかは，それほど自明であるわけではない。

第2に，賃料自動改定特約が付されるプロセスに注意したい。サブリース契約は，不動産開発という事業にかかわる契約類型であり，この内容を決定するまでには，多くの交渉を経ることが通常である。そのようにして合意された特

約の効力を制限するには，よほど明確で強い公平性が要求されるというべきであろう。加えて，賃借人は，この事業に関するプロフェッショナルであることが一般である。特約によるリスク分担のあり方は，賃借人の側から提示された場合が多い。このような場合に，賃貸人に不利な方向でリスク分担のあり方を裁判所が修正することは，公平に合致するどころか，むしろ公平に反するといわなければならない。

　以上まとめると，サブリース契約において，賃料自動改定特約の効力を制限するような，すなわち「市場修正機能」を発揮するような法 32 条の類推適用は，原則として認めるべきではない。ありうるとすれば，賃料自動改定特約が存在しない場合に，サブリース契約が継続的契約であることを前提とした「市場補完機能」を担う賃料増減額請求権である。しかし，賃料自動改定特約が付されることが一般的であることを考えると，この類推適用は，実際上はあまり意味を持たないであろう。

(3)　類推適用の要件，効果

　以上が本稿の結論であるが，百歩譲って，公平の観点を根拠に法 32 条類推適用の可能性を肯定したとしよう。この仮定の下で，どのような場合に実際に法 32 条の類推適用が認められるか，またその効果についてはどのように考えるべきか。最後に，この問題についても基本的考え方を述べておきたい。

　(ア)　法 32 条の類推適用を認める前提は，バブル経済の崩壊によって賃料自動改定特約の基礎となった事情が大きく変化してしまったことである。法 32 条によって賃料自動改定特約の効力を制限することは，したがって，明示するかどうかは別にして，広い意味での事情変更原則に立脚するものである。ところで，事情変更原則の基礎づけについては，伝統的に，当事者の主観的意思に求める方向と，裁判所の客観的・合理的介入の必要性に求める方向がある[26]。しかし，いずれの場合においても，契約当事者が，問題となる事情の変更(サブリース契約について具体的には不動産不況によるオフィスビルの賃料水準の低迷)を想定しつつその場合の法律関係について明確に合意していると認められれば，事情変更原則の適用はない。事情変更原則は，当事者が予見していない事情の変更にかかわるからである。事情変更原則に，当事者が明確に形成した合意を修正

するまでの機能を認めることはできない。

　このようにして，契約解釈の結果，賃料自動改定特約が問題となる事情の変更(具体的には不動産不況ケース)をも想定して契約中に定められたと認められれば，法32条の類推適用は認めるべきではない。また，賃貸借期間全体で得られる賃料の総額が当事者にとって重要な意味を持ち，賃料自動改定特約がその総額確保のために定められているような場合も同様である[27]。法32条類推適用の可能性を認めたとしても，それが実際に類推適用されるべき場合は，ある程度限定されているのである。

　(イ)　事情変更原則適用の基礎には，信義則がある。その適用について，事情変更が当事者に責に帰すことのできない事由によって生じたことを必要とされるのは，その現れである。サブリース契約事例においてオーナー側からしばしば主張されるのは，契約締結に至る過程から見た不動産業者(賃借人)の不誠実性である。すなわち，多くの場合には，事業自体が不動産業者からの強い勧誘によるものであり，その過程で不動産業者は事業の採算性について確約しているし，一定水準の賃料も保証している。にもかかわらず，一旦不動産不況の状態に陥ると増額特約の効力を否定するというのは不当だ，というわけである。かかる事情は，法32条の類推適用を認める場合にも，信義則上，考慮されるべきである。したがって，右のような事情がある場合の賃料の決定は，通常の相当賃料に合わせて行われるべきではなく，減額幅を縮減する形でなされるべきである。それは，特殊性考慮説に立つ裁判例が実際に行っている賃料決定の考え方でもある。そして，この延長線上に，信義則を根拠として賃料減額を否定することもありうる，と考えるべきである。

1)　座談会「サブリースをめぐる法的諸問題」金法1532号(1998年)37頁参照。
2)　サブリース契約も借地借家法が想定する通常の賃貸借と異なるところがない，と考えれば，借地借家法の規定は，当然にそのまま適用されることになる。しかし，そのような把握は，サブリース契約の実態を踏まえれば妥当なものではないし，後に見るように，裁判例においても採用されていない考え方である。
3)　澤野順彦「サブリースと賃料減額請求」NBL554号(1994年)36頁以下，加藤雅信「不動産の事業受託(サブリース)と借賃減額請求権(上)～(下)」NBL568号(19頁以下)～569号(26頁以下)(1995年)，道垣内弘人「不動産の一括賃貸と借賃の減額請求」NBL580号(1995年)27頁以下。以下，これらの文献からの引用頁は，本文中に直接に示

す。
4) したがって，以下の整理は，学説の網羅的検討を意図するものではない。
5) 澤野説はさらに，「総合受託方式」および「事業受託方式」についても法32条の適用を肯定する考え方の存在を意識して，これらについて法32条を適用した場合の法律関係も検討している（「転貸方式」では当然にその問題が提起される）。まず，法32条違反によって無効となるのは「賃借人に不利な特約」であるという考え方を示した上で，その判断は，「その特約の内容，その特約がなされるに至った経緯，特約どおりに履行されることによる賃貸人の不利益と，特約が認められないことによる賃貸人の不利益との比較等を総合的に勘案して，実質的に」行うべきだとされる。そして，「仮に，特約としては無効と解される場合においても，賃料増減額請求の相当性もしくは相当額を判断する場合の重要な資料となると解すべきである」と主張する（以上，澤野・前掲注3）39頁）。後者は，のちの多くの裁判例に取り入れられていく考え方である。
6) これを指摘するものとして，平井宜雄「（センチュリータワー事件）鑑定書」（甲156号証）14〜15頁がある。なお，この鑑定書を含めて，センチュリータワー事件に関する訴訟記録を，同事件の原告代理人升永英俊弁護士から提供していただき，本稿執筆に際して参考にさせていただいた。記して謝意を表する。
7) 実際，最判昭和31年5月15日民集10巻5号496頁は，次のように述べて，混合契約と解される浴場用建物の賃貸借と浴場経営による営業利益の分配契約について，借家法の借賃増減額請求権の適用を認めている。「思うにいわゆる典型契約の混合する契約（混合契約）にいかなる法規を適用すべきかに関しては必ずしも議論がないわけではないけれども，その契約に或る典型契約の包含するを認め，これにその典型契約に関する規定を適用するに当つては，他に特段の事情の認むべきものがない限り右契約に関する規定全部の適用を肯定すべきであつて，その規定の一部の適用を認め他の一部の適用を否定しようとするためには，これを首肯せしめるに足る合理的根拠を明らかにすることを必要とするものといわなければならない」。
8) 次のような引用参照。「サブリースと賃料減額請求の問題は，まさにこの時期（バブル経済期――引用者）において発生し，新たな法解釈上の問題を提起することとなったが，これらの社会的・経済的背景とこれを推進したビル賃貸業者の企業責任，ないしは契約的正義を抜きにしてはその本質に迫れないところにその特質がある」（澤野・前掲注3）36頁）。「借地借家法の適用の有無は，契約的正義と建物賃借人保護の必要性とのバランスのもとで決せられるべきであろう」（澤野・前掲注3）38頁）。
9) 決定的ではないとする拠として，1991年の借地借家法制定の過程で，事業用借家を居住用借家から切り離す構想も検討されながら，結局は実現を見送られたことが指摘されている。加藤・前掲注3）25頁参照。
10) 注5）参照。
11) 金山直樹「サブリース契約の法的性質(1)」民事研修508号（1999年）32頁以下は，この観点から道垣内説に対して具体的な批判を展開し，説得的である。
12) したがって，以下は，裁判例の網羅的整理を意図するものではない。裁判例の整理については，清水俊彦「サブリースにおける賃料増減額（上）」判タ999号（1999年）76頁以下

がよい文献である。また，中野哲弘「サブリース紛争における賃料増減額請求に関する裁判例の動向」金法 1532 号 (1998 年) 17 頁も参照。

13) 裁判所がこの結論を導くに当たっては，先にも引いた (注 6)) 平井鑑定書が大きな役割を果たしたと推測される。センチュリータワー事件における原告代理人倉田卓次弁護士準備書面は，これを指摘する (55〜57 頁)。そこで，平井鑑定書の論理を整理しておこう。平井鑑定書は，まず，継続的契約とその解釈という観点を問題に接近する基本的観点として設定し (32 頁)，「取引特殊性」(ある財が当該取引にのみ特有な，他には転用できない，非代替的な性質を持つこと) 概念を軸に，組織，市場，その中間形態としての継続的契約概念を析出する (38 頁〜43 頁)。そして，継続的契約概念はさらに，「取引特殊性」概念を媒介として，「市場」型継続的契約と「組織」型継続的契約に整理され，後者の「組織」型継続的契約は，「下請」型継続的契約を「共同事業」型継続的契約に細分される (43 頁〜46 頁)。平井鑑定書は，以上を踏まえて，本件契約の法性決定に関して，単純な賃貸借ではなく，継続性が強く要求される共同事業契約とする (53 頁以下)。そして，本件契約において賃料自動増額等を定める条項は損益分配に関する条項であるところ，共同事業にとって損益分配に関する条項は死活的な重要性を持つから，法 32 条を本件契約には適用すべきではない (56 頁以下)，というのである。なお，継続的契約に関する平井理論については，平井宜雄「いわゆる継続的契約に関する一考察」星野英一先生古稀祝賀『日本民法学の形成と課題 (下)』(有斐閣，1996 年) 697 頁以下参照。

14)「市場的決定」および「権威的決定」という概念は，平井宜雄『法政策学 (第 2 版)』(東京大学出版会，1995 年) 62〜63 頁に学んだものである。

15) 渡辺洋三『土地・建物の法律制度 (上)』(東京大学出版会，1960 年) 270 頁以下。

16) もっとも，この場合には，借地人が当該借地に投資を行っており (取引特殊的投資)，他への移転が困難になっていることが多い (ロック・イン)。したがって，ここでは完全競争市場におけるような市場的決定を行うことが困難であることも見ておく必要がある。

17) 渡辺・前掲注 15) 272 頁。また，茶谷勇吉『借地借家の現行法規に関する若干の考察』司法研究第 17 輯・報告書 5 (1933 年) 120 頁，139 頁参照。

18) 市場的決定を修正する性格の立法の介入は，通常，「社会法」と呼ばれる。これとの対比でいえば，「市場完機能」を持つにすぎない賃料増減額請求権は，この限りでは「市民法」的性格を有することになる。

19) この法案は，渡辺・前掲注 15) 218〜221 頁，茶谷・前掲注 17) 27〜33 頁に収録されている。

20) 大判昭和 13 年 11 月 1 日民集 17 巻 2089 頁。また，学説として，戒能通孝『借地借家法』(日本評論社，1937 年) 104 頁など。

21) それぞれの算定方式の説明としては，澤野順彦「家賃」『現代借地借家法講座 2 借家法』(日本評論社，1986 年) 71 頁以下を参照。

22) たとえば，東京地判平成 4 年 2 月 6 日判時 1444 号 92 頁は，差額配分法による試算賃料とスライド方式によるそれとを 2 対 3 の割合で加重平均した α 鑑定を採用し，両者を等分に考慮した β 鑑定 (このほうが高額の鑑定結果となる) を排斥したが，その理由を次のように述べる。「本件賃貸借は借主の変更はあるものの実質的には約 20 年継続する賃貸借

と同視できるものであり，そのような賃貸借の適正賃料を算定するにあたって，急激な地価の高騰を強く反映する差額配分法とスライド法とを等分に考慮するのは妥当でなく，スライド法をより重視すべきと考えられる」。ここでは，当該契約の具体的事情を考慮しつつ，賃料に対する地価高騰の影響を押さえるために，スライド方式の比重が自覚的に高められているわけである。なお，α鑑定ほどではないとはいえ，β鑑定も，差額配分法とスライド方式とを等分で考慮することによって，地価高騰を直接に賃料に反映させることは避けていることにも注意しておきたい。なお，この裁判例は，まったく例示的に引いたものである。

23) 稲葉威雄「借地・借家法改正の方向8」NBL 395号(1988年)32頁，原田純孝〔判批〕判タ901号(1996年)58頁など参照。

24) ボワソナードの言として，大村敦志『典型契約と性質決定』(有斐閣，1997年)24頁に引用されているもの。

25) なお，先にも引いたセンチュリータワー事件における平井宜雄鑑定書(注6)は，サブリース契約が継続的契約であり，その一態様である「組織」型継続的契約であることをもって，「損益分配に関する契約条項」に対する法32条の適用を否定する根拠とする(注13)を参照)。また，鈴木禄彌「いわゆるサブリースの法的性質と賃料減額請求の可否」ジュリ1151号(1999年)93頁は，平井説を援用しつつ，サブリース契約を「組織型契約」と捉え，孤立的に存在する取引を表現する市場型契約と異なり，組織型契約においては，よほどの理由がない限り，当事者がが自治的に樹立した組織のためのルールにみだりに干渉すべきではない，と主張する。しかし，法32条は，まさに賃貸借契約の継続性を強めたがゆえに必要になった規定ではなかったろうか。継続的契約であることをもって法32条類推適用否定の論拠とすることは，理解しにくい。また，鈴木論文に見られる組織型契約と市場型契約との対比についても，市場型契約に対する介入は比較的簡単に認めてよいように受け取れるが，どうしてそのように考えるべきか了解しにくい。市場型契約においてこそ，私的自治が重要になるとも考えられるからである。サブリース契約には継続的契約であり組織型契約であるという特徴が認められる点は，むしろ法32条類推適用の根拠となるのではないだろうか。私も，結論的には，平井説および鈴木説と同様に，サブリース契約に対する裁判所の介入には慎重であるべきと考える。しかし，その理由は，別のところに求めるというのが，本稿の立場である。

26) 五十嵐清『契約と事情変更』(有斐閣，1969年)26～27頁(英米法のフラストレイション理論に関しての叙述)参照。

27) センチュリー事件における野村豊弘鑑定も参照。そこでは，「本件契約では，通常の建物賃貸借契約と異なって，初年度の賃料額を基準として，3年毎に10%づつの値上げをしていって，15年間で得られる賃料の総額を考慮した結果，両当事者がそれぞれ契約を締結する意思を決定したものと解される」以上，本件契約においては，「賃貸借の経過に従って，賃料相場等を考慮して，改定が問題になる時点ごとに適正な賃料額に改定していくという考え方に立っていないものと考えられる」ことを根拠に，法32条の類推適用が否定されている。野村豊弘「センチュリーと住友不動産との間の『賃貸借契約』について」升永英俊『サブリース訴訟〔増補版〕』(千倉書房，2003年)367頁。

〔補注1〕「不動産鑑定評価基準」は，2002年に全面改正された。しかし，本文に引いた継続賃料評価の考え方に変更はない。

【追記】本稿は，『清水誠先生古稀記念論集・市民法学の課題と展望』(日本評論社，2000年)に寄せたものである。なお，私は，本稿に依拠しつつ，センチュリー事件について最高裁宛の意見書も作成している(2000年9月29日付。升永英俊『サブリース訴訟〔増補版〕』(千倉書房，2003年)397〜437頁に収録されている)。本稿の冒頭部分(Ⅰはじめに)に，この意見書から引いた若干の文章を追加している。

本稿では，考察の視座をサブリース契約の法性決定論から法32条の性格論に移し，法32条による私的自治への介入の正当化根拠を探るとともに，それによって法32条による介入の限界を探るという考え方を提示した。この見解は，本稿公表時には孤立したものであったように思われるが，その後，松岡久和「建物サブリース契約と借地借家法32条の適用」法学論叢154巻4＝5＝6合併号(2004年)131頁以下による有力な支援を得た。松岡説については，松岡久和「サブリース裁判例の新動向」加藤雅信・加藤新太郎編『現代民法学と実務(下)』(判例タイムズ社，2008年)71頁以下も参照。山本敬三「借地借家法による賃料増減規制の意義と判断構造──『強行法規』の意味と契約規制としての特質」潮見佳男・山本敬三・森田宏樹編『特別法と民法法理』(有斐閣，2006年)153頁以下もまた，これらの発想を共有している。なお，山本論文において，私見と松岡説は，「限定強行法規説」と名付けられ，特約にもかかわらず法32条の優先的適用を認める「単純強行法規説」と対置する形で検討されている(162頁以下)。

他方で，本稿公表後，2003年10月に，一連の判決によって，サブリース契約における法32条の適用に関する最高裁の見解が示され，この問題に関する判例法理は明らかになった。しかし，その意義と射程については，検討すべき問題が多く残されている。また，サブリース契約以外の領域においても，借地借家法の賃料減額請求権に関する重要判決がその後公表された。これによって，サブリースに関する判例法理を含めて，賃料減額請求権判例法理の全体をどのように理解すべきかとの問題が提示されることになった。これらの問題については，本書第13章および第14章において検討している。

本稿を献呈させていただいた清水誠先生は，2011年1月30日に逝去された。私の手許に，先生からいただいた本稿の読後感を認めたお礼状がある。本稿が行った「賃料増減額請求権の市場的観点からの機能分析」を評価していただくとともに，サブリースの「実質に即した法律構成」の「深い分析」が重要である旨のご指摘をいただいた。まことにそのとおりだと思う。先生のご冥福を改めてお祈りしたい。

第 13 章　サブリース最高裁判決の意義と射程

I　はじめに——最高裁による修正適用説の採用

　最高裁は，2003 年 10 月にサブリース契約に関する 3 つの判決を相次いで下した。①最 3 判平成 15 年 10 月 21 日民集 57 巻 9 号 1213 頁(センチュリー事件最高裁判決)，②最 3 判平成 15 年 10 月 21 日判時 1844 号 50 頁(横浜倉庫事件最高裁判決)，および③最 1 判平成 15 年 10 月 23 日判時 1844 号 54 頁(朝倉事件最高裁判決)である。

　センチュリー事件と横浜倉庫事件については，第 1 審において借地借家法 32 条の適用を否定して賃料減額請求を否定するという画期的判断が示されていた(④東京地判平成 10 年 8 月 28 日判タ 983 号 291 頁〔センチュリー事件第 1 審判決〕，⑤東京地判平成 10 年 10 月 30 日判時 1660 号 65 頁〔横浜倉庫事件第 1 審判決〕)。いずれにおいても，当該契約において賃料保証を前提とした利益調整が行われておりそれは合理性を有すること，社会的弱者保護の要請が働かないことが強調され，さらに⑤判決では，契約関係は事業経営の実質を有することが指摘されている。

　これらの控訴審は，いずれも第 1 審の判断を覆した(⑥東京高判平成 12 年 1 月 25 日判タ 1020 号 157 頁〔センチュリー事件控訴審判決〕，⑦東京高判平成 11 年 10 月 27 日判時 1697 号 59 頁〔横浜倉庫事件控訴審判決〕)。ともにサブリース契約における借地借家法 32 条の修正適用説に分類することができるものではあるが，それぞれ理論構成は異なり，具体的解決については，賃料減額否定(⑥判決)と肯定(⑦判決)とに判断が分かれた。他方で，朝倉事件控訴審判決(⑧東京高判平成 14 年 3 月 5 日判タ 1087 号 280 頁)は，借地借家法 32 条と建物賃貸人の解約に正当事由を要求する同法 28 条との相互補完関係という視点を打ち出し，解約制限がないサブ

リース契約においては借地借家法32条が適用されないという, ④判決および⑤判決とは異なる新しい適用否定説を打ち出していた。

このような中で, 最高裁がどのような判断を下すか,「司法界・経済界とも……固唾を飲んで見守っている」[1]と評される状況が生じていたわけである。

最高裁は, 上記の3つの判決において, サブリース契約の法的性質を建物賃貸借契約として借地借家法32条に規定する賃料減額請求権の適用を肯定しながらも, その適用に際しては, 賃貸借契約の当事者が賃料額決定の要素とした事情その他諸般の事情を考慮すべきであるという判断を示した(3事件とも破棄差戻)。この判例法理のポイントは, 一般論としては借地借家法32条の適用を肯定しながらも, 同条を単純に適用するのではなく, サブリース契約の特殊性を考慮して同条を修正して適用する(修正適用説)という点にある。

今回の最高裁判決が下されるまでのサブリース紛争に関する下級審裁判例の傾向をごく概括的に見ておくと[2], サブリース契約に単純に借地借家法を適用する裁判例もないではないが(単純適用説。東京地判平成4年5月25日判時1453号139頁, 東京地判平成8年10月28日判時1599号93頁など), それらは, 時期的には初期に固まっており, 内容的にも厳密には単純適用説といえるか微妙なものであって, 単純適用説は, 基本的には裁判所によって排斥されている考え方だと評価しうる。下級審裁判例の主流は, むしろ, サブリース契約に借地借家法32条の適用を認めつつ, サブリース契約の特殊性を考慮して, 同条を修正して適用する, というものであった(修正適用説。東京地判平成7年1月24日判タ890号250頁, 東京地判平成10年2月26日判時1661号102頁, 東京地判平成11年7月26日判タ1018号267頁など多数の裁判例がある)。センチュリー事件控訴審判決(⑥判決)および横浜倉庫事件控訴審判決(⑦判決)も, この修正適用説の系譜に属するものである。

最高裁は, このような中で, 先に示したように, 修正適用説の立場を採用した。その限りでは, これまでの下級審裁判例の主流の考え方を受け入れたということもできる。しかし, 最高裁の採用する修正適用説は, これまでの多くの下級審裁判例における修正適用説と必ずしも同じではない。それは, 修正適用説に立つ控訴審判決(⑥判決, ⑦判決)を最高裁が破棄したことにも示されている。それでは, 最高裁は, これらの判決によってどのような規範を創出したのか。

その意義と射程はどのように理解すべきか。これらの点の検討が，本稿の課題である。

II　サブリース最高裁判決によって創出された規範

以下では，3判決の中心と目されるセンチュリー事件最高裁判決を主たる素材としながら，サブリース最高裁判決がどのような規範を創出したのかを検討する。論点は，①サブリース契約の法的な性質をどうみるか(法性決定 qualification 問題)，②借地借家法32条と賃料自動増額特約または賃料保証特約との関係をどうみるか，③借地借家法32条をどのようにサブリース契約に適用するか，の3点に集約される。

1　サブリース契約の法性決定

(1)　形式的法性決定論——賃貸借としての法性決定

センチュリー事件最高裁判決の法廷意見は，まず，本件におけるサブリース契約を建物の賃貸借と法性決定し，それゆえ，借地借家法32条が当然に適用されるものとする。次の如くである。

> 「前記確定事実によれば，本件契約における合意の内容は，XがYに対して本件賃借部分を使用収益させ，YがXに対してその対価として賃料を支払うというものであり，本件契約は，建物の賃貸借契約であることが明らかであるから，本件契約には，借地借家法が適用され，同法32条の規定も適用されるものというべきである。」

センチュリー事件の原判決は，本件契約を賃貸借契約とは異なる性質を有する事業委託的無名契約と法性決定した。そして，借地借家法は当然に全面適用されるのではなく，本件契約の「目的，機能及び性質に反しない」限度においてのみ適用があると解していた。

原判決によれば，本件契約は，建物賃貸借の法形式を利用しており，建物賃貸借契約の一種がその組成要素になっていることは否定できない。しかし，本

件契約には，通常の転貸借契約と比較すると様々な特色がある。「したがって，本件契約は，賃貸人と賃借人とがそれぞれの欠点を相補って，いずれもが効率的に収益獲得のための本件共同事業に必要とされる組合的(組織的)関係を形成する一環として，共に収益を目的とする企業同士が共同して行う収益事業としての目的達成のために，一方の経営能力等を他方が利用する方法として成立させた契約である。」本件契約は，建物賃貸借の法形式を採っているが，その実質的機能等にかんがみると，「それとは異なる性質を有する事業委託的無名契約の性質をもったものであると解すべきであり，当然に借地借家法の全面的適用があると解するのは相当でなく，本件契約の目的，機能及び性質に反しない限度においてのみ適用があると解すべきである。」

原判決は，ある契約の法性決定に際して契約の実態まで踏み込もうとする立場に立っている。いわば実質説である。最高裁は，これを明確に否定した。法性決定に関する法廷意見の基本的立場は，使用収益とその対価としての賃料支払いという賃貸借契約の要素だけに着目するという，実態を捨象した形式的法性決定論である。同じ第三小法廷判決である横浜倉庫事件最高裁判決は，この点に関してまったく同じ文言での判示を行っている。第一小法廷判決である朝倉事件最高裁判決は，形式的判断を行って賃貸借契約と法性決定した原審判決の「判断は是認することができる」としつつ，「本件契約が建物賃貸借契約に当たり，これに借地借家法の適用があるという以上，特段の事情のない限り，賃料増減額請求に関する同法32条も本件契約に適用があるというべきである」と判示する。この点に関する最高裁の見解は，疑問の余地がない。

(2)　「反証」の許容——新たな契約類型の可能性

サブリース契約に，使用収益とその対価としての賃料の支払いという賃貸借契約的要素が入っていることは疑いがない。これを前提にすると，形式的法性決定を打ち出す法廷意見によって，サブリース契約を新たな契約類型と見ていく可能性はまったく封じられたという理解も生じうる。しかし，それは法廷意見の文言をやや絶対視しすぎである。法廷意見の形式的判断は，サブリース契約に関する現時点での実態と理論状況を前提とすると，現時点では実態に踏み込まず形式的に判断すべきという相対的な判断と見るべきである。その点は，

藤田宙靖裁判官の補足意見に示唆されている。

藤田補足意見は，いわゆる適用否定説によって提示される「契約書上の『賃貸借契約』との表示は，形式的・表面的なものであるにすぎない」という主張に対して，次のように反論する。

「しかし，当事者間における契約上の合意の内容について争いがあるとき，これを判断するに際し採られるべき手順は，何よりもまず，契約書として残された文書が存在するか，存在する場合にはその記載内容は何かを確認することであり，その際，まずは契約書の文言が手掛りとなるべきものであることは，疑いを入れないところである。本件の場合，明確に残されているのは，『賃貸借契約書』と称する契約文書であり，そこに盛られた契約条項にも，通常の建物賃貸借契約の場合と取り立てて性格を異にするものは無い。そうであるとすれば，まずは，ここでの契約は通常の(典型契約としての)建物賃貸借契約であると推認するところから出発すべきであるのであって，そうでないとするならば，何故に，どこが(法的に)異なるのかについて，明確な説明がされるのでなければならない。

この点，否定説は，いわゆるサブリース契約は，①典型契約としての賃貸借契約ではなく，『不動産賃貸権あるいは経営権を委譲して共同事業を営む無名契約』である，あるいは，②『ビルの所有権及び不動産管理のノウハウを基礎として共同事業を営む旨を約する無名契約』と解すべきである，等々の理論構成を試みるが，そこで挙げられているサブリース契約の特殊性なるものは，いずれも，①契約を締結するに当たっての経済的動機等，同契約を締結するに至る背景の説明にとどまり，必ずしも充分な法的説明とはいえないものであるか，あるいは，②同契約の性質を建物賃貸借契約(ないし，建物賃貸借契約をその一部に含んだ複合契約)であるとみても，そのことと両立し得る事柄であって，出発点としての上記の推認を覆し得るものではない。」

ここでは，契約書の文言から出発すると，本件契約は通常の賃貸借契約と「推認され」，現時点でのサブリース契約に関する特殊性の議論は，この「推認を覆し得るものではない」とされている。すなわち，いまだ成功していないとされているわけではあるが，「反証」の余地が認められているわけである。サ

ブリース契約に関する論争の初期に，単純適用説と呼ばれる見解が提起された。そこでは，とりわけ脱法行為規制の観点が強調され，法廷意見と同様に形式的な法性決定を行うべきことが強調された[3]。しかし，この見解は，反証の余地を想定していない。これと比較すると，最高裁の立場はより柔軟なものと評価してよいであろう。

2 借地借家法32条と賃料自動増額特約・賃料保証特約

(1) 《32条優先適用説》の採用

(i) 3判決の判旨

サブリース契約には，通常，賃料自動増額特約や賃料保証特約(以下，「賃料自動増額特約等」という形でまとめることがある)が付いている。そこで，サブリース契約を賃貸借契約と法性決定して借地借家法32条の適用を認める場合には，「契約の条件にかかわらず」にその適用が認められる同条のいわゆる強行法規性と，これらの特約との関係が当然に問題になる。

センチュリー事件最高裁判決は，賃料自動増額特約が付いていた事案であるが，その法廷意見は，次のように判示する。

> 「本件契約には本件賃料自動増額特約が存するが，借地借家法32条1項の規定は，強行法規であって，本件賃料自動増額特約によってもその適用を排除することができないものであるから(最高裁昭和28年(オ)第861号同31年5月15日第3小法廷判決・民集10巻5号496頁，最高裁昭和54年(オ)第593号同56年4月20日第2小法廷判決・民集35巻3号656頁参照)，本件契約の当事者は，本件賃料自動増額特約が存するとしても，そのことにより上記規定に基づく賃料増減額請求権の行使が妨げられるものではない」。

同じく賃料自動増額特約にかかわる横浜倉庫事件最高裁判決の法廷意見もこの点はまったく同文である。賃料保証特約が存在していた朝倉事件最高裁判決は，同じ2つの先例を引いた上で，「上告人は，本件契約に賃料保証特約が存することをもって直ちに保証賃料額からの減額を否定されることはない」と判示する。賃料自動増額特約にかかわる2判決と同旨である。

これらの判決に示された最高裁の論理の特徴は，賃料自動増額特約等の効力に触れることなく借地借家法32条の増減額請求権行使の可能性を認めていることに見出される。特約を無効とすることによってその拘束力を排除し，借地借家法32条の適用を肯定するという論理ではない[4]。そしてその結果，特約があってもすべての場合に増減額請求権の行使が認められることになる。「契約の条件にかかわらず」という借地借家法32条1項の強行法規性は，この点に求められるわけである。このような立場を，《32条優先適用説》と呼んでおくことにしたい。

(ii) 従来の下級審裁判例との比較

　従来の賃料増減額請求権に関する裁判例においては，そのような発想は採られていなかった。従来の下級審裁判例は，一般的に，自動増額特約を原則的には有効としつつも，特約内容の合理性またはその適用結果の合理性を判断した上で場合によってそれを無効とし，その意味で借地借家法32条が強行法規であると解していたのである[5]。上の《32条優先適用説》との対比で名称を付ければ，《原則的特約優先説》とでもなろうか。

　ごく例示的に2つだけ裁判例を引いておく。

(a) 「しかし，同法(借地法)11条は12条1項の規定に反する特約を無効としていないから，本件のような自動改訂の特約がそれだけでただちに借地人に不利な特約で無効となるものではなく，その内容が借地法12条1項の趣旨に反し，経済的事情の変更がなくとも賃料の増額をするとか，その増額が経済的事情の変更の程度と著しく掛け離れた不合理なものであるとき無効になると解するのを相当とする。」(神戸地判平成元年12月26日判時1358号125頁)。結論的には自動増額特約の効力を肯定して，借地人の減額請求権行使を否定した。

(b) 上の判決は借地ケースなので，サブリース契約ケースからも1件引いておく。「賃料自動増額特約は，右のとおり一定の合理性を持つ合意であるから，賃借人に一方的に不利なものとして，特約自体を直ちに無効と解すべきではない。／(原文改行)しかし，賃貸借契約締結後の経済事情の変動の程度により，賃料自動増額特約を適用した場合に，近隣の賃料水準との比較等において著しくかけ離れた不合理な結果をもたらすようなときは，賃料自動増額特約を機械的に適用すべきではなく，事情変更の原則により，右特約は適用されなくなる

に至るものと解するのが相当である。」事案においては2年毎に5%増額の自動増額特約が付いていたが，1994年10月10日の時点では，この特約を適用すると「同種ビルの賃料水準と著しくかけ離れた不合理な結果を来すものというべきである。/(原文改行)そうとすると，本件賃料自動増額特約は，事情変更の原則により，右の平成6年10月10日以降の賃料の改定に当たっては適用されなくなったものといわざるを得ない」とされた(東京高判平成10年12月25日金判1071号43頁)。特約の効力が否定されると，あとは借地借家法32条の減額請求の問題になる。この判決は，その上で，サブリース契約の特殊性を考慮して減額幅を通常よりも縮減している。

　これら2つの裁判例は例示的に引いたものであるが，決して例外的なものではなく，自動増額特約に関する下級審裁判例の傾向を示すものである。サブリース最高裁判決の立論を，この領域におけるこれまでの下級審裁判例の延長線上で捉えることができないことが明らかであろう[6]。

(2) 6月判決との比較

(i) 先例として引かれた2判決とサブリース最高裁判決との事案の違い

　サブリース最高裁判決は3判決とも，最判昭和31年5月15日民集10巻5号496頁(借家ケース)および最判昭和56年4月20日民集35巻3号656頁(借地ケース)を先例として引用する。この2つの判決は，いずれも，協議によって賃料を決めるとの約定があったケースにおいて協議が調わなかった場合に賃料増減額請求権の行使が認められるか，という論点にかかわる。この論点と，サブリース最高裁判決の事案のように賃料自動増額特約等がある場合の賃料増減額請求権の行使とは，性質を異にする。賃料自動増額特約等がある場合には，将来について当事者間で賃料に関する決定が存在することを意味する。この場合でもなお賃料増減額請求権に基づく裁判所の介入を認めてよいかがそこでの問題である。これに対して，協議で決定する条項があるだけのケースは，将来の賃料に関する決定があるわけではない。ここでは，賃料増減額請求権による介入は特に問題を提起しないと考えられるのである。両者を同列に論じることはできない[7]。

　そうであれば，この2判決を先例として引用することは必ずしも適切ではな

いと考える。しかし，ここでは，サブリース最高裁判決が，そのような問題性にもかかわらずこの2判決を引用し，内容的にはそれらよりもセンチュリー事件等のサブリース事件に近いとも考えられる最判平成15年6月12日民集57巻6号595頁(以下「6月判決」という)を引用しなかったことに注目し，その意味を以下で考えてみたい。

(ii) 6月判決における《原則的特約優先説》の採用

6月判決は，借地ケースにかかわるが(したがって，借家における借地借家法32条に対応する規定である同法11条の適用が問題になる)，堅固建物所有を目的とした期間35年の賃貸借契約について，賃料年額を土地の時価評価額の8％相当額と定め，その上で3年毎に賃料を見直しことにし，第1回目の見直し時には当初賃料の15％増，次回以降は10％増額するという特約が付されていた，という事案にかかわる。原審がこの特約に基づく増額を全面的に認容したので，賃借人から上告受理が申し立てられた。

最高裁は，まず，賃料自動改定特約に関して，「地代等自動改定特約は，その地代等改定基準が借地借家法11条1項の規定する経済事情の変動等を示す指標に基づく相当なものである場合には，その効力を認めることができる。」と判示して，一定の限定を付した上でその効力を認める。この基準に従って特約が有効とされれば，特約に拘束される当事者は，賃料増減額請求権を行使できなくなる。

本件の事案で重要視されているのは，本件地代がもともと地価評価と連動する形で定められたことである。地価が将来的にも大幅な上昇を続けると見込まれる経済情勢の下においては，この考え方の下では地代額も上昇していくべきであるから，3年ごとに地代を10％増額するという特約は，地代改定基準として相当ということになる。

しかし，この論理によれば，地価が下落に転じたとすれば，相当性の基礎が失われる。その場合には，当事者は特約に拘束されることなく，地代等増減額請求権の行使が認められることになる。最高裁は，この趣旨を以下のように判示する。

「しかし，当初は効力が認められるべきであった地代等自動改定特約であっても，その地代等改定基準を定めるに当たって基礎となっていた事情

が失われることにより，同特約によって地代等の額を定めることが借地借家法11条1項の規定の趣旨に照らして不相当なものとなった場合には，同特約の適用を争う当事者はもはや同特約に拘束されず，これを適用して地代等改定の効果が生ずるとすることはできない。また，このような事情の下においては，当事者は，同項に基づく地代等増減請求権の行使を同特約によって妨げられるものではない。」

本件においては，地価はすでに下落に転じており，第3回目の見直し時には当初の半額以下になっていた。そこで判旨は，「上記の地代改訂基準を定めるに当たって基礎となっていた事情が失われることにより，本件増額特約によって地代の額を定めることは，借地借家法11条1項の規定の趣旨に照らし不相当なものになったというべきである」として，本件における地代等自動改定特約の拘束力を否定して地代等増減額請求権の行使を認める。借地借家法11条1項は，この意味において強行法規として機能するわけである。

6月判決が，先の用語法でいえば《原則的特約優先説》を採用していることは明らかであろう。6月判決は，まずもって特約の効力を認め，その限りでは借地借家法11条の適用を排除する。そして，一定の状況のもとでその拘束力が否定され，そこで初めて賃料増減額請求権が登場するからである。それは，サブリース最高裁判決が採用した《32条優先適用説》とは異なるものである。

このように把握すると直ちに，それでは6月判決とサブリース最高裁判決との関係をどのように把握すべきか，という問題が提起される。端的に言えば，(a)両者は矛盾し，時期的に後から出たサブリース最高裁判決によって6月判決は変更されたと見るべきか，(b)両者の違いは事案の違いによるもので，両者は併存すべきものと見るべきか，という問題である。結論的には，(b)の考え方を採るべきものと考える。(a)であれは本来大法廷判決によるべきであったという手続的な理由だけではない。サブリース最高裁判決は借地借家法32条を修正して適用するが，それはサブリース契約の特殊性に見合ったもので，サブリース契約の事案以外に拡大すべきものではないからである。

(iii) 6月判決とサブリース最高裁判決との違い

6月判決とサブリース最高裁判決との関係については，両者の同質性を強調する見解も見られる。たとえば，サブリース問題に関して精力的な論陣を張っ

ている清水俊彦は,「6月判決において一足先にこの一般的な問題が解決されており,本件3判決はその延長上で6月判決の立場を確認したにすぎない。言い換えると,6月判決が普遍性のある判例理論を確立し,本件3判決は事例判決としてそれに従ったのである」と述べている[8]。また,センチュリー事件最高裁判決を紹介する判例雑誌のコメントにも同旨の指摘が見られる[9]。しかし,そのような評価が適切なものでないことは,6月判決とサブリース最高裁判決の判旨を比較した以上の分析から明らかである。また,事態が清水の指摘するようなことであれば,なにゆえサブリース最高裁判決は6月判決を先例として引用しなかったのであろうか。清水の見方ではその説明に窮するであろう。

　6月判決とサブリース最高裁判決とでは,事案が大きく異なる[10]。そして,そのような事案の違いを反映して,採用した法理が大きく異なる。サブリース最高裁判決が6月判決を引用しなかったのは,その意味でむしろ当然なのである。

　さらにここでは,もう1点両者の違いを述べておきたい。それは,同じように賃料増減額請求権(6月判決においては借地借家法11条,サブリース最高裁判決においては同法32条)の行使を語りながら,その意義は,6月判決とサブリース最高裁判決とで異なる,ということである。これらはいずれも差戻判決であるが,差戻審における審理のあり方も,それに応じて異なってくる。

　まず6月判決についていえば,同判決の《原則的特約優先説》のもとでは,賃料自動増額特約の合理性審査の結果,特約の効力が否定されて初めて借地借家法11条の適用が可能になる。したがって,賃料減額請求権の行使が認められる際には,賃料自動増額特約等を適用して形成される賃料水準が不相当なものであることは前提になっている。そしてさらには,賃料自動増額特約を適用する前の既存の賃料水準も不相当(高すぎる)と評価されている蓋然性が大きい。したがって,賃料減額請求権の行使を認める際には,すでに要件充足の審査は事実上済んでおり,あとは相当額の判断すなわち減額の幅の決定が問題だということになる。6月判決は,原判決を破棄し差し戻す際に,減額請求の「当否」についての審理を尽くさせるためではなく,賃借人が「地代減額請求をした平成9年12月24日の時点における本件各土地の相当な地代の額について,更に審理を尽くさせるため」に事件を原審に差し戻している。つまり,ここで

は減額が前提とされているのである。これは，以上のような把握に基づいて初めてよく理解しうる扱いであろう。

これに対して，サブリース最高裁判決の《32条優先適用説》のもとでは，賃料自動増額特約等の存在にもかかわらず，賃料増減額請求権の行使は常に可能である。したがって，ここでは，賃料減額請求権の行使を認めたからといって，その要件充足がすでに判断されているというわけではない。要件充足の有無は，白紙なのである。センチュリー事件最高裁判決における破棄差戻しの扱いは，6月判決と全く異なる。同判決が事件を差し戻すのは，あくまで「賃料減額請求の当否等」について審理を尽くさせるためであって，減額することを前提としてはいない。要件充足すなわち減額自体の是非を含めて改めて審理すべきものとされるのである。

さらに，サブリース最高裁判決の論理においては，賃料自動増額特約等の効力は未だ否定されていないことにも注意を要する。前述のように，その効力を問わずに借地借家法32条の適用が肯定されているからである[11]。同条1項但書に直接抵触する可能性のある最低賃料保証特約についても同様である[12]。とすれば，法32条に基づく賃料減額訴訟の審理のなかで，これらの特約の効力をそのまま認めるということではないにせよ，その存在を考慮することは当然に可能になっている(無効としてしまうと，それを考慮することは法的に矛盾しているとの議論を招来する)。センチュリー事件最高裁判決は，賃借人の賃料減額請求を否定した部分を破棄しただけでなく，自動増額特約の効力を前提とした賃貸人の敷金補充請求および不足賃料支払請求を否定した部分も破棄している。差戻審においては，この請求の是非も改めて審理されることになろう[13]。したがって，可能性のレベルでは，自動増額特約を考慮した増額もありうることになる[14]。6月判決の論理ではおよそ考えられない事態である。

3 借地借家法32条の修正適用

(1) 修正適用説の採用

(i) サブリース最高裁判決の判旨

　サブリース最高裁判決は，上記のように，サブリース契約を賃貸借契約と法性決定するとともに，特約の存在にもかかわらず借地借家法32条を当然に適用しうるものとした。このような法理を採用する場合に直ちに問題になるのは，それではサブリース契約の実態に即した妥当な解決が確保されないのではないか，という疑問である。実際，学説において様々な構成のもとに適用否定説が提示されていたのは——それらの法律構成は多くの場合困難を抱えたものであったことを否定することができないが——解決の妥当性を考慮するからに他ならなかった。

　最高裁は，サブリース契約を賃貸借と法性決定し借地借家法32条の適用を認めるに際して，この観点を無視はしなかった。それどころか，むしろこの妥当性判断の観点を前面に出した解決を志向したのである。それを表現するのが，借地借家法32条の修正適用である。言い方を変えると，最高裁は，この修正適用という実質的妥当性を確保しうる法理の採用を決めたがゆえに，法性決定と借地借家法32条の適用の局面では形式的判断を貫くことができたのである。両者はセットで捉えるべき性格のものである[15]。センチュリー事件最高裁判決は，先の借地借家法32条の適用に関する判示に続いて，次のように判示する。

　　(a)「本件契約は，不動産賃貸等を目的とする会社であるYが，Xの建築した建物で転貸事業を行うために締結したものであり，あらかじめ，YとXとの間において賃貸期間，当初賃料及び賃料の改定等についての協議を調え，Xが，その協議の結果を前提とした収支予測の下に，建築資金としてYから約50億円の敷金の預託を受けるとともに，金融機関から約180億円の融資を受けて，Xの所有する土地上に本件建物を建築することを内容とするものであり，いわゆるサブリース契約と称されるものの1つであると認められる。そして，本件契約は，Yの転貸事業の一部を構

成するものであり，本件契約における賃料額及び本件賃料自動増額特約等に係る約定は，XがYの転貸事業のために多額の資本を投下する前提となったものであって，本件契約における重要な要素であったということができる。これらの事情は，本件契約の当事者が，前記の当初賃料額を決定する際の重要な要素となった事情であるから，衡平の見地に照らし，借地借家法32条1項の適用に基づく賃料減額請求の当否(同項所定の賃料減額請求権行使の要件充足の有無)及び相当賃料額を判断する場合に，重要な事情として十分に考慮されるべきである。」

(b) この総合考慮の内容は，さらに次のように具体化される。

Yは，借地借家法32条の規定により，賃料の減額を求めることができるが，「この減額請求の当否及び相当賃料額を判断するに当たっては，賃貸借契約の当事者が賃料額決定の要素とした事情その他諸般の事情を総合的に考慮すべきであり，本件契約において賃料額が決定されるに至った経緯や賃料自動増額特約が付されるに至った事情，とりわけ，当該約定賃料額と当時の近傍同種の建物の賃料相場との関係(賃料相場とのかい離の有無，程度等)，Yの転貸事業における収支予測にかかわる事情(賃料の転貸収入に占める割合の推移の見通しについての当事者の認識等)，Xの敷金及び銀行借入金の返済の予定にかかわる事情等をも十分に考慮すべきである。」

(ii) 借地借家法32条の修正適用

総合考慮の対象は，一般的には「本件契約において賃料額が決定されるに至った経緯や賃料自動増額特約が付されるに至った事情」であるが，より具体的には，①「当該約定賃料額と当時の近傍同種の建物の賃料相場との関係(賃料相場とのかい離の有無，程度等)」，②「Y(賃借人＝不動産業者)の転貸事業における収支予測にかかわる事情(賃料の転貸収入に占める割合の推移の見通しについての当事者の認識等)」，③「X(賃貸人＝オーナー)の敷金及び銀行借入金の返済の予定にかかわる事情等」の3つが挙げられている。

借地借家法32条に定める賃料増減額請求権は，基本的には，契約後の経済事情等の変化によって賃料が不相当になったときに認められる。これに対して，サブリース最高裁判決において挙げられている諸要素はすべて，契約前の事情にかかわるものである[16]。たしかに，従来の賃料増減額紛争においても，賃

料が決定された時の特殊事情やいわゆる権利金支払いの有無，また賃貸借契約締結に当たっての賃借人の出捐等，契約前の事情を相当賃料額算定に際して考慮することは行われていた。しかし，それらは，あくまで副次的な考慮要素にすぎなかったし，アドホックで散在的な考慮要素にすぎなかった。サブリース最高裁判決が摘示した要素は，サブリース契約に必ず伴う要素であり，最高裁は，これらを「十分に考慮する」ことを求めているのである。それは，《契約前事情総合考慮説》とでも名付けるべき立場である。ここではやはり，契約後の事情の考慮を基本的内容とする借地借家法 32 条の修正を語らなければならない。

(iii) 要件および効果の修正

上の法廷意見についてもう1点注意すべき点は，「賃料減額請求の当否(賃料減額請求権行使の要件充足の有無)」と「相当賃料額の判断」のいずれについても，総合考慮の対象とされた事情を「十分に考慮」すべきものとされていることである。その結果，総合考慮によって賃料減額請求が否定されることもありうることになる[17]。最高裁は，借地借家法 32 条の内容を，単に効果だけではなく，要件・効果の両面において修正したのである。

従来の下級審裁判例は，借地借家法 32 条の適用に当たってサブリース契約の特殊性を考慮する場合にも，その要件というよりは効果のところで考慮する，つまり減額幅を縮減するところでサブリース契約の特殊性を考慮するというケースが多かった。

代表的なものとして東京地判平成 11 年 7 月 26 日判タ 1018 号 267 頁(前出)を取り上げて，その論理を見ておこう。同判決はまず，借地借家法 32 条の適用については，サブリース契約も「民法の賃貸借契約の要素を含んだ建物の賃貸借であることについては疑いがない以上……特に借地借家法の適用が否定されるいわれはな」く，そうである以上，「賃料の最低保証がなされていたとしても，同法 32 条による賃料減額請求は当然に認められる」と判示する。その上で，同条適用のあり方について，同条の規定は「裁判所における右相当性の判断において契約の内容や契約締結を巡る諸事情等について斟酌することを何ら妨げるものではないというべきであるから，本件における適正賃料の算定においても，右本件鑑定の結果の他に本件のサブリース契約としての種々の特殊

性や本件における契約締結における諸事情等をも考慮に入れた上で，賃料が不相当になったときにあたるか否か，更に，賃料が不相当になったとして適正賃料は幾らであるかについて判断するのが相当である」と判示する(結論としては，鑑定結果と現行賃料額との差額の3割の減額だけを認める)。

この判旨については，借地借家法32条適用の要件論というよりはむしろその効果論のところでサブリース契約の特殊性を考慮していること，どのような理論的根拠から借地借家法32条の適用をそのように修正するかについては，特に述べるところがないこと，の2点に留意しておきたい。今回の一連の最高裁判決，とりわけセンチュリー事件最高裁判決が，この2点においてこの判旨とは異なる法理を採用したからである。

他方で，たしかに，賃料が「不相当となった」という要件レベルでサブリース契約の特殊性を考慮した判決もある。今回の3判決の1つ朝倉事件第一審判決はそのような例であり，「その適用に当たっては，経済事情の変動の有無，程度はもとより，当該契約成立に至る経緯，当該契約の実質的意味内容をも考慮して，公平の理念に照らし，上記規定の適用の要件の充足の有無を検討し，相当賃料額を決定すべきものである」とし，結論的には，「不相当となったとき」に該当しないとしている(⑨東京地判平成13年6月20日判時1774号63頁)。これは，上記の一般的は下級審裁判例の傾向とは異なるものであり，一般的なものではなかった。サブリース最高裁判決が今回打ち出した法理は，むしろそのような少数の下級審裁判例に連なるものである。

(2) 修正適用説の意義

最高裁が修正適用説を採用したのは，借地借家法32条の形式的適用では確保しがたい実質的に妥当な解決を確保するためであった。それは，サブリース最高裁判決が修正を正当化するために「衡平の見地」を援用したことと，藤田宙靖裁判官の補足意見によく現れている。

(i) 「衡平の見地」の援用

センチュリー事件最高裁判決は，以上のような要件・効果の修正を行うに際して，その根拠を「衡平の見地」に求めている。この点には相応の注意を払うべきである。実定法規範の要件・効果の修正を行う場合には，その理論的根拠

が当然に問われるところ,同判決が援用する「衡平」は,西欧法における長い伝統に支えられた観念であり,実定法規範を修正する根拠に十分になりうると考えられるからである。以下若干敷衍しよう。

日本の代表的法律学辞典によれば,衡平は,ギリシャの epieikeia, ローマの aequitas, イギリスの equity, ドイツの Billigkeit 等に対応する観念であり,次のように説明される。「アリストテレスは,衡平を『立法者が無条件的に規定している事柄を個別的に補正すること』と定義している。すなわち,具体的妥当性に基づいて,法の厳格さを緩和する原理で,これを制度化したものが,ローマ法の法務官法,イギリス法のエクィティである」[18]。ここにはフランス法が引かれていないが,フランス語で衡平は equité である。あるフランスの文献から equité の定義も紹介しておこう。「衡平(equité)は,正義の1つの適用形態であって,個別的なケースにおいて,厳格法の適用を除外しつつ,しかし正義に合致した解決を採用するものである」[19]。近時のわが国の法哲学教科書においても,同様の説明がなされている。次の如くである。「衡平(equity)とは,ケースの特殊性を考慮しつつ,一般的規定＝原理を守っているだけでは損なわれる妥当性を実現すること,正義を特殊的なケースに生かすことである」[20]。

法律は,一般的にいえば正義を体現している。しかし,他方で,法律は一般性を特質とするがゆえに,複雑な現実に対応できず,個別具体的ケースにおいて正義に合致する解決を与えないことがありうる。衡平は,そのように,法律がその役割を正しく果たすことができない場合に,法律の形式的な適用を排して,具体的な正義を実現するための原理なのである。

最高裁も,衡平の観念に関するこのような長い伝統を踏まえて「衡平の見地」という文言を用いていると理解するのが自然である[21]。とすれば,法廷意見が「衡平の見地」を援用するのは,借地借家法 32 条の形式的適用が具体的ケースの解決において正義を実現しえないという判断をしたということを含意している。だからこそ,実定法規である借地借家法 32 条の要件および効果を修正してまで,具体的ケースにおける実質的正義が追求されるのである。

(ii) 藤田補足意見における「実質的公平」の追求

解決の実質的妥当性という観点は,藤田宙靖裁判官の補足意見においても明

確に打ち出されている。次のように説示する。

　「もっとも、否定説の背景には、サブリース契約に借地借家法32条を適用したのでは、当事者間に実質的公平を保つことができないとの危惧があることが見て取れる。しかし、上記の契約締結の背景における個々的事情により、実際に不公平が生じ、建物の賃貸人に何らかの救済を与える必要が認められるとしても、それに対処する道は、否定説を採る以外に無いわけではないのであって、法廷意見が、借地借家法32条1項による賃料減額請求の当否(同項所定の賃料増減額請求権行使の要件充足の有無)及び相当賃料額の判断に当たり賃料額決定の要素とされた事情等を十分考慮すべき旨を判示していることからも明らかなように、民法及び借地借家法によって形成されている賃貸借契約の法システムの中においても、しかるべき解決法を見いだすことが十分にできるのである。そして、さらに、事案によっては、借地借家法の枠外での民法の一般法理、すなわち、信義誠実の原則あるいは不法行為法等々の適用を、個別的に考えて行く可能性も残されている。

　いずれにせよ、否定説によらずとも、実質的公平を実現するための法的可能性は、上記のとおり、現行法上様々に残されているのであ」る。

藤田補足意見が語っているのは、従来適用否定説が追求してきた「実質的公平」を、適用否定説を採らなくとも法32条の枠内で十分に実現しうる、ということである。法廷意見も、このような観点を基本として理解される必要がある。最高裁が採用した修正適用説の意義は、まさに、法32条の形式的適用ではなく、その要件・効果の修正を通じて、従来適用否定説が追求してきたようなサブリース契約における実質的正義を実現するところにあるのである。

4　サブリース最高裁判決によって創出された規範

以上を踏まえて、多少重複する部分もあるが、最高裁が今回の3つのサブリース判決によって創出した規範がどのようなものであるのかを整理していきたい。

(1) 賃料額減額請求の当否等以外のものについての借地借家法 32 条の適用

まず，最高裁が採用するのは，あくまでサブリース契約に借地借家法 32 条が適用されることを前提とした修正適用説であって，適用否定説ではない。さらにいえば，最高裁が「修正適用」といっているわけではなく，最高裁は，あくまで法 32 条の「適用」を問題にしている。したがって，借地借家法 32 条の考え方においてサブリース契約への適用が実質的正義の観点から問題を含まない部分，より具体的には賃料額減額請求の当否および相当賃料額の判断に関するもの以外の部分については，同条をそのまま適用して問題がない。また，逆に，今回のサブリース最高裁判決が明らかにした法理で法 32 条をそのまま適用した結果と解されるものは，サブリース契約に限定せずに賃料増減額請求権一般についての射程を持つと理解してよい。横浜倉庫事件最高裁判決の次の判示は，そのような性格を持つものと理解することができる。

横浜倉庫事件控訴審判決(⑦判決)は，賃貸部分の引渡前になされた賃借人の賃料減額請求についてもその一部を認容した。最高裁は，この判断を次のように否定する。「借地借家法 32 条 1 項の規定に基づく賃料増減額請求権は，賃貸借契約に基づく建物の使用収益が開始された後において，賃料の額が，同項所定の経済事情の変動等により，又は近傍同種の建物の賃料の額に比較して不相当となったときに，将来に向かって賃料額の増減を求めるものと解されるから，賃貸借契約の当事者は，契約に基づく使用収益の開始前に，上記規定に基づいて当初賃料の額の増減を求めることはできないものと解すべきである」。

これをサブリース契約に限定された法理と理解する必要はないであろう。同様に，賃料額減額請求の当否および相当賃料額の判断に関するもの以外で法 32 条に関して形成されてきた判例法理は，基本的にはサブリースケースについても適用される。

(2) 賃料額減額請求の当否等への借地借家法 32 条の修正適用

しかし，最高裁によれば，賃料額減額請求の当否および相当賃料額の判断に際しては，借地借家法 32 条は契約後の経済事情の変化を中心とした判断とい

うそのままの形では適用されない。ここでは,「賃貸借契約の当事者が賃料額決定の要素とした事情その他諸般の事情」を総合的に考慮すべきなのである。これがサブリース最高裁判決が創出した規範の最重要ポイントである。

それでは,考慮されるべき事情とは,具体的にはどのような事情か。センチュリー事件最高裁判決は,先に示したように,その事情を3つに整理して明確に挙示している。①「本件契約において賃料額が決定されるに至った経緯や賃料自動増額特約が付されるに至った事情,とりわけ,当該約定賃料額と当時の近傍同種の建物の賃料相場との関係(賃料相場とのかい離の有無,程度等)」,②「Y(賃借人=不動産業者)の転貸事業における収支予測にかかわる事情(賃料の転貸収入に占める割合の推移の見通しについての当事者の認識等)」,③「X(賃貸人=オーナー)の敷金及び銀行借入金の返済の予定にかかわる事情等」である。考慮されるべき事情として挙示されているものはすべて,契約締結前の,契約締結と契約条件決定の前提となった事情だということが重要である。

それぞれの要素について多少のコメントをしておくと,まず①においては,約定賃料とその当時の賃料相場との関係が問題になっている。借地借家法32条において問題になるのは,賃料増減額請求権行使時の約定賃料と地域の賃料相場との関係であるから,それとは異なる。したがって,①は,借地借家法32条の文言からは直接は出てこない要素である。契約当時すでに賃料相場と乖離した形で約定賃料また増額特約を定めていれば,契約後の経済事情等の変化によって相場賃料との乖離がより顕著なものになっても,当然に不相当性要件を満たすことにはならないという趣旨である。ポイントは,賃料相場と乖離した形で約定賃料また増額特約がどのような趣旨で定められたか,とりわけ賃料相場の変動がある場合のリスクをどのように取る趣旨で定められたかである。それを個別具体的に判断することになる。なお,センチュリー事件最高裁判決は自動増額特約ケースであったので賃料保証特約には触れていないが,賃料保証特約が存在するケースにおいては,当然にその存在が考慮されることになる(朝倉事件最高裁判決〔③判決〕参照)。

②は,契約締結時の収支予測を問題にしている。これも,借地借家法32条の文言からは出てこない要素である。最終的には約定賃料および自動増額特約等の趣旨(とりわけリスクの取り方)の解明に結びつく性格のものとして,考慮の

対象になっているのであろう。たとえば，短期的には厳しくとも長期的には収支が取れると予測していれば，賃借人がリスクを負担することは合理的行動ということになる。しかし，長期的に収支が取れないと予測しつつ自動増額特約や賃料保証特約を付けるということは，通常は考えられない。この要素は，結局のところ，不相当性の判断にあたってさほど積極的な役割を果たさないように思われる。あるいは，業者が長期的に収支が取れないと予測していたことを立証した場合には，賃料保証等の意思がなかったという認定に傾く，ということであろうか。実際，証拠への距離という点からしても，業者側がこの要素を持ち出すほうが自然である。

　最後に③は，賃貸人から見た賃料収入の重みを量る要素である。これまた，借地借家法 32 条の本来のあり方からすればまったく異質な判断要素である。賃料収入をもって借入金の返済計画を立てているような場合には，賃料自動増額特約や賃料保証特約の意味はきわめて大きくなり，賃料相場下落のリスクを賃借人に取らせている可能性が大きくなる。この場合には，賃料相場の大きな変動があったとしても，不相当要件の充足は厳格に判断すべきことになる。

(3) 賃料額減額請求の当否および相当賃料額の判断の仕方

　以上を踏まえて，最高裁判決に従った賃料減額請求の当否および相当賃料額の判断の仕方を敷衍すると，次のようになろう。

　賃借人から賃料減額請求が提起されると，賃料増額や最低賃料保証に関するどのような特約が付されていようと借地借家法 32 条の適用はあるから，そこに規定されている要件(契約後の経済変動等によって賃料が不相当となったこと)が充足されているかがまず判断されることになる。これが充足されていなければ(たとえば，現実にはあまり想定しえないが，当該地域では高い賃料水準が保たれており，その点で約定賃料が不相当になったとはいえない場合，など)，請求が棄却されることは当然である。

　しかし，サブリース契約でなければ当然に不相当性の要件が充足されていると見られるような場合であっても，それで減額請求権が認められ相当賃料額の判断に移るということにはならない。要件充足の判断に際して先に挙げた諸事情を「十分に考慮」すべきものとされるからである。その結果，たとえば，自

動増額特約や賃料保証特約が付されるに当たって，賃借人＝不動産業者側が長期の賃料水準下落等のリスクをすべて引き受ける旨を言明し，オーナーがそれを信頼して契約を締結したような場合には，賃料の不相当性の要件が充足されないものとして，賃料減額請求が否定されることがある[22]（「賃料額が決定されるに至った経緯や賃料自動増額特約が付されるに至った事情」の考慮）。また，オーナー側の銀行借入金返済計画からして，賃料減額が認められるとオーナーが破綻してしまうような場合にも，要件が充足されないものとして，賃料減額請求が否定されることがあろう（「銀行借入金の返済の予定にかかわる事情」の考慮）。

要件が充足され賃料減額を認めるべきと判断される場合でも，上の諸事情は，相当賃料額判断に際して再び考慮される。たとえば，「賃料額が決定されるに至った経緯や賃料自動増額特約が付されるに至った事情」を考慮して，賃料減額幅を縮減する，などである。なお，ここで定められる相当賃料は，本来の賃料増減額請求において採用される相当賃料とは異なる考え方に立脚している。ここでは，挙げられる諸事情からして，現実賃料水準下落のリスクを契約当事者間でどのように配分するかという観点が基本となっていると見るべきであり，また，オーナーが総投資額をどのように回収するかという観点も考慮されるからである。

実際，横浜倉庫事件最高裁判決（②判決）においては，この後者の観点が見出される。同判決は，前述のように，2回の賃料減額請求が行われた事案において，第1次減額請求を使用収益開始前ということで排斥した。同判決はさらに，第2次減額請求についても，その当否およびこれによる相当賃料額は，第1次減額請求による賃料減額の帰趨を前提として判断すべきものであり，第1次減額請求は認められないのであるから，それを認めた上で第2次減額請求を認めた原審の判断には法令の違反がある，と判示した。つまり，ここでは，ある時点での相当賃料を判断するという観点よりも，総額としていくらを賃貸人に確保するかという観点が前面に出ているのである。

(4) 契約後の経済事情変動の考慮

このように整理してくると，サブリース最高裁判決が示した判例規範の枠組みにおいては，契約締結後の経済事情の変動という借地借家法32条本来の要

件は，サブリース契約ケースにおける賃料減額請求の成否の判断にとって積極的な役割を何ら果たさないことになる。それが充足されても賃料減額請求が肯定されるということにはならず，それを決めるのは，もっぱら契約前の事情だからである。そして，そのような事態は，最高裁の判例法理からいって当然のことと考えられる。

　最高裁は，借地借家法32条の単純適用が「衡平の見地」(法廷意見の表現)あるいは「実質的公平」(藤田補足意見の表現)の観点から問題がある理由を，明示的には述べていない。しかし，センチュリー事件最高裁判決の事実の摘示からすると，次のような事情を考慮したものといって大過ないであろう。a)本件契約は，Y(賃借人＝不動産業者)の転貸事業の一部を構成するものであって，「それ自体が経済取引である」(朝倉事件最高裁判決の表現)こと。b)賃貸期間，当初賃料，賃料改定等について十分な協議を経て，その結果，契約を締結していること。c)X(賃貸人＝オーナー)は，契約で定められた賃料額や賃料自動増額特約を前提として本件賃貸ビル建設という多額の資本投下を行っていること(以上は，横浜倉庫事件最高裁判決においても基本的に同様である)。

　これらはすべて，当初の契約条件を遵守することの正当性を根拠づけるものであって，通常の賃貸借には見られない事情である。ここに借地借家法32条を形式的に単純適用して事後的事情の変化だけによる賃料の減額を認めるならば，それはまさにケースにおける具体的正義に反する結果になろう。最高裁は，それがゆえに「衡平の見地」からする要件・効果の修正を行ったのである。その狙いは，事後的な経済事情の変動という本来の考慮要素の比重の低下である。そうであれば，修正の結果，この本来の要件がほとんど無視されることになるのは，むしろ当然というべきなのである。

III　おわりに

　サブリース最高裁判決へのコメントの中には，最高裁がサブリース契約を賃貸借契約と認めた点を最大のポイントと評価するものがある[23]。しかし，借地借家法32条のそのままの適用を認めるのであれば(単純適用説)，サブリース契約を賃貸借契約と認めるべきかという法性決定論が大きな意味を持つが，最

高裁が認めるのは，その修正適用である。とすれば，重要なのは，最高裁によるその修正のあり方を解明することであろう。問題の焦点は，サブリース契約の法性決定論にではなく，同条をどのような場合にどのように適用するかという借地借家法32条論にある[24]。

そのような観点からサブリース最高裁判決を見る場合，そこで効果についてだけではなく要件についての修正がなされていることに十分な留意が必要である。今回の最高裁判決については，これによってサブリース契約における賃料減額は当然のものとなり，争点は減額の幅であるといった理解も見受けられる[25]。しかし，このような理解は，判旨の明文を無視するものといわざるをえない[26]。判旨は，「賃料減額請求の当否(賃料減額請求権行使の要件充足の有無)」の判断についても，「賃貸借契約の当事者が賃料額決定の要素とした事情その他諸般の事情を総合的に考慮すべき」ものとしているからである。判旨全体の論旨からすれば，効果論よりもむしろこの要件充足の論点こそが差戻審で十分に審理されるべき問題である。最高裁が示した判例の規範は，足して二で割る式の和解的判決を志向するものではない。

1) ⑥判決に対する無署名コメント。判タ1020号159頁。
2) 下級審裁判例の動向については，吉田克己「サブリース契約と借地借家法32条に基づく賃料減額請求」清水誠先生古稀記念論集『市民法学の課題と展望』(日本評論社，2000年)330～334頁(本書第12章256頁～261頁)において多少の検討を行った。本文の整理は，基本的にはそれに依拠しつつそのポイントのみ述べたものである。
3) 道垣内弘人「不動産の一括賃貸と賃貸の減額請求」NBL580号(1995年)27頁以下。本書第12章255頁～256頁にその批判的検討がある。
4) その結果，特約の効力は，いささか曖昧な状態で残されることになった。金山直樹は，この点を次のように表現する。「最高裁は，有効か無効かをオール・オア・ナッシングで決めないで，ファジーに量的な解決を考えようというわけです。」西口元ほか座談会「サブリース最高裁判決の意義と今後の実務展開」金判1186号(2004年)174頁。
5) この問題に関する下級審裁判例の傾向のまとめとして，吉田・前掲注2)342頁～343頁(本書第12章268頁～269頁)参照。
6) なお，以上はあくまで賃料自動増額特約に関する状況であって，最低賃料保証特約のケースは別である。最低賃料保証特約の場合には，借地借家法32条1項但書への抵触の可能性が直接的に現れる。そこで，同規定を援用して，最低賃料保証特約の効力を否定しつつ賃料増減額請求権の行使は当然に可能と説かれるのである。千倉書房事件第1次訴訟第1審判決(東京地判平成11年7月26日判タ1018号267頁)においては，まさにそのよ

うな判断がなされた。次のように判示する。「本件予約契約に借地借家法が適用される以上は、賃料の最低保証がなされていたとしても、同法32条による賃料減額請求は当然に認められる（同条〔ママ〕32条１項ただし書の反対解釈として、同条による賃料減額が認められる限りにおいて、本件予約契約9、10条の合意はその効力を失うものと解する。）。」

7）両者が性質を異にするという評価は、賃料増減額請求権に関する一定の理論的把握を前提にしている。私のこの問題に関する理論的立場は、吉田・前掲注2）（本書第12章）において詳細に展開している。なお、同旨を説くものとして、松岡久和「建物サブリース契約と借地借家法32条の適用」法学論叢154巻4＝5＝6号（2004年）194頁参照。

8）清水俊彦「転貸目的の事業用建物賃貸借と借地借家法32条（下）」NBL 777号（2004年）51頁。また、北山修悟〔6月判決解説〕法教280号110頁も、6月判決とサブリース最高裁判決とが連続していると把握しているようである。

9）判時コメント（判時1844号39頁）および判タコメント（判タ1140号70頁）によれば、6月判決は、センチュリー事件最高裁判決の説くところと同旨を表現を変えて述べたものと理解しうるとされている。

10）松岡・前掲注7）196頁は、両者の事案の違いを詳細に分析する。さらに、升永英俊「法の支配（上）」金法1696号（2004年）46頁参照。また、簡単には、升永英俊「地代等自動改定特約とサブリース契約」金法1681号（2003年）1頁および吉田克己〔本件解説〕判例セレクト2003（法教282号別冊付録）19頁参照。

11）判旨を再度確認しておこう。「本件契約には本件賃料自動増額特約が存するが、借地借家法32条1項の規定は、強行法規であって、本件賃料自動増額特約によってもその適用を排除することができないものであるから（……）、本件契約の当事者は、本件賃料自動増額特約が存するとしても、そのことにより上記規定に基づく賃料増減額請求権の行使が妨げられるものではない。」

12）賃料保証特約にかかわる朝倉事件最高裁判決（③判決）においても、「借地借家法32条1項は、強行法規であって、賃料保証特約によってその適用を排除することができないものであるから（……）、上告人は、本件契約に賃料保証特約が存することをもって直ちに保証賃料額からの減額請求を否定されることはない。」と、同旨の判示がなされていた。

13）なお、付言すると、この点からすれば、センチュリー事件最高裁判決（①判決）の判旨が原審での審理事項として指示している「Yの賃料減額請求の当否等」における「等」とは、賃貸人の主位的請求である敷金補充請求および不足賃料支払請求の当否を意味すると理解するのが自然である。

14）これを指摘するものとして、西口ほか・前掲注4）座談会173頁（下森定発言）。

15）サブリース最高裁判決へのコメント等のなかには、最高裁がサブリース契約について賃貸借契約との法性決定を行ったことだけを捉えて評価をするものがある。たとえば、岡内真哉「サブリース契約に関する最高裁判決について」金判1177号（2003年）2～3頁、同「法的安定性、予測可能性を重視した判決」金法1691号（2003年）10頁。しかし、それは、判例法理の一面にすぎないのであって、それではサブリース最高裁判決の全体像を捉えることはできない。

16）この点を指摘するものとして、西口ほか前掲注4）座談会150頁、161頁（升永英俊発言）、

168頁(金山直樹発言。「外から何かを持ち込んでいる」としている)。また，金山直樹「賃料について，私人の合意はどこまで効力が認められるか」判タ1144号(2004年)75頁も参照。
17) 升田純「サブリースに関する最高裁判決の意義」金法1693号(2003年)70頁，升田純ほか座談会「サブリース最高裁判決と実務対応(下)」金法1698年(2004年)53頁(升田純発言)，西口ほか前掲注4)座談会158頁等(升永英俊発言)参照。
18) 竹内昭夫他編『新法律学辞典(第3版)』(有斐閣，1989年)441頁。また，金子宏他編『法律学小辞典(第3版)』(有斐閣，1999年)348頁も参照。そこでは，「衡平」は，「一般的な規範である法をそのまま適用することが妥当でないような場合，それを具体的な事案に即して修正する原理」と説明されている。
19) Michelle Cumyn, *La validité du contrat suivant le droit strict ou l'equité: Étude historique et comparée des nullités contractuelles*, Bibliothèque de droit privé, tome 376, L. G. D. J., 2002, p.81.
20) 笹倉秀夫『法哲学講義』(東京大学出版会，2002年)126頁。
21) なお，後述するように，藤田宙靖裁判官の補足意見において，「サブリース契約に借地借家法32条を適用したのでは，当事者間に実質的的公平を保つことができないとの危惧」が語られ，適用否定説を採用しなくとも，この問題に対処することが可能である旨が指摘されていることも，本文の理解を裏打ちする。このように法律の形式的適用によっては「実質的公平」が確保されない場合に法律の修正を認める原理が，伝統的意味での「衡平」に他ならないからである。
22) 先に紹介した朝倉事件第一審判決(⑨判決)は，それを考慮して要件充足を否定した例である。次のように判示する。「例えば，事業者が，契約締結の時点において，その保証する賃料額が既に近傍同種の建物の賃料相場と比較して高額であり，相当の乖離があること，将来の賃料相場の下落の可能性があることを十分認識した上で，地権者等に対し，共同事業を進めるためには，地権者等による土地の提供や多額の出資等の事業への協力が不可欠であること等を考慮して，合理的な期間内の賃料保証の提案をし，地権者等も，このような提案があったからこそ，これを承諾し，共同事業に参加して，出資をし，事業に協力したような場合には，当該賃料保証に係る賃料は，上記のような特殊な事情により形成され，合意された賃料なのであり，もともと近傍同種の建物の賃料(サブリース契約ではない通常の賃貸借契約における賃料)との関連性は乏しいものであるから，当該期間内において，近傍同種の建物の賃料相場が更に下落し，当該賃料額との乖離の程度が更に大きくなったとしても，そのことをもって，直ちに，当該賃料額が，借地借家法32条1項本文所定の「不相当となったとき」に該当することとなるものではないというべきである。」(東京地判平成13年6月20日判時1774号63頁)
23) たとえば，岡内・前掲注15)金判1177号2～3頁，同・前掲注15)金法1691号10頁。
24) 吉田・前掲注2)335～336頁(本書第12章261頁～262頁)参照。
25) たとえば，『金融法務事情』誌1691号(2003年)に判決直後に寄せられた各界のコメントのうち，近江幸司(9頁)，岡内真哉(10頁)，小野兵太郎(11頁)のコメントを参照。また，長久保隆英，野村豊弘のコメントは，オーナーサイドに立ちつつ，同様の理解を示し

ている。さらに，西口ほか前掲注4)座談会171頁の近江発言参照。
26) 松岡・前掲注7)205頁参照。

【追記】本稿は，2003年10月に出された一連のサブリース最高裁判決の意義と射程を検討する2本の論考をいわば合体する形でまとめたものである。2本の論考とは，①「サブリース契約と衡平の原則」銀行法務21・629号4〜9頁（2004年3月）と②「東京地裁宛・平成15年(ワ)第14269号サブリース訴訟（千倉書房事件）意見書」（東京永和法律事務所からの依頼）(2004年5月提出)である。同じ時期に同じ対象を扱ったため，両者の間には重複が生じている。そこで，重複を除くように2本をまとめて本書に収録することにした。もっとも，①は紙幅が限定されておりかなり圧縮した記述をしたのに対して，②についてはそのような制約がなくある程度自由に論旨を展開することができた。そのため，本書への収録に当たっては，②を中心とし，それに①の若干の記述を追加するというまとめ方になった。ただし，②の検討には含まれていた，一般法理の具体的事件への当てはめの部分は，本書への収録の際には，取り除かれている。

　本稿においては，サブリース最高裁判決が示した判例法理を，法32条の修正適用と把握している。他方で，サブリース最高裁判決に先行して，借地に関して地代の減額請求が問題とされた事件に関する最判平成15年6月12日民集57巻6号595頁(本文中では「6月判決」と称している)が公表されていた。これは，借地に関する法11条について，サブリース最高裁判決とは異なる法理を提示していた。そこでこの2つの法理の関係をどのように理解するかが問題となるが，事案の違いに応じた異なる法理として，二元的に理解するというのが，本稿で示した考え方であった。

　ところが，最高裁は，本稿執筆後に，借地事例においても，サブリース最高裁判決と同様の法理を採用する判決を公表した。最判平成16年6月29日判時1868号52頁である(平成16年6月判決)。この判決については，本書第14章において検討することになるが，結論を先取りすれば，この判決の結果，最高裁の位置づけによれば，サブリース最高裁判決が示した法理は，法32条および法11条の修正適用ではなく，適用であると見ざるをえなくなったように思われる。つまり，サブリース最高裁判決が示した法理は，サブリース契約に限定

して適用されるサブリース法理ではなく，法32条(および法11条)の一般的なあり方を示す法理ということになるわけである。そうすると，判例法理は，一元的理解に立つということになる。

　ここでの問題は，それでは，最高裁は二元的理解に立つとした本稿における分析は誤りだったのか，である。現時点であらためて振り返ってみても，そうではないように思われる。本稿執筆の時点では，本稿の議論は十分に根拠があるものであった。それが，平成16年6月判決の結果，事後的に判例法理は本稿が示したようなものではないということになってしまったのではないか。これが現時点での私の理解である。この理解が含意するのは，最高裁は，平成16年6月判決によって，──判例変更の手続を採ることなく──二元的理解から一元的理解に転換した，ということである。このような把握は，すでに松田佳久「射程拡大したサブリース判決法理」法時81巻3号(2009年)106頁以下によって示されているが，事実認識としては，それが正当であろう。

第14章　賃料不減額特約と借地借家法11条1項に基づく賃料減額請求

I　はじめに

　借地借家法に基づく賃料等増減額請求権(借地について11条1項，借家について32条1項)をめぐって，この間多くの議論がなされている。バブル経済期のいわゆるサブリース契約(転貸目的の建物一括賃貸借契約)において，不動産事業者(賃借人)がオーナー(賃貸人)を事業に勧誘するために，しばしば賃料自動増額特約や賃料保証(不減額特約)がなされた。また，サブリース契約に限定されず，借地契約においても同様の特約が結ばれることがあった。ところがその後バブル経済が崩壊し，地価の下落とともに賃料水準が下落することになる。そこで，賃借人から賃料減額請求がなされ，借地借家法11条1項または同法32条1項の賃料等増減額請求権と賃料自動増額特約あるいは賃料保証(不減額特約)との関係が深刻に争われることになったのである。

　この論点に関して，この1年半ほどの間に矢継ぎ早に一連の最高裁判決が公表された。もっとも，事案類型としては，借地事例とサブリース事例とがあり，サブリースに関する判旨はほぼ共通のものであるのに対して，借地事例の判旨は，サブリース事例と同じものではなかった。そこで，判例法理を全体としてどのように理解するか，借地とサブリースの両者において基本的に同一の法理を提示したものとみるか(一元的理解)，別個の法理を提示したものとみるか(二元的理解)について，学説の理解が分かれることになった。

　そのような中で，最3小判平成16年6月29日判時1868号52頁は，借地事例において，サブリース事例で最高裁が提示していた法理を基本的に同様の形で採用した。本判決を踏まえるならば，判例法は，結局のところ一元的に理解

すべきことになろう。しかし，賃料減額請求事案について，借地事例またはより一般的に通常の賃貸借事例とサブリース事例とを区別せずに共通の規範で解決することが果たして妥当なものなのか，議論の余地がある。以下では，このような観点から，この判決について若干の検討を加えたい。

II 事実の概要と判旨

上告人 X は，貸ビル業等を営む会社であり，被上告人 Y は，不動産賃貸業を営む会社である。X は，昭和 59 年 12 月 1 日に建物所有を目的として本件 1 土地について Y との間で賃貸借契約を締結した(本件では全部で 3 件の土地が問題になっているが，論点は同じなので，便宜的に上記の本件 1 土地で代表させる)。この賃貸借契約には，「3 年ごとに賃料(月額)の改定を行うものとし，改定後の賃料は，従前の賃料に消費者物価指数の変動率を乗じ，公租公課の増減額を加算又は控除した額とするが，消費者物価指数が下降したとしても，それに応じて賃料の減額をすることはない」との特約(本件特約)が付されていた。

本件 1 土地の賃料は，昭和 63 年 4 月 1 日，平成 3 年 4 月 1 日，および平成 6 年 4 月 1 日に，それぞれ本件特約に従って改定された。しかし，次の改定期である平成 9 年 4 月 1 日に，Y が本件特約によって増額された賃料を請求したところ，X はこれに応じなかった。また，平成 12 年 4 月 1 日には賃料の改定はされなかった。なお，本件 1 土地の平成 6 年 4 月 1 日以降の賃料は，54 万 5790 円である。他方，平成 6 年 4 月時点での本件 1 土地の価格は 5 億 9670 万円であったが，その後急激に下落し，平成 13 年 2 月時点での価格は，1 億 5100 万円となっていた。

X は，平成 13 年 4 月 13 日，Y に対して，借地借家法 11 条 1 項の規定に基づいて，翌日以降の賃料を 44 万 2000 円に減額すべき旨の意思表示をした。本件は，X が Y に対して，この減額請求権行使によって減額された賃料の確認を求める訴訟である。

原審は，「本件特約は，消費者物価指数という客観的な数値であって賃料に比較的影響を与えやすい要素を改定額の決定の基準とするものであるから，その効力を否定することは相当でない。」などと判示して，本件特約の効力を肯

定し，Xの請求を棄却した。そこで，Xが上告受理の申立てをし，これが受理された。

判旨：破棄差戻。

「(1)……本件各賃貸借には，3年ごとに賃料を消費者物価指数の変動等に従って改定するが，消費者物価指数が下降したとしても賃料を減額しない旨の本件特約が存する。しかし，借地借家法11条1項の規定は，強行法規であって，本件特約によってその適用を排除することができないものである（最高裁昭和28年(オ)第861号同31年5月15日第3小法廷判決・民集10巻5号496頁，最高裁昭和54年(オ)第593号同56年4月20日第2小法廷判決・民集35巻3号656頁，最高裁平成14年(受)第689号同15年6月12日第1小法廷判決・民集57巻6号595頁，最高裁平成12年(受)第573号同15年10月21日第3小法廷判決・民集57巻9号1213頁参照）。したがって，本件各賃貸借契約の当事者は，本件特約が存することにより上記約定に基づく賃料増減額請求権の行使を妨げられるものではないと解すべきである（上記平成15年10月21日第3小法廷判決参照）。

なお，前記の事実関係によれば，本件特約の存在は，本件各賃貸借契約の当事者が，契約締結当初の賃料額を決定する際の重要な要素となった事情であると解されるから，衡平の見地に照らし，借地借家法11条1項の規定に基づく賃料増減額請求の当否（同項所定の賃料増減額請求権行使の要件充足の有無）および相当賃料額を判断する場合における重要な事情として十分に考慮されるべきである（上記平成15年10月21日第3小法廷判決参照）。

(2) したがって，上告人らは，借地借家法11条1項の規定により，本件各土地の賃料の減額を求めることができる。そして，この減額請求の当否および相当賃料額を判定するに当たっては，賃貸借契約の当事者が賃料額決定の要素とした事情その他諸般の事情を総合的に考慮すべきであり，本件特約の存在はもとより，本件各賃貸借契約において賃料額が決定されるに至った経緯や本件特約が付されるに至った事情等をも十分に考慮すべきである。」

III　若干の検討

1　賃料等増減額請求権と賃料自動改定特約の関連に関するこれまでの判例

　(i)　この問題に関するこれまでの下級審裁判例の大勢は，特約を原則として有効と解しつつ，改定の基準が著しく不合理であるとか，その基準に従って算出された金額が著しく不相当である場合には，その効力を否定してきた[1]。一例を引くと，賃料自動改定特約は，「借家法7条に違反するものとはいえず，ただ約定の内容が借家法7条の法定要件を無視する著しく不合理なものであって，右約定を有効とすることが賃借人にとって著しく不利益なものと認められる特段の事情のある場合に限って無効となるにすぎないものというべきである」(東京地判平成元年9月4日判時1352号90頁。同趣旨の判決として，京都地判昭和60年5月28日金判733号39頁。また，借地の事例では，札幌高判昭和54年10月15日判タ403号120頁など)。これは，要するに，特約に基づく新たな賃料が法定の要件に従って算定した結果と比較して著しく乖離しない場合には特約の効力を認めようとするものであり，特約に基づく賃料形成を借地借家法11条または32条に基づく相当性審査に服せしめる考え方ということができる(以下，「相当性審査説」という)[2]。

　これらの裁判例は，相当性審査の結果特約の効力を否定する場合に，一般に，特約は「無効」という定式化を用いている。これに対して，特約が存在したとしても賃料増減額請求権の行使は認められるところに，同規定の強行法規性を見出そうとする裁判例もある(東京地判平成7年1月24日判タ890号250頁)。これは，「特約と借地借家法32条1項の並存」を認める新しい傾向(以下，「並存説」という)として注目されているところである[3]。この発想を延長すると，特約の有効性如何はむしろどうでもよく，あえて触れる必要はないということにもなる[4]。

　(ii)　最高裁は，借地にかかわる①最1判平成15年6月12日民集57巻6号595頁において，この問題に関する判断を初めて示した。事案は，Xが大規模

小売店舗用建物を建築して大型スーパーをテナントとして誘致することを計画し，土地所有者Yとの間で昭和 62(1987) 年 7 月に期間 35 年の借地契約を締結したというものである。この契約には，「本賃料は 3 年ごとに見直すこととし，第 1 回目の見直し時は当初賃料の 15％増，次回以降は 3 年毎に 10％増額する。」という増額特約が付されていた。ところが，その後，バブル経済の崩壊に伴い地価は大きく下落するに至った。これを前提として，Xが賃料減額を主張し，Yは特約に基づく増額賃料を請求した。

原審はYの請求を全面的に認容したが，最高裁はこれを破棄して差し戻した。次のように判示する。(a)「地代等自動改定特約は，その地代等改定基準が借地借家法 11 条 1 項の規定する経済事情の変動等を示す指標に基づく相当なものである場合には，その効力を認めることができる。」(b)「しかし，当初は効力が認められるべきであった地代等自動改定特約であっても，その地代等改定基準を定めるに当たって基礎となっていた事情が失われることにより，同特約によって地代等の額を定めることが借地借家法 11 条 1 項の規定の趣旨に照らして不相当なものとなった場合には，同特約の適用を争う当事者はもはや同特約に拘束されず，これを適用して地代等改定の効果が生ずるとすることはできない。また，このような事情の下においては，当事者は，同項に基づく地代等増減請求権の行使を同特約によって妨げられるものではない。」

この判決は，特約に基づく地代等の決定について相当性審査を行った上で，それが不相当になった場合には「同特約の適用を争う当事者はもはや同特約に拘束され」ないとし，その場合に借地借家法 11 条 1 項に基づく地代等増減請求権の行使を認められるものとする。「無効」という定式化をおそらく意識的に避けている点[5]で並存説に一歩足を踏み出したものと評価することが可能である。しかし，基本的枠組みとしては，なお従来の下級審裁判例の大勢である相当性審査説に従っていると位置づけるべきであろう[6]。

(iii) 次いで，①判決から数カ月後，最高裁は，サブリース事例における賃料減額請求の可否に関して，3 つの判決を相次いで下した。②最 3 判平成 15 年 10 月 21 日民集 57 巻 9 号 1213 頁，判タ 1140 号 68 頁，判時 1844 号 37 頁，金判 1177 号 4 頁(センチュリー事件)，③最 3 判平成 15 年 10 月 21 日判タ 1140 号 75 頁，判時 1844 号 50 頁，金判 1177 号 10 頁(横浜倉庫事件)，および④最 1 判

平成15年10月23日判タ1140号79頁，判時1844号54頁，金判1187号21頁(朝倉事件)である。

　最高裁は，この3つの判決において，サブリース契約の法的性質を建物賃貸借契約として借地借家法32条1項に規定する賃料減額請求権の適用を肯定しながらも，その適用に際しては，「衡平の見地に照らし」賃貸借契約の当事者が賃料額決定の要素とした事情その他諸般の事情を考慮すべきであるという判断を示した(3事件とも破棄差戻)。センチュリー事件最高裁判決(②判決)に即してその判旨を確認しておこう。

　(a)「本件契約には本件賃料自動増額特約が存するが，借地借家法32条1項の規定は，強行法規であって，本件賃料自動増額特約によってもその適用を排除することができないものであるから(最高裁昭和28年(オ)第861号同31年5月15日第3小法廷判決・民集10巻5号496頁，最高裁昭和54年(オ)第593号同56年4月20日第2小法廷判決・民集35巻3号656頁参照)，本件契約の当事者は，本件賃料自動増額特約が存するとしても，そのことにより直ちに上記規定に基づく賃料増減額請求権の行使が妨げられるものではない。」なお，本件契約は，いわゆるサブリース契約と称されるものの1つである。そして，(b)「本件契約における賃料額及び本件賃料自動増額特約等に係る約定は，X(賃貸人――引用者)がY(賃借人――引用者)の転貸事業のために多額の資本を投下する前提となったものであって，本件契約における重要な要素であったということができる。これらの事情は，本件契約の当事者が，前記の当初賃料額を決定する際の重要な要素となった事情であるから，衡平の見地に照らし，借地借家法32条1項の規定に基づく賃料減額請求の当否(同項所定の賃料増減額請求権行使の要件充足の有無)及び相当賃料額を判断する場合に，重要な事情として十分に考慮されるべきである。」

　(c)「以上により，Yは，借地借家法32条1項の規定により，本件賃貸部分の賃料の減額を求めることができる。そして，上記のとおり，この減額請求の当否及び相当賃料額を判断するに当たっては，賃貸借契約の当事者が賃料額決定の要素とした事情その他諸般の事情を総合的に考慮すべきであり，本件契約において賃料額が決定されるに至った経緯や賃料自動増額特約が付されるに至った事情，とりわけ，当該約定賃料額と当時の近傍同種の建物の賃料相場との関係(賃料相場とのかい離の有無，程度等)，第1審被告の転貸事業における収支

予測にかかわる事情(賃料の転貸収入に占める割合の推移の見通しについての当事者の認識等)，第1審原告の敷金及び銀行借入金の返済の予定にかかわる事情等をも十分に考慮すべきである。」

①判決との関連で注意すべきは，②判決の判旨においては，借地借家法32条1項を適用する前提として特約の基準とその適用結果の相当性を審査するという発想は見出されないことである。賃料自動増額特約があってもそのことによって直ちに借地借家法32条1項の規定の適用を排除することはできないものとされ，同条の強行法規であることの意味は，まさにその点に求められているのである(判旨(a))。①判決がなお相当性審査説の枠内に止まっていたのに対して，本判決は，賃料自動増額特約と借地借家法上の賃料増減額請求権との関係については，並存説の立場を採用したものと評価することができるであろう[7]。

もっとも，このように借地借家法32条1項の適用を広く認めたからといって，賃料自動増額特約の意味がなくなるわけではない。むしろ事態は逆である。この特約の存在は，当初賃料額を決定する際の重要な要素となった事情であるから，賃料減額請求の当否(要件充足の有無)および相当賃料額を判断する際に十分に考慮すべきものとされるのである(判旨(b))。相当性審査説に立つと，借地借家法32条1項の適用が認められる際には特約の効力あるいは拘束力が否定されているから，その特約を改めて考慮して相当賃料額を決定するという発想にはなりにくい。無効な特約を考慮するというのは論理矛盾ではないかという議論がありうるからである[8]。それに対して，並存説であれば，特約の効力には触れないまま借地借家法32条1項の適用が導かれるから，その後に特約の存在を考慮することは論理的に十分にありうる。このようにして，判旨は，特約を始めとする契約前の諸事情を総合的に考慮するという立場(判旨(c)，「契約前事情総合考慮法理」と呼ぶことができる)を打ち出すことができたものと考えられる。

2 判例理解に関する学説の対立

問題は，以上の2系列の判決の関係をどのように理解するか，である。大別すると，両者を連続的に共通の法理を提示したものとする理解(一元的理解)と，

異なる法理を提示したものと捉える理解(二元的理解)とがある。そして，この対立は，サブリース事例に関して契約前事情の総合考慮という考え方を示した②判決の法理が，借地借家法 32 条 1 項の通常の適用であるのか，修正適用であるのかに関する理解の違いと密接に関連している。つまり，①判決の示す法理が借地借家法 11 条 1 項の通常適用であることに異論の余地はないから，②判決を始めとするサブリースにかかわる最高裁判決の示した法理が借地借家法 32 条 1 項の修正適用であれば，必然的に両者は異なる法理を提示したという二元的把握に至る。これに対して，②判決を通常適用と理解すれば，①判決と②判決を一元的に理解するのが自然になるのである。

　一元的理解の例として，②判決への判タ無署名コメントを挙げておく。それによれば，建物賃貸借契約において，当事者が賃料額決定の要素とした事情はさまざまであるから，賃料相場が変動したというだけでは法 32 条 1 項の要件を満たすものではない。賃料額決定の要素とした事情には，当初賃料の額およびそのような額とされた事情・根拠，賃料改定特約等の存在・内容・特約のされた事情等が含まれる。したがって，要件充足を判断するためには，これらの要素を考慮した上で，賃料が不相当になったと判断できるものでなければならない。②判決が当事者が賃料額決定の要素とした事情を総合的に考慮すべき旨を説くのは，サブリース契約であるために特殊の考慮を払ったというものではなく，賃貸借契約における基本原則をサブリース契約に当てはめたものというべきである，というのである。そして，そのような把握と密接に関連して，①判決と②判決との関係について，①判決は，②判決の説くところと同旨を表現を変えて述べたものにすぎない，という理解が示される[9]。

　これに対して，二元的理解の例として，サブリースにかかわる大型訴訟で主導的役割を演じている弁護士の升永英俊の議論を挙げよう。升永は，①判決へのコメントにおいて，その事案の特徴として，当初の地代が土地価格の 8％に定められたこと，地価が右肩上がりに上昇していくことを前提として，地代改定等をめぐる協議の煩わしさを避けるために自動増額特約を約定したこと，などを挙げ，これに対して，典型的なサブリース契約においては，賃料額と自動増額特約とは，ビル新築のための投下資金回収の観点から定められることを挙げて，両者の事案の差異を強調する。それゆえ，①判決の射程はサブリース契

約には及ばないということになる[10]。そして，②判決については，この判決が法32条1項の規定の文言にとらわれることなく，契約締結時以前の諸事情を総合的に考慮するという新しい規範を創造したと評価し，そのような理解は，判決文が「衡平」の見地を打ち出していることと整合する，と主張する[11]。ここでは，明確に，①判決と②判決との判例規範の違い(二元的理解)と，②判決による新しい規範創造＝法32条1項の修正適用が語られているわけである[12]。

3 本判決の判例法上の位置づけ

　本判決の判旨は，同じ借地事例ではあるが，①判決のそれとは大きく異なっている。本判決の判旨がむしろサブリース事例に関する②判決以下の判旨を下敷きにするものであることは，両者を対照してみれば直ちに了解されることである。それでは，本判決を判例法上どのように位置づけるべきか。

　従来の判例法理を一元的に理解する論者にとっては，本判決の位置づけに特に困難はない。従来の判例法理を踏襲するものと位置づければ足りるからである。たとえば，本判決への判タ無署名コメントによれば，本判決は，従来の判例の立場に沿ってXの賃料減額請求の可能性を認めたものであり，格別新しい判断を示したものではない。ただ，明示的な賃料不減額特約がある場合であっても賃料減額請求権行使を認めたところに，事例判断としての意義がある，ということになる[13]。

　これに対して，筆者も含めて従来の判例法理を二元的に理解する論者にとっては，本判決の位置づけはそう簡単ではない。1つの可能性としては，①判決と本判決とでは事案が異なる点を強調して，二元的理解を維持することが考えられる(①判決←→②判決以下のサブリース判決＋本判決)。つまり，①判決においては，3年ごとの賃料自動増額特約のほかに，経済状況の変化がある場合について「別途協議する」旨の条項があった。これを重視するならば，ここでの賃料自動増額特約は，予め地代上昇を一定の割合に固定することによって「地代をめぐる紛争の発生を防止」することを主要な機能とするのであって，地代変動に関するリスクを賃借人が引き受けるという趣旨は，そこに含まれていないと

いうことになる。これに対して，本判決においては，賃料改定の基準とした消費者物価指数が下降しても，それに応じて賃料の減額をすることはない旨の特約が結ばれている。ここでは，地代変動のリスクを賃借人が負担すべきとの当事者の強い意思があることが明確である。これは，サブリース事例と共通している。このように理解するわけである。このような理解に立つと，二元的理解の前提となる類型化は，サブリース事例かそれ以外の賃貸借事例かという基準によってではなく，賃貸借契約において賃借人が経済変動のリスクを引き受けているか否かというところを基準としてなされることになる[14]。

筆者は，このような理解は十分に可能だと思うが，それはおそらく最高裁の主観的意図には反する。最高裁は，本判決によって意識的に一元説を打ち出していると考えられるからである。そのような姿勢の一端は，本判決において，②判決とともに①判決を先例として引用しているところにも見出すことができる。実は，②判決以下のサブリース判決は，①判決を先例として引用していなかった。そして，二元的理解の1つの根拠としてその点を援用することも可能だったのである[15]。本判決によって，このような議論の仕方は，事実上封じられたことになろう。

4 一元説の問題性

そこで次に問われるのは，判例法を一元的に理解すべきだとして，そのような判例法は妥当か，という問題である。

一元説によれば，サブリース事例に関する②判決によって打ち出された契約前事情総合考慮法理は，借地借家法32条1項の適用そのものに他ならず，修正適用ではない。そして，そうである以上，その法理は，サブリース事例のみならず借家事例一般さらには借地事例(借地借家法11条1項)にも同様に適用されるということになる。このように捉えれば，本判決は，契約前事情総合考慮法理が借地事例にも適用されることを確認する事例判決だという位置づけになる。

しかし第1に，借地借家法上の賃料等増減額請求権(11条1項，32条1項)における従前賃料等の不相当性という要件が，契約後の経済事情の変動を内容としていることは文言上明らかである。たしかに，この点に関しては，従来からも，

法定要件に限定することなく「当該賃貸借の成立に関する経緯その他諸般の事情を斟酌して」従前賃料の不相当性および相当賃料の額を判断すべきものとされていた[16]。しかし，そこにはやはり，「契約の条件にかかわらず」という法文からくる限界があるはずである[17]。②判決は，「賃料額が決定されるに至った事情や賃料自動増額特約が付されるに至った事情」を「十分に考慮」することを要求する。それは，契約条件の考慮と紙一重である。そうであれば，②判決の論理が上記の法文と緊張関係を孕んでいることを否定することができない。②判決には，賃料等増減額請求権の通常適用とは異質の論理が入っているとみるのが自然である。すなわち，それは，修正適用とみるべきなのである[18]。そのように考えてこそ，②判決が「衡平の見地」を援用したり，契約前の諸事情を「重要な要素」として「十分に考慮」すべしとわざわざ強調していることも，素直に理解できるというものである[19]。

　第2に，借地借家法における賃料等増減額請求権には，かつて分析したように[20]，契約補完機能と契約修正機能との2つの機能がある[21]。一元説には，この機能の二元性を軽視あるいは無視してしまう危険がある。それでは，賃料等増減額請求権の機能の二元性を踏まえた場合には，賃料等増減額請求権と自動改定特約との関係をどのように考えるべきか。これをごく要約的に提示しておこう。

　（i）借地法および借家法制定(1921年)による賃貸借期間の長期化(借地については一定の期間保障，借家についてはその後の改正(1941年)によって導入された正当事由制度による存続保護)に伴い，賃貸借契約当事者は，賃料等の市場的決定の機会を奪われることになる。他方，借地法と借家法は，賃料等を市場水準と異なる水準に規制しようという考え方を含んでいない。したがって，長期にわたって賃料等に関する市場的決定の機会を排除することは，借地法・借家法の対価に関する体系的整合性を損ねる危険がある。借地法12条および借家法7条によって認められた賃料等増減額請求権制度は，この事態を避けるために，当事者の契約による市場的決定を司法的決定によって代替し，補完する制度と位置づけることができる(契約補完機能)。この観点からすれば，当事者が契約で将来の賃料に関して明確な決定をしていた場合には，それを排して法が介入する必要はない。契約補完機能については，賃料等増減額請求権は強行法的性格を持つべ

きではないのである[22]。

　(ii) 立法過程においては，上記の考え方に立つ案も作成された。しかし，成立した借地法12条および借家法7条は，一定期間賃料等を増額しない特約（不増額特約）がある場合についてだけ特約の優先を定めるとともに，賃料等増減額請求権の行使を「契約の条件にかかわらず」認めるものとした。当事者の将来の賃料に関する私的自治は，片面的に，賃借人に有利な方向で制約されることになったのである。賃料等増減額請求権は，このようにして強行法的性格を獲得することになった。ここでの賃料等増減額請求権は，もはや契約補完機能ということでは説明しえない。それは，契約修正機能を獲得するのである。これを正当化するのは，基本的には，賃借人保護の要請である（なお，裁判実務において，これに加えて，地価上昇の利益を賃貸人のみに帰属させることを避けるという公平の観点が，契約修正機能あるいは市場修正機能のもうひとつの根拠とされている）。

　(iii) 以上まとめると，借地借家法における賃料等増減額請求権は，契約補完機能と契約修正機能という二元的機能を持っている。そして，賃借人保護が問題にならず（ここでは契約修正機能が正当化されない），かつ，契約当事者が自覚的に将来の賃料等を特約で定めている場合には（ここでは契約補完機能を発揮させる必要がない），特約に優先する賃料等増減額請求権制度の強行法的性格を貫徹させるべきではないことになる。

　サブリース事例においては，一般的に，賃借人保護が問題になりえず，かつ，契約当事者間で自覚的な将来の賃料に関するリスク分配が行われている。したがって，以上の理解からすれば，サブリース事例については原則的に賃料等増減額請求権の適用を否定すべきことになる。これに対して，センチュリー事件最高裁判決（②判決）を始めとするサブリース事例に関する最高裁判決は，サブリース事例への借地借家法32条1項の適用を肯定した。しかし，筆者の理解によれば，これらの判例は，法32条1項の適用を肯定しながらも，「衡平」原則を援用して法の形式的適用を回避し（＝修正適用），契約前の賃料に関する特約締結の経緯等の事情を総合的に考慮することを通じて，サブリース事例の実質に即した解決を志向するものであった。それは，賃料等増減額請求権の強行法的性格を強調しながらも，賃料に関する特約を事実上考慮する途を開くことによって，その強行法的性格を事実上緩和しているのである。その意味で，こ

れらの判例は，適用否定説の立場からしても十分に賛同しうるものであった。

　他方で，このような理解からすれば，サブリース最高裁判決の射程は，基本的にはサブリース事例＋α に限定されるべきものである[23]。それは，賃料等増減額請求権が契約修正機能を果たすべき場合には，必ずしも適切な法理ではないからである。本判決は，このような方向と整合するものではない。最高裁の主観的意図とは別に本判決の射程を本件の事案に即して限定するか(前述の可能性)，一元説のもとでさらに類型化を行い(たとえば特約優先型と特約の相当性審査型)サブリース最高裁判決の射程を事実上限定するなどの方向を志向すべきものと考える。

1) 稲本洋之助・澤野順彦編『コンメンタール借地借家法〔第2版〕』(日本評論社，2003年) 84頁〔副田隆重〕，和田安夫「地代等自動改定特約と借地借家法11条1項」民商130巻1号(2004年)119頁およびそこに引用の文献参照。
2) 以上は，基本的に，吉田克己「サブリース契約と借地借家法32条に基づく賃料減額請求」清水誠先生古稀記念論集『市民法学の課題と展望』(日本評論社，2000年)343頁(本書第12章268頁)で述べたところである。
3) 和田・前掲注1)123頁。この方向に早くから注目していた文献として，原田純孝「賃料自動改定特約の効力と経済事情の変動」判タ901号(1996年)59頁がある。
4) 清水俊彦「サブリースにおける賃料増減額(中)」判タ1001号(1999年)61頁。
5) この点については，清水俊彦「賃料自動改定特約と借地借家法(下)──判例史の通観と最一小判平成15年6月12日の法理」判タ1155号(2004年)105頁参照。「拘束されず」などの言い回しに苦心の跡が窺われるという。
6) ただし，従来の相当性審査の基準は，一般に「著しく不合理」とか「著しく不相当」など顕著性が要求されていたのに対して，本判決では，単に「借地借家法11条1項の規定の趣旨に照らして不相当なものとなった場合」とされ(判旨(b)参照)，顕著性が要求されていないことにも留意しておく必要があろう。
7) 特約の効力について①判決と②判決とが異なる法理を提示していることは，本稿と異なる観点からであるが，内田貴〔判例評釈〕法協121巻12号(2004年)2154〜2155頁，2164頁も指摘している。なお，①判決が示した，特約が不相当と評価される場合に当事者が「拘束されない」という法理は，賃料等増減額請求権を行使する前提として機能するだけでなく，当事者が特約の効力を争う場合には特約に従った賃料増減の効力が生じないことをも意味する。②判決はこの法理に触れるところがない。しかし，減額請求権が行使されない限り状況の如何を問わず自動増額特約が効力を生じるというのも不合理である。②判決のもとでも，この法理は生きていると考えるべきであろう。とすると，並存説のもとでも，特約の効力が問題になる局面はやはりある，ということになる。
8) 松岡久和「建物サブリース契約と借地借家法32条の適用」法学論叢154巻4＝5＝6号

(2004年)198頁がすでに指摘している。
9) 判タ1140号(2004年)70頁。調査官解説である松並重雄「判例解説」ジュリ1277号(2004年)122頁も,多少の表現の違いはあるが,基本的に同様の論旨を展開する。また,平田健治「地代等自動改定特約と借地借家法11条1項」判評543号(判時1849号)(2004年)175頁は,①判決が賃料増減額請求権に関する一般賃貸借ルールを示し,②判決等は,サブリースであることをそのルール内での個別事情として考慮するという方向を提示したという理解を示す。清水俊彦「転貸目的の事業用建物賃貸借と借地借家法32条(下)」NBL777号(2004年)51頁は,①判決において一般的な問題が解決されており,②判決以下の3判決は,その延長線上で①判決の立場を確認したにすぎず,いわば事例判決にすぎないとする。もっとも,清水は,②判決の示した法理が借地借家法32条1項の通常適用(その「枠内での処理」)にとどまりうるかについては,多少の疑問も提示している。
10) 升永英俊「地代等自動改定特約とサブリース契約」金法1681号(2003年)1頁。
11) 升永英俊「法の支配(下)」金法1697号(2004年)29頁。
12) 筆者も,②判決以下の3判決について,法32条1項の修正適用と理解しつつ,そのように法を修正して適用する根拠として,「衡平」原理に注目するという見方を提示している。吉田克己「サブリース契約と衡平の原則」銀行法務21・629号(2004年)4頁以下。また,下森定「サブリース訴訟最高裁判決の先例的意義と今後の理論的展望(上)」金商1191号(2004年)7頁も,衡平原理に着目しつつ,②判決によってサブリース契約が本来の賃貸借契約とは異質の契約であることが事実上認められたという理解を提示する。①判決と②判決以下に関する下森の二元的理解については,11～12頁参照。他方,松岡・前掲注8)は,②判決を法32条1項の(修正)適用と捉えつつ,サブリース契約事例と①判決との事案の差異を強調する(サブリース契約においては賃料自動改定特約によって賃借人が経済変動のリスクを引き受けているのに対して,①判決においてはそのようなリスク引き受けがあったとは見られない。195頁以下,とりわけ196頁参照)。
13) 判タ1159号128頁参照。また,清水俊彦「賃料自動改定特約と借地借家法(下)」判タ1155号(2004年)112頁も,本判決は①判決の延長線上にあり,予想された結果と評価する。
14) ①判決と②判決以下のサブリース事例との事案の差異(リスク引き受けのあり方がまったく異なる)を強調する松岡・前掲注8)196頁には,以上のような見方が内在しているということができよう。
15) そのような議論の一例として,松岡・前掲注8)195頁参照。また,本書第13章291頁も参照。
16) 括弧書きの引用は,最判昭和44年9月25日判時574号31頁から。清水・前掲注9)49頁,平田・前掲注9)173頁も参照。また,西口元ほか座談会「サブリース最高裁判決の意義と今後の実務展開」金判1186号(2004年)における奈良輝久発言(169頁)も,その点を強調して,②判決が従来の下級審裁判例と連続しているとの把握を示している。
17) 清水・前掲注9)49頁が強調する。実際,法定要件以外の事情の総合考慮を打ち出す前記最判昭和44年(注16)も,契約条件を考慮しているわけではない。
18) 吉田・前掲注12)(本書第12章)で強調したところである。下森・前掲注12)4頁も同旨。

第 14 章　賃料不減額特約と借地借家法 11 条 1 項に基づく賃料減額請求　323

　　また，近時の文献として，北山修悟「判例解説」判例セレクト 2004(法教 294 号別冊，2005 年)18 頁も参照。
19) 以上は，渡辺充昭「いわゆるサブリース契約における借地借家法 32 条に基づく賃料減額請求に関する最高裁判決の分析」(北海道大学大学院法学研究科 2004 年度リサーチペーパー，未公刊)の分析に示唆を受けている。
20) 吉田・前掲注 2)論文(本書第 12 章)参照。その後，松岡・前掲注 8)論文が，基本的に同様の発想に立ちつつ，より詳細に問題を分析している。以下の要約的提示は，この松岡論文からの示唆やその後の検討を織り込んだもので，上掲論文の単なる要約ではない。
21) 吉田・前掲注 2)論文においては，「市場補完機能」と「市場修正機能」という言葉を用いたが，松岡・前掲注 8)171 頁の指摘に基づいて改める。とりわけ賃料に関する特約との関係を議論する場合には，「契約補完機能」と「契約修正機能」という用語のほうが適切であろう。もっとも，「市場修正機能」という言葉を用いた際に念頭に置いていたのは，地価高騰が激しかった時期に，相当賃料水準を市場賃料水準よりも低めに定める下級審裁判例が多くみられたことである。ここでは特約が存在しない場合がむしろ通常であるから，契約修正機能という言葉は使いにくい。この 2 系列の用語は，排斥的なものというより，機能する場面が多少ずれた形で並存する関係にあると捉えるべきものであろう。
22) 瀬川信久「借地借家法 32 条は強行法規か？――サブリース最高裁判決について」金判 1202 号(2004 年)1 頁は，賃料等増減額請求権のこの側面を前面に押し出すものと捉えることができよう。
23) 本稿と理論枠組みを共通にするものではないが，サブリース最高裁判決の射程を限定すべきと説くものとして，内田・前掲注 7)2169～2170 頁も参照。

　【追記】本稿は，判例タイムズ誌に定期的に掲載されていた「民法判例レビュー」の不動産パートにおける判例研究として執筆し，同誌 1173 号(2005 年)109 頁以下に掲載されたものである。本書には，判例研究・判例解説は，本稿以外には収録していない。しかし，本稿が扱う論点は，サブリースに関する判例法理を理解する上で必要不可欠である。にもかかわらず，私は，他にこの論点を扱う論文を執筆していないので，例外的にではあるが，判例研究である本稿を本書に収録した次第である。
　本稿で扱った最 3 小判平成 16 年 6 月 29 日判時 1868 号 52 頁によって，サブリース契約に関する最高裁判決が打ち出した判例法理は，サブリース契約に限定されない一般的法理であることが明らかになった(一元的理解)。あるいは，本判決によって，判例法理は二元的理解から一元的理解へと転換した(第 13 章への【追記】参照。本書 308 頁)。判例法理をそのようなものと理解した上で，本稿においては，その妥当性には疑問の余地があることを指摘した。さらに，賃

料増減額請求権に関する一元的理解は，他の論点についてもサブリース契約の特殊性を軽視する解決に導きやすい。それは，事案の特性に応じた妥当な解決を導く上での障害となる。実際に，サブリース契約における正当事由制度の適用という論点において，そのような危惧が現実のものとなっている。以下の第15章においては，その問題を扱う。

第15章　サブリース契約と正当事由

I　はじめに

　御庁(札幌高等裁判所)に控訴がなされている平成21年(ネ)第217号賃貸借契約終了確認等請求控訴事件(控訴人・宮村土地不動産株式会社，被控訴人・サブリース株式会社)に関して，控訴人代理人から，次の2点に関して私の見解を求められた。〔補注1〕
　(i)　いわゆるサブリース契約において借地借家法28条に定める「正当の事由」具備の有無を判断するに当たって，通常の賃貸借契約の場合と異なる考慮が必要になるか。この問題が肯定される場合には，サブリース契約における「正当の事由」の判断にあたってどのような点を考慮すべきか。
　(ii)　そのようなサブリース契約への「正当の事由」適用に関する検討を踏まえた場合，本件の原判決をどのように評価すべきか。
　本意見書は，この2点について，私の民法学研究者としての意見を申し述べるものである。

II　判例法理におけるサブリース契約

1　序

　本件での争点であるサブリース契約における正当事由制度適用のあり方について，正面から問題を論じた先例となる裁判例は存在しないといってよい(関

連する裁判例は存在し，後に本意見書でも取り上げる)。しかし，サブリース契約に対する借地借家法の適用という論点に関しては，借家については同法32条1項，借地については同法11条1項に定める賃料増減額請求権(具体的には，減額請求権の行使が問題となる)を素材とする重要な判例法理の展開が見られる。サブリース契約における正当事由制度適用のあり方という論点を考える場合にも，直接の先例がない以上，賃料減額請求権に関するこの判例法理を踏まえ，そこから出発する必要がある。

2　サブリース契約における借地借家法32条の適用
　　——センチュリー事件最高裁判決に見る判例法理

　この論点に関する最高裁の見解を示したのは，平成15年10月に相次いで言い渡された3つの判決である。すなわち，最高裁判所第3小法廷平成15年10月21日判決(民集57巻9号1213頁)(センチュリー事件判決)，最高裁判所第3小法廷平成15年10月21日判決(判時1844号50頁)(横浜倉庫事件判決)，および最高裁判所第1小法廷平成15年10月23日判決(判時1844号54頁)(朝倉事件判決)の3判決である。

　最高裁判所は，この3つの判決において，サブリース契約の法的性質を建物賃貸借契約として借地借家法32条1項に規定する賃料減額請求権の適用を肯定しながらも，その適用に際しては，「衡平の見地に照らし」賃貸借契約の当事者が賃料額決定の要素とした事情その他諸般の事情を総合的に考慮すべきであるという判断を示した(3事件とも破棄差戻し)。これらの判旨は周知のものといってよいが，本意見書の論旨を展開する必要上，民集登載判決であるセンチュリー事件判決に即して，その内容を確認しておこう。

　(i)「前記確定事実によれば，本件契約における合意の内容は，第1審原告が第1審被告に対して本件賃貸部分を使用収益させ，第1審被告が第1審原告に対してその対価として賃料を支払うというものであり，本件契約は，建物の賃貸借契約であることが明らかであるから，本件契約には，借地借家法が適用され，同法32条の規定も適用されるものというべきである。」

　(ii)「本件契約には本件賃料自動増額特約が存するが，借地借家法32条1項

の規定は，強行法規であって，本件賃料自動増額特約によってもその適用を排除することができないものであるから（最高裁昭和28年(オ)第861号同31年5月15日第3小法廷判決・民集10巻5号496頁，最高裁昭和54年(オ)第593号同56年4月20日第2小法廷判決・民集35巻3号656頁参照），本件契約の当事者は，本件賃料自動増額特約が存するとしても，そのことにより直ちに上記規定に基づく賃料増減額請求権の行使が妨げられるものではない。」

(iii) なお，本件契約は，いわゆるサブリース契約と称されるものの1つである。そして，「本件契約における賃料額及び本件賃料自動増額特約等に係る約定は，X（賃貸人——引用者）がY（賃借人——引用者）の転貸事業のために多額の資本を投下する前提となったものであって，本件契約における重要な要素であったということができる。これらの事情は，本件契約の当事者が，前記の当初賃料額を決定する際の重要な要素となった事情であるから，衡平の見地に照らし，借地借家法32条1項の規定に基づく賃料減額請求の当否（同項所定の賃料増減額請求権行使の要件充足の有無）及び相当賃料額を判断する場合に，重要な事情として十分に考慮されるべきである。」

(iv) 「以上により，Yは，借地借家法32条1項の規定により，本件賃貸部分の賃料の減額を求めることができる。そして，上記のとおり，この減額請求の当否および相当賃料額を判断するに当たっては，賃貸借契約の当事者が賃料額決定の要素とした事情その他諸般の事情を総合的に考慮すべきであり，本件契約において賃料額が決定されるに至った経緯や賃料自動増額特約が付されるに至った事情，とりわけ，当該約定賃料額と当時の近傍同種の建物の賃料相場との関係（賃料相場とのかい離の有無，程度等），第1審被告の転貸事業における収支予測にかかわる事情（賃料の転貸収入に占める割合の推移の見通しについての当事者の認識等），第1審原告の敷金及び銀行借入金の返済の予定にかかわる事情等をも十分に考慮すべきである。」

3 判例法理のポイント

サブリース契約における正当事由判断のあり方という論点も念頭に置きつつ，賃料減額請求権に関するセンチュリー事件判決に示される判例法理のポイント

をまとめると，次の3点を指摘することができる。

(1) 判例は，サブリース契約に対する借地借家法32条1項の適用を肯定する

(i) 下級審裁判例の状況と適用否定説

本判決が出現する以前は，サブリース契約に対する借地借家法32条1項の適用という論点に関して，学説における活発な議論が存在し。この論点を扱う下級審裁判例も多数存在するが，結論は統一されていなかった。

学説においては，単純適用説もあったが，適用否定説も有力であった。適用否定の理由づけとしては，大きくは2つの方向が提示されていた。

1つは，いわばサブリース契約の法的性質決定論から問題にアプローチするものである(法性決定論)。すなわち，サブリース契約は，賃貸借契約という形を採る場合であっても，その実質は事業受託契約あるいは共同事業契約など賃貸借契約とは異なる契約と見るべきであるから，借地借家法の適用はない，と考えるわけである。要するに，サブリース契約を賃貸借契約とは異なる契約と法性決定することがこの議論のポイントである。

もう1つは，借地借家法32条1項が強行法の性格を持つとされることの意味を深めることから問題にアプローチするものである(借地借家法32条論)。すなわち，仮にサブリース契約が賃貸借契約であり，その点から借地借家法の適用があるとしても，同法32条1項は，当事者が合意で将来の賃料のあり方を決定している場合には，適用されるべきではない，とこの方向を採る論者は主張する。賃料増減額請求権の制度は，もともと，市場における当事者の自由な賃料の決定が長期の期間保証(借地における期間法定等)によって不可能になる場合に，それを裁判所の介入によって補完する制度として創設された。そうであれば，当事者が合意で将来の賃料を決定している場合には，適用される必要がないのである。不増額特約以外の特約がある場合には，「契約の条件にかかわらず」賃料増減額請求権の行使が肯定されるが，それは，賃貸人と賃借人の交渉力格差等を考慮して特別に定められたものであり，サブリース契約のような当事者間の交渉力格差が存在しない契約類型においては，その正当性を失う。この方向の見解は，このように主張する。

下級審裁判例においても，決して多くはないが，適用否定説が存在した。代表的なものは，センチュリー事件の第一審判決である東京地判平成10年8月28日判タ983号291頁がある。この判決は，「サブリース契約が，将来，二度と利用されるべきでない不当な契約類型であるというならともかく，それが，賃借人(大手不動産会社等)にとっては，土地に自ら直接資本を投下することなく，賃貸ビルを供給できるというメリットを有し，賃貸人(地権者)にとっても，大手不動産会社等にビルを賃貸して，賃料保証による長期安定収入が得られるというメリットを有し，そうであるからこそ被告をはじめとする大手不動産会社により大規模に採用されて社会的に肯認されていたと目されることも考慮すれば，事後的な司法審査の場で安易に私的自治に介入して当事者間で当初から予定されたその効力を否定することは妥当ではなく，その他前認定の本件契約の趣旨，目的等に照らせば，借地借家法32条は，本件契約には適用されないと解すべきである。そして，その結果，たとえ本件契約後の賃料相場の変動が予想に反したことにより被告が損害を被ったとしても，その予想を誤ったことによる不利益は，賃料保証と全リスクの負担を標榜した被告において甘受すべき筋合いとされてもやむを得ないというべきである。」と判示し，明確な適用否定説を採ったのである。

　その控訴審判決である東京高判平成12年1月25日判タ1020号157頁は，このような全面的適用否定説を採用しなかった。しかし，それでも，法32条の全面的適用は排除し，サブリース契約の趣旨を勘案した制限的適用に止める。次のように判示する。「本件契約は民法の典型契約の１つである建物賃貸借契約の法形式を採っているが，その実質的機能や契約内容にかんがみると，それとは異なる性質を有する事業委託的無名契約の性質をもったものであると解すべきであり，当然に借地借家法の全面的適用があると解するのは相当でなく，本件契約の目的，機能及び性質に反しない限度においてのみ適用があるものと解すべきである。」

　(ⅱ)　最高裁による適用否定説の否定

　最高裁は，サブリース契約に対する借地借家法32条1項の適用という論点に関して，これらの適用否定説を否定して，まず，サブリース契約を賃貸借契約と法性決定し(判旨(ⅰ))，次いで，賃料自動増額特約の効力に関しては，「借地

借家法32条1項の規定は，強行法規であって，本件賃料自動増額特約によってもその適用を排除することができないものである」と述べて，その存在にもかかわらず賃料減額請求権の行使は可能であると判断したのである（判旨(ii)）。しかし，それは単純な適用肯定説ではない。この点を次に見よう。

(2) 判例は，サブリース契約の特質を考慮する

(i) 総合考慮の法理

判例法理によれば，このように借地借家法32条の適用を肯定することは，サブリース契約における賃料減額請求権の行使のあり方を，通常の賃貸借契約と同様に解するということを意味しない。賃料減額請求権行使の効果は，サブリース契約の特質を十分に考慮して定められるべきものとされるのである。すなわちセンチュリー事件最高裁判決は，賃料自動増額特約等が存在する事情は，本件契約における重要な要素であり，「衡平の見地に照らし」，賃料減額請求の当否および相当賃料額を判断する場合に，十分に考慮されるべきであるとする（判旨(iii)）。さらに，この判断に際しては，より具体的には，約定賃料額と当時の近傍同種の建物の賃料相場との乖離の有無等の関係，賃借人の転貸事業における収支予測にかかわる事情，賃貸人の銀行借入金の返済の予定にかかわる事情等をも十分に考慮すべきであるとされるのである（判旨(iv)）。

(ii) 総合考慮法理の具体的適用

問題は，この一般的規範が具体的にどのように適用されているかである。この点に関しては，現時点で公表されている裁判例が多くなく，一般的な分析は難しい。筆者の調査によれば，一連の最高裁判決以降，サブリース契約の事案において法32条1項の具体的適用を論点とする裁判例は，2件（サブリース契約に準じるもの1件を加えると3件）に止まる（和解で決着がついているケースが少なくないようである）。しかし，それでも，これらの裁判例を見る限りは，下級審裁判例は，サブリース契約の特殊性を十分に考慮しており，通常の賃料減額請求とは異なる結論を導いていると評価しなければならない。以下，これら3件の下級審裁判例を簡単に眺めてみる。

①東京高判平成16年12月22日判タ1170号122頁

前出の朝倉事件の差戻審判決である。月額賃料額が1064万840円であり，

賃料保証も存在したケースであるが，賃借人が月額 509 万 7735 円への減額を請求した。差戻までの経緯は省略するが，鑑定によれば，本件の適正賃料額は月額 603 万 5000 円とされている。しかし，本判決は，次のように述べてこれをそのまま採用することを否定する。「しかし，上記鑑定結果は，本件賃貸借契約がサブリース契約でない通常の賃貸借契約であったと仮定した場合の適正賃料額を示すものであり，本件が，不動産賃貸業等を営む会社である控訴人が，土地所有者である被控訴人の建築したビルにおいて転貸事業を行うことを目的とし，被控訴人に対し一定期間の賃料保証を為し，被控訴人においてこの賃料保証等を前提とする収支予測の下に多額の銀行融資を受けてビルを建築した上で締結されたサブリース契約であることからすれば，上記鑑定額をもって直ちに本件の相当賃料額であるということはできない。」

　その上で，より具体的には，前記サブリース最高裁判決の一般論に即しつつ，賃料保証特約の存在や保証賃料額が決定された事情，ととりわけ，オーナーが本件の事業を行うに当たって考慮した予想収支，それに基づく建築資金の返済計画をできるだけ損なわないよう配慮して相当賃料額を決定しなければならないものとする。そして，結局，オーナーが負担する建築資金借り入れの金利負担軽減分に相当する減額のみを認めたのである（月額 940 万円が相当賃料額とされた）。その程度の減額であれば，オーナーの資金返済計画に大きな支障が生ずることもなく，「衡平の見地から考えて」，減額を受忍すべきだというのである。

　オーナーが負担する金利下落に対応する分だけの賃料減額を認めるという考え方は，この東京高等裁判所判決が出る直前に出された最高裁判所第 2 小法廷平成 16 年 11 月 8 日判決において，滝井繁男裁判官が述べた補足意見と観点を共通にするものであって，おそらく，ここには影響関係がある。滝井補足意見は，その基礎にあるリスク負担の考え方の点で，注目に値する。

　すなわち，滝井補足意見によれば，一般的には，サブリース契約において転借料として所期の収益を得ることができず，他方で賃料が減額されないのであれば，転借料と賃料との差額によって利益を得ようとする契約本来の目的を達することができないことになる。しかし，それは，サブリース契約において「賃借人が一般的に引き受けたリスクと考えるべきものである」。そうであれば，

経済事情の変動によって転借料収入の減少があったとしても、「これにより生ずるリスクは賃借人が引き受けたものとして、これを直ちに賃貸人に転嫁させないというのが衡平にかなう……」のである。オーナーは、「賃借人の提案を受けて賃貸物件を取得したことに伴い発生するリスク」のすべてを引き受けている。そうであれば、「支払賃料が経済事情の変動によっても減額されないことがあり得るリスク」は賃借人が負担することによって、「この種契約における当事者間の衡平は保たれている」というべきである。これが滝井補足意見のリスク負担に関する基本的考え方である。

　他方で、本件では、契約時の予測を超えて、オーナーの金利負担が減少している。この利益は、ひとりオーナーのみが享受するのは衡平に欠けるというべきであり、これに対応する部分については賃料減額を認めるというのは、おおかたの支持を得る解決であろう。反面、これ以外のリスク転嫁についてはきわめて慎重に考えるというのが、滝井補足意見の考え方である。

　サブリースに関する一連の最高裁判決は、滝井補足意見に見られる「リスク」という文言を用いていない。しかし、賃料に関する特約を締結した事情等を総合的に考慮するというその法理の基礎には、滝井補足意見に表明されているリスク負担の考え方があると見るべきである。そして、この考え方は、正当事由制度適用のあり方という本件の論点を考える場合にも、判例法理の基礎にある考え方として踏まえるべきものである。この点については、後に再論する。

　②東京地判平成16年4月23日金法1742号40頁

　典型的なサブリース契約であり、期間20年で賃料保証が定められていた。保証賃料額は、月額1億6884万5300円である。もっとも、これが減額されて、現実の賃料額は、月額1億3660万5100円となっている。これに対して、賃借人が6731万9700円が相当であるとして賃料減額請求をした事件である。

　本件においては、裁判所が採用する鑑定によれば、相当賃料額は、月額7840万円である。本判決は、これを基に相当賃料額を判断すべきとしつつ、本件の特殊な事情として、本件の契約はいわゆるサブリース契約であり、賃料保証が「契約を締結し、多額の資本を投下する前提となっており、当該保証額は、本件契約の重要な要素である」という点、またオーナーと賃借人の収支状況等をも考慮して、結局、月額1億436万7000円を相当賃料と判断した。

本件の判旨は，サブリース最高裁判決の示した総合考慮の法理を必ずしも忠実になぞっていない。通常の賃貸借における相当賃料判断の仕方を踏襲しつつ，それにサブリース的総合考慮の要素を若干加味しているという判断枠組みなのである。しかし，それでも，結論として採用されている相当賃料額は，サブリース契約の特殊性をかなり考慮したものになっていることに注目しておきたい。

③千葉地判平成20年5月26日LEX/DB28141730

本件は，特定優良賃貸住宅制度に基づく借上げ住宅の賃料減額が問題になったケースで，典型的なサブリース契約ではない。しかし，転貸を当然に想定した賃貸借関係であること，期間が長期であること(20年)，空室保証があり借上げ料額が固定されていること(オーナーは，賃料保証があると主張した)などの点で，サブリース契約と共通の性格も見出される。サブリース契約に準じた契約関係としてここで取り上げた所以である。

本判決は，特定優良賃貸住宅制度に基づく借上げ住宅という特殊性を考慮しても本件では借地借家法の適用を肯定すべきだとし，同法32条1項の適用も肯定するが，「本件建物に関して空室が生じた場合のリスクは全て原告が負担するということが本件借上契約締結当時の原告及び被告の共通認識となっていたということができるから，その後の経済事情の変動によって空室が生じたとしても，安易にその負担を被告に転嫁させることはできないというべきである」という観点を強調しつつ，「このような事情に照らせば，本件においては，バブル経済の崩壊により不動産価格が下落したこと，本件建物において平成7年度以降空室が生じ，実際の家賃収入が被告に支払う借上料を下回る事態が生じたこと，原告の負担において特別減額措置を実施せざるを得なくなったことなどの経済事情の変動及び本件建物につき原告の負担において特別減額措置を行ったという原告に有利な事情を考慮しても，公平の観点から，借地借家法32条1項の『不相当になったとき』には該当しないというべきである。」と判示して，賃借人の賃料減額請求を否定した。

センチュリー事件最高裁判決は，「賃料減額請求の当否(同項所定の賃料増減額請求権行使の要件充足の有無)」も総合考慮に基づいて判断すべきものと判示していたから，事情によっては，賃料減額請求が否定されることもありうると判例

法理を理解するのが素直と見られる。すなわち、最高裁判決は、単に効果論の側面だけでなく、場合によっては、賃料減額請求権の成立という要件論の局面においても、サブリース契約の特殊性の考慮を認めると考えるのである。しかし、この点に関しては、借地借家法32条1項の適用否定説を採用した原判決を破棄したという点に着目して、判例法理は、賃料減額請求権の否定を想定していないという理解も提示されていた。本判決は、最高裁の判旨に忠実に、減額請求権の否定もありうるということを示した点で、注目されるものである。ともあれ、ここでも、裁判例は、賃借人によるリスク・テイク(本事案の場合には、空室保証)というサブリース契約の特質を十分に考慮して、結論を導いているのである。

(iii) 小　括

センチュリー事件最高裁判決を始めとするサブリース契約に対する借地借家法32条1項の適用に関する一連の判例については、適用否定説の否定という基本的な枠組みにもかかわらず、実質的には適用否定説の発想に近く、具体的解決についても適用否定説に近い解決を導きうるものであることが、つとに指摘されていた(たとえば、松岡久和「建物サブリース契約と借地借家法32条の適用」京都大学法学論叢154巻4＝5＝6号〔2004年〕202頁)。その後の下級審裁判例の展開は、この指摘の正当性を示しているということができる。

(3) 判例は、借地借家法32条の内容を柔軟化する

(i) 借地借家法32条1項の規定内容

借地借家法32条1項は、建物の借賃の改定基準として、①「土地若しくは建物に対する租税その他の負担の増減」、②「土地若しくは建物の価格の上昇若しくは低下その他の経済事情の変動」、③「近傍同種の建物の借賃」との比較を挙げ、これらの事情によって借賃(賃料)が不相当になったときは、「契約の条件にかかわらず」、当事者は、賃料の増減額を請求することができるものと定めている。

ここに示されているのは、基本的には、契約による賃料決定後のさまざまな事情の変動である。そのような考え方は、本条が事情変更原則の適用であると一般に説かれることにも表現されている。たしかに、この規定の下でも、契約

時の事情が考慮されることはある。たとえば，当事者間の個人的事情によって当初の家賃が相場より低かったような事情は，相当賃料の判断の際に，当然に影響を及ぼすであろう。実際，下級審裁判例においても，賃料が決定された時の特殊事情やいわゆる権利金支払いの有無，また賃貸借契約締結に当たっての賃借人の出捐等，契約前の事情を相当賃料額算定に際して考慮することは行われていた。しかし，それらは，あくまで副次的な考慮要素にすぎないし，そのような事件は，アドホックで散在的にしか存在しない。不相当性の判断に当たって基本的な重要性を認められるのは，あくまで契約後の経済事情の変動である。

(ii) サブリース契約における賃料減額請求権の判断枠組み

これに対して，センチュリー事件最高裁判決は，前記のように，一般的には「賃貸借契約の当事者が賃料額決定の要素とした事情その他諸般の事情を総合的に考慮すべきであ」ると判示し，より具体的には，「本件契約において賃料額が決定されるに至った経緯や賃料自動増額特約が付されるに至った事情，とりわけ，当該約定賃料額と当時の近傍同種の建物の賃料相場との関係(賃料相場とのかい離の有無，程度等)，第1審被告の転貸事業における収支予測にかかわる事情(賃料の転貸収入に占める割合の推移の見通しについての当事者の認識等)，第1審原告の敷金及び銀行借入金の返済の予定にかかわる事情等をも十分に考慮すべきである。」と述べている。

注意すべきは，これらの事情はすべて，賃料に関する約定を行った背景事情であり，契約前の事情であることである。したがって，サブリース契約に関する判例の判断枠組みについては，《契約前事情総合考慮説》という形で特徴づけることが可能である。判例の判断枠組みは，これらを十分に考慮した上で，その後の経済的事情の変動によって当該賃料が「不相当」になったかどうかを判断するのであるから，形式的には法32条1項の伝統的枠組みを外れるものではないとも評価しうる。前述のように，伝統的枠組みにおいても，契約時の賃料決定にかかわる事情等を考慮した上でその後の経済事情の変動を踏まえた不相当性判断がなされることはあったからである。しかし，これも前述したように，伝統的枠組みにおいては，そのようなケースは，散在的にしか存在せず，これはあくまで副次的な考慮要素である。これに対して，サブリース契約にお

いては，このような契約前の事情が本質的重要性を獲得し，反対に，契約後の経済事情の変動は，本質的な重要性を失う。そこには，実質的な規範内容の修正を見出す必要がある。

　サブリース契約において本質的な重要性を持つ契約前の諸事情は，基本的には，契約後の契約事情変動に伴う賃料相場変動のリスクを誰がどの程度負担するかに関連する事情である。このようなリスク設計を問題にするという発想は，通常の賃貸借では基本的には出てこない。そのような賃貸借を想定した法32条1項が，契約後の諸事情を基本に賃料増減額請求権の可否を判断するという枠組みを採用したのは，ある意味で当然のことであった。しかし，リスク設計を契約の重要な要素とするサブリース契約の場合には，リスク設計のあり方を無視しては，その後の妥当な賃料のあり方を考えることはできない。サブリース契約に法32条1項を適用する場合には，その内容を実質的に修正し，柔軟化せざるをえない所以である。センチュリー事件最高裁判決に示された契約前事情総合考慮というサブリース契約への法32条1項適用の具体的内容は，それをよく示している。

III　サブリース契約と正当事由

1　サブリース契約における正当事由の判断構造

(1)　序

　すでに述べたとおり，本件での争点であるサブリース契約における正当事由制度適用のあり方について，正面から問題を論じた先例となる裁判例は存在しない。そこで，借地借家法32条1項の適用に関する判例法理を参考にこの問題を考えていくことになるが，この判例法理がサブリース契約への借地借家法の適用を認めているからといって，サブリース契約に正当事由に関する借地借家法28条の適用を認め，かつ，それを通常の賃貸借契約と同様の判断枠組みで行うとすれば，それは，法32条1項に関する判例法理を無視するものに

なってしまうであろう。法32条1項に関する判例法理は，サブリース契約についてはその特殊性を考慮して，通常の賃貸借とは異なる扱いをしているからである。判例法理の一貫性・整合性を確保するためには，正当事由判断に際しても，サブリース契約の特殊性を考慮しなければならない。

問題は，これを考慮する判断枠組みの内容をどのように構築していくか，である。その際の基本的視点は，法32条1項の適用における判例法理にならって，当事者間のリスク設計のあり方に求めるべきである。以下の考察は，このような基本的視点を踏まえたものである。

(2) リスク設計と賃貸借期間

(i) サブリース契約における期間の意味

賃貸不動産を経営する際のリスクの主たるものは，①空室発生のリスク，②賃料下落のリスク，③賃料滞納のリスク，④金利上昇のリスクであり，サブリース契約の本質的要素をなす賃料保証条項は，これらのうち①〜③のリスクを賃貸人であるオーナーから賃借人である不動産デベロッパーに転嫁するという形でリスク設計をするものである（賃貸人のリスク・アバース行動）。もちろん，それがゆえに，賃料水準は，そのようなリスク移転がない通常の賃貸借関係に比して低い水準で定められ，リスク・テイカーとしての賃借人は，転借料との差額を経営収益として取得するわけである。このような当事者間のリスク設計のあり方を，裁判所がどの程度介入して修正しうるかが，法32条1項の適用のあり方という形で，これまでのサブリース紛争の主要争点を形成してきた。

ところで，当事者間のリスク設計は，通常は，一定期間を想定して行われる。期間を不確定にした形でこれを定めることは，ありえないとはいわないまでも，少なくとも通常の事態ではない。期間が不確定ではリスク計算ができないからである。

まず，賃借人である不動産デベロッパーからすれば，上記①〜③のリスクは，対象不動産の老朽化，施設の陳腐化（とりわけオフィスビルの場合）に伴って増加していく。もちろん，対象不動産の改修や付属施設の更新があればこれらのリスク増加を回避することは可能であるが，これらの対策については，賃貸人＝所有者が権限を有し責任を負っており，賃借人にはこの点についての操作可能性

がない。そこで，賃借人としては，保証した賃料水準を考慮に入れながら，他方での①〜③のリスク増大の蓋然性を考慮し，これらのリスクを何年程度引き受けることができるか，何年程度引き受けるのが適切かを判断していくことになる。これがサブリース契約期間の設定に他ならない。これが過度に長期にわたれば，リスク・テイカーとしての賃借人の危険が過度に増加するし，だからといって過度に短期に定めるならば，賃借人は，収益獲得のチャンスをそれだけ失うことになる。

次に，オーナー(賃貸人)からすれば，賃料保証＝リスク転嫁の期間は長期であればあるほど望ましいという判断もありうるが，リスクを転嫁している期間は，反面で不動産市場が好況である場合であっても，賃貸人は，そのメリットを享受できないことを意味する。したがって，一方で建築資金として融資を受けた金員の返済計画を考慮しながら，一定期間が経過した後は，好況時のメリットの享受も含めた自分のリスクで不動産経営を行うという判断をすることもありうる。一定期間経過後に，賃貸人がリスク・テイカーに立場を変えるというリスク設計である。

このような契約当事者それぞれのリスク・テイクに関する利害を反映した交渉の上で，具体的なサブリース契約期間が設定される。サブリース契約においては，通常，契約期間はある程度長期なものとされ，かつ，当事者間で実質的な交渉が行われる。本件においてもそうであり，当初，オーナー(原告)側が20年を，賃借人側が10年間をそれぞれ主張し，最終的に調整の結果15年という期間が決定している(原判決11頁)。それは，原則としては，期間の経過によって契約関係が終了することを想定した決定である。

これに対して，居住用賃貸借契約の場合には，2年が通常の期間であり，これについて交渉が行われることはまずない。これは，一応の期間であって，現実の利用がこれで終了することは最初から予定されていないのである。

このような居住用不動産における賃貸借期間の考え方と，サブリース契約における賃貸借期間の考え方は，まったく異なるものといわなければならない。

　(ii) サブリース契約と正当事由

サブリース契約における期間の意味をこのように理解する場合，正当事由制度はどのように位置づけるべきなのであろうか。一般的には，上記の期間の意

味と正当事由制度との間には，緊張関係があるといわなければならない。基本的には，更新時の契約当事者の使用の必要性の比較で判断される正当事由は，契約時に交渉を経て決定されるリスク設計のあり方を修正する性格を本来的に持っているからである。当事者によるリスク設計を尊重するという立場からは，正当事由をサブリース契約には適用しないという方向が提示されるであろう。控訴理由書は，このような立場を第一義的に採用する。この論点の検討は本意見書の課題ではないので詳述を避けるが，これは，理論的には十分にありうる考え方であるということだけは指摘しておきたい。

これに対して，仮に借地借家法32条1項に関する最高裁判例の趣旨をここにも及ぼして，サブリース契約に借地借家法28条の適用があると考える場合には，そこでありうる方向は，正当事由制度の適用自体は肯定しつつも，当事者間のリスク設計に関する決定も可能な限り尊重する方向で正当事由の判断要素を再構成するというものであろう。これは，Ⅱで詳しく見たように，賃料減額請求権のあり方に関して判例法理が努力して追求してきた方向でもある。

(iii) 正当事由の判断要素の再構成

借地借家法28条は，正当事由の判断要素として，まず，①「建物の賃貸人と賃借人が建物の使用を必要とする事情」を挙げ，次いで，その他，②「建物の賃貸借に関する従前の経過」，③「建物の利用状況及び建物の現況」，④「建物の賃貸人が建物の明渡しの条件として又は建物の明渡しと引換えに建物の賃借人に対して財産上の給付をする旨の申出をした場合におけるその申出」を考慮して，正当事由の判断を行う旨を規定している。そして，これらの判断要素のうち，①が基本的要素とされ，②～④は補充的要素とされる。この点は，規定の文言上も明らかであり，学説上も異論を見ない。

しかし，基本的判断要素である①は，基本的には更新拒絶が問題となる時点，さらにはそれより後の口頭弁論終結時における判断である。このような現時点を中心とする正当事由判断の枠組みは，先に触れたとおり，サブリース契約の本質的要素であるリスク設計の当事者による契約時の決定との間に緊張関係をもたらす。賃料に関する特約(具体的には賃料保証特約)によるリスク設計と法32条1項による賃料減額請求との間にも同様の緊張関係があるが，判例法理は，契約前事情総合考慮法理の採用という形で，この緊張関係に対処していた。正

当事由に関しても同様に，期間決定に係わる契約前の諸事情さらには期間の決定自体を考慮する比重を高めるという形で，この緊張関係に対処すべきである。

法32条1項においては，契約時の事情の考慮は，法の文言上は明示されていない。これに対して，正当事由の場合には，法28条において「建物の賃貸借に関する従前の経過」(②)が明示されている。ここには，賃貸借をすることとした際の事情，権利金等の支払いの有無，賃貸借期間の長短等の事情が入るものとされている。したがって，期間決定に係わる契約前の諸事情さらには期間の決定自体を，サブリース契約当事者間のリスク設計という観点から考慮することは，文言上は何ら支障がない。むしろそれは当然のことなのである。

もちろん，期間決定という形でのリスク設計のあり方を重視するといっても，借地借家法の趣旨から自ずから限界もある。たとえば，当事者が期間満了時の更新の可能性を一切排除する旨を約定するような場合には，その約定の効力は，借地借家法30条によって無効とされるであろう。また，そのような約定をしたいのであれば，いわゆる定期借家権を選択することができるのであって(38条)，そのような約定の効力を安易に認めることは，定期借家権に関する手続要件等の潜脱を認めてしまうことになる。

したがって，このような更新排除の特約の効力を認めるわけにはいかないが，それにもかかわらず，当事者がリスク設計の観点から一定の期間を定めた背景事情を考慮し，期間に関する決定自体を正当事由判断に当たって考慮することは，可能であり，必要なことである。

以下，以上の観点に立って，もう少し具体的に個々の判断要素について注意すべき点を述べておこう。

(3) 正当事由の判断要素

(i) 使用の必要性の比較

使用の必要性の比較は，前述のように，通常の賃貸借においては，基本的判断要素であるが，サブリース契約においては，期間という形での当事者のリスク設計との間で緊張関係を孕んだ判断要素である。また，サブリース・ケースで，本件のようにテナントに対する賃貸という形での不動産経営の継続を前提とする場合には，使用の必要性の比較を前面に出すならば，正当事由の具備は

ほとんど認められなくなってしまう可能性がある。使用の必要性の比較は、単に当事者のリスク設計と緊張関係にあるというだけでなく、それを否定しかねないのである。

　後者の点に関して若干敷衍すると、営業用建物について使用利益の比較が問題になる際には、賃借人については、当該建物で営業しなければならない必要性が主として問われる。賃貸人についても基本的には同様であって、当該建物取戻後に計画する当該建物の利用が賃貸人にとってどれだけ必要であるかが問われる。この2つの比較が、使用の必要性比較の内容をなすわけである。

　ところが、サブリース・ケースで賃貸不動産経営の継続が想定される場合には、賃借人にとっても賃貸人にとっても、必要性の対象となるのは、賃貸不動産経営から生じる収益である。ここで問題となっているのは、不動産の使用利益をめぐる争いというよりも、賃貸不動産経営を誰が行うか、それに伴う収益を誰が取得するかをめぐる争いなのである。これは、サブリース契約以外の賃貸借契約における正当事由、そして使用の必要性に関する問題状況とは異なっている。収益という金銭的利益については、事業者にとっての必要性は等し並に認められ、その必要度に差異をつけるのは難しい。そうであれば、賃貸人のこの点に関する必要性が上回ると判断され、正当事由が認められるというのは、現実にはなかなか難しいということになろう。

　本件の原判決は、この点に関して、賃貸人の使用の必要性については、①「原告が、本件建物賃貸部分の使用を必要とする理由は、本件建物賃貸部分を直接テナントに賃貸することによって、本件契約の賃料以上の収益を上げようとすることにある」とまとめている。他方で、賃借人の使用の必要性については、②「被告は、本件契約の契約期間中、自らの企業努力によってテナントを確保し(α)、本件建物賃貸部分の転貸を企業の主要な収入源としている(β)」(α、βは、検討の便宜上、私が付したものである)とまとめ、結論として正当事由を否定している。

　①は、サブリース・ケースにおける更新拒絶に定型的に見られる事情であるが、要するに、より多くの収益＝金銭的利益の確保ということに帰着する。②αも、テナント確保による収益性がなければ、そもそも賃貸人が更新拒絶をしようとするインセンティブに欠けるわけであるから、更新拒絶ケースにおい

てほぼ定型的に認められる事情である。この2つを比較するというのがサブリース・ケースにおける使用の必要性比較の内容であるならば、正当事由はほぼ定型的に否定されることになろう。これに対して、賃借人側の金銭的利益への必要性にかかわる②βの比重が大きいとすれば、この点の判断によって正当事由判断が左右されることになる。しかし、仮にテナント収入が賃借人の主要な収入源になっていないとしても、同じく金銭的利益である①との比較において①が上回り、正当事由の具備具備を認める判断が導かれる可能性が大きいとは思われない。

　要するに、最初に指摘したように、サブリース・ケースにおいて使用の必要性の比較を前面に出すならば、正当事由は、ほとんど認められなくなってしまうと考えられるのである。そのようにして、期間決定という形での当事者のリスク設計は、まったく尊重されないことになる。これは、サブリース契約に関するこの間の判例法理の展開と真っ向から対立する方向である。本意見書は、サブリース契約において使用の必要性の比較をすべきではないとまで主張するものではない。そのような解釈は、借地借家法28条の規定と抵触することになろう。しかし、サブリース・ケースにおいては、使用の必要性の比較に通常の賃貸借と同様の意味を付与すべきではなく、それを相対化して考えるべきである。これが本意見書の立場である。サブリース契約の特質に応じてこのように借地借家法の要件を実質的に再構成するという考え方は、借地借家法32条1項の賃料減額請求権の行使に際して、すでに判例が行っているところであった。

　(ii)　建物の賃貸借に関する従前の経過

　このような観点に立って、当事者のリスク設計を尊重するという立場から重視すべきなのは、「建物の賃貸借に関する従前の経過」である。前述のように、この判断要素には、賃貸借をすることとした際の事情や賃貸借期間の長短等の事情が入るものとされている。とりわけ重要なのは、期間を定めた趣旨であって、実際、従前から、期間を定めたことそれ自体は正当事由の認定にとって重要な意味を持たないが、期間を定めた趣旨によっては、それが正当事由を認める有力なファクターになることが認められている。たとえば、転勤不在中に期間を限り賃貸するような場合には、一時使用とまではいえなくとも、原則とし

ては予定された期間が経過した時に正当事由が具備されたと説く下級審裁判例がある(東京地判昭和39年10月30日判タ168号114頁)。

　サブリース契約の場合には，期間を何年とするかは，リスク設計の観点から，きわめて重要な意味を持つ。その趣旨を重視することは，先に紹介した正当事由に関する従来の判例からしても当然と考えられる。さらに，サブリース契約に関する賃料減額請求権に関する判例の展開との整合性という観点からも，期間に関する定めとその背景事情を十分に考慮することが必要である。

　要するに，センチュリー事件最高裁判決の趣旨を踏まえて表現するならば，《賃貸借期間の定めは，契約における重要な要素であるから，衡平の見地に照らし，借地借家法28条の規定に基づく正当事由の有無を判断する場合に，重要な事情として十分に考慮されるべき》ものなのである。もっとも，賃料減額請求に関する法32条1項には契約前事情の総合考慮に関する明示の規定がないから「衡平の見地」を援用することが必要であったかもしれないが，正当事由判断に際しては，期間の定めの趣旨等の契約前の事情を考慮すべきことが明文で認められているわけであるから，「衡平の見地」という理由づけは，必要ないのかもしれない。

　(iii)　財産上の給付(立退料)その他
　(ｱ)　借地借家法28条は，「財産上の給付」(いわゆる立退料)の申出を正当事由判断の1つの要素としている。サブリース契約の場合に，これが排除される理由はない。サブリース契約の場合には，通常は，更新拒絶によって転借人がそのまま賃貸人に引き継がれることが予定される。本件もそうである。これは，見方によっては，賃借人が企業努力によって転借人(テナント)を確保したという成果を不動産のオーナーがフリーライド的に横取りすることに他ならない。このような評価が成り立つ場合には，立退料による正当事由の補完が意味を持ってくることもありえよう。

　もっとも，このフリーライド論については，注意しておくべき点がある。それは，テナント確保がなされているとして，そのうちのどこまでを賃借人の努力の成果と見るべきかについては困難な問題があるということである。テナント確保については，貸し室の整備状況や宣伝等に加えて，立地条件が重要な意味を持つ。立地条件に由来する部分が賃借人の営業努力と関わりを持たないこ

とは，明らかである。また，固有に賃借人の営業努力による部分は，賃貸人が賃貸不動産経営を承継する場合には，遅かれ早かれ消滅していかざるをえない。賃貸不動産の経営交代後テナント確保が長期に亘る場合には，それはむしろ賃貸人の営業努力によると見るべき場合が増えてくるであろう。このように見てくると，賃貸人のフリーライド部分は，もちろんありうるが，一般的にはそれほど大きなものとはならないというべきである。

(ｲ)　契約期間中の賃借人の家賃不払い等の債務不履行，また用法違反等の義務違反行為は，仮にそれが賃貸借契約の解除事由にはならない場合であっても，正当事由判断に際しては考慮される事由となる。借地借家法 28 条には明示の規定がないが，判例・学説上異論のないところである。サブリース契約における正当事由判断にあたっても，この事情は，当然に判断要素になると考えるべきである。

(ⅳ)　転借人の使用の必要性

借地借家法 28 条括弧書きは，転貸借が存在する場合には，転借人に存在する事情も賃借人のそれと同様に判断要素として考慮すべきことを規定している。基本賃貸借が期間満了によって終了する場合には，賃貸人は，転借人にもその効果を対抗することができ，その結果，転借人は，その使用収益権を賃貸人に対抗することができなくなる。そこで，基本賃貸借の期間満了による終了の可否を正当事由によってコントロールする際に，転借人の使用の必要性等の事情を同様に考慮すべきものとされるのである。

そのような趣旨であれば，賃貸人が賃貸不動産の経営を継続する意図を持っており，転貸借契約を承継する場合には，転借人の事情を考慮する必要はなくなる。それは，サブリース契約において正当事由具備を妨げるきわめて大きな要素の 1 つがなくなることを意味する。

この点に関して，東京高判平成 14 年 3 月 5 日判タ 1087 号 280 頁は，賃料減額請求権行使の可否という争点との関連で，サブリース契約における正当事由判断に関して次のように判示している。「借地借家法では，転借人の地位は，賃貸借の成否に係り，賃貸借が終了するときは，原則として転貸借も終了する（借地借家法 34 条）。そのため，転貸借がある場合には，借地借家法 28 条は，転借人が建物を使用する必要があるかどうかを正当事由の判断要素にすることに

より，転借人の保護を図っている。／このような法の趣旨からして，転貸目的の賃貸借において，賃貸借が終了しても，賃貸人が転貸借契約を承継して，転借人が建物の使用を従前どおり継続できる場合には，賃貸人が賃借人兼転貸人に対して賃貸借の解約を申し入れるについて，特別の事情のない限り，解約の正当事由が肯定されるものと解するのが相当である。」

　サブリース契約において，転貸借契約の承継があれば当然に正当事由が認められるというこの判決の一般的命題は，本意見書のこれまでの検討からすると，やや行き過ぎの観がある。しかし，転貸借契約の承継があれば転借人の事情を考慮する必要がなくなり，その結果，期間に関する当事者のリスク設計を尊重すべき要請が大きくなることはたしかである。本判決の説示は，そのような事情をやや一般化しすぎた形で表現するものと理解することができよう。

2　原判決の問題性

(1)　序

　それでは，以上の検討を踏まえた場合，本件の原判決（札幌地判平成21年4月22日判タ1317号194頁）をどのように評価すべきか。結論的には，原判決は，理論的に問題があるだけでなく，解決の妥当性という観点からも重大な問題を含み，とうてい維持し得ない判断だと考える。以下敷衍する。

(2)　サブリース契約における正当事由判断に関する原判決の基本的立場

　原判決は，サブリース契約における正当事由制度適用に関して，本件契約を建物賃貸借契約と性質決定した上で，借地借家法の適用と同28条の適用を肯定し，その上で，サブリース契約における正当事由判断に関して次のように判示する。

　「①借地借家法は，建物の賃貸借が居住目的であると事業目的であるとに係わらず適用されるものであり，また，賃貸人又は賃借人の属性（商人，大企業，社会的弱者等）によって適用に相違があるものでもも（ママ）ないので，本件契約

が，被告においてテナントに転貸して収益を上げることを目的とするサブリース契約であることによって，同法28条の規定の適用があるとの前記の結論が否定されることにはならないというべきである。②そして，同法28条の規定は強行法規であるから，たとえ，本件契約において，賃貸人の一方的意思によって契約の更新を拒絶しうる旨の特約を設けたとしても，その特約は，同法30条の規定により無効と解される。

③このような前提に立てば，本件契約の更新拒絶について同法28条の『正当の事由』が認められるか否かを判断するにあたっては，同条に規定されている『建物の賃貸人及び賃借人(転借人も含む。以下この条において同じ。)が建物の使用を必要とする事情のほか，建物の賃貸借に関する従前の経過，建物の利用状況及び建物の現況並びに建物の賃貸人が建物の明渡しと引換えに建物の賃借人に対して財産上の給付をする旨の申出をした場合におけるその申出』(ママ。規定の引用に一部欠落がある。引用者)などの事情を考慮して判断することになるのであって，本件契約がサブリースであることが，上記の『建物の賃貸人及び賃借人が建物の使用を必要とする事情』の一要素として考慮されることはあっても，サブリース契約であること自体が，同法28条の『正当の事由』を認める方向での徳率の考慮要素となるものではない。」

「……④したがって，サブリース契約が，賃貸人である建物所有者と賃借人である管理会社の共同事業としての性格を有するものであり，賃借人が賃貸人に比べて経済的弱者であることを前提に賃借人の保護をその理念としている借地借家法の理念には整合性を有しない面があることを理由に，同法28条の『正当の事由』の適用について，本件契約がサブリースであることが重要な考慮要素となるとの原告の主張は失当といわざるを得ない。」(以上，①〜④の番号は，検討の便宜のために私が付したものである。)

(3) 理論的問題性

(i) サブリース契約の特質の無視

原判決は，サブリース契約は賃貸借契約と法性決定されるべきものであり，その結果，借地借家法28条が適用されると判示した。このようにサブリース契約に法28条の正当事由制度の適用を認めるとしても，だからといって，そ

の際にサブリース契約の特質を考慮しないという結論にはならない。サブリース契約における法32条1項すなわち賃料減額請求に関する判例は，通常の賃貸借と異なり，契約前事情の総合考慮，本意見書の用語で表現すれば当事者によるリスク設計の内容を十分に考慮することを求めている。サブリース契約に関する判例法理の一貫性と整合性を確保するためには，正当事由の判断に際しても同様の考慮が要請される。原判決の根本的な問題性は，この点に関する判例法理の理解を欠き，サブリース契約における正当事由判断のあり方を通常の賃貸借とまったく同様に考えてしまった点にある。

(ⅱ) 判旨の推論の不十分性

それでは，原判決は，サブリース契約の特質を無視してよいという結論を，どのような推論に基づいて導いているのであろうか。判旨は，④において，問題となる契約がサブリース契約であることは，「重要な考慮要素」にならないと断言する。原判決における最大の問題点と見られるこの結論が，どのような論理に基づいて導かれているかがここでの問題である。

原判決は，この結論を導くために，まず，①において，借地借家法が建物賃貸借一般に普遍的に適用されることを述べる。しかし，前述のように，だからといって，サブリース契約における正当事由判断のあり方に特質が認められないということにはならないはずである。ある類型の賃貸借契約について他の類型とは異なる配慮がなされるということと，ある制度が賃貸借契約一般に普遍的に適用されるということの間には，何の矛盾もないからである。原判決には，この点で論理の飛躍がある。

原判決は，次に，②において，更新拒絶を許容する特約があったとしてもそれは借地借家法30条に違反するものとして無効となると述べる。一般論としては正当であるが，だからといって，サブリース期間に関して当事者が行ったリスク設計の趣旨をすべて無視すべしということにはならない。期間に関する当事者のリスク設計は，必ずしも借地借家法28条に違反する特約によって表現されるわけではなく，契約期間を定めた趣旨，契約上の特約の趣旨，それに至る諸事情によって表現されるからである。これらは，サブリースに関する判例法理の整合性を確保するためには，正当事由判断の際に，十分に考慮されなければならないはずである。

原判決はさらに，③において，α サブリース契約であることが建物使用の必要性の一要素として考慮されることはあっても，β サブリース契約であること自体が正当事由を認める方向での独立の考慮要素となるものではないと述べる。β の趣旨は必ずしも明確ではないが，α は，サブリース契約における正当事由判断の問題構造を決定的に取り違えている。サブリース契約であることの特質は，正当事由判断においては，前述したように，使用の必要性ではなく，期間に関する諸事情，リスク設計のところに求めなければならないのである。使用の必要性の次元でサブリース契約であることを考慮するというのが具体的にどのようなことを意味するかは，判旨からは明らかではない。しかし，これが場合によっては正当事由の具備を事実上不可能にし，原判決の判断枠組みにはそのような危険が現れていることは，前述したところである。

　もっとも，原判決には，サブリース契約の特質を踏まえて，契約期間が決定された事情を正当事由判断に当たって考慮するという正当な発想も見出される。先の引用には出ていないが，その後の判旨において，「原告の本件契約の更新拒絶について同法28条の『正当の事由』が認められるか否かを判断するにあたっては，本件契約の契約期間が決定されるに至った経緯なども，判断の一要素として考慮されるべきである。」と述べられているのである。

　しかし，原判決は，上記の判旨に続けて，「15年が経過した時点で，契約を更新するか否かを当事者間で協議するということが話し合われたものの，15年の契約期間が終了した場合に契約の更新をしないことが確定的に合意されていたということはないのであるから，本件契約の契約期間が決定されるに至って経緯から，直ちに，原告の本件契約の更新拒絶について同法28条の『正当の事由』が認められることにはならないというべきである。」と判示する。この原判決の推論には，飛躍がある。ここで重要なのは，更新しないことを確定的に合意したか否かではない。仮にこの種の合意をしたとしても，それは，法30条に違反するものとして無効とされよう。これは，先に見たように，判旨自身も認めるところであり，そのような合意の存在を重視してそれがあれば正当事由を認めるかのごとき判断をするということは，原判決自身の理論的立場に反するものであろう。そうではなくて，ここで重視すべきは，15年という期間に当事者がどの程度の意義を認めていたか，その期間の持っているリスク

設計上の意味である。これを重視しつつ正当事由の有無を判断するというのが，法32条1項に関する判例法理との整合性を確保した正当事由の判断枠組みとなるのである。

(4) 妥当性の点での問題性

(i) 序

以上のように，原判決には，理論的な基本的問題性が認められるが，それだけではない。原判決の立場によると，解決の妥当性という観点からも，重大な問題が生じる。

原判決の立場によると，サブリース契約における正当事由の具備はきわめて困難になる。この問題性は，これまで何回か指摘してきた。この点に関しては，居住用の賃貸借とりわけ賃貸用として建設された建物についても正当事由の具備はきわめて困難なのであって，それと同様な扱いになることで特に問題はないのではないかという見解が提示されるかもしれない。しかし，サブリース契約には，居住用建物の賃貸借などとは異なる特質があり，上記の事態は，解決の妥当性を大いに損なうものと考えられる。端的にいえば，当事者間のリスク・テイキングのバランスが崩れてしまうのである。

(ii) リスク・テイキング上のアンバランス

サブリース契約に基づく賃借人＝不動産デベロッパーの不動産経営には，転借人・テナントが確保され転借料収入が確保されることによって好調に推移する場合(好調ケース)と，これらの確保に問題が生じて経営が困難になる場合(不調ケース)との2つのケースがある。

(ア) この間裁判実務上多くの問題を提示したのは，不調ケースにおける賃料減額請求であった。この点に関する判例法理によれば，契約期間内の賃料減額請求は，形式的には法32条1項の適用が認められることによって可能であるが，現実には，通常の賃貸借なみの減額は認められず，場合によっては減額自体が否定される。これは，先に詳しく見たところである。ここでは，当事者間の賃料に関するリスク設計に依拠しつつ，基本的には賃貸人の有利に紛争が解決されるのである。これに対して，不満を持つであろう賃借人は，期間満了時には，無条件で更新を拒絶し，契約関係から離脱することができる。法28

条は，賃貸人からの更新拒絶について正当事由を求めるが，賃借人からの更新拒絶には適用されないからである。このようにして，当事者間のリスク・テイキングに関するバランスが確保される。

　(イ)　これに対して，本件での問題は，好調ケースで提示される。賃貸人と賃借人の双方が収益性ある賃貸不動産経営を望み，それが正当事由判断をめぐって争われるのである。このケースにおいて，契約期間内には，賃料増額請求が問題となりうるが，賃料に関する特約(たとえば自動増額特約)がある場合にそれを超える水準の増額を請求したとしても，それは排除されることになろう。ここでの具体的な状況においては，自動増額特約が賃料不増額特約として機能していると見られるからである(法32条1項但書は，不増額特約がある場合の賃料増額請求を否定する)。ここでは，賃借人有利に紛争が解決される。そしてそれは，当事者間のリスク設計を尊重するという観点からも，支持されるべき解決である。他方，それに不満を持つ賃貸人は，契約期間満了時に更新を拒絶して，自ら賃貸不動産経営を行うことが認めらるということになれば，(ア)の場合との比較で，リスク・テイキングに関するバランスが取れることになる。ところが，原判決の立場だと，正当事由が認められるという事態が事実上封じられるから，上記の可能性が事実上封じられてしまうのである。

　このようなリスク・テイキング上のアンバランスは，次のようにも表現しうる。つまり，賃借人は，契約期間中は，基本的には，契約で定めた賃料に関するリスク設計に従って賃料に関するリスクを取る。これに対して，期間終了時には，仮に賃貸経営が不調であれば，更新を拒絶して経営から手を引くことができる。反対に経営が好調であれば，そのまま経営を継続しうる。賃貸人からの更新拒絶について正当事由が事実上認められないからである。要するに，賃借人は，契約期間満了時には，賃貸経営が好調であれ不調であれ，自らの都合のよい方向を選択できるのである。この事態は，反対に，賃貸人は，契約期間満了時には，自らに有利な選択をいずれの場合にも拒否されることを意味している。このようなリスク・テイキングのあり方は，バランスを欠き公平性に欠けるものといわなければならない。

3 本件事案における期間に関するリスク設計のあり方と正当事由

　以上，繰り返し述べてきたように，サブリース契約における正当事由判断に当たっては，当事者による期間に関するリスク設計のあり方を十分に考慮すべきである。それでは，本件において，当事者による期間に関するリスク設計のあり方はどのように理解すべきであろうか。また，それを踏まえて正当事由の判断をどのように行うべきであろうか。本意見書は，法律論を課題とするものであって，正当事由判断という規範的判断自体を課題とするものではないが，次のような点を指摘しておくことは許されよう。

　(i)　15年という本件の契約期間は，当初，原告である賃貸人が20年を，被告である賃借人が10年を希望し，最終的には調整の結果15年とされたものである（原判決11頁）。これは，本件の期間は，当事者の実質的な交渉を経た当事者の意思を反映したものであることを示している。

　(ii)　本件の「転貸条件付賃貸借契約書」（甲第2号証）によれば，賃貸借契約が15年であることを前提として，「契約期間満了にあたって，甲，乙及び丙（原告である賃貸人，当初の5年間について賃借人であった訴外株式会社及び被告である賃借人）異議なき場合は，同一条件にてさらに3年間自動的に更新されるものとし，その後も同様とする」と定められている（第6条1項）。関係当事者の誰かに異議があれば「自動更新」はされないという規定であるから，当事者のリスク設計は，基本的に当初の契約期間で契約を終了させるものであったと考えられる。その上で，賃貸人がリスク転嫁を一定の期間継続することを望み（リスク・アバースの継続），他方で賃借人が一定期間のリスク・テイクを承認する場合には，当初のリスク設計を3年間延長させるというのが，本件でのリスク設計の考え方である。関係当事者全員に異議がない場合に初めて当初のリスク設計が延長されるという仕組みになっていることが重要である。

　(iii)　「甲（賃貸人）又は乙及び丙（当初の5年間について賃借人であった訴外株式会社及び被告である賃借人）」には，中途解約権が認められる（第7条）。この場合には，「相手方に対し第2条(イ)に定める賃貸借契約の残期間に対する賃料を支払うこ

と」が条件となる。ここで注目しておきたいのは，この規定は，当初の契約期間である「第2条(イ)に定める」期間だけを想定しており，第6条1項に基づいて更新された場合の措置は定めていないことである。現実にこの点にかかわって問題が生じる場合には，補充的契約解釈が問題となり，類推適用で考えるか(同様に残期間の賃料支払いが必要となる)，反対解釈で考えるか(残期間の賃料支払いを要せず解約しうる)を議論することになる。これは本意見書の問題ではない。本意見書の課題である正当事由論という観点から重要なのは，更新の場合の規定を欠いているということは，当事者が基本的には当初の契約期間である15年で契約が終了すると考えていたという理解を補強する性格の事実だということである。

(iv) サブリース契約における正当事由を考える場合に現実にきわめて重要なのは，転貸借関係の処遇である。本件においては，本件契約が終了しても，現に入居しているテナントについてはその法的地位に変化はなく，原告自身，各テナントに対して賃貸人の地位を承継する旨の通知を行っているという(原告第4準備書面5頁)。そうであれば，前述のように，これだけで正当事由具備と認めるのは行き過ぎだとしても，正当事由否定の方向で働く重要な要素が存在しなくなったことになる。

(v) 以上からすれば，最終的な判断は留保するにしても，本件は，サブリース契約の特殊性を考慮するならば，正当事由具備を認める方向に大きく傾く事案であると評価しうる。

IV おわりに

最後に，以上の考察を要約しておく。

(i) 賃料減額請求に関する判例法理は，①サブリース契約も賃貸借契約であることを根拠に借地借家法32条1項の適用を認め，②その際に，契約前の諸事情すなわち契約当事者が賃料に関するリスク設計を行った事情を十分に考慮すべきものとしている。

(ii) サブリース契約に法28条を適用するのであれば，その正当事由判断に当たっては，判例の一貫性を確保するために，法32条1項に関する上記判例

法理②を尊重すべきである。

　(ⅲ)　サブリース契約において当事者は，賃料に関するリスク設計を何年間継続させるかという意味で，期間に関してもリスク設計を行っている。サブリース契約における正当事由判断にあたっては，この事情を十分に考慮する必要がある。

　(ⅳ)　原判決は，この点に関する理解に欠け，その結果，解決の妥当性にも欠けることになった。その判断を維持することはできない。

　(ⅴ)　本件は，当事者間の期間に関するリスク設計を尊重するならば，正当事由肯定の方向で判断すべき事案である。

　サブリース契約における正当事由判断のあり方は，これまで裁判例で正面から問題となったことがなく，学説上も議論されていない新たな論点である。しかし，サブリース契約については，法32条1項の適用のあり方を論点とする豊富な判例の展開がある。本件における新たな論点を解決するためには，すでに存在する判例法理を踏まえ，それと齟齬がないように努めなければならない。原判決には，この点への配慮がまったく見られない。その結果，妥当性の点でも問題のある判断を下してしまった。御庁が，原判決の問題点を是正し，判例法理の一貫性と整合性を確保するとともに，当事者間の適正な利害調整を確保する判断をされるよう，心から期待するものである。

　〔補注1〕控訴の対象になった原判決は，札幌地判平成21年4月22日判タ1317号194頁である。

　【追記】本稿は，控訴人代理人(村松弘康法律事務所)の依頼を受けて，札幌高等裁判所に2009年9月9日付で提出した意見書である。意見書をそのまま本書に収録するのも例外的であるが，本意見書で扱ったサブリース契約と正当事由という論点に関しては，他に論文を執筆していないので本意見書を本書に収録することを考え，また，本意見書については一般的法理の検討だけでなく事件に関する具体的検討も収めたほうが論旨が明確になると考えて，意見書の全体をそのまま本書に収録することにした次第である。意見書ということもあって

注が付されていないが，お許しいただければ幸いである。また，行論の必要上，サブリース契約と正当事由という論点に入る前に，サブリース最高裁判決による判例法理の確認を行っている。この検討には，第13章および第14章における検討と重複する部分がある。ご海容をお願いしたい。ただし，本稿で触れたサブリース最高裁判決後の下級審裁判例の動向は，前章までの検討では扱っていない問題である。

　サブリース契約については，これまで，賃料減額請求権制度(法32条1項)適用の可否や，賃料増額特約の効力などについての議論が積み重ねられてきた。本書においても，これらの論点に関する検討を行ってきたわけであるが，サブリース契約と正当事由という論点は，私にとって意表を衝かれるものであった。バブル経済崩壊後のサブリース契約は，賃料の減額が問題になるくらいであるから賃借人である不動産デベロッパーにとってはメリットがなく，契約更新が問題になることはあまりないだろうと考えていたからである。しかし，現実は，私の想像を超えて多様であり，サブリース契約にもさまざまなものがあるということを痛感させられた。

　サブリース契約を賃貸借契約と法性決定するサブリース最高裁判決の法理からすれば，本件で借地借家法の適用が認められ，それがゆえに正当事由を定める同法28条も適用が肯定されるのは当然である。問題はその先にあり，法28条がサブリース契約にどのように適用されるか，サブリース契約において正当事由の有無を判断するに当たってどのような事情を考慮すべきか，である。この点は，原判決(札幌地判平成21年4月22日判タ1317号194頁)に対する判例タイムズ誌のコメントが，最高裁判決を前提とすれば，サブリース契約についても借地借家法28条の適用があるという点については異論のないところであろうが，「『正当の事由』を判断するに当たってどのような事情を重視するかについては，なお見解が分かれるものと思われる」(195頁)と述べているとおりである。

　本稿は，法32条1項の適用に当たってサブリース契約の特質を判例法理が考慮していると解されることからすれば，正当事由判断についてもその特質を考慮すべきだという点を強調している。原判決は，サブリース契約の特質について無自覚であり，あまりに形式的に問題を処理してしまったように思われる。そして，その結果，当事者間のリスク・テイキングのバランスが崩れてしまう

という妥当性の点からも看過しえない問題をもたらした，というのが本稿の認識である。

　この論点に関する学説の議論は，これまでのところほとんど存在しない。わずかに存在する本判決へのコメントは，本事案を農地賃貸借法制近代化の機動力となった歴史的事情すなわち改良費償還請求権問題を彷彿とさせるような事案と評価しつつ，「ビジネスの世界の問題だから存続保障ではなく金銭で解決するというドライな方策もあり得るものの，本件では賃借権の存続保障の方が妥当であろう」とする(池田恒男「不動産裁判例の動向」現代民事判例研究会編『民事判例Ⅰ 2010年前期』〔日本評論社，2010年〕69頁)。フリーライド問題に配慮する必要があるのはその通りであるが，それがサブリースにおいて必然的に存続保障という保護に結びつくべきかが議論すべき問題である。このコメントは，上記の文章に続けて，「もっとも，不動産サブリースを一般の借地借家契約と法的に同範疇とすることの是非はなお検討されるべきだと私は思う」と述べている。この観点とその具体化こそが重視されるべきで，これと先に引用した文章とは，平仄が合わないのではないかというのが私の印象である。ともあれ，問題の本格的な検討は，学説にとって今後に残された課題というべきであろう。

　なお，本件の控訴審判決である札幌高裁平成21年11月13日判決平成21年(ネ)第217号は，本意見書の主張を容れずに原判決の判断を踏襲した。同判決は，原判決の判断を維持する形で，サブリース契約の実態と特質を考慮することなく，通常の賃貸借と同様の正当事由判断を行い，賃貸人の更新拒絶の効力を否定したのである。この判決に対して上告受理申立てがなされたが，最高裁は，「民事訴訟法318条1項により受理すべきものとは認められない」としてこれを斥けた(最高裁平成22年5月25日決定平成22年(受)第594号)。しかし，これによって本論点に関する判例法理が確立したとは到底いえないであろう。現在，東京地裁に，本論点を主たる争点とする訴訟が係属していると仄聞している。今後の動向に注目したい。

第Ⅳ部　遺言と公序
―遺言処分と「相続させる旨の遺言」をめぐって―

第16章 「相続させる」旨の遺言
―遺産分割不要の原則の検証―

I 問題の現状

1 「相続させる」旨の遺言の狙い

　特定の財産を特定の相続人に確実に承継させようと望む場合，被相続人にはどのような手段がありうるだろうか。まず考えられるのは，その特定財産を遺贈することであろう。現に，かつての公証実務は，公正証書遺言の作成に際してそのようにしていた。しかし，昭和40年代頃から，「相続させる」という文言が用いられるようになってきたという[1]。遺贈は本来相続人以外の者に対する「遺言による贈与」であるから，相続人に遺産を承継させる場合にはふさわしくないという認識もあったようであるが[2]，より現実的には，「相続させる」遺言は，次のような効果を狙ったものであった。

　①不動産登記の登録免許税の点で有利な扱いを期待することができる。すなわち，遺贈は，不動産価額の1000分の25の登録免許税に服する。これに対して，「相続させる」遺言の場合には，相続を登記原因とする所有権移転登記であるから，不動産価額の1000分の6で足りる（なお，2003年の税制改正によって，この点は抜本的に改められた。後述）。②権利移転の登記についても手続が容易になる。すなわち，遺贈の場合には，法定相続人または遺言執行者と受遺者との共同申請が必要である（不動産登記法26条）。これに対して，「相続させる」遺言の形をとると，相続を登記原因とする所有権移転登記が可能であり，これは単独申請によって行うことができる（不動産登記法27条）。

以上は，要するに，特定財産の承継を，遺贈ではなく相続承継の論理で処理しようということである。「相続させる」という文言を用いて遺贈とされることを意識的に避けようとしているのは，そのためである。

相続承継の論理を追求するだけであれば，「相続させる」遺言の法的性質を遺産分割方法の指定（＋場合による相続分の指定）と解することで足りるかもしれない。しかし，「相続させる」遺言を用いる遺言者の意思は，遺産分割を経ずに特定相続人に対する特定財産の承継を可能にして死後の遺族間の紛争を回避するところにある，というのが公証実務の認識であった[3]。したがって，そこでは，遺産分割手続を回避することが重要な目標となり，そのために，遺言の効力発生と同時に財産帰属の物権的効果を発生させることが追求される。これは，伝統的には遺贈に認められてきた効力であって，相続承継の論理にはなじまない。

要するに，「相続させる」遺言は，一方において遺贈ではなく相続承継の効果を目指しつつ，他方においては遺贈的効力も追求するという，両立困難な効果の実現を狙うものであった。

不動産登記実務は，早くから，公証実務の要請に応えてこの両立を認めている。「相続させる」遺言に基づいて，遺産分割協議書の添付を要求することなく，相続を登記原因とする移転登記を行うことを認めたのである（昭和47年4月17日民甲1442号法務省民事局長通達民事月報27巻5号165頁）。もっとも，その理論的根拠は，必ずしも明確ではなかった。それでは，判例は，このような公証実務の要請をどのように受け止めたであろうか。

2　判例法理の形成

最高裁としてこの問題に正面から答えたのが，1991（平成3）年4月19日の第2小法廷判決である（民集45巻4号477頁）。裁判長の名をとって香川判決と呼ばれるこの判決は，①まず，「相続させる」趣旨の遺言の性質について，それを原則として遺産分割方法の指定と解するものとした。すなわち，この趣旨の遺言をする遺言者の意思の合理的意思解釈からすれば，この趣旨の遺言は，特段の事情がない限り遺贈と解すべきではなく，「被相続人の意思として当然あり

得る合理的な遺産の分割の方法を定めるもの」であり，民法908条の趣旨も，このように，「特定の遺産を特定の相続人に単独で相続により承継させることをも遺言で定めることを可能にする」ところにある，というのである。②他方で，香川判決は，「相続させる」趣旨の遺言の効果として，遺言の効力発生と同時に当該遺産が当該相続人に承継されることを認める。すなわち，「相続させる」趣旨の遺言には「他の共同相続人も……拘束され，これと異なる遺産分割の協議，さらには審判もなし得ない」のであるから，特段の事情がない限り，「何らの行為を要せずして，被相続人の死亡の時(遺言の効力の生じた時)に直ちに当該遺産が当該相続人に相続により承継されるものと解すべきである」というのである。

当該遺言を遺産分割方法の指定と解して問題を相続承継の論理に即して処理しようとする場合には，遺産分割を行うことによって権利が(遡及的に)移転するというのが伝統的考え方であった。香川判決は，この点に関して伝統的考え方を否定し，遺産分割不要の原則を導入したのである。これは，先の公証実務の狙いを全面的に認めるものにほかならない。

最高裁は，その後も，遺産分割不要の原則を維持しつつ，相続承継の論理を前面に出した判例形成をすすめている[4]。以下では，香川判決の論理を中心としてこの判例法理について再検討を試みる。とはいえ，汗牛充棟もただならぬこの論点について[5]，この小論で十分な検討をすることは不可能である。以下での作業は，遺言の自由とその限界，あるいは遺言者の意思はどこまで尊重されるべきかという視角を基軸に据えつつ，遺言者の意思と性質決定，遺言者の意思による典型処分の内容変更の可能性という2つに問題を集約して，若干の問題提起を試みるものにすぎない。

II 「相続させる」遺言と性質決定

1 問題の性格——性質決定

遺言による遺産分配に関する指定(やや正確さに欠けるが，便宜的に「遺言処分」

と呼んでおく)には，①遺贈(民法964条)，②相続分の指定(民法902条)，③遺産分割方法の指定(民法908条)という3つの類型がある[6]。これらを，民法が用意している遺言処分という意味で，「典型処分」と呼ぶことにする。「相続させる」遺言についての基本的問題は，この遺言が遺贈に当たるのか，それとも遺産分割方法の指定(+場合による相続分の指定)に当たるのか，である。

この判断は，遺言解釈の問題だと捉えるのが一般的である。しかし，ここで問われているのは，具体的な遺言が典型処分の3類型のどれに該当するのか(あるいはいずれにも該当しないのか)であるから，それは，基本的には法的性質決定(qualification)の問題である[7]。性質決定を行うためには，まず，それぞれの類型の内容と本質的要素が何であるかを明確にしなければならない[8]。その上で，具体的遺言についてそのような要素が具備されているかどうかを探求して性質決定がなされる。この判断は，最終的には裁判官の評価による。ここで，遺言者の意思が拘束的な役割を果たすわけではない。遺言の解釈が問題になるとすれば，それは，各類型に特徴的な要素が具備されているかを判断するためであって，意思に基づいて性質決定を行うためではない。そして，性質決定がなされると，それに伴って一連の法的効果が——遺言者の意思に基づいてではなく法律に基づいて——付与されていくことになる。

2　「相続させる」遺言における性質決定の困難性

性質決定を行う際に，通常は，当てはめの候補となる複数の類型の内容が截然と区別されている。ところが，「相続させる」遺言に関して問題になる3種の典型処分については，この点が必ずしも明確になっていない。重複があるようにも考えられるのである。たとえば，遺産の一定割合での遺言処分は，包括遺贈にも相続分の指定にも当てはめが可能であるように見える。特定財産の遺言処分は，特定遺贈にも遺産分割方法の指定にも(さらに法定相続分を超過する場合には相続分の指定にも)当てはめが可能なように見えるのである。ここに，「相続させる」遺言の性質決定の困難性がある。

この困難性への対処の方向は，2つに分かれる。

第1は，3種の典型処分の概念を再検討し，重複がないように構成し直すと

いう方向である。遺贈概念は比較的明確であるが，他の2つは，沿革的にも比較法的にも概念が明確ではない[9]。そこで，再検討は，遺産分割方法の指定と相続分の指定に向かうことになる。たとえば，相続分の指定とは相続人全員の法定相続分を修正する意思が明瞭に示されたものであり，遺産分割方法の指定とは現物分割原則に代わる換価分割や補償分割といった分割方針についての指示であって，それ自体は財産処分の性質を有しないなどと説かれる[10]。このように，重複がないように遺産分割方法の指定と相続分指定の概念を再検討するということは，それらの内容を縮減することを意味し，当然に，一定の財産処分を伴う「相続させる」遺言を遺贈と性質決定する方向に向かうことになる。あるいは，遺贈説を説得的にするために概念の再構成に向かうといってもよい。

第2は，類型相互の重複を認めたまま，類型の内容以外の他の要素，具体的には類型に付与される法的効果を遺言者が意図していたかという基準を個別具体的な性質決定に際して付加する方向である。たとえば，遺贈は，相続外の遺産承継であるから，受遺者である相続人が相続を放棄しても，遺贈の効力は維持される。これに対して，遺産分割方法の指定であれば，特定財産の承継を認められた相続人が相続を放棄すれば，その特定財産承継の効果も覆る。このように類型の効果の差異を押さえた上で，遺言者がいずれの効果を意図しているかを性質決定の基準にするのである。遺言者の意思が，このように，性質決定に当たって重要な役割を果たすようになる。前述のようにここでの問題解決に際して遺言者の意思あるいは遺言解釈の重要性が強調されるのは，このような点にも原因があるのであろう。

3 「相続させる」遺言の性質決定

この第2の方向が，香川判決出現前の裁判実務（多田判決と呼ばれる東京高判昭和45年3月30日判時595号58頁など）において採用されていた考え方であった。多田判決は，「相続させる」遺言において，相続放棄があったとしても，それにもかかわらず当該財産を取得させる意思が被相続人にある（この意思があれば遺贈）という事態は例外的であるという認識から，「相続させる」遺言を原則的には遺産分割方法の指定と性質決定する。いわゆる遺産分割方法指定説である。

相続の承認を前提として特定財産を承継させようとすることは、ありうる事態である。先の第1の方向のように遺産分割方法指定の概念を限定すると、このような被相続人の意思の実現が困難になる。特定財産の処分であるということだけで、遺産分割方法の指定ではなく遺贈と性質決定されてしまうからである。したがって、先の第1の方向は採用しにくい。また、被相続人の意思が原則的にどのようなものであるかを断言することはできないが、相続放棄と関係なしに財産の承継を考えることはたしかに一般的ではないであろう。このような点を考慮すると、遺産分割方法の指定との性質決定を原則とする多田判決の考え方は、説得的なものといってよい。

III 「相続させる」遺言と類型の内容変更

1 典型処分への包摂志向とそこからの離反志向

(1) 典型処分への包摂志向と公証実務

ところで、IIにおいては、遺贈説と遺産分割方法指定説との発想の違いに着目したが、この2つの考え方は、他方で共通の思考様式を備えている。それは、民法が定める典型処分を尊重して、個別の遺言処分をそこに包摂しようという志向である。個別具体的な遺言は、典型処分に包摂されることを通じて法的効果を導かれる。換言すれば、そこでは、典型処分への包摂を通じた遺言の自由のコントロールが志向される。そこには、遺言相続に対して法定相続を優先的に把握する発想が見出され、それを支えるのは、相続人の平等に対する強いコミットメントである[11]。

その結果、これらの考え方においては、公証実務が追求する2つの効果(相続承継と遺贈的効力)の一方の満足しか認められないことになった。典型処分を前提とする限り、この2つの効果は両立しないからである。遺贈説では高率の登録免許税の支払いと登記手続における共同申請を余儀なくされ、遺産分割方法指定説では遺産分割手続をカットした直接の所有権帰属を実現できない(多田判決は明確にそれを否定した)。それゆえ、この2つの考え方は、いずれも、公

証実務から徹底して排撃された[12]。公証実務を満足させるためには，何らかの意味で，典型処分からの離反が必要になる。

(2) 典型処分からの離反

公証実務が提示した構成は，「意思表示による遺産処分の態様は，法律が規定している相続分の指定，遺産分割方法の指定，遺贈の3種に限らず，そのほかに，遺産分割そのものの意思表示もありうる」とするものである（遺産分割処分説)[13]。遺言によって遺産分割がなされたことになるから，遺産分割手続を経ることなく，特定財産が直ちに相続人に帰属することが正当化される。この見解は，遺産分割の意思表示も民法964条に定める「処分」に含まれると主張する。新たな内容の典型処分の承認を求めるという形で，従来型の典型処分からの離反が試みられるわけである。

典型処分からの離反は，「相続させる」遺言に直接関連してではないが，有力な相続法学説によってより徹底した形で主張されていたものであった。その見解によれば，相続人間の遺産分配に関する具体的な遺言の内容は，しばしば二重・三重の内容を持ち，それを遺贈・相続分指定・遺産分割方法指定のどれかいずれかに無理に割り付けて解釈する必要はない。「かかる中間的なものの効果は，具体的遺言の内容に即して，処理されるべきであろう」[14]。この見解は，遺言者の意思の尊重から出発して，典型処分それ自体の否定に帰着する性格のものである。それは，典型処分の意義を認める遺贈説や遺産分割方法指定説とは対極的な位置にある見解である[15]。

2 遺産分割手続排除の可否

(1) 香川判決の位置

香川判決は，遺産分割方法指定説に立ちつつ，しかしながら遺産分割手続の必要性を否定して，遺言効力発生と同時の所有権帰属を認めた。従来は，遺産分割方法指定という性質決定がなされれば，遺産分割手続が必要であることは当然のことと考えられていた。遺産分割方法の指定＝相続承継＝遺産分割手続

の必要性という典型処分の理解があり，仮に遺言者が遺産分割手続を排除する意思を有していたとしても，それは認められないという理解があったわけである。香川判決は，そのような理解から離れ，遺言者の意思に基づく典型処分内容の変更を認めたのである。その意味で，この判決は，右に見た典型処分からの離反を志向する見解の系列に位置づけることができる[16]。

(2) 遺産分割手続排除の可否

　遺産分割方法指定という典型処分にとって，遺産分割手続は，遺言者の意思によっても排除し得ない公序的性格を有するものと捉えるべきであろうか。この問いへの回答は，相続人間の平等と公平という価値をどの程度高く評価するか，遺産分割手続を通じての家庭裁判所の後見的介入がそのような価値の実現にとってどの程度実効的な意味を持つと評価するか，に依存する。それはまた，遺産分割手続のデメリット（手続に伴う負担，相続人間の紛争を激化させる危険性）をどの程度に評価するかにも依存する。要するに，ことは，政策的妥当性判断の問題であって，論理で決まるべき問題ではない。

　多少検討すると，遺言によって全相続人に全遺産の分配方法が指示されているような場合には（いわゆる割付遺言。それも遺産分割方法の指定とみてよい），それによって遺産分割がなされたものとみなし，遺産分割手続を実施しないですませる余地がある[17]。とりわけ分配が法定相続分に合致しており，相続人間の平等を何ら損なわないような場合には，改めて遺産分割手続を要求する意味はあまりないであろう。そうだとすれば，遺産分割手続の要求は，すべての場合に貫徹されるべき公序ではない。

　それでは，どこまで遺言者の意思による遺産分割手続の排除が認められるか。あるいは，こちらのほうが正確であろうが，遺言者による指定は，どのような限度で相続人間の遺産分割協議に置き換わることを認められるか。右に挙げたいわゆる割付遺言のケースにおいて，遺産分配について相続人毎に差があっても，遺留分侵害までは至っていない場合には，遺産分割手続を改めて強制する必要はないであろう。判断が難しいのは，遺留分侵害があると評価されるケースである。その場合には，遺言による遺産分割の効力は失われ，改めて遺産分割手続を行うものとする考え方を提示しておきたい。民法は，分割方法の指定

によって遺留分が侵害されるという事態を想定していないからである(1031条参照)。

　割付遺言ケースではなく，特定の相続人を対象として特定の不動産を「相続させる」ような場合については，遺産分割手続の排除を認めることを躊躇する。この場合には，そのような遺産分配をそもそも遺産分割と評価できるかが問題である。また，他の遺産の分割手続は必要であるわけであり，その際に，一定の，多くの場合には重要な不動産を手続から排除してしまって，相続人間の公平な分割を確保することができるのかにも疑問がある。協議分割においてすら，一部の分割は好ましくないと評価されている[18]ことも想起される[19]。結論的には，このような場合には，遺言による遺産分割手続の排除を否定すべきである。

　以上，試論的に提示したのは，要するに，遺言による遺産分割手続の排除，あるいは遺言による遺産分割の実施を，基本的には全相続人・全遺産を対象とした割付遺言で遺留分侵害がない場合に限定して認めようという構想である。遺産分割に関する遺言の自由を限定的にのみ認めようとする方向は，期間を限定して遺言による遺産分割禁止を認める民法の考え方(908条)とも平仄が合うであろう。

(3)　フランス法の基本的考え方

　香川判決の理論的背景に，同判決の直前に提示された遺産分割効果説と呼ばれる学説[20]があることは，周知のことであろう。この学説は，フランス法における尊属分割にヒントを得て，「相続させる」遺言による，遺産分割を経ない直接の所有権移転効を説いた。

　これに対しては，フランス法における尊属分割と「相続させる」遺言とが似て非なる制度であることが指摘されている[21]。とりわけ重要なのは，前者においては相続人間の平等への配慮が重要視されているのに対して，後者は相続人間の平等を排除する機能を果たしているという点であろう。

　ここではさらに，フランス法の尊属分割(贈与分割と遺言分割の2形態がある)には，それが尊属の意思に基づくものとはいえあくまで遺産分割であることに由来する実体上・手続上の制約があることを指摘しておきたい。たとえば，民法

典の原始規定によれば，相続人である子・卑属のすべてが尊属分割にかかわることが必要であり，一人でもそれが欠けた場合には，分割は無効になる(1078条。協議に基づく遺産分割に一人でも相続人が欠けたらそれが無効になるのと同様である。この場合には，法律の規定に従った遺産分割手続が実施される)。遺言分割に関していえば，すべての子・卑属がかかわるとは，遺言においてすべての子・卑属が何らかの財産の配分を受けることを意味する[22]。子・卑属の間に多少の差異が生じることを妨げないが，本来受け取るべき財産の4分の3より少ない財産しか配分されなかった子・卑属は，レジオン(過剰損害)法理に基づいて尊属分割の取消(rescision)を求めることができる。この厳格な考え方はその後多少緩和されていくが(とりわけ，関係条文を全面的に改正した1971年7月3日の法律が重要である[23])，基本的理念に変更はない。要するに，特定財産を特定相続人に遺産分割手続をカットして相続させることなど，フランス法の尊属分割においてはおよそ想定されていないのである。

日本において遺言者の意思に基づく遺産分割手続排除が認められる範囲を考える場合にも，これらのフランス法の考え方は参考にする価値がある。先に示した考え方も，それを意識したものである。

(4) 2003年税制改正

なお，最後に，2003年の税制改正において，不動産流動化促進の観点から，登録免許税の税率引下げと当面の特例措置が講じられたほか，相続人に対する遺贈による所有権移転登記の税率が相続による場合と同様にされた(登録免許税法17条参照)ことを指摘しておく。公証実務が「相続させる」遺言に期待した機能の大きな部分は，意味がなくなったわけである(登記単独申請の面でのメリットは残っている)。この新たな状況のもとで，右に示したように遺産分割手続の排除を限定的にしか認めないとすれば，今度は公証実務が遺贈という文言を選択するようになる(そこでは遺産分割手続は要求されない)可能性もある。それは特に忌避すべき事態ではない。ただし，その場合でも，先に示した基準(被相続人に，相続放棄にもかかわらず遺産を承継させる意思が認められるか)に従った性質決定の必要性は残ると考えるべきである。

1) 瀬戸正二「『相続させる』との遺言の趣旨」金法 1210 号(1989 年)7 頁。これが自筆証書遺言において用いられる場合には,「与える」「分与する」「譲与する」「取得させる」など「相続させる」以外の文言が用いられることもあるので,厳密には「相続させる」旨の遺言,あるいは「相続させる」趣旨の遺言と表現するほうが正確であるが,以下では簡便を期して,単に「相続させる」遺言という。

2) 瀬戸・前掲注 1)7 頁,倉田卓次「特定の相続財産を特定の共同相続人に取得させる旨の遺言の効力」家裁月報 38 巻 8 号(1986 年)131 頁。この認識をつとに提示していたのは,中川善之助『相続法』(有斐閣,1964 年)172 頁(第 4 版〔泉久雄との共著〕,2000 年,253 頁)である。

3) 瀬戸・前掲注 1)6 頁,倉田・前掲注 2)130 頁。

4) ①遺言執行者の職責の限定(当該相続人が単独で所有権移転登記をすることができることを根拠に遺言執行者の所有権移転登記に関する職責を否定する最判平成 7 年 1 月 24 日判時 1523 号 81 頁など),②「相続させる」遺言による不動産所有権取得についての登記不要説の採用(最判平成 14 年 6 月 10 日判時 1791 号 59 頁)の 2 つの方向での展開が重要である。

5) 判例・学説の丹念な整理をする論考として,香川判決前の状況について,山口純夫「特定の財産を特定の相続人に『相続させる』遺言について」甲南法学 31 巻 3＝4 号(1991年)65 頁以下,近時の状況について,千藤洋三「『相続させる』遺言の解釈をめぐる諸問題」関西大学法学論集 48 巻 2＝3 号(1998 年)333 頁以下参照。

6) このほか,民法以外では,一般財団法人への財産の拠出が可能であり(一般社団法人及び一般財団法人に関する法律 158 条 2 項),また遺言で信託を設定することも認められている(信託法 3 条 2 号)。

7) この点は,大村敦志『典型契約と性質決定』(有斐閣,1997 年)209 頁がつとに指摘するところである。橘勝治「遺産分割事件と遺言書の取扱い」『現代家族法大系 5 相続Ⅱ』(有斐閣,1979 年)62 頁も,これを,意思解釈だけの問題ではなく「法規の解釈問題」だとする。

8) 性質決定とは,対象を「既存の法カテゴリーにあてはめる」という操作であり,「それによって適用されるべき規範が導かれる」。それは,「対象のうちにあるカテゴリーの本質的要素を見出すことによって」行われる。大村・前掲注 7)171 頁。

9) 相続分の指定は,他の立法例には見られず,わが立法者の独創とされる。山畠正男「相続分の指定」『家族法大系Ⅵ』(有斐閣,1960 年)270 頁。遺産分割方法の指定については,フランス法の影響を見るのが近時の有力説であるが(水野・後掲注 20),島津・後掲注20)),その概念が明確になっているわけではない。

10) 相続分の指定について,伊藤昌司『相続法』(有斐閣,2002 年)221 頁,遺産分割方法の指定について,伊藤昌司「『相続させる遺言』は遺贈と異なる財産処分であるか」法政研究 57 巻 4 号(1991 年)662 頁。また,相続分指定に関して,山畠・前掲注 9)273 頁も参照。

11) 遺贈説とりわけ現時点での代表的見解と目される伊藤昌司説において,そのような発想が顕著である。伊藤説によれば,民法に定めのない遺言処分,すなわち「変則処分」を承認することは,「相続人間の平等を死滅に追い込む流れを加速」させるものにほかならな

い。伊藤・前掲注10)『相続法』83頁，119頁以下，22頁参照。伊藤説はさらに，次のように主張する。すなわち，遺言事項は本来限定されているのであって，契約自由と同じ意味で遺言の自由を語ることはできない。私的財産制度から生前処分の自由を導き，それを遺言自由の原則の根拠にする論者もいるが，そのような認識は歴史的にも誤っているし，そのような正当化は，解釈論として乱暴である。伊藤・前掲注10)法政研究57巻4号655頁。遺言の自由の評価に関する伊藤・前掲『相続法』3頁以下，363頁以下も参照。

12) 多くの文献があるが，たとえば，原島克己「『相続させる』遺言雑考」判タ734号(1990年)23頁以下参照。

13) 瀬戸・前掲注1)7頁。この考え方は，公証人の大多数に支持を得たという。原島・前掲注12)24頁。

14) 鈴木禄弥『相続法』(有斐閣，1968年)72頁。また，同『相続法講義』(創文社，1986年)119頁も参照。

15) 契約の領域においても，典型契約に対する否定的評価は存在する。代表的なものとして，来栖三郎『契約法』(有斐閣，1974年)736〜756頁。むしろ，それが通説的見解といってもよい。しかし，遺言事項が法定されている遺言の領域において同様の方向が当然に妥当すべきかは，相当に問題である。

16) 伊藤・前掲注10)『相続法』83頁は，この点を強調してこれを「変則処分」と性格づける。これに対して，米倉明「『相続させる』遺言は遺贈と解すべきか」タートヌマン7号(2003年)42頁は，香川判決があくまで民法908条の枠内で遺産分割不要という効果を導くことを強調して，そこで認められているのは「典型遺言」であると性格づける。同論文8頁も参照。

17) 高野耕一「特定の遺産を特定の相続人に『相続させる』趣旨の遺言の性質及び効力(下)」ひろば44巻12号(1991年)は，一般論としては，家庭裁判所の後見的介入の意義を評価し，遺産分割手続を排除する香川判決に疑念を表明するが，遺産全部についての割付遺言がある場合には，民法907条の分割禁止遺言の裏返しとして，遺産分割の協議が不要になると説く。36頁，38頁参照。倉田・前掲注2)135頁も，割付遺言がある場合に分割手続不要と捉える実務の感覚を紹介している。

18) 高木多喜男『口述相続法』(成文堂，1988年)403頁。

19) 全面的な遺産分割排除を認める香川判決に対して疑念を表するものとして，岩志和一郎「いわゆる『相続させる』遺言の解釈——平成3年最高裁判決に対する若干の疑問」公証法学25号(1996年)13頁，二宮周平『家族法』(新世社，1999年)291頁などがある。

20) 水野謙「『相続させる』旨の遺言に関する一視点」法時62巻7号(1990年)78頁以下，島津一郎「分割方法指定遺言の性質と効力」判時1374号(1991年)3頁以下。

21) 伊藤昌司〔判批〕民商法雑誌107巻1号(1992年)129頁，水野紀子「『相続させる』旨の遺言の功罪」久貴忠彦編集代表『遺言と遺留分第1巻遺言』(日本評論社，2001年)161頁等参照。なお，これらに対する遺産分割効果説の側からの反論として，水野謙「『相続させる』遺言の効力」法教254号(2001年)19頁以下がある。

22) Duranton, *Cours de Droit civil francais suivant le code civil*, tome 9, Paris, 1834, No. 642.

23) レジオン法理による救済が遺留分による救済に改められたこと(1075-1条, 1077-1条, 1080条)、および子・卑属の脱漏ケースも、尊属分割の無効ではなく遺留分減殺請求による救済に改められたこと(1075-1条, 1077-1条)が重要である。

【追記】本稿は、法律時報75巻12号(2003年)の小特集「判例相続法の前提理論を見直す」に寄せたものである。「見直し」の対象となる相続法の判例としては、債権・債務の「当然分割帰属の原則」(二宮周平)、相続と登記に関する「法定相続対抗要件不要の原則」(松尾弘)、遺産分割協議を素材とした「身分行為性の原則」(鹿野菜穂子)、遺留分減殺請求権の行使にかかわる「物権的効果および一身専属性の原則」(潮見佳男)が取り上げられ、それらとともに、本稿においては、「相続させる」旨の遺言に関する判例(香川判決)に現れた「遺産分割不要の原則」を検証したわけである。

判例(香川判決)が採用する遺産分割効果説は、フランス法の尊属分割の考え方に示唆を受けている。しかし、遺産分割効果説は、フランス尊属分割法と根本的なところで違いがある。フランス法の下では相続人間の平等への配慮が重要視されている点に加えて、そこでは尊属分割が遺産分割であることに由来する実体上・手続上の制約がある点が、本稿で指摘した点であった。本稿では、そのような認識に立って、フランス法に示唆を求めつつ、判例が採用する遺産分割効果説の射程を、基本的には全相続人・全遺産を対象とした割付遺言の場合に限定しようという解釈論を試論的に提示してみた。この見解については、のちに、「『相続させる』旨の遺言・再考」(本書第17章)においてより詳細な展開を試みた。

第17章 「相続させる」旨の遺言・再考

I　はじめに

　「相続させる」旨の遺言の法的性質決定とその効果の問題は、香川判決と呼ばれる最判平成3年4月19日民集45巻4号477頁がいわゆる「遺産分割効果説」を採用して以来、実務的には決着がついたといってもよい。しかし、学説においては、遺贈説を始めとして、この判例に対する批判には根強いものがある。その中でも最も激しい批判は、「この判例は、民法史に残るスキャンダルであり、将来必ず変更されるであろう」とまでいう[1]。また、「相続させる」旨の遺言の全体に関して香川判決の下で形成されつつある判例は、香川判決が打ち出した遺産分割効果説の意味を改めて考えることを要請しているように思われる。このような状況を踏まえて、本稿においては、まず、香川判決以降この領域において形成されつつある判例の全体を概観するとともに(II)、それを踏まえつつ、「相続させる」旨の遺言の法性決定とその法的効果の問題を改めて考えてみたい(III)。

　このような作業を行うに際して、本稿においては、「相続承継」と「財産承継」という対概念を立ててそれを分析に活用したい。また、ここから派生するものとして、「相続処分」と「財産処分」という対概念も立てる。

　相続承継とは、一個の包括的財産体としての相続財産が被相続人の死亡によって相続人に承継されることを指す。端的にいえば、相続財産の主体が、被相続人から相続人に入れ替わるのが相続承継である。ここでは、比喩的にいえば、人格が承継される。これに対して、財産承継は、遺贈に典型的に見られるように、死亡を契機に生じる特定の財産を対象にした権利承継にすぎない。こ

こでは，相続承継のような，人格承継という意味での包括性は認められない。

相続承継は，被相続人の意思とはかかわりなく，その死亡の場合に法律に基づいて生じる。一定の財産の主体や法律上の地位を空白にしておくことは望ましくないからである[2]。しかし，相続承継の具体的あり方を，遺言によって表明される被相続人の意思によって形成することは可能である。典型的には，ローマ法における相続人の指定がその例を提供する。このような遺言による相続承継の内容形成を指して，本稿では「相続処分」という概念を用いる。これに対して，財産承継は，遺言によって表明される被相続人の意思に基づいてのみ生じる。これが「財産処分」である。このように，遺言によってなされる処分(遺言処分)には，相続処分と財産処分という2つの性格の異なるものがあるわけである。

相続承継と財産承継，また相続処分と財産処分という対概念は，分析のツールとして理念型的に設定されたものであり，常にこれらを表現する実定法上の制度が明確な形で存在するわけではない。とりわけ相続処分と財産処分についてはそうである。図式的にいえば，ローマ法においては，これらの対概念をかなり明瞭な形で見出すことができる[3]。ローマ法の基本的考え方を承継したドイツ法の下でもほぼ同様である。これに対して，典型的な相続処分である相続人指定を認めなかったフランス民法の下では，この区別が稀薄化している。基本的にはフランス法の考え方を承継した現行の日本民法の下では，これらの区別がさらに稀薄化しているといえようか[4]。しかしそれでも，あるいはそれだからこそ，これらの区別を分析概念として採用することは有益である，というのが本稿の理解である。

II　判例の展開

1　出発点としての香川判決

この領域における判例展開の出発点となった香川判決の内容は周知といってよく，ここで詳しく紹介する必要はないであろう。しかし，本稿の分析視角と

のかかわりで，次の2点だけは確認しておきたい。

　第1に，香川判決は，特定の遺産を特定の相続人に「相続させる」趣旨の遺言の法的性質を，特段の事情がない限り，遺贈と解すべきではなく，民法908条に定める遺産分割方法の指定と解すべきものとした。したがって，香川判決は，「相続させる」旨の遺言による特定財産の処分を，原則として相続処分と法性決定したことになる。遺産分割方法の指定は，相続承継の具体的内容を遺言によって形成する処分に他ならないからである。

　第2に，香川判決は，特定の遺産を特定の相続人に「相続させる」趣旨の遺言の効果について，遺産の一部の分割がなされたのと同様の承継関係を生ぜしめるものであり，特段の事情のない限り，何らの行為を要せずして，被相続人の死亡の時（遺言の効力発生時）に直ちに当該遺産が当該相続人に相続により承継されるものと解すべきものとした。これが，遺産分割効果説のポイントである。ここでも，香川判決は，「相続させる」旨の遺言による特定の財産の処分が相続処分であることを前提としている。この処分は，遺産の一部分割と同様の承継関係をもたらすものとされ，「相続により承継される」旨が明示されているからである。

　しかし，遺産分割手続を経ずに当該相続人に対して即時に所有権が移転するという点で，香川判決による「相続させる」旨の遺言は，典型的な財産処分である遺贈がこれまでカバーしてきた領域と大きく重なり合うことになる。特定相続人に「相続させる」特定財産の価値が法定相続分を上回る場合には，そのような性格が一層強くなる。ここで相続承継の論理を貫徹するということは，財産承継の論理が機能してきた領域を大きく浸食することを意味する。問題は，そのような浸食を，被相続人の意思の尊重ということで正当化しうるかである。

　他方，以上の事態は，別の問題も提起する。香川判決は「相続させる」旨の遺言による承継を相続承継と性格づけたが，そこにおいて財産承継と財産処分の論理を完全に否定することが可能であろうか。これが問われるのである。

　以下，このような問題意識を持って，香川判決以降の判例の展開を概観していこう。

2 法性決定の具体例

　下級審裁判例は，基本的には，香川判決が示した法理に基づいて，「相続させる」旨の遺言による遺言処分の法的性質を(i)遺産分割方法の指定と解し，かつ，(ii)当該相続人への即時の権利承継を認めている。しかし，例外的にそれと異なる判断を行っている裁判例もある[5]。以下では，そのような裁判例を紹介する。
　まず，(i)の法性決定に関して，遺産分割方法の指定との法性決定を否定してそれと異なる法性決定を行っている裁判例として，①東京地判平成3年7月25日判タ813号274頁と，②東京地判平成4年12月24日判時1474号106頁およびその控訴審判決である③東京高判平成5年7月14日家月49巻5号67頁がある[6]。いずれも，割合的に「相続させる」旨の遺言がなされたケースである。
　①は，土地を含む一切の財産を11名の相続人のうち被告両名に平等に相続させるという遺言がなされた事案にかかわるが，民法902条の相続分の指定があったものと判断された。
　②，③の事案は，遺言において，所有する不動産および商品，什器備品，売掛債権その他一切の財産を，相続人全員に一定割合で相続させる旨を指示し，相続人以外のAに一定割合で遺贈したというものである。②，③とも，遺産分割方法の指定ではなく，相続分の指定がなされたものと判断している。②は，本件において直ちに遺産承継の効果が生じるものとすれば，全遺産の共有状態が現出されるにすぎないことを指摘し，「ここには，特定の遺産を特定の相続人に単独で承継させるという遺言に拘束されて，その遺産に関する限り遺産分割手続を経由させる意味が薄いという，右最高裁判決の基礎となっている事情は存在しない。」と相続分の指定と解すべき理由を述べている。
　次に，(ii)の即時の権利承継については，香川判決によって「特段の事情」による排除の余地が認められている。その例示としては，「当該遺言において相続による承継を当該相続人の受諾の意思表示にかからせたなど」の事情が挙げられていた。

この特段の事情を肯定した裁判例として，④東京地判平成4年9月22日判タ813号266頁がある。建物が存在する土地を短冊状に4つに分け，西側から年長順にそれぞれ4人の子に「相続させる」という遺言がなされた事案にかかわる。判旨は，本件土地を上のように4分割すると，本件土地の上に存在する建物の処置をめぐって共同相続人間で紛争を生じることが高度の蓋然性をもって予想されるとし，そのような紛争を生ぜしめるような遺言の効果をあえて欲して遺言したものと解することは不合理であるとして，遺産分割効果の発生を否定した。判旨によれば，本件遺言は，本件土地を4人の子が平等に分けてほしいという遺言者の意思を十分組み入れた遺産分割の協議または審判を待って遺産の承継関係を生じさせる趣旨のものと解するのが相当である。不合理な内容の遺言を遺言者の合理的意思解釈によって修正し，遺産分割手続の排除を認めなかったわけである。

しかし，この判断は，控訴審である⑤東京高判平成6年2月25日判タ838号246頁によって破棄された。⑤によれば，本件土地を遺言通り4分割すると本件建物の措置をめぐり相続人間で紛争の生じることが予想されていたとしても，本件土地には建物使用を目的をした使用貸借関係が設定されているから，当然承継を認めても直ちに建物の除去につながるものではない。それゆえ，本判決によれば，遺言の効力発生時に直ちに承継関係が生じることを認めても，遺言者の意思に反するものではないことになる。

3 共同相続人間の利害調整

「相続させる」旨の遺言によって他の相続人の利益が害される場合に，どのように共同相続人間の利害を調整すべきであろうか。具体的には，「相続させる」旨の遺言に基づく承継と，特別受益，遺留分制度，寄与分制度との関係が問題になる。

(1) 特別受益としての扱いの可否

特別受益に関しては，まず問題の枠組みを整理しておく必要がある。これは，形式的には民法903条の類推適用の可否の問題である。しかし，そこには，性

格の異なる2つの問題が混在している。

第1は，民法903条1項に定める持戻計算を行うかどうかという問題である。「相続させる」旨の遺言に基づく承継について，香川判決の法理に従って相続承継としての性格を強調する場合にはこの規定の類推適用を否定して持戻計算を否定することになろうし，遺贈と見ると類推適用を肯定することになろう。

しかし，実は，この2つの見解の違いは，具体的な結果の違いをもたらさないものと考えられる。香川判決は，「相続させる」旨の遺言による承継を「遺産の一部の分割」と同様の承継と捉えた上で，残余の遺産の遺産分割について，「遺産分割の協議又は審判においては，当該遺産の承継を参酌して残余の遺産の分割がされることはいうまでもない」と判示していた。「当該遺産の承継を参酌」することが何を意味するかは一義的に明確ではないが，ここでの問題に関しては，当該遺産の価額を残余の遺産に合算し，かつ，当該遺産を当該相続人の相続分に充当することになろう。これは，特別受益について行われる持戻計算と同じ計算である。むしろ，持戻計算は，この相続承継について認められるのと同様の結果を遺贈についても実現するために，遺贈財産の価額を計算の上だけで残余の遺産に合算する操作に他ならないのである。

遺言処分の趣旨によっては，上記の合算がなされない場合もありうる。被相続人が当該財産を相続分外で当該相続人に承継させる意思を有していると認められる場合である。この場合には，当該遺言処分は，法定相続分を超える相続分の指定を含むものと解釈されることになろう。しかし，この結果は，「相続させる」旨の遺言による承継を遺贈的に考える場合であっても同様である。民法903条3項が類推適用されて，持戻免除が認められるからである。

第2は，民法903条2項の類推適用の可否，すなわち超過特別受益について返還を免除するかどうかの問題である。「相続させる」旨の遺言による承継を相続承継と見ると，類推適用を否定して超過額を代償金として支払うことになる。これに対して，遺贈的に見ると類推適用を肯定して超過取得額の支払を免除することになろう。ここでは，第1の問題とは異なり，具体的結果が異なってくることに注意が必要である[7]。

この論点に関する学説は，これまでのところ主として上の第2の問題を議論しており，肯定否定の2つの見解が対立している[8]。

これに対して，この論点に関して裁判例が公表された事件はこれまでのところ2つあるが，いずれも上の第1の問題を扱っており，結論的には民法903条1項の類推適用が肯定されている。⑥山口家萩支審平成6年3月28日家月47巻4号50頁および⑦広島高裁岡山支決平成17年4月11日家月57巻10号86頁[9]である。⑥は特に理由を述べていないが，⑦は，「相続させる」旨の遺言による承継と特定遺贈との類似性を指摘して，類推適用を肯定している[10]。

民法903条1項の類推適用に関しては，上述のように，それを肯定しても否定しても具体的結論は変わらないと考えられる。したがって，持戻計算を認めたこれら2つの裁判例の結論については，同条の類推適用を否定する論者からも大きな異論はないであろう。しかし，香川判決の趣旨からすると，法律構成としては，民法903条1項の類推適用ではなく，一部分割として合算したほうが筋が通っているように思われる[11]。

問題はむしろ，903条1項というよりも2項の類推適用の可否にある。⑥および⑦のように1項の類推適用を肯定すれば，2項についてもそれを肯定するのが自然である。実際，⑦は，超過取得額の返還を否定している[12]。

以上のように，特別受益に関しては，裁判例は，遺贈すなわち財産承継の論理を前面に押し出した処理をする傾向にある。

(2) 遺留分減殺請求権行使の可否

「相続させる」旨の遺言が遺留分を侵害している場合には，そのような遺言条項の効力自体も問題になるが[13]（後述する。Ⅲ3(4)参照)，その点は措くとしても，少なくとも遺留分を侵害された共同相続人による遺留分減殺請求権の行使を否定する理由はない。香川判決も，「場合によっては，他の相続人の遺留分減殺請求権の行使を妨げるものではない。」と，その趣旨を認めている。その後この問題を扱う下級審裁判例として，⑧東京地判平成4年5月27日金法1353号37頁と⑨神戸地判平成14年3月6日LEX／DB28070787があるが，いずれも，遺留分減殺請求権の行使を認めている。その理由として，⑧は，「相続させる」旨の遺言は，遺贈とは異なり，物権的に所有権を帰属させる遺産分割方法の指定と解されているが，遺留分減殺請求との関係においては，遺贈と区別すべき合理的理由を見出せないことを指摘している。

ところで，民法は，遺留分減殺請求の対象として遺贈と贈与のみを想定しているので(1031条)，「相続させる」旨の遺言に基づく承継を減殺の順序やその他の規律に関してどのように位置づけるべきかが問題となる。まず，減殺の順序に関しては，⑩東京高判平成12年3月8日判時1753号57頁がある。当該遺産を優先的に特定相続人に取得させたいというのが遺言者の意思であるとして，他者への遺贈や贈与より後に減殺すべきであるという見解もあるが[14]，この判決は，「特定の遺産を特定の相続人に相続させる旨の遺言(……)による相続は，右との関係では(遺留分減殺の順序については――引用者)遺贈と同様に解するのが相当である」としてそのような見解を排斥した。次に，受贈者が贈与の目的物を譲渡した場合等にかかわる民法1040条1項の類推適用を争点の1つとする⑪最判平成11年12月16日民集53巻9号1989頁がある。判旨は，同規定の類推適用を肯定し，譲受人に対する共有持分の返還請求を原則として否定して，譲受人に対して価額弁償のみを請求しうるものとしている。また，遺留分減殺請求を行った後の当該財産の共有状態の解消の方法に関しては，⑫高松高決平成3年11月27日判時1418号93頁がある。判旨は，共有物分割によるべきであるとする。特定遺贈に関しては，遺産分割手続によるという説と共有物分割によるとする説が対立しているが，実務上は後者が支配的である[15]。⑫は，特定物を「相続させる」旨の遺言に基づく承継に関して，この特定遺贈に関する実務の流れに合流したわけである[16]。

　このように，遺留分減殺請求権を行使する場合の種々の法律関係に関して，裁判例は，特定物を「相続させる」旨の遺言に基づく承継を遺贈に準じて扱う傾向にある[17]。

(3) 寄与分との関係

　寄与分との関係については，「相続させる」旨の遺言の受益相続人と寄与者が別人である場合に，寄与分の認定が対象財産にも及びうるのかが問題となる。より具体的には，寄与分が遺贈に及びえない旨を定める民法904条の2第3項の規定が，「相続させる」旨の遺言に基づく承継にも類推適用されるか，という問題である。この問題に関する裁判例はまだ出ていないようであるが，上記の裁判例の傾向からすると，遺贈扱いがなされ，民法904条の2第3項の規定

の類推適用が肯定されて，寄与分は「相続させる」旨の遺言の対象財産には及ばないとされる可能性が大きい[18]。

(4) 対象相続人の先死亡の場合の扱い

以上の他，「相続させる」旨の遺言の対象となった相続人が遺言者よりも先に死亡する場合に，対象財産の帰趨がどうなるか，という問題がある。この場合の承継をこれをあくまで相続承継と見て代襲相続を肯定するか(民法887条参照)，遺贈的に見て当該遺言を失効させて(民法994条1項参照)遺産分割の対象にするかが問題である。

この問題に関する裁判例としては，⑬東京家審平成3年11月3日家裁月報44巻8号23頁，⑭東京地判平成6年7月13日金判983号44頁，⑮東京地判平成10年7月17日金判1056号21頁，⑯東京高判平成11年5月18日金判1068号37頁がある。いずれも当該遺言が失効するものとしている。ここでも，裁判例は，「相続させる」旨の遺言による承継を遺贈と同様に解している。〔補注1〕

4　第三者との利害調整

第三者との利害調整の局面での最大の問題は，「相続させる」旨の遺言によって特定の不動産の所有権を取得した受益相続人が，他の共同相続人から当該不動産について法定相続分に対応する共有持分権を取得した第三者に対して，登記なくして当該不動産についての権利取得を対抗することができるか，である(遺言執行者は存在しないものとする)。「相続させる」旨の遺言による承継を遺贈と同様の財産承継と見れば登記が必要という理解に至るであろうし(特定遺贈の場合には，受遺者と当該不動産について権利を譲り受けた第三者とは対抗関係にあるとするのが判例である。最判昭和39年3月6日民集18巻3号437頁)，相続承継と見れば反対に登記は不要という理解に至るであろう(法定相続分に関して最判昭和38年2月22日民集17巻1号235頁，指定相続分に関して最判平成5年7月19日判時1525号61頁)。もっとも，相続承継と見たとしても，遺産分割による単独の不動産取得を第三者に対抗するためには登記が必要とする判例(最判昭和46年1月26日民集25巻1

号90頁)に準じて登記必要と解する可能性があることにも注意が必要である。

　詳細は副田論文に譲るが[19]，この論点に関しては，登記必要説と不要説が対立していたところ，⑰最判平成14年6月10日判時1791号59頁は，香川判決を引きつつ，「相続させる」旨の遺言による権利移転は，「法定相続分又は指定相続分の相続の場合と本質において異なるところはない」とし，上記の最判昭和38年と同平成5年を引用して，「本件において，被上告人は，本件遺言によって取得した不動産又は共有持分権を，登記なくして上告人らに対抗することができる」と判示した。なお，遺産分割の場合に準じて登記を要求する可能性については，本件の原審判決である⑱東京高判平成10年10月14日判タ1102号160頁が明確に否定している。「相続させる」趣旨の遺言による遺産の承継は，当該相続人に対して相続開始と同時に直ちに生じ，一時的にせよ他の相続人がその権利を取得することはないから，相続開始後における相続人間の権利の得喪変更を観念する余地はないというのが，その根拠である[20]。

　このように，判例法理は，当該不動産について他の相続人から権利を取得した第三者との関係においては，先に検討した共同相続人間の利害調整の局面とは異なり，相続承継の論理を前面に出した解決を志向している。しかも，ここでの判例法理による解決については，「超相続承継的」と特徴づけることが可能である。すなわち，通常の相続承継であれば，最後の遺産分割に基づく権利承継について登記を要求される。ところが，ここでの「相続させる」旨の遺言に基づく権利承継については，登記の必要性がどの時点でも生じないのである。

5　遺言執行者の職務権限

　香川判決以降，実務において大きな論点になったのは，遺言執行者の職務権限である。具体的には，不動産登記申請に関する遺言執行者の職務権限の有無が問題となった。遺言による特定の財産承継が遺贈であれば，それに基づく権利取得を第三者に対抗するためには所有権移転登記が必要であり，かつ，受遺者がこれを得るためには，遺言執行者がいる場合には，遺言執行者との共同申請が必要である。したがって，遺言執行者がこの登記手続の共同申請をすることは，特定遺贈を定める遺言の実現のために必要な行為であり，これが遺言執

行事務となることに，異論の余地はない。これに対して，相続承継の場合には，相続登記の申請を単独で行うことが可能であり，また，第三者対抗要件としての登記は不要であるから，登記申請行為は遺言執行者の職務権限に入らないと解される可能性があるのである。

詳細は松尾論文に譲るが[21]，香川判決以降，実務は，この問題について，「相続させる」旨の遺言による承継が相続承継である点を前面に出した解決に傾いている。まず，遺言執行者による不動産登記申請を法務局が受け付けなくなっている。遺言執行者による登記申請権限は，遺贈に基づく登記に限定されるのである[22]。裁判実務においても同様の判断がなされるようになり（⑲東京地判平成4年4月14日家月45巻4号112頁など），最高裁も，⑳最判平成7年1月24日判時1523号81頁において，遺言執行者の登記申請権限を否定した。判旨は，「特定の不動産を特定の相続人Xに相続させる旨の遺言により，Xが被相続人の死亡とともに当該不動産の所有権を取得した場合には，Xが単独でその旨の所有権移転登記手続をすることができ，遺言執行者は，遺言の執行として右の登記手続をする義務を負うものではない。」としている。ついで，㉑最判平成10年2月27日民集52巻1号299頁は，特定の相続人に相続させるものとされた特定の不動産についての賃借権確認訴訟で，遺言執行者は被告適格を有しないとした。

「相続させる」旨の遺言においては，同時に遺言執行者の指定がなされるのが通例である[23]。しかし，登記に関する遺言執行者の職務権限が否定されると，遺言執行者の指定自体の効力が問題になる。実際に，これらの判例法理の展開を受けて，遺言執行者指定無効説も現れた[24]。

このような展開は，公証実務において一種のとまどいをもって受け止められたようである。もともと香川判決における遺産分割効果説は，公証実務の要請を承認するという性格を持ったものであった。それが，遺言執行者指定の無効という公証実務の足下を掘り崩す帰結をもたらしかねないということになってきたからである。

このようにして，公証実務からは，「相続させる」旨の遺言の下でも遺言執行者の職務権限は失われないとする主張がなされるようになる。その論拠には，2つの方向がある[25]。1つは，「相続させる」旨の遺言に基づく権利承継につ

いても対抗要件必要説を採用すべしと説き，それを根拠に遺言執行の余地がある（＝遺言執行者指定は無効ではない）との結論を導く方向である。他の1つは，遺言執行者に期待される機能からの検討である。つまり，遺言執行者の職務範囲は，対抗要件の具備に限定されるものではなく，それ以外の付随的事務や相続人・受遺者間の紛争の調整なども職務権限に入る，と主張するわけである。これらのうち，前者の方向は，前出⑰の最高裁判決によってつぶされたことになろう。

　最高裁は，その後，㉒最判平成11年12月16日民集53巻9号1989頁において，それまでの流れとは異なる判断を示した。すなわち，特定の不動産5件を特定の相続人に相続させる旨の遺言がなされた場合において，相続人の1人が失効した旧遺言を基に5件とも自分の名義に移転登記したという事案において，無権利の相続人に対する登記抹消請求手続および真正な受益相続人への所有権移転登記申請手続を遺言執行者の職務と認めたのである。公証実務からは，一歩前進だがまだ問題含みと評されている[26]。

III 「相続させる」旨の遺言の法性決定とその効果・再考

1 判例のまとめ——相続承継と財産承継の共存と「いいとこ取り」

　まず，前項において概観した判例の展開を，若干の補足も加えつつまとめておこう。それが「相続させる」旨の遺言の法性決定とその効果を再考する出発点となるからである。次の2点を指摘しておきたい。

(1) 相続承継と財産承継との共存

　香川判決は，「相続させる」旨の遺言による財産の承継を基本的には相続承継の性格を持つものと考えた。そして，その後の判例も，この点を前提としてさまざまな解決を導いている。しかし，注意すべきは，それと同時に，判例は，財産承継の論理も否定していないことである。具体的には，特別受益性，遺留分減殺請求権の可否，代襲相続の可否などの論点について，判例は，「相続さ

せる」旨の遺言による承継を遺贈と同視して解決を導いている。要するに，判例法理においては，相続承継の論理と財産承継の論理とが共存しているのである。

　前述のように，香川判決による遺産分割効果説の採用によって，伝統的には遺贈がカバーしていた領域（とりわけ特定財産の特定相続人に対する承継）が相続承継に取り込まれた。そのような領域において，判例がいかに「相続させる」旨の遺言による承継について相続承継との法性決定をしたとしても，その承継が遺贈＝財産承継と類似していることを否定することはできない。その意味で，判例法理による両者の論理の共存の承認は，ある意味で当然のことであるといってもよい。

(2) 相続承継と財産承継の「いいとこ取り」

　もっとも，共存ということは，ある問題に解決についてこの2つの論理がともに適用されるということを意味するわけではない。いずれかの論理が選択的に適用されるのである。問題は，その使い分けの基準である。

　判例によって基準が明示されているわけではない。しかし，事実上の基準は明確といってもよい。つまり，遺言者の意思の尊重という根拠づけの下で受益相続人の最大限の利益確保が目指され，その方向で2つの論理が使い分けられるのである。しばしば揶揄的に，この問題における「いいとこ取り」が語られる所以である[27]。

　具体的には，第三者との利害調整の局面においては相続承継の論理が前面に押し出され，受益相続人は権利取得について登記を要求されない。ここでは，遺贈＝財産承継を超える効果が認められる。さらに，登記手続の点でも，遺贈であれば他の共同相続人または遺言執行者と受遺者である相続人との共同申請が必要になるところ，「相続させる」旨の遺言に基づく承継の場合には，相続承継であるから，受益相続人の単独申請で登記が可能である。これは，香川判決前から登記実務が承認していた，「相続させる」旨の遺言の効果のポイントの1つである。この結果，当該「相続させる」旨の遺言の効果について争いがあるような場合に，受益相続人は，被告の地位に立てるという有利な結果を認められる。

他方で,「相続させる」旨の遺言に基づく承継は,通常の相続承継を超える効果が認められる。遺産分割効果説の下で,遺産分割手続をカットした即時の権利取得効果が認められるからである。これは,伝統的見方からすれば,遺贈の効果の持込みに他ならない。

この「いいとこ取り」によって,たしかに受益相続人の利益は十分に満足される[28]。しかし,そこには,他の利害関係人の利益が不当に害されないかという反面の問題が潜んでいる。「いいとこ取り」によって,法が予定した利害調整のバランスが崩れてしまわないか,という問題である。以下,このような問題意識に立ちつつ,「相続させる」旨の遺言の法性決定および効果について改めて考えていくことにしたい。

2 遺産分割効果説の再検討

(1) 遺産分割効果説の提示

香川判決が遺産分割効果説を採用した理論的背景に,同判決が言い渡される直前に提示された水野謙の研究[29]があることは,周知のことがらといってよいであろう。水野説のポイントは,同説のその後の展開も踏まえてまとめると,次の2点に集約される。

(ⅰ) 遺産分割方法の指定に関する日本民法908条は,フランス法における尊属分割 partage d'ascendant のうち生前行為による贈与分割の規定を除外した遺言分割 testament－partage の規定に由来する。ところで,フランス法上の遺言分割のメリットは,協議分割や裁判上の分割に伴う不都合を回避し,遺産の合理的分割を可能にすることにあると解されており,遺産分割には,遺産分割の効果が異論なく認められている。そのような系譜を踏まえて,遺産分割方法の指定は,直截に遺産分割の効果を有し,それにより特定財産は分割協議の対象からは除外され,被相続人の死亡と同時に,遺産共有状態を経ることなく直ちに特定相続人の単独所有に帰すと考えるべきである[30]。

(ⅱ) 仮に日本の遺産分割方法の指定がフランスの遺言分割制度をそのまま承継したものでないとしても,立法者が,遺言分割は遺産分割の効果を有すると

いうフランス民法の少なくとも結論部分を参考にしたことはおそらく事実である[31]。

水野説の(i)に対しては，日本の「相続させる」旨の遺言は相続人間の平等を崩す機能を営むものであるところ，フランスの存続分割の制度は，相続人間の平等を大前提とした制度なのであって，両者は似て非なる制度であるとの強い批判が提示された[32]。このような批判を意識して補完的に主張されたのが，(ii)である。

(2) フランス遺言分割法

以上を念頭に置きつつ，日本民法908条立法の際に参照されたとされるフランス遺言分割の特徴を改めて見ておくことにしよう。

まず，遺言分割の特徴的考え方は，遺産分割の協議に代えて親が遺言によって遺産分割を行う，というところに求められる。したがって，遺言分割が遺産分割の効果を持つことは，当然である。遺言分割は遺産分割に他ならないからである。

その具体的制度内容については，変遷がある(重要なのは1971年7月3日の法律による改正である)。ここでは，ナポレオン法典原始規定の下での制度を見ることにしよう。日本民法の起草者が参考にしたのは，この制度だからである。そこでの特徴的考え方は，《遺言分割＝遺産分割》という図式が貫徹していることである。その結果，通常の共同相続人間の遺産分割に要求される要件が，遺言分割についても要求された。最重要の要件は，通常の遺産分割協議が全共同相続人によって行わなければならないのと同様に，すべての子を対象にして遺言分割がなされなければならないとされていることである。これに反する遺言分割は無効である(旧1078条)。他方で，全遺産を対象にする必要は必ずしもなく，対象から外れた財産は法律の定めに従って分割される(旧1077条)。もっとも，前述のように全相続人を対象にする必要があり，また，遺産分割である以上，一個の財産のみを対象にするという事態は想定されていないであろうから，日本において問題となったような特定の財産を少数の特定相続人に対して「相続させる」旨の遺言が，遺言分割と法性決定されることはない。そのような遺言処分は，遺贈である。

《遺言分割＝遺産分割》という図式が貫徹しているということは，本稿の用語を用いて表現すると，遺言分割は，相続処分であって，財産処分としての性格を持たない，ということである。したがって，遺言分割によって特定の相続人が価値的に有利な扱いを受けることは，もともと想定されていない。フランス民法典立法時の尊属分割制度の狙いは，フランス民法典の下での厳格な物的均分主義を緩和し，相続人中の特定の者にたとえば経営資産を承継させ，他の相続人には別の遺産を承継させるような遺産分割を可能にすることにあった[33]。物的均分を緩和することが目的なのであって，価値的均分を遵守することは，当然の前提と考えられていたのである[34]。しかし，遺言分割の結果として各相続人への分配額に差が生じてしまうことはありうる。その場合には，それが遺産額の4分の1を上回る場合には，損害(lesion)を理由とする遺言分割の取消が可能とされた(1079条)。

以上の概観だけからでも，水野説によるフランス遺言分割の参照の仕方が十分ではないことが明らかである。端的にいえば，水野説は，フランス遺言分割の効果論にだけ着目し，その前提となる要件論を無視したのである。水野説は，民法908条がフランス遺言分割の系譜を引くことを根拠として遺産分割効果説を説いた。しかし，フランス民法典原始規定の下では，特定財産を一定の相続人を除外した少数の特定相続人に承継させる旨の遺言分割は認められない。したがって，少なくともこの部分に関する水野説は，立論の基礎を欠くといわなければならない。

(3) 民法908条の立法者意思

水野説はもう1点，民法の立法者がフランス遺言分割の効果を参照したという論拠を挙げる。立法者がフランス遺言分割の効果を参照したことは，次に紹介する穂積発言からしても，事実といってよい。その上で問われるのは，上述のところからすると，立法者がフランス遺言分割の厳格な要件を排除して，遺産分割方法の指定のすべてにフランス遺言分割の効果を取り入れる趣旨であったのかである。法典調査会において遺産分割方法の指定を定める現行民法908条に対応する旧1010条の説明を担当した穂積陳重の発言を素材として，その点を探ってみよう。本稿の観点から注目されるのは，次の諸点である[35]。

(i)　遺産分割方法の指定が必要とされる理由として，分割に伴う親族間の「面倒」を挙げていること。次のようにいう。「其分割ト云フコトニ付テモ或ハ分割者ノ間ニ財産上親族近親ノ間ニ成ル可ク面倒ヲ避ケマス為メニ分割ノ方法ヲ定メルト云フコトモアリマス」。

　これは，フランスの遺言分割の制度目的として指摘されることと同じである。日本の遺産分割方法指定も，フランスの遺言分割と同様に，立法者の下で遺産分割の効果を有すると捉えられていたと見るべきである。

　(ii)　遺産分割方法の指定の具体的内容について，2つの理解がなされていること。1つは，遺産の具体的な割付であり，他の1つは，現物分割・換価分割・代償分割など分割の基本方針の指示である。まず，次の発言は，前者の趣旨と見ることができる。「此分割ノ方法ト云フモノハ例ヘバ長子ハ農業ト致シテ居ルカラ不動産ヲ有スル方ガ宜イ次男ハ不動産ト云フモノヨリハ寧口金デ取ツタ方ガ商業をスルニ都合ガ宜イト云フ様ナ色々ナ斟酌ガ有リ得ルソレ等ノ受ケル者ノ便利ヲ謀ツテ被相続人ガ之ヲ許スト云フノハ最モ必要ナコトデアラウト思ヒマス」。これに対して次の発言は，相続分の指定と遺産分割方法の指定の区別を述べるものであるが，遺産分割方法の指定については，遺産の具体的割付と「鬮取」(「くじ引き」を意味する)という分割の基本方針の指示との2つがありうることを指摘している。「何千圓ヅツトカ一人デ何分トカ相続財産ノ高ヲ極メルト云フ方ハ相続分ノ方ニナリマス其相続ノ高ニ付テハ斯ウ云フモノト云フコトハ方法デアリマセウガ平等ニテ鬮取ニスルノモ方法ノ内ニナリマセウ」。

　この説明において，遺産の具体的割付の場合には，フランスの遺言分割と同様に，遺産分割手続は排除されているものと見ることができる。先の(i)における制度目的の説明ともこれは平仄が合う。これに対して，分割の基本方針の指示の場合には，当然のことながら，遺産分割手続の排除は想定されていない。遺産分割が実施されることを前提としてその基本方針が意味を持ってくるのである。要するに，立法者は，遺産分割方法の指定がすべて遺産分割を排除するものと捉えているわけではないことが重要である。そして，遺産分割手続が排除されるべきケースについては，必ずしも明確ではないが，全相続人に対する遺産割付が念頭にあると見るべきもののように思われる。少なくとも，「相続

させる」旨の遺言においてしばしば見られる，特定の財産を少数の特定相続人に「相続させる」ケースについて遺産分割手続の排除を語っているわけではない。このように，立法者は，たしかに遺言が遺産分割の効果を持つ場合を想定していると考えられるが，その場合について，フランスと同様の要件論レベルでの配慮もしていると解されるのである。

(4) 小　括

水野説が民法908条についてフランス民法上の遺言分割との関連性を指摘したことは，研究史上の大きな功績である。しかし，フランス遺言分割には，それが共同相続人の協議に基づく遺産分割に代わる存在であることに伴う要件の限定があった。そして，日本民法の立法者も，そのような要件を意識していたものと認められる。立法者意思を参照するのであれば，遺産分割効果説は，そのように要件を限定して主張されるべきものであった。しかし，水野説は，立法者意思を参照しながら，遺産分割効果説を特に限定なしに，とりわけ特定財産を少数の特定相続人に「相続させる」旨の遺言にも妥当するものとして主張した。この点に，水野説の問題があったものと考える。

3　「相続させる」旨の遺言の類型的考察

(1) 類型的考察の必要性

「相続させる」旨の遺言の法性決定に関しては，従来，やや一般的に論じる傾向があった。しかし，以上の検討は，この問題に関する類型的考察の必要性を示唆している。すなわち，民法908条がフランスの遺言分割の系譜を引くという認識を基礎に，遺産分割方法の指定に遺産分割効果を認めるとしても，以上の考察からすれば，それに一定の要件を付すことが妥当である。とすれば，どのような「相続させる」旨の遺言に遺産分割効果を付与するかという検討が必要になるのである。また，遺産分割効果を否定するとしても，その場合の遺言の法性決定にはいくつかの可能性がある。したがって，この場合についても，遺言の類型を分けた検討が必要になるのである。

もっとも，一定の法性決定に親しむ遺言類型を予め明確に設定することは難しい。それ自体が検討の対象だからである。以下では，遺言のタイプをやや概括的に類型化し，それぞれについてどのような法性決定がふさわしいかを検討することにしたい。必要があればその中でさらに場合分けがなされることになろう。そのような検討を通じて，一定の法性決定に親しむ遺言類型に要求される要素がどのようなものであるかが明らかになることが期待される。

(2) 全相続人割付型の「相続させる」旨の遺言

まず取り上げるのは，「相続させる」旨の遺言が法定相続分を遵守する形でほぼすべての財産を全相続人に割り付けている場合である。これは，典型的な相続処分型の「相続させる」旨の遺言である。このような「相続させる」旨の遺言については，遺産分割方法の指定との法性決定を行うべきことに，まず異論はないであろう。問題は，この遺言に，遺産分割手続排除の効果を認めてよいかである。

伝統的には，遺産分割方法の指定という法性決定がなされれば，遺産分割手続が必要であることは当然のことと考えられていた。これに対して，水野説を嚆矢とする遺産分割効果説および香川判決は，この通念を覆して，遺産分割手続を不要とする遺産分割方法指定という遺言処分の可能性を認めたのである。

それでは，この問題をどう考えるべきか。これは，遺産分割手続に遺言者の意思によっても排除しえない公序としての性格を認めるべきかの問題である。この問題の解答は，基本的には政策的判断に依存しており，論理によって決まるものではない[36]。相続人間の平等と公平という価値をどの程度高く評価するか，遺産分割手続を通じての家庭裁判所の後見的介入がそのような価値の実現にとってどの程度実効的な意味を持つと評価するか，遺産分割手続のデメリット（手続に伴う負担，相続人間の紛争を激化させる危険性）をどの程度に評価するかなどが，この問題を考える際の重要な判断材料となる。

フランスの遺言分割は，まさに全相続人割付型を想定して遺産分割手続のカットを認める制度である。民法の立法者は，民法908条の立法に際して，この制度を参照した。もちろん，それを根拠に，民法908条を当然にフランス遺言分割と同様に解すべきということにはならない。しかし，特に立法者意思を

排除すべき特段の理由がない場合には，基本的にはそれを尊重するのが妥当である。また，ここで想定している例においては，法定相続分を遵守しているわけであるから，その内容での遺産分割を実現したからといって，相続人間の公平と平等を大きく損うこともない。このような点からすれば，ここでは，被相続人の意思を尊重し，遺言による割付に遺産分割の効果を認めてよいであろう。

他方で，この結果生じる承継は，あくまで遺産分割によるものと考えるべきである。ここでの遺産分割効果を持つ「相続させる」旨の遺言は，共同相続人による協議分割を遺言によって代わって行う趣旨のものと理解すべきだからである(フランス遺言分割に倣った理解)。

したがって，不動産登記の扱いに関しても，通常の遺産分割と扱いを異にする理由はない。遺産分割において法定相続分を超える権利取得については第三者対抗要件として登記が必要とされる(前出の最判昭和46年1月26日民集25巻1号90頁)以上，「相続させる」旨の遺言による即時の権利承継についても同様に解すべきである[37]。登記不要説を打ち出す前出の⑰判決の結論には問題があると考える。その原審判決である⑱判決が展開する，「相続させる」旨の遺言による承継の場合には，遺産共有状態が存在しないから相続開始後における相続人間の権利の得喪変更を観念する余地はないという論理は，あまりに形式的にすぎるというべきである。

(3) 単数の特定相続人承継型の「相続させる」旨の遺言

次に，特定の財産を単数の特定相続人に「相続させる」旨の遺言を取り上げる。これは，上記の全相続人割付型の遺言とは対極的な位置にある遺言である。香川判決は，この類型の「相続させる」旨の遺言をも射程に収める形で，一般的に遺産分割効果説を採用したのであった。この結果が，民法908条の母法とされるフランスでの伝統的解決と大きく異なるものであったことは，先に指摘したとおりである。成立当初のフランス民法典の考え方によれば，全相続人が配分の対象にならなければ，遺言分割を定める遺言は無効とされたのである。この厳格な考え方は，その後緩和されていく。その結果，現在では，1人または数人の相続人が配分から除外されていたとしても，遺言が無効になるわけではなく，それらの相続人には遺留分減殺請求権が認められるに止まるものとさ

れている(1080条)。しかし，それでも，遺言分割は最低限で2名の相続人等を対象にする必要がある[38]。単一の相続人を対象にする場合には，もはや遺言分割という法性決定はなされず，遺贈と扱われる。遺言分割があくまで遺産分割であり遺産を分割する性格を持つ以上，複数の対象が必要と考えられているのであろう。

　このように，この類型に属する遺言における香川判決の遺産分割効果説は，比較法的にも類例のないものとなっている。日本独自の法理を判例法が形成したのだといってしまえばそれまでであるが，これまでにも香川判決に対しては多くの学説上の批判があり，それに対抗する議論が大きく拠り所にしたのが民法908条の系譜論とそれを通じたフランス法との比較であったことからすると，フランス法にも見出すことができないこの解決を維持すべきであるのか，疑問である。この類型の遺言においては，遺産分割効果説は排斥されるべきものと考える。

　そのように考えた上で，ありうる法性決定は，遺贈または遺産分割効果を伴わない遺産分割方法の指定である。

　まず，この遺言処分が遺贈すなわち財産処分でありうることに，問題はないであろう。実際，香川判決も，この類型の遺言処分が遺贈でありうることを，特段の事情等という限定を付して例外的にではあるが，認めていた。

　次に，遺産分割方法の指定でありうるかはやや問題を含むが，結論的には，日本民法の下で，特定の財産を特定の相続人に配分する遺産分割方法の指定を否定する理由はないと考える。現に，香川判決以前の一定の下級審裁判例は，このような法性決定を認めていた。ただし，この場合でも，本稿の立場においては，遺産分割協議が必要であると解すべきことに，改めて注意を喚起しておく。なお，遺産分割の中で，遺言による配分は原則的には尊重されるが，全員一致であれば遺言内容と異なる配分も可能と解すべきである。

　この2つのありうべき法性決定を区別するポイントは，相続放棄の場合に当該配分をどのように扱うかに関する遺言者の意思である。遺贈は，相続外の遺産承継であるから，受遺者である相続人が相続を放棄しても，遺贈の効力は維持される。これに対して，遺産分割方法の指定であれば，特定財産の配分を受けた相続人が相続を放棄すれば，その配分の効果も覆る。遺言者の意思がこの

いずれにあるかを判断して，具体的な法性決定を行うわけである。いずれが原則であるかは，遺言の実態をどう見るかにかかわるが，遺産分割方法の指定と見るべき場合が多いであろう[39]。

なお，特定財産の価額が法定相続分を上回っている場合の扱いについて付言しておくと，遺贈との法性決定が行われる場合には，特別受益としての処理(持戻計算の原則的必要性，場合による持戻計算の免除等。903条)，他の相続人の遺留分を侵害する場合についての減殺請求権(1028条以下)などの規定が用意されているので，それらに従った処理を行えばよい。遺産分割方法の指定と法性決定される場合には，遺贈の場合の特別受益に対応する操作としては具体的相続分への充当またはその否定(相続分の指定という操作を媒介とする)があり，遺留分侵害ケースについては，侵害部分の相続分指定の効力否定(902条および1031条を参照。通説によれば遺留分減殺請求権の行使)という対応をすることになる。

(4) 中間型の「相続させる」旨の遺言

最後に，以上2つの対極にある類型の中間型を検討する。中間型に属する遺言は，極端にいえば無限にでも想定しうる。しかし，共通するのは，(2)において想定した全相続人割付型の「相続させる」旨の遺言の要素のいずれかが欠落することである。たとえば，割付がある相続人については法定相続分を上回り他の相続人についてはそれを下回るとか，財産の配分を指定される相続人が全員ではないとか，あるいは割合を指定して相続させるとか，のタイプの遺言である。

(i) 割付が法定相続分を遵守していない遺言，または全相続人を対象にしていない遺言についても，それが割付を行っている以上，遺産分割方法の指定としての法性決定を行うべきである。相続放棄の場合にも効力を維持するという遺言者の意思が認められれば，遺贈という法性決定もありうるが，そのような場合は，(3)で検討した特定相続人承継型よりもなお少ないであろう。

その上での問題は，これらの遺言処分についても遺産分割効果を認めてよいか，認めてよいとしてもある一定のところで線を引くべきか，である。これは，遺産分割効果を認めるために想定した要素をどの程度緩和してよいかという問題である。

日本法がその系譜を引くフランス法の下では，すでに触れたように，この点に関する緩和が進行している。特に重要なのは，1971年7月3日の法律による改革であり，この改革以降，フランスにおいては，基本的には中間型のすべてについて，遺言分割としての法性決定を肯定するに至ったといってよい。この結果，フランス遺言分割は，「分割するのと同じくらい恩恵を与える(gratifier)ことを役割とするようになっている」と評価されるに至っている[40]。これは，遺言分割には，遺産分割機能と同程度に遺贈機能が含まれるようになったということである。その結果侵害される他の相続人の利益は，遺留分減殺請求権の行使によって保護されるに止まる。〔補注2〕

しかし，これはあくまで立法による拡大である。そのような法改正のない日本において同様の拡大を認めてよいかは問題である。かつて提案した[41]，配分に差があっても，遺留分侵害にまで至っていない場合には，改めて遺産分割手続を強制することは避ける，すなわち遺産分割効果を認めるが，遺留分侵害があるケースにおいては，遺産分割効果を否定して遺産分割手続を強制するという考え方を再度提示しておきたい。後者の場合には，遺産分割効果とともに，遺留分を侵害している限りで遺産分割方法指定の効果も否定することになる(1031条参照)。その結果，具体的にどのように遺産を共同相続人間で配分すべきかは，遺産分割手続によって決めるべきことがらである。その際に，部分的に効力が否定されたとはいえ，遺言における遺産分割方法の指定が意味を持つことになろう。

(ii) 割合を指定して「相続させる」旨を指示した遺言の場合には，遺産分割方法の指定と法性決定することが困難である。それは，全相続人を対象にする場合には，基本的には相続分の指定と法性決定すべきである。現に，現在の裁判実務も，そのような解決を採用している(II2で紹介した②③判決参照)。また，遺言者の意思によっては，包括遺贈との法性決定もありうる。相続人の一部だけを対象にする場合には，そのような法性決定を行うべきことが多いであろう(その意味で，II2で紹介した①判決の法性決定には疑問を感じる)。

IV おわりに

　「相続させる」旨の遺言の法性決定と組の効果に関しては，いわゆる遺産分割効果説を一般的に採用するということで，判例の準則は確立しているとも評価しうる。しかし，本稿の検討によれば，その理論的基礎は，意外なほど脆弱である。また，遺産分割効果説の実務上の必要性を支えた１つの事情である相続登記と遺贈による所有権移転登記との登録免許税の格差は，2003 年の税制改正によって取り払われた。これも，遺産分割効果説の基礎の１つを掘り崩すものである。

　たしかに，遺産分割効果説を採用すべき遺言類型は存在すると考えられる。しかし，すべての「相続させる」旨の遺言についてそのような解決を原則とするのではなく，他の法性決定をも考慮に入れた類型的考察をすべきではないか。本稿は，このような観点を基本としつつ，「相続させる」旨の遺言の法性決定に関してあるべき姿を再考するものである。本稿で提示した考え方の多くは，いまだ仮説的な提言に止まるものである。多くのご批判を頂き，さらに問題を深めることができればと願っている。

1) 伊藤昌司『相続法』(有斐閣, 2002 年) 123 頁。
2) その意味で，相続承継は，法的主体の死亡という偶然的事態の発生に対して，法的関係さらには社会関係の維持継続を確保するための法的な操作であるといってもよい。
3) 相続承継は包括的財産体を対象とするが，この考え方が明確であるというローマ相続法の特徴について，たとえば，Jean GAUDEMET, *Droit privé romain*, Montchrestien, 1998, pp. 87-88. 参照。また，Raymond MONIER, *Manuel élémentaire de droit romain*, tome 1, deuxième réimpression, Scientia Verla Aalen, 1977, p. 448. も参照。他方，ローマ相続法の特徴である相続人の指定は，本文でも触れたように，典型的な相続処分である。
4) 法制度としてこの区別の稀薄化をよく示しているのは，相続分の指定 (902 条) であろう。とりわけ，特定財産の配分を行う遺言処分を相続分の指定と法性決定する場合には，この区別がほとんど存在しなくなる。なお，相続分の指定が日本法に独特の制度であることについて，山畠正男「相続分の指定」『家族法大系 VI』(有斐閣，1960 年) 270 頁参照。また，包括遺贈や相続回復請求権に関する学説の議論においても，この区別の稀薄化を感じる。
5) 法性決定の論点に関して公表されることが多いのは，むしろ香川判決とは異なる法性決定を行う裁判例である。香川判決に従う裁判例が公表されることはあまりない。しかし，

だからといって，香川判決に従わない判決が下級審裁判例の主流というわけではない。
6) この事件の上告審判決は，最判平成 8 年 12 月 17 日民集 50 巻 10 号 2778 頁であるが，「相続させる」旨の遺言の法性決定は，もはや争点となっていない。
7) もっとも，民法 903 条 2 項の類推適用を否定しても，被相続人の意思が当該相続人の相続分を増加させて(相続分の指定)超過取得額の返還を免除する趣旨だと認定されれば，結果は類推適用肯定と同じになる。ただ，そのような結果を得るためには，当該相続人がその旨を主張立証していく必要がある。いわば，デフォルトルールが異なるのである。
8) 肯定説として，島津一郎「分割方法指定遺言の性質と効力」判例時報 1374 号(1991 年) 7 頁，半田吉信「特定の遺産を特定の相続人に相続させる趣旨の遺言の解釈」ジュリ 996 号(1992 年)108 頁，西口元「『相続させる』遺言の効力をめぐる諸問題」判タ 822 号(1993 年)51 頁，北野俊光「『相続させる』旨の遺言の実務上の問題点」久喜忠彦編『遺言と遺留分第 1 巻遺言』(日本評論社，2001 年)144 頁などがあり，否定説として，沼邊愛一「『相続させる』旨の遺言の解釈」判タ 779 号(1992 年)18 頁，青野洋士「『相続させる』趣旨の遺言と遺産分割」梶村太市・雨宮則夫編『現代裁判法大系 11 遺産分割』(新日本法規，1998 年)203 頁，森野俊彦「遺言──『相続させる』旨の遺言について」判タ 996 号(1999 年)145 頁，川阪宏子「『相続させる』旨の遺言についての一考察」立命館法政論集 2 号(2004 年)222 頁などがある。
9) この裁判例については，吉田克己〔判例紹介〕民商 135 巻 2 号(2006 年)455 頁を参照。
10) なお，この原審の岡山家玉島出審平成 15 年 10 月 15 日家月 57 巻 10 号 92 頁は，当該「相続させる」旨の遺言における遺言処分が遺贈の趣旨と解されない以上 903 条の特別受益とすることはできないとして，持戻計算を否定していた。この場合には，一部分割として当該財産の価額の合算が問題になるはずであるが，合算は行われていず，その理由は特に述べられていない。
11) 千藤洋三「『相続させる』遺言の解釈をめぐる諸問題」関西大学法学論集 48 巻 2=3 号(1998 年)373 頁は，香川判決は否定説を取っていると評価する。
12) もっとも，その根拠づけとしては「被相続人の合理的意思」を挙げており，民法 903 条 2 項の類推適用を根拠とするわけではない。
13) 吉田克己「『相続させる』旨の遺言──遺産分割不要の原則の検証」法時 75 巻 12 号(2003 年)86 頁(本書第 16 章 366 頁〜367 頁)参照。
14) 千藤洋三「遺贈・死因贈与・生前贈与がある場合における遺留分減殺の順序」リマークス 25 号(2002 年)81 頁に引用されている学説を参照。なお，千藤は，これらの考え方は無理であり，少なくとも贈与については法的根拠に欠ける，と批判している。
15) この問題状況については，岩志和一郎「いわゆる『相続させる』遺言の解釈──平成 3 年最高裁判決に対する若干の疑問」公証法学 25 号(1996 年)20 頁参照。
16) 早くからこの趣旨を説く見解として，司法研修所編『遺産分割事件の処理をめぐる諸問題』(法曹会，1994 年)69 頁がある。なお，岩志・前掲注 15)論文 20 頁は，共同相続人間での分割の問題と考えるならば，遺産分割手続によるとしたほうが妥当な結果を得られるとして，判旨を批判する。
17) 司法研修所編・前掲注 16)68 頁は，すでに平成 3 年(1991 年)度の全国家事事件担当裁

判官全国協議会において，特定遺贈に対して遺留分減殺請求権が行使された場合に準じて処理すると解する庁が多数であったことを伝えている。

18) 学説において遺贈と同一の扱いを肯定するものとして，千藤・前掲注11)376頁，北野・前掲注8)145頁などがある。

19) 副田隆重「遺言の効力と第三者の利害」野村豊弘・床谷文雄編著『遺言自由の原則と遺言の解釈』(商事法務，2008年)64頁以下。なお，筆者自身が「相続と登記」という観点から判例全体の整理とその中での⑰判決の位置づけを行ったものとして，教科書における整理ではあるが，床谷文雄・犬伏由子編『現代相続法』(有斐閣，2010年)106〜116頁(吉田克己)がある。

20) この事案において問題になったのは，他の相続人への債権に基づいて法定相続分を差し押さえた債権者との関係での登記の要否である。その意味では，登記不要説を採用しやすい事件類型であったともいえる。それゆえ，この判旨の射程については慎重な検討が必要であろう(これを強調する文献として，島田充子〔判例解説〕判タ1125号(2003年)121頁がある。また，水野謙〔判例評釈〕判評530号(判時1809号)(2003年)192頁も，本件事案の特質を強調する)。しかし，判旨が，「相続させる」旨の遺言による権利移転を，法定相続分および指定相続分の相続ケースと同一視している以上，この判旨が他の第三者との関係でも一般化されていく可能性は大きい。

21) 松尾知子「遺言執行からみた遺言の解釈」野村豊弘・床谷文雄編著『遺言自由の原則と遺言の解釈』(商事法務，2008年)80頁以下。

22) 青野・前掲注8)219頁，小林徹「遺言執行者から見た『公正証書遺言』」公証法学35号(2005年)53頁など参照。

23) 青野・前掲注8)216頁参照。

24) たとえば，森野・前掲注8)144頁。なお，この森野説に対する批判として，福永有利〔判批〕リマークス19号(1999年)79頁がある。

25) 竹下史郎「遺言信託」梶村太市・雨宮則夫編『相続・遺言』(現代裁判法大系12巻)(新日本法規出版，1999年)244〜246頁参照。

26) 小林・前掲注22)74〜75頁参照。

27) 千藤・前掲注11)366頁，396頁参照。

28) 松尾知子〔判例評釈〕判タ1114号(2003年)90頁は，これを「過保護」と評価している。

29) 水野謙「『相続させる』旨の遺言に関する一視点」法時62巻7号(1990年)78頁以下。また，これを全面的に取り入れた島津一郎「分割方法指定遺言の性質と効力」判時1374号(1991年)3頁以下も参照。

30) 水野・前掲注29)82頁。

31) 水野謙「『相続させる』遺言の効力」法教254号(2001年)21頁。

32) 伊藤昌司〔判批〕民商107巻1号(1992年)129頁，水野紀子「『相続させる』旨の遺言の功罪」久貴忠彦編集代表『遺言と遺留分第1巻遺言』(日本評論社，2001年)161頁等参照。

33) この点については，稲本洋之助『近代相続法の研究』(岩波書店，1968年)がまずもって参照されるべき文献である。280頁以下参照。多少の引用を行っておく。「尊属分割は，抽象的相続分を具体的な財産によって自由に形成することを目的とする被相続人の自由処

分である。」(292頁), 民法典立法者の尊属分割に関する実質的な立法趣旨の「中心点は, 分割によって物的不均分を実現する自由を尊属(＝被相続人)に限って与えることである。」(329頁)。

34) もっとも, 遺言実務においては, 「超過額条項 clause d'excedent」がしばしば用いられ, 法の建前が必ずしも遵守されなかったことについて, Voir Michel Grimaldi, *Droit civil, Liberalités, Partages d'ascendants*, Litec, 2000, pp. 537 et 562.

35) 法務大臣官房司法法制調査部監修『法典調査会民法議事速記録7』(商事法務研究会, 1984年)581～582頁。なお, 水野・前掲注29)82頁にも穂積陳重の説明の分析があるが, その着眼点は, 本稿とは異なる。

36) 現に, 立法例も分かれている。フランスは, この点に関して, 遺言分割という制度を設けて遺産分割手続の排除を認めているわけである。これに対して, ドイツ民法典において認められている「被相続人の分割指定(Teilungsanordnungen des Erblassers.2048条)」は, 遺言発効とともに債権的効力を生ずるに止まるものと解されており, 共同相続人間の分割契約においてもこれを考慮しなければならないが, 全員の合意があれば, 指定と異なる定めをすることもできると考えられている。沼邊・前掲注8)18頁は, 日本民法908条は, ドイツ民法典の制度を承継するものとの理解を打ち出している。なお, ドイツ民法典の考え方は, ローマ法の考え方を踏襲するものである。原田慶吉『日本民法典の史的素描』(創文社, 1954年)227～228頁参照。

37) 基本的に同様の発想を提示する見解として, 内田恒久「相続させる旨の遺言における遺言執行者について」公証125号(1999年)31～33頁参照。

38) Francois Terre et Yves Lequette, *Droit civil, Les successions, Les liberalités*, 3e éd., Dalloz, 1997, p. 852.

39) 多田判決と呼ばれる東京地判昭和45年3月30日判時595号58頁は, 「相続させる」旨の遺言がなされた場合には, 相続放棄にもかかわらず当該財産を取得させる意思が被相続人にあるという事態は例外的であるという認識から, 「相続させる」遺言を原則的には遺産分割方法の指定と性質決定した。この認識は説得的と考えられ, それに従えば, 遺産分割方法の指定がこのタイプの遺言における法性決定の原則ということになる。

40) Grimaldi, supra note 34), p. 562.

41) 吉田・前掲注13)86頁(本書第16章366頁～367頁)参照。

〔補注1〕この問題については, その後判例の展開がある。第18章〔補注1〕およびそれに対応する本文を参照。

〔補注2〕遺言分割を含むフランス尊属分割法に関しては, その後, 2006年6月23日の法律による相続法大改正によって, 重要な改正が加えられた。この改正全体を貫く理念は, 遺言における遺言者の自由の拡大と, 相続手続の簡易化と迅速化との2つに求められている。Sophie Lambert, Présentation générale de la loi du 23 juin 2006 réformant les successions et les libéralités, in Anne Leborgne (sous la direction de), *La réforme des successions et des libéralités et la loi du 23 juin 2006*, p. 21 et suiv. 尊属分割法については, この制度

を利用しうる者の範囲が大幅に拡大された。従来は，「尊属」に限定されていたわけであるが，以後は，「すべての者」が，「推定相続人間で」（新1075条），あるいは「さまざまな親等にある卑属間で」（新1075-1条），この制度を用いることを認められる。このような受益者の拡大に伴って，制度の名称も，「尊属分割」から「恵与分割」(Des libéralités-partages)に改められた。他方，この下位分類としての「贈与分割」と「遺言分割」の名称は維持されている。

とりわけ「さまざまな親等にある卑属間で」この制度の利用が認められたことは，「世代間恵与分割」(libéralités-partages transgénérationnelles)を可能にするもので，重要な意味を持つ。「世代間恵与分割」といっても，「世代間遺言分割」は現実には想定しにくいので，日本の跡継ぎ遺贈に対応する「世代間贈与分割」が活用されることになるであろう。これらの点を含めた改正の全体像について，体系書レベルでは，Christian Jubault, *Droit civil, les successions, les libéralités*, 2e éd., Montchrestien, 2010, pp. 589-609が有益である。また，2006年法による改正の解説として（書式を含む），Marie-Cécile Forgeard, Richard Crône et Bertrand Gelot, *Le nouveau droit des successions et les libéralités, Loi du 23 juin 2006, Commentaire et Formules*, Defrénois, 2007がある。日本語文献としては，ミシェル・グリマルディ（北村一郎訳）「フランスにおける相続法改革（2006年6月23日の法律）」ジュリ1358号（2006年）68頁以下，幡野弘樹「相続及び贈与・遺贈法改正，パクスの改正——相続及び贈与・遺贈の改正に関する2006年6月23日法律第728号」日仏法学25号（2009年）218〜223頁がある。世代間贈与分割（かつて禁止された「補充指定substitution」である）承認の現代的意味についての1つの理解として，伊藤昌司「共同相続と遺言法」野村豊弘・床谷文雄編著『遺言自由の原則と遺言の解釈』（商事法務，2008年）107〜109頁が興味深い。

「相続させる」旨の遺言との関係では，遺言分割が重要な意味を持つが，この制度についての大きな改正はない。これが遺産分割の効果を生じるとされる点も，基本的には従前と同じである（新1079条参照）。しかし，新1080条に多少の文言の改正があり，ある論者は，これによって遺言分割に恵与の性格（遺贈としての性格）があることが完全に確立されたと評価している。Jean Maury, *Successions et libéralités*, 7e éd., Litec, 2009, p. 189. また，この観点から見ると，旧1079条は，「遺産分割の効果のみ生じる」とされていたのに対して，新1079条は，「遺産分割の効果を生じる」と規定しており，「のみ」の語が消えたことが注目される。これも，上記の評価を裏打ちするものかもしれない。

【追記】本稿は，日本私法学会2006年度大会のシンポジウム「遺言自由の原則と遺言の解釈」における報告原稿として執筆されたものである。当初は，本稿を含む本シンポジウムの報告原稿を収録した「日本私法学会シンポジウム資料」が「抜刷」（2006年10月9日付）の形で作成され，日本私法学会会員に配布された。その後，この「抜刷」に収録された論考に若干の論考を付け加えて野村豊弘・床谷文雄編著『遺言自由の原則と遺言の解釈』（商事法務，2008年）が公刊

され，本稿も，多少の補正を加えてそこに収録された。

野村豊弘・床谷文雄両教授は，上掲書の「はしがき」において，「本書の執筆者は，総じて遺言法をめぐる近時の傾向，すなわち，『遺言者の意思尊重』の名の下に，遺言の効力をできるだけ認め，拡張しようとする『遺言の解釈』論に危惧の念を持っている（少なくとも慎重な姿勢を待っている）」と記している。本稿も，そのような問題意識を共有しており，フランス法に示唆を求めつつ，「相続させる」旨の遺言に関して判例で示された遺産分割効果説の射程を限定しようと試みている。

本稿に示した見解については，基本的なところで賛同するとの学説も現れたが（松川正毅「遺産分割方法の指定と遺贈」内田貴・大村敦志編『民法の争点』〔ジュリスト増刊，2007年〕359頁など），他方で批判もいただいた。批判的見解は，2つの方向に分かれる。

第1は，伊藤昌司教授の批判である。そこでは，現在の学説・実務の状況（とりわけ，「遺留分と遺産分割とを全くバラバラに扱って，遺産分割に際して遺留分を考慮することには徹頭徹尾拒否的」であることが問題視されている）を前提にすると，私のように「遺産分割に公序としての性質を認めるべきか」という形で問題を立てると，私の意図とは異なって，「公序ではない」という答えにつながりかねず，「遺言書の真否や有効性の問題を軽視したまま遺言文面を遺言者意思としてその全能性を認める立場を後押しすることになりかねないことを危惧する」とされている。伊藤昌司「共同相続と遺言法」野村豊弘・床谷文雄編著『遺言自由の原則と遺言の解釈』（商事法務，2008年）110～112頁。

伊藤教授と私との間では，日本の「相続させる」旨の遺言とフランスの遺言分割との相違に関する認識や，現在の判例法理の問題性に関する認識という点では，一致があると思われる。しかし，その上で，私は，遺言意思の全能性は否定するが，かといって遺言意思を全面的に否定するわけでもない。遺言意思を制約する遺産分割の公序性が，どのような根拠で，どのような限度で認められるか。これが私の基本的問題意識である。本文中に述べたように，「民法908条がフランスの遺言分割の系譜を引くという認識を基礎に，遺産分割方法の指定に遺産分割効果を認めるとしても，……それに一定の要件を付すことが妥当」なのであって，本文の類型的考察は，そのような発想に基づく。した

がって,「遺産分割に公序としての性質を認めるべきか」, あるいは, より正確には,「遺産分割にどの程度公序としての性質を認めるべきか」という問題の立て方は, 私の発想にとって不可欠である。

そのような問題の立て方が,「遺言意思の全能性を認める立場」を後押しすることになるかどうかは, 私が判断しうることではない。しかし, 次に見るように, 遺言意思の全能性の方向を向いていると思われる学説から私の見解が批判されていることからすると, そのような危惧は当たらないといってよいであろう。

第2は, 本稿においてその見解を批判的に検討した水野謙教授からの批判である。水野教授は, (i)「(a)近時の多くの家族法の学説は, フランス民法の伝統に忠実に従い, 相続人間の平等と公平の実現を重視して, 判決①(平成3年香川判決——引用者注)の背後にある遺言者意思の尊重という観点に強く反発する」という現状認識を示した上で, 例示的に本稿と私法学会における私の発言(私法69号〔2007年〕75頁)を取り上げ, 私の見解を「(b)このような視点から遺言者の意思でも排除できない『公序』なる性格を遺産分割手続に付与し, (c)本件(最判平成14年6月10日判時1791号59頁——引用者注)のような唯一の相続人を相手とする『相続させる』遺言は遺産分割の効果を生じないとする」とまとめている。(ii)これに対して,「しかしながら, 近年, 配偶者や身体障害のある子供など, 被相続人の死後, 経済的に一番打撃を受ける者に遺産の全部または大部分を『相続させる』遺言が増加しており……そのようは『相続させる』遺言の機能には十分な合理性があると考える」というのが水野教授の反論である。水野教授はさらに, 私への批判であるかは必ずしも明確ではないが, 総括的に, (iii)「家制度や一子相続の対抗原理としての均分相続主義の歴史的役割に固執しつづけ, 遺言者の意思や社会の合理的ニーズに背を向けるような解釈態度は, そろそろ再考すべき段階に来ているのではないだろうか」と述べる。なお, 以上の(i)〜(iii)および(i)の(a)(b)(c)は, 検討の便宜のために私が付したものである。水野謙「『相続させる』趣旨の遺言による不動産の取得と登記」『不動産取引判例百選』(別冊ジュリ192号, 2008年)87頁。

まず(i)に関連して私の考え方を再確認しておきたいが, 私は,「遺言者の意思でも排除できない『公序』なる性格」を遺産分割手続に一般的に付与するわ

けではない。先にも記したように,「遺産分割にどの程度公序としての性質を認めるべきか」というのが私の問題意識である。このことは,本稿においても明らかであるし,水野教授が引用する私法学会の発言においても明らかであると思われる。したがって,(i)(b)のまとめは,不正確で誤解を招きやすいまとめかたである(なお,(c)の類型で私が遺産分割の効果を否定するのはその通りである)。

契約においても公序良俗法理による契約自由への歯止めはあるが,遺言の領域で遺言の自由をどの程度認めてよいかは,それ自体,重要な検討課題である。遺言事項が法定されていることも,遺言の自由の範囲を考える場合に考慮すべき事由になる。遺言の自由と遺言者意思の尊重とは重要な価値ではあるが(したがって,(a)でのまとめとは異なり,私は「遺言者意思の尊重という観点に強く反発」しているわけではない),それを無条件で貫徹すべきものではないのである。反面で,相続人の平等も,重要な価値ではあるが,それだけですべての問題を解決できるような万能の価値ではない。要するに,これら異質な価値の緊張関係の下でのベスト・バランスを探求すべきもので,本稿で行った類型的考察は,そのような試みのつもりである。

水野教授にお願いしたいのは,①このような私の問題枠組み自体を批判するのか,②その枠組みには同意した上で,その内容を批判するのか(たとえば,本稿の類型的考察の内容はやや遺言の自由に辛すぎ,もう少し緩和すべきであるとか)を明らかにすることである。

②については,私も個別論点についてはなお検討の余地を感じている。たとえば,本稿においては,分配財産の指定に遺留分侵害があるケースについて,遺産分割効果を否定して遺産分割手続を強制するという考え方を提示した。しかし,この点に関しては,比較法的にも緩和が進んでいるということもあり(具体的にはフランスにおける相続法改正を念頭に置いている),遺贈として効力を維持すると考えた上で後は遺留分減殺請求で補正を図るという考え方も十分にありうると思われる(松川・前掲359頁が提示する方向である)。

これに対して,①であるならば,それは,要するに,価値の衡量という枠組みを否定して遺言意思を無条件に優先する立場を採用することを意味する。それは,まさに「遺言意思の全能性」(伊藤教授の表現)を志向するものである。水野教授が明言するわけではないが,特に類型的考察に関心を示しておらず,一

般的な形で遺言者の意思の尊重を語るところからすると，この②の立場ではないかと推測される。しかし，仮にそうであれば，それは，無条件での遺言の自由を認めるわけではない相続法の基本構造との整合性を欠くおそれがあるのみならず，妥当性の点でも問題を孕む立場であろう。

　次に，判例法理を支持する根拠にかかわる(ii)および(iii)について見よう。水野教授は，平成3年香川判決に先立って遺産分割効果説を提示したわけであるが，その際の議論の大きなメリットは，民法908条の淵源をフランス法に求め，その法構造から自らの立論を根拠づけたところにあった。民法908条の遺産分割方法の指定に遺産分割効果を読み込み，遺言者意思の尊重と遺言事項法定との両立を図るというその基本的発想は斬新なものであった。その当時の多くの論考が，同様の帰結を導くために，遺言者の意思の尊重や社会的ニーズを挙げるにすぎなかった中で，その立論は異彩を放ち，それがゆえに大きな影響力を持ったものと考えられる。私も，本稿でも触れたように，その学説史的意義を高く評価するものである。

　しかし，そのフランス法理解は一面的であった。そこでは，フランス遺言分割の効果のみに関心が寄せられ，その前提となる要件論は無視されたのである。これが本稿の認識であり，私なりに理解した民法制定当時のフランス遺言分割法に示唆を求めながら組み立てたのが，本稿の議論である。その意味で，本稿の議論は，水野教授の敷いた路線を踏襲しているといってもよい。そのような性格の議論を批判するのであれば，当初の立論の枠組みを踏まえつつ，民法制定当時のフランス法理解をさらに深めることによって自説を再構築するか，遺言者意思重視を強めるその後のフランス法の展開を参照しつつ自説を補強するというのが，望ましい方向であったように思われる。

　しかし，水野教授が選択したのは，このような沿革的・比較法的考察の事実上の放棄であった。それは，水野説出現以前の議論状況への後戻りである。残念としかいいようがない。今回の水野教授の議論の(iii)についていえば，遺言者の意思をどの程度尊重すべきかが問われているところに，遺言者意思の尊重を持ち出しても，議論が前進するわけではない。無条件の意思尊重を説くのであれば，その根拠付けを展開する必要がある。社会のニーズもマジック・ワードで，種々の社会的ニーズがありうるのであって，それが決め手となるわけでは

ない。(ii)のいわば社会的弱者保護は1つの尊重すべき価値ではあるが，遺言者意思の尊重が必ず社会的弱者保護に結びつくわけではない。意思の尊重は，1つのプロセス的価値の尊重であって，社会的弱者保護という実体的価値とは次元が異なるのである。

　もっとも，この追記が水野教授の立論として取り上げたのは，短い判例解説に述べられているものであって，そのような立論の問題性を指摘されることは，水野教授にとってはおそらく不本意であろう。沿革的・比較法的考察についても，放棄したわけではなく，紙幅に制約されて触れられなかっただけなのかもしれない。他日，より本格的な批判と反論が展開されることを期待する。

第18章　遺言による財産処分の諸態様と遺産分割

I　各種の遺言処分とその内容

1　典型遺言処分

(1)　典型遺言処分の3類型とその内容

　民法は，遺言による遺産配分の指定に関して，次の3つの可能性を定めている。①「共同相続人の相続分を定め」ること(相続分の指定)(民902)，②「遺産の分割の方法を定め」ること(遺産分割方法の指定)(民908)，そして③「包括又は特定の名義で，その財産の全部又は一部を処分すること」(遺贈)(民964)である。②については，これを「処分」と性格づけることができるかについて議論の余地があるが，ここでは，これら3つを総称して「遺言処分」と呼ぶことにする。そして，これら3つは，民法が用意した遺言処分に関する類型であるから，「典型遺言処分」と呼ぶことができる。

　これらのうち，まず遺贈は，遺言による遺産の全部または一部の無償譲与である(負担付きとすることも可能である)。単独行為である点で贈与と区別される。相手方は，相続人であるか，相続人以外の者であるかを問わない。包括名義の遺贈(包括遺贈)と特定名義の遺贈(特定遺贈)の2種類がある(民964)。包括遺贈は，遺産について分数的割合を示して行う遺贈であり(遺産全部を対象にすることも可能である)，特定遺贈は，遺産中の特定の財産を目的とするものである。

　相続分の指定は，法定相続分を修正して各相続人が承継すべき相続財産の割合(指定相続分)を定めるものである。したがって，全相続人について遺産の何

割とか何分のいくつという形で表示されるのが，最も本来的な相続分指定である。しかし，現実には，相続分指定は，これより緩和した形で運用されている。たとえば，全相続人に特定財産を指定するという形の処分も，その価額に対応する相続分を指定したものと見ることができるから，相続分指定と法性決定されることがある。さらに，少数あるいは単数の特定相続人に特定財産を指定する場合にも，同様に相続分指定と判断されることがありうる。このように緩和した形の運用になると，類型間の重複が生じてくる。

遺産分割方法の指定は，本来は，現物分割か換価分割かといった分割の方法を指定するものである。また，相続人Aには甲不動産，相続人Bには金銭というように，法定相続分の枠内で全相続人に具体的財産を割り付ける指定も，遺産分割方法の指定に当たる。この点は，法典調査会の審議において民法起草者も認めるところであった。しかし，現実には，それらを超えて，法定相続分を超える形で少数の特定相続人に具体的財産を割りつける指定もまた遺産分割方法の指定に当たるものとされている。これもまた，類型間の重複をもたらす。

(2) 法性決定の困難性

具体的な遺言処分は，これら3つの典型遺言処分のいずれに当たるかを判断され，それぞれについて民法が用意した法的規整に服することになる。この判断は，一般的には遺言解釈の問題だと捉えられている。しかし，ここで問題になっているのは，遺言に定められた遺言処分がこの3つの典型遺言処分類型のいずれに該当するか，あるいはいずれにも該当しないかの判断である。これは，基本的には，法的性質決定(法性決定，qualification)の問題である。この判断は，遺言者の意思も考慮しつつ(ここで遺言解釈が問題になる)，最終的には裁判官の法的評価に基づいてなされる。

ところで，法性決定を行うためには，それぞれの類型の内容と本質的要素がどのようなものであるかを明らかにしておかなければならない。その上で，具体的遺言処分についてそのような要素が存在しているかを探求して，法性決定がなされるのである。ところが，日本民法における典型遺言処分については，上で見たように，各類型とりわけ相続分指定と遺産分割方法の指定の内容が拡張され，その結果，類型間に重複が生じてくる。そして，これが，個々の遺言

処分の法性決定を行う上での困難をもたらしている。

たとえば，特定財産を対象とする遺言処分は，通常は遺贈ということになるであろうが，上述のように，それを相続分の指定と法性決定する可能性も認められている。相続分指定であれば遺産分割を経て最終的な遺産の配分が決定されることになるから，この特定財産の指定は，遺産分割方法の指定としての法性決定も可能なように見える。また，遺産の一定割合を指定した遺言処分は，相続人以外の者を対象にする場合には，当然に包括遺贈ということになるであろうが，相続人を対象とする場合には，包括遺贈にも相続分の指定にも当てはめが可能なように見えるのである。

(3) 困難性への対処

この困難性に対処するには，2つの方向がありうる。

第1は，3種の典型遺言処分の概念を再検討し，重複がないように再構成するという方向である。3種のうち，遺贈概念は明確であるが，他の2種は，沿革的・比較法的にも必ずしも概念が明確でない[1]。そこで，再構成は，自ずから相続分の指定と遺産分割方法の指定に向かう。より具体的には，重複を避けるために，これらの概念を縮減する方向が志向されるのである。このようにして，相続分の指定については，純粋に割合指定に限定すべきことが説かれ[2]，遺産分割方法の指定については，それは現物分割原則に代わる換価分割や補償分割といった分割方針についての指示であって，それ自体は財産処分の性質を有しないと説かれる[3]。

第2は，類型相互の重複を認めたまま，それに他の要素，具体的には遺言者が類型に付与されるべき法的効果を意図していたかを法性決定の基準として付加するという方向である。たとえば，遺贈は，相続外の財産承継であるから，受遺者である相続人が相続を放棄したとしても，遺贈の効力は維持される。これに対して，特定財産承継を指定する形の遺産分割方法の指定であれば，当該相続人が相続を放棄すれば，その特定財産指定の効力も覆る。このような類型の効果の差を押さえた上で，遺言者がいずれの効果を意図しているかを，法性決定の基準にするのである。ここでは，法性決定に際して，遺言解釈の重要性が浮上することになる。実務および学説の大勢は，この方向で困難性に対処し

ようとしている。

(4) 「相続処分」と「財産処分」

(i) 遺言処分の2類型

遺言処分には，歴史的・比較法的に見ると，「相続処分」と「財産処分」の2つの類型が見出される[4]。相続処分とは，ローマ法における相続人の指定に典型的に見られるように，一種の人格承継である包括的な相続承継の具体的あり方・内容を遺言によって決めることを示す概念である。これに対して，財産処分とは，遺言によって死亡を契機に一定の財産を対象にした権利承継を生じさせるものである。財産処分に基づく権利承継においては，相続承継におけるような包括性は問題にならない。相続処分の場合には，意思によって決めることができるのは承継の内容だけであって，承継自体は，遺言者の意思に基づいてではなくあくまで法律に基づいて生じる。これに対して，財産処分の場合には，承継の基礎には意思がある。このように，この2つの処分と承継原理には，大きな違いがある。

(ii) 日本民法の構成

日本民法において，遺贈が財産処分であることに問題はない。相続分の指定については，日本民法は，条文の位置と内容からして，あくまで相続の枠内における法定相続分の修正と位置づけている。したがって，それは，相続処分と捉えられる。遺産分割方法の指定についても，同じく条文の位置と内容からして，相続の枠内における相続処分であることが明確である。

ところが，このように位置づけは明確であるとしても，日本民法の下では，相続処分と財産処分との概念的区別があいまいになっている。その最大の原因は，相続分の指定という他の立法例には見られない相続処分を定めたことにある。相続分の指定は，相続処分と位置づけられているにもかかわらず，財産処分性をも兼ね備えた両性的性格を有しているのである。また，包括遺贈にも問題があり，それは，財産処分でありながら，その効果(民990)の点で相続処分としての性格を持っているようにも見える。

先に整理した困難性への対処の第1の方向であった概念の再構成は，このような日本民法の問題性を意識した上で，とりわけ相続分指定の縮減を通じて，

両者の概念的区別を可能な限り明確化しようとする試みである。それは，歴史的・比較法的観点からも，概念の明確化という実用法学的観点からも，基本的には支持すべきものと考える。しかし，他方で，そのような努力にもかかわらず，日本民法の下では，重複は解消されないことにも注意を要する。たとえば，割合的指定のみを相続分指定と解したとしても，割合的包括遺贈との重複は残るのである。それゆえ，実務および学説の多くが採用する先の第2の方向も，その必要性がなくなるわけではない。

　日本民法の下では，このようにして，財産処分性を持った遺言処分が相続処分と法性決定される事態が生じうる。そこから，妥当性の点での問題を感じさせる解決が導かれる可能性がある。これに対処するためには，相続処分と法性決定された当該遺言処分に，財産処分の考え方をも採り入れるというのが現実的であろう。たとえば，財産処分にかかわる規定の類推適用などである。そして，このような手法が確保されるならば，逆説的であるが，2つの類型間の概念的区別の重要性は，相対的には小さくなる。

2　法性決定の各論的検討

　遺言処分の法性決定に関して最も大きな問題を提起したのは，「相続させる」旨の遺言であるが，これについては，後に項を改めて取り上げる(Ⅲ)。この問題を除くと，遺言処分の具体的法性決定に関して取り上げるべき問題は，①相続分指定と包括遺贈，②特定遺贈と包括遺贈という2つに限定してよいであろう。

(1)　相続分指定と包括遺贈

　共同相続人である3人の子のうち1人に，(a)遺産の2分の1を与えるという遺言をした場合に(法定相続分を上回る割合指定)，この遺言処分は，相続分の指定か包括遺贈か。また，(b)遺産の9分の1を与えるという指定の場合(法定相続分を下回る割合指定)にはどうか。

　これらについて，類型間の重複はないという方向で問題を考える見解がある。その上で，相続分指定と考えるか包括遺贈と考えるかについては，2つの極に

分かれる。一方の極には,「包括遺贈は,相続人以外の者に認められるのであり,相続人についてはすべて相続分の指定として取り扱うべきである」[5]という立場があり,ここからすれば,上記の遺言処分は,相続分の指定以外にありえないことになる。しかし,日本民法が相続人への遺贈を否定しているという見方は,明らかに行き過ぎである。他方の極には,相続分の指定は,分数的割合を示して共同相続人全員の法定相続分を変更することであり,相続人の一部に対する割合の指定は,割合を示しているにせよ,特定の者に対する財産の付与なのだから,包括遺贈と解すべきであるという見解がある[6]。しかし,日本民法が相続人の一部を対象とする相続分の指定を認めていることは,条文上明らかである(民902②)。ここでは,やはり類型の重複を認めざるをえないであろう。

とすると,ここでの法性決定のためには,効果に向けられた遺言者の意思を重視すべきことになる(1(3)および(4)②の記述参照)。相続分指定と包括遺贈との効果の差異としては,代襲相続の有無(包括遺贈であれば,受遺者の死亡によって効力を失う。民994条1項。もっとも,法定相続分については代襲相続が生じる。他方,相続分指定であれば,指定相続分について代襲相続が生じる)や相続放棄した場合の権利喪失の有無(包括受遺者であれば相続を放棄しても受遺者としての権利を失わない)などが挙げられる。もっとも,特定遺贈とは異なり包括遺贈の場合には受遺者は被相続人の義務をも承継するから(民990条),後者についての効果の差異はほとんどない。とすれば,基本的には,前者についての遺言者の意思に即して,法性決定をなすべきである。

さらに,上記の(b)(法定相続分を下回る割合指定)については,2つの類型の間には明確な差異が存する。包括遺贈であれば先取的意味を持ちうるのに対して,相続分指定の場合には,そのような意味を持ちえず,相続分は9分の1に縮減されざるをえないのである[7]。それゆえ,遺言解釈によって割合指定が先取的であるとされる場合には,包括遺贈と法性決定しなければならない[8]。

(2) 特定遺贈と包括遺贈

遺贈については,さらに特定遺贈と包括遺贈の区別が問題になることがある。両者は,一般的には,前述のように,遺産中の特定の財産を目的として行われ

ているか(特定遺贈)，分数的割合を示して行う遺贈か(包括遺贈)で区別される。それでは，全不動産や全動産を，あるいはその一定割合を指定した遺贈はどう考えるべきであろうか。

　日本民法における特定遺贈と包括遺贈の区別がフランス民法典に由来することについては，学説上一致した認識がある。ところで，フランス民法典においては，遺贈は，「包括遺贈」，「包括名義遺贈」および「特定名義遺贈」の3種類に分けられるとともに，上記の遺贈は，包括名義遺贈に当たるものと明示的に規定されている(1010条)。これを意識して，上記の遺贈を包括遺贈と解する見解もあった。しかし，早くからこれを特定遺贈と解する見解が提示されており，現在ではこれを特定遺贈と解することについて異論はないといってよい[9]。その基準は，権利とともに債務を承継させるのが包括遺贈で，一定の権利に限って遺贈するのが特定遺贈だというものである[10]。この観点からすると，たとえば全不動産を対象とする遺贈は，通常は権利だけを承継させる特定不動産の遺贈の集積にすぎないと見られるから，包括遺贈ではなく特定遺贈であるということになるわけである。

　この論理からすると，相続財産を換価し，それを割合的に相続人等に与える遺言処分もまた，特定遺贈ということにされる可能性がある。一定額の金銭を承継させる性格の遺言処分だからである。しかし，そのような法性決定は，被相続人に債務がある場合には，必ずしも妥当とはいえない。受遺者から除外された相続人も含めて，受遺財産の額にかかわりなく債務の負担が帰すことになってしまうからである。相続債務は，受遺財産の額を考慮して受遺者によって弁済されるのが適切である。遺言において債務を弁済した残りを分配するように手当てしておくか(清算型遺贈)，換価の前段階において包括遺贈を認定し，換価による分配は受遺財産の分配方法を定めたものにすぎない(遺産分割方法の指定)と解するのが妥当であろう[11]。

　他方，特定遺贈の残りの財産を全部遺贈するような場合(残余遺贈)は，そこには当然に債務も入ってくるから，包括遺贈と見るべきである[12]。

3 非典型遺言処分の許容性

　以上，典型遺言処分について検討したが，他方で，遺言によって典型遺言処分とは異なる内容の遺言処分を行うことができるかが問題となる。契約については，私的自治の原則が支配し，法が用意した典型契約と異なる内容の非典型契約を定めることは当然に可能である。遺言についても同様に考えることができるのか，要するに，「非典型遺言処分」が許容されるかという問題である。

　後述の「相続させる」旨の遺言の法性決定に関連して，公証実務から「遺産分割処分説」と呼ばれる構成が提示されたことがあった[13]。この見解によれば，民法964条が定める「処分」には「遺産分割そのもの」も入っており，特定財産を特定相続人に「相続させる」旨の遺言は，この遺産分割そのものを定めるものである。したがって，この遺言によって指定された特定の財産は，特定相続人に遺産分割手続を経ることなく直ちに帰属する，というのである。これは，民法に明示的に定める以外の非典型遺言処分の承認を求める見解に他ならない。この背後には，遺言証書の方式は厳重に規整されているが，意思表示による遺産処分の中身は法律行為自由の原則に服し，遺言者が自由に定めることができるという発想がある。

　この見解に対しては，次の2点の批判が提示された[14]。第1に，遺言事項は本来限定されているのであって，契約の自由と同じ意味において遺言の自由を語ってよいかが問われる。第2に，遺贈と，民法964条から引き出された遺贈ではない財産処分との関係をどのように考えるべきか問われる。民法は，遺贈以外の遺言処分であることが明らかな遺言寄附行為の場合(遺贈の規定が準用されている。民法41条2項)とは異なり，その点に関する規定を何ら設けていないからである。

　後述の香川判決によって，特定財産を「相続させる」旨の遺言の法性決定に関していわゆる「遺産分割効果説」が採用されて以来，遺産分割処分説は，いわば目的を達した形で後景に退いている。しかし，香川判決自体についても，民法が用意した典型遺言処分の内容を変更しているのではないか，それが許されるかという問題があり，非典型遺言処分の許容性という論点は，今日的意義

を失っていない。

　典型遺言処分に関する民法の規定のすべてを公序と考える必要はないであろうが，反面，そのすべてが任意規定で，遺言が無条件で優先すると考えるのも適当ではない。具体的問題に応じて，関係規定の公序性を検討していく必要がある。

II　遺言処分の効力

1　相続分の指定と遺産分割方法の指定

(1)　相続分の割合的指定

　相続分指定は，前述のように，分数的割合によって示されるのが本来のあり方である。この場合には，遺言の効力発生によってその割合(指定相続分)が法定相続分に優先して適用されることになり，これに基づいて具体的相続分の算定と遺産分割が実施される。

　この指定は，遺留分に関する規定に違反することができない(民902条1項但書)。裁判実務および通説の考え方によれば，違反する指定が当然に一部無効となるのではなく，被侵害者の遺留分減殺請求に服するにすぎない。この遺留分減殺請求権の行使によって，指定相続分は，遺留分を侵害しない割合に縮減される。これに対して，違反する指定が一部無効となるという見解も有力である。民法1031条は，遺贈および贈与についてしか遺留分減殺請求権の行使を考えていない。ここからすると，一部無効説のほうが民法の規定に即しているといえよう。

(2)　遺産分割方法の指定

　遺産分割方法の指定の本来のあり方は，法定相続分には手を付けずに，換価分割や補償分割のような遺産分割のやり方を指示したり，具体的財産の配分方法を指示するものである。この指定は，遺産分割手続において分割当事者を拘束する。そして，協議が調わない場合には，遺産分割審判の基礎となる。しか

し，分割当事者全員の合意があれば，指定と異なる協議分割を成立させることは可能である。

　本来の遺産分割方法の指定においては，法定相続分に手は付けられないわけであるから，遺留分侵害の問題は起こらない。実際，遺産分割方法の指定に関する民法908条は，相続分指定に関する902条とは異なり，遺留分侵害をなしえない等の定めを置いていない。民法は，そもそも遺産分割方法の指定による遺留分侵害を想定していないのである。

(3) 相続分指定を伴う遺産分割方法の指定

　分数的な割合的指定という本来的のあり方とは異なり，前述のように，具体的な財産の指定が相続分指定と法性決定されることもある。その財産の価額が法定相続分を上回るような場合にそのような法性決定がなされることが多い。もっとも，当該財産の指定自体が相続分の指定なのではなく，当該財産の価額が相続財産との関係で占める割合を相続分として指定していると見られるわけである(特定財産指定を通じた割合指定)。他方で，財産の指定に意味を持たせて遺産分割を行うためには，それを遺産分割方法の指定と性質決定する必要がある。このようにして，2つの類型を兼ねる遺言処分が編み出される。これが「相続分指定を伴う遺産分割方法の指定」であり，非典型遺言処分の一類型である。

　この遺言処分は，当然に遺産分割手続を回避するものではない。むしろ，遺産分割の実施を当然に想定している。しかし，現在の実務は，特定財産を「相続させる」旨の遺言について，それを原則的には「(相続分指定を伴う)遺産分割方法の指定」と法性決定しつつ，遺産分割手続の回避を認めるに至っている(後述)。

　遺産分割方法の指定を兼ねた相続分の指定も，遺留分に関する規定に違反することができないことは当然である。遺留分を侵害するような指定は，遺産分割方法の指定であるという側面を前面に出す場合には，無効ということになろうし，相続分指定という側面を前面に出す場合には，遺留分減殺請求権の行使によって指定相続分が縮減される(判例通説)または当然に一部無効になる(有力説)という結論になろう。しかし，この種の遺言処分は，現在では，「相続させる」旨の遺言によってなされることが通常である。後述の香川判決以降の裁判

実務は，特定財産の所有権が受益相続人に直ちに移転するものと解しているから，この実務の下では，特定遺贈との類似性が浮上する。これをどのように解決すべきかは，一個の論点である(後述)。

(4) 第三者との関係

　法定相続分を修正しない本来の遺産分割方法の指定においては，第三者との関係は通常は問題とならないが，法定相続分を修正する相続分の指定においては，第三者に対してこの修正をどのようにしたら主張しうるかという問題が提起される。

　まず，遺産に債務が含まれている場合，その債務は，指定相続分の割合に従って承継されることになる。しかし，第三者とりわけ相続債権者との関係で，共同相続人が指定相続分の割合を主張することができるかは問題である。肯定説もあるが，一般には，指定された割合に債務の負担割合を変更するには，相続債権者の同意が必要と解されている[15]。

　次に，不動産に関しては，法定相続分を下回る相続分指定がなされたが，相続登記は法定相続分によってなされたという事案において，判例は，この登記は指定相続分を超える部分については無権利の登記であり，第三者が登記を信頼して取引しても，登記に公信力がない以上指定相続分を超える権利を取得することはできないとしている(最判平成5年7月19日判時1525号61頁)。これに対して，相続分の指定に基づく相続分の変更について，登記を要求する学説もある。相続分の指定は外部から窺い知る方法がないから，登記によって公示されない限り法定相続分と等質に機能することはできない，というのがその理由である[16]。

2　遺　　贈

(1) 特 定 遺 贈

　遺言の効力発生によって特定遺贈の効力が生じると，受遺者は当然に遺贈物についての権利を取得する(物権的効果説)。かつては，遺贈された権利の移転を

相続人に請求することができる債権を取得すると解する見解(債権的効果説)も有力であったが，現在では，物権的効果説で大勢は決しているといってよいであろう(判例として，最判昭和 39 年 3 月 6 日民集 18 巻 3 号 437 頁ほか)。物権変動の一般原則(民 176 条)からしても，物権的効果説に分があると考えるべきである。なお，この理は，特定物だけでなく，特定債権等の無体物にも妥当する。

このように遺贈とともに物権的に権利承継(債権等については帰属関係の承継)の効力が生じることによって，判例通説は，その財産が当然に遺産から流出すると見る。しかし，次の 2 点に注意すべきである。

第 1 に，物権的効果説に立ったからといって，必ず遺贈効力発生と同時に権利承継の効果が発生すると解すべきものではない[17]。それは，通常の物権変動において必ずしも契約成立と同時に物権変動が生じると解すべきではないこととパラレルである。要は，遺贈の趣旨によるのである。

第 2 に，権利承継の効果が生じたとしても，その財産と遺産との関係が消滅するわけではない。遺贈義務者である法定相続人には，遺贈に基づく義務の履行が残っているのである。それは，たとえば対抗要件を取得させることであり(不動産についての登記，債権についての通知等)，特定物の場合には目的物を引き渡すことなどである。これはある意味で当然のことであり，民法も，「遺贈義務者」(民 987 条ほか)による「遺贈の履行」(民 992 条)を問題にすることによって，その理を明らかにしている。遺贈義務者がこれらの義務を履行しない場合には，受遺者は，裁判によってそれを訴求することができる。この裁判は，遺贈義務者にとって，遺言の効力を争う貴重な機会となる。遺言は，契約書に比して，その信憑性や有効性を疑う余地がはるかに大きい。したがって，このようにその効力を争いうる機会を保証しておくことは，相続人の権利確保という観点から，きわめて重要である[18]。

(2) 包括遺贈

包括受遺者は，相続人と同一の権利義務を有する(民 990 条)。それゆえ，包括遺贈が物権的効力を有することについては，特定遺贈の場合とは異なり，異論は見られない。包括受贈者は債務も承継し，他に相続人または包括受遺者がいる場合には，これらの者とともに遺産分割手続に参加する。

問題は，これらの点から，包括遺贈と相続人指定とを同一視するという帰結を導けるか，である。この問題は，実用法学的には，包括遺贈について，遺贈の規定と相続に関する規定のいずれを優先的に適用するかを決めるという意味を持っている。裁判実務および通説は，この同一視を認め包括遺贈に相続の規定を適用する方向にある。

　具体的に重要なのは，包括遺贈の放棄については，遺贈に関する民法986条以下ではなく，相続の承認・放棄に関する民法915条以下が適用される(東京地判昭和55年12月23日判時1000号106頁)ことである。また，かつては，包括遺贈の放棄があった場合の放棄された分の帰属については，遺贈に関する995条ではなくて相続に関する939条が適用され，他の包括受遺者への添加が認められると解されていた[19]。さらに，全部包括遺贈があった場合には「相続人があることが明らかでないとき」(民951条)に該当せず，その結果民法951条から959条までの規定の適用はない，と判断した最判平成9年9月21日民集51巻8号3887頁も，包括受遺者を相続人と同一視している。また，農地の包括遺贈について，相続人への承継と同様に農地法の許可を不要とする扱いがなされていることも(農地法施行規則3条5号)，ここで指摘しておこう。

　このようにして，包括遺贈は，相続に準じて，特定遺贈とは質的に異なるものとして取り扱われる。それは，包括遺贈を財産処分ではなく相続処分として扱うということを意味している。もっとも，だからといって包括遺贈が相続承継とすべて同一に扱われるわけではない。包括受遺者には遺留分はなく，代襲相続も認められないなどの点で，相続人との差は残っている。

　以上に対しては，包括遺贈と相続人指定との差異を強調する，少数ではあるが有力な見解がある[20]。そこでは，たとえば包括遺贈の放棄に関しては，遺贈の放棄に関する民法986条以下が適用されることになる。その論拠としては，①民法の規定の仕方，②沿革，③妥当性判断などが援用されている[21]。この見解は，相続処分と財産処分を区別する観点を基礎に置くものであり，説得的である。包括遺贈は，相続承継とのアナロジーではなく，財産処分であることを前提に据えた上で，「相続人と同一の権利義務を有する」ことの具体的意味内容を考えていくべきであろう。

(3) 第三者との関係

　特定遺贈については，受遺者と相続人から遺贈目的物を取得した第三者との関係を対抗関係と把握することについて，現在では大きな異論はない(判例として，最判昭和29年3月6日民集18巻3号437頁など)。包括遺贈についてどう考えるかには多少の問題がある。判例通説のように，包括遺贈に基づく承継を相続承継と同視する方向で問題を考えるならば，法定相続分に基づく承継と同様に対抗要件不要と解する余地もあるからである。実際，戦前の大審院判決には，不動産についてそのように解したものがある(大判昭和9年9月29日新聞3808号5頁)。戦後の下級審裁判例にはこれと反対に登記必要説を採るものがあるが(東京高判昭和34年10月27日高民12巻421頁など)，最高裁の見解は明らかではない。本稿の観点からすれば，特定遺贈と同様に，対抗要件必要説を採るべきものと考える。学説も，一般的にはそのように考えている[22]。

　包括遺贈は，相続債権者との関係でも問題を提示する。包括受遺者の存在が必ずしも明らかではないので，相続人等の債務負担額を形式的に判断することができないからである。相続分指定の場合と同様に，包括遺贈をもって相続債権者に対抗することができず，債務割合を変更するには，相続債権者の同意を要すると解すべきであろう[23]。

III　遺言処分としての「相続させる」旨の遺言[24]

1　「相続させる」旨の遺言の法性決定

(1)　法性決定をめぐる議論

　「相続させる」旨の遺言は，1960年代半ば頃から，公証実務を中心に使われるようになった遺言である。現在では，公正証書遺言だけでなく，自筆証書遺言においても広く用いられている。その内容は，特定財産を特定相続人に「相続させる」というものが多い。特定財産を特定相続人に取得させる遺言処分であれば，遺贈とするのが本来の姿であろう。実際，かつての公証実務はそのよ

うに扱っていた。それをあえて「相続させる」との文言を用いるようになったのは，登録免許税の面での有利な扱いと権利移転登記の面での手続の容易化を狙ったからであった[25]。この2つは，相続承継の論理に基づくものであるが，他方で，この遺言は，特定財産を遺産分割を経ることなく特定相続人に承継させることも狙っていた。ここでは，相続承継ではなく，遺贈すなわち財産承継の論理が前面に出るわけである。このように，「相続させる」旨の遺言は，財産処分と相続処分のいわば「いいとこ取り」を狙った遺言であった。

　そのような狙いを持った「相続させる」旨の遺言は，当然のことながら，3種の典型遺言処分のいずれにも直ちには当てはまらない。そこで，これをどのように法性決定すべきかが争われた。多様な見解が提示されたが，大きくまとめると，①遺贈説(特定遺贈と解する)，②遺産分割方法指定説(なお，特定財産が法定相続分を超える場合には，これに相続分の指定が伴うものと考える)，③遺産分割処分説(遺産分割そのものを定めた特殊な処分と見る。民法964条が定める「処分」にはそのような処分も入っていると考える。より詳しくは，Ⅰ3参照)，④遺産分割効果説(遺産分割方法の指定を定める民法908条は，フランス法における遺言分割を参考にしたものである。そのような系譜からすると，遺産分割方法の指定には，遺産分割の効果を持つものも含まれている，と考える)の4種の構成があった[26]。

　これらの見解は，基本的な志向において，①および②と③および④という2つのグループに分けることができる。

　すなわち，①および②は，いずれも民法が定める典型遺言処分を尊重して，個別の遺言処分を可能な限りそこに包摂しようという志向を有している。個別の遺言処分は，典型遺言処分に包摂されることを通じて法的効果を導かれる。そこでは，遺言の自由は全面的には機能しない。そのような発想の基礎にあるのは，法定相続とそこに内在する相続人の平等に対する強いコミットメントである。

　これに対して，③および④は，これまで承認されていなかった新たな遺言処分の類型を認めることによって(③)，あるいは従来の典型遺言処分に新たな効果を認めることによって(④)，実質的には典型遺言処分から離反する。非典型遺言処分の承認であり，そこで標榜されるのは，遺言者の意思の尊重である。契約と同様に遺言についても私的自治が貫徹されるべきだという考え方がその

基礎にある。

(2) 香川判決による遺産分割効果説の採用

最高裁は，いわゆる香川判決(最判平成3年4月19日民集45巻4号477頁)によって，これらのうち遺産分割効果説を採用することを明らかにした。そこに示された法理は，次の2点にまとめることができる。

第1に，特定の遺産を特定の相続人に「相続させる」趣旨の遺言は，特段の事情がない限り，遺贈と解すべきではなく，民法908条に定める遺産分割方法の指定と解すべきである。──このように，香川判決は，「相続させる」旨の遺言による特定財産の処分を，原則として相続処分である遺産分割方法の指定と法性決定したわけである。

第2に，特定の遺産を特定の相続人に「相続させる」趣旨の遺言の効果については，遺産の一部の分割がなされたのと同様の承継関係を生ぜしめるものであり，特段の事情のない限り，何らの行為を要せずして，被相続人の死亡の時(遺言の効力発生時)に直ちに当該遺産が当該相続人に相続により承継されるものと解すべきである。──これが，遺産分割効果説のポイントである。遺言者による処分が遺産分割の効果を持つから，現実の遺産分割手続は省略されて特定財産の受益相続人への即時の承継が確保されるのである。なお，ここでも，香川判決は，「相続させる」旨の遺言による特定の財産の処分が相続処分であることを前提としている。この処分は，遺産の一部分割と同様の承継関係をもたらすものとされ，「相続により承継される」旨が明示されているからである。

しかし，受益相続人に対する即時の所有権移転という点で，香川判決による「相続させる」旨の遺言は，典型的な財産処分である遺贈がこれまでカバーしてきた領域と大きく重なり合うことになる。そうである以上，「相続させる」旨の遺言において，財産承継と財産処分の論理を完全に否定することができるかは，一個の問題である。事実，その後の裁判例の展開においては，財産処分の論理によって「相続させる」旨の遺言をめぐる紛争を解決するという動向も見出される。

(3) 香川判決の射程

なお，香川判決は，特定財産を特定相続人に「相続させる」旨の遺言が問題になった事案にかかわる。したがって，遺産を割合的に「相続させる」旨の遺言については，香川判決の射程は及ばないと考えるべきである。実際，この点に関する香川判決後の下級審裁判例として，①東京地判平成3年7月25日判タ813号274頁と，②東京地判平成4年12月24日判時1474号106頁およびその控訴審判決である③東京高判平成5年7月14日家月49巻5号67頁があるが，いずれも相続分の指定があったと判断されている。したがって，改めて遺産分割手続を経て個別財産が相続人に配分されていくことになる。②は，相続財産を相続人全員に一定割合で相続させる旨を指示し，相続人以外の者に一定割合で遺贈したという事案にかかわる。判旨は，本件において直ちに遺産承継の効果が生じるものとすれば，全遺産の共有状態が現出されるにすぎないことを指摘し，「ここには，特定の遺産を特定の相続人に単独で承継させるという遺言に拘束されて，その遺産に関する限り遺産分割手続を経由させる意味が薄いという，右最高裁判決の基礎となっている事情は存在しない。」と相続分の指定と解すべき理由を述べている。説得的というべきである。

2 「相続させる」旨の遺言と共同相続人および第三者との利害調整

(1) 共同相続人間の利害調整

「相続させる」旨の遺言によって他の相続人の利益が害される場合に，どのように共同相続人間の利害を調整すべきであろうか。具体的には，「相続させる」旨の遺言に基づく承継と，特別受益，遺留分制度等との関係が問題になる。

(i) 特別受益としての扱い

ここで問題になるのは，遺贈の持戻しに関する民法903条の類推適用の可否である。ここには，より具体的には，同条1項の類推適用(持戻計算を行うか)の問題と同条2条の類推適用(超過特別受益について返還を免除するか)の問題とがあ

る。学説は，これまでのところ後者の問題を議論しており，見解が分かれている。この問題に関する裁判例は，いずれも前者の問題にかかわり，民法903条1項の類推適用を肯定している(山口家萩支審平成6年3月28日家月47巻4号50頁および広島高裁岡山支決平成17年4月11日家月57巻10号86頁)。このように，裁判例は，遺贈すなわち財産承継の論理を前面に出した解決を行うわけである。ここからすれば，裁判実務は，同条2項についても類推適用を肯定すると見るのが自然であろう。

(ii) 遺留分減殺請求権行使の可否

「相続させる」旨の遺言が遺留分を侵害している場合には，被侵害者による遺留分減殺請求権の行使を否定する理由はない。香川判決も，その可能性は認めていた。その後の下級審裁判例として，東京地判平成4年5月27日金法1353号37頁と神戸地判平成14年3月6日LEX／DB28070787があるが，いずれも，遺留分減殺請求権の行使を認めている。

ところで，民法は，遺留分減殺請求の対象として遺贈と贈与のみを想定しているので(1031条)，「相続させる」旨の遺言に基づく承継を減殺の順序やその他の規律に関してどのように位置づけるべきかが問題となる。まず，減殺の順序に関しては，東京高判平成12年3月8日判時1753号57頁が，遺贈と同様に解すべきである旨を判示している。次に，受贈者が贈与の目的物を譲渡した場合等にかかわる民法1040条1項の類推適用に関しては，最判平成11年12月16日民集53巻9号1989頁がこの類推適用を肯定する(譲受人に対する共有持分の返還請求を原則として否定して，譲受人に対して価額弁償のみを請求しうるものとした)。

以上のように，遺留分減殺請求権に関する種々の法律関係において，判例は，「相続させる」旨の遺言に基づく承継を遺贈に準じて財産承継の論理で解決する傾向にある。

(iii) 寄与分との関係

寄与分との関係については，「相続させる」旨の遺言の受益相続人と寄与者が別人である場合に，寄与分の認定が対象財産にも及びうるのかが問題となる。より具体的には，寄与分が遺贈に及びえない旨を定める民法904条の2第3項の規定の類推適用の問題である。裁判例はまだ出ていないようであるが，上記

の裁判例の傾向からすると，遺贈扱いがなされ，同規定の類推適用が肯定されて，寄与分は「相続させる」旨の遺言の対象財産には及ばないとされる可能性が大きい。なお，「相続させる」旨の遺言によって全遺産の割付けがなされている場合には，もはや遺産分割は行われないのであるから，遺産分割手続の中で主張されることが予定されている寄与分は，もはや主張の余地がないことになる。

(iv) 対象相続人の先死亡の場合の扱い

以上の他,「相続させる」旨の遺言の受益相続人が遺言者よりも先に死亡する場合に，対象財産の帰趨がどうなるか，という問題がある。あくまで相続承継と見て代襲相続を肯定するか(民法887条参照)，遺贈的に見て当該遺言を失効させて(民法994条1項参照)遺産分割の対象にするかが問題である。

この問題に関する裁判例としては，東京家審平成3年11月3日家月44巻8号23頁，東京地判平成6年7月13日金判983号44頁，東京地判平成10年7月17日金判1056号21頁，東京高判平成11年5月18日金判1068号37頁がある。いずれも当該遺言が失効するものとしている。ここでも，裁判例は,「相続させる」旨の遺言による承継を遺贈と同様に解している。これらに対して，近時，代襲相続を認める裁判例も現れている(東京高判平成18年6月29日判時1949号34頁)[27]。〔補注1〕

(2) 第三者との利害調整

ここでの最大の問題は,「相続させる」旨の遺言の受益相続人が，他の共同相続人から当該不動産について法定相続分に対応する共有持分権を取得した第三者に対して，登記なくして当該不動産についての権利取得を対抗することができるか，である。学説上は登記必要説と不要説が対立していたところ，最判平成14年6月10日判時1791号59頁は，香川判決を引きつつ,「相続させる」旨の遺言による権利移転は,「法定相続分又は指定相続分の相続の場合と本質において異なるところはない」とし，登記不要説を採用した。なお,「相続させる」旨の遺言が遺産分割の効果を持つという論理からは，遺産分割の場合に準じて登記を要求する可能性もある。しかし，本件の原審判決である東京高判平成10年10月14日判タ1102号160頁は，この可能性を明確に否定している。

このように，判例法理は，第三者との関係においては，先に見た共同相続人間の利害調整の局面とは異なり，相続承継の論理を前面に出した解決を志向している。しかも，ここでの判例法理による解決については，「超相続承継的」と特徴づけることが可能である。通常の相続承継であれば，最後の遺産分割に基づく不動産取得について登記を要求されるのに対して，ここでの「相続させる」旨の遺言に基づく権利承継については，登記の必要性がどの時点でも生じないからである。

3　批判的検討

(1)　判例法理の問題点

香川判決は，「相続させる」旨の遺言による財産の承継を基本的には相続承継の性格を持つものと考えた。しかし，その後の判例の展開は，そこでの財産承継の論理も否定していない。具体的には，特別受益性，遺留分減殺請求権の可否，代襲相続の可否などの論点について，判例は，「相続させる」旨の遺言による承継を遺贈と同視して解決を導いているのである。他方で，第三者に対する対抗の局面においては，判例は，相続承継の論理を前面に出して登記不要の結論を採っている。要するに，判例法理においては，相続承継の論理と財産承継の論理とが共存しているのである。

香川判決による遺産分割効果説の採用によって，受益相続人は，直ちに対象財産の所有権を取得する。これは，伝統的に遺贈に認められた効果であって，それが相続承継に取り込まれたわけである。そのような領域においては，判例が相続承継との法性決定をしたとしても，その承継が遺贈すなわち財産承継と類似していることを否定することはできない。その意味で，判例法理による両者の論理の共存の承認は，ある意味で当然のことといってもよい。

問題は，どのような基準でこの共存する2つの論理が使い分けられるか，である。判例の事実上の基準は，ある意味で明確である。遺言者の意思の尊重という根拠づけの下で受益相続人の最大限の利益確保が目指され，その方向で2つの論理が使い分けられるのである。より具体的には，相続人間の利害調整の

局面では財産承継の側面が前面に押し出され，これに対して第三者との利害調整の局面においては相続承継の論理が前面に出る。このようにして，この問題領域においては，しばしば揶揄的に「いいとこ取り」が語られることになる。しかし，そのような「いいとこ取り」によって，法が予定した利害調整のバランスが崩れてしまわないであろうか。学説の多くは，このような問題意識から，判例法理に対して批判的態度を表明している。本稿も，そのような批判と問題意識を共有する。以下，そのような問題意識から，若干の点を述べておく。

(2) 「相続させる」旨の遺言の類型的考察

(ⅰ) 類型的考察の必要性

香川判決が採用した遺産分割効果説は，フランス民法典に採用されている遺言分割の制度(ナポレオン法典1075条以下)に着想を得たものであった[28]。この制度の特徴は，尊属が遺言で遺産分割を行うことを認めるところにある。遺言による財産配分の指定に遺産分割の効果が認められるのは，このような制度の考え方からすれば，当然のことであった。他方で，フランスの遺言分割には，それが遺産分割の性格を有することに由来する要件の限定があった。その最重要のものは，遺言分割が有効となるためには，相続人(子)の全員を対象にすることが必要とされたことである。この要件は，遺産分割が全相続人によってなされなければならないこととパラレルなものと理解することができる。

香川判決は，このようなフランスの遺言分割法に着想を得ながらも，それとは異なり，きわめて一般的に「相続させる」旨の遺言に遺産分割効果を認めた。その結果，それは，比較法的に見ても類例のない遺言処分となってしまった。香川判決の問題性は，ここに由来するところが大きい。遺産分割効果を認めるにしても，要件を限定し，効果を調整するための類型的考察が必要であるように思われる。

(ⅱ) 全相続人割付型の「相続させる」旨の遺言

まず，「相続させる」旨の遺言が法定相続分を遵守する形で，ほぼすべての財産を全相続人に割り付けている場合にはどうであろうか。これは，典型的な相続処分型の「相続させる」旨の遺言である。これについて遺産分割方法の指定との法性決定を行うことについては，まず異論はないであろう。

問題は，この場合に遺産分割手続のカットを認めてよいかである。ここで想定しているケースについては，遺言通りの分割を認めることによって相続人間の公平と平等を害することはない。そうであれば，ここでは遺言者の意思を尊重して，遺産分割手続のカットを認めてよいであろう。遺産分割に関する規定は，その意味で，すべての場合に貫徹されるべき公序とまではいえない。

「相続させる」旨の遺言に基づく承継を，このように遺産分割によるものと把握すると，第三者との関係については，現在の判例と異なる解決が導かれる。すなわち，通常の遺産分割による承継を第三者に対抗するには対抗要件が要求されるわけであるから，ここでの権利承継を第三者に主張するためにも，対抗要件が必要と考えるべきなのである。この点に関する現在の判例法理(上述の2(2)参照)には，問題があるものと考える。

(iii) 単数の特定相続人承継型の「相続させる」旨の遺言

次に，(ii)の対極にあるものとして，特定の財産を単数の特定相続人に「相続させる」旨の遺言はどうであろうか。香川判決は，このケースについても射程に収める形で遺産分割効果を認めたわけであるが，それは，香川判決が着想を得たフランス法における伝統的解決とはまったく異なる結論であった。日本においても，ここまで遺産分割効果を認められるべき場合を拡大するのは，問題があると考える。この類型の「相続させる」旨の遺言については，遺産分割効果を否定すべきである。

それを前提とした上で，考えられる法性決定は，遺贈か遺産分割方法の指定である。この類型の遺言に遺産分割方法の指定という法性決定が可能であるかは，多少の問題を含むが，結論的には，それを否定する理由はないと考える。この法性決定の下では，遺産分割を通じた共同相続人間の利害調整の機会が確保されることも指摘しておこう。とすると，類型の重複が生じてくるわけであるが，両者を区別するポイントは，相続放棄の場合に当該配分をどのように扱うかに関する遺言者の意思である。遺贈は，相続外の遺産承継であるから，受遺者である相続人が相続を放棄しても，遺贈の効力は維持される。これに対して，遺産分割方法の指定であれば，特定財産の配分を受けた相続人が相続を放棄すれば，その配分の効果も覆る。遺言者の意思がこのいずれにあるかを判断して，具体的な法性決定を行うわけである。

(ⅳ) 中間型の「相続させる」旨の遺言

以上では，対極的な２つのタイプの遺言を検討のために理念型的に取り上げた。現実の多くの遺言は，これらの中間にあるものであろう。具体的には，割付が法定相続分を遵守していない遺言，また全相続人を割付の対象にしていない遺言などである。これらについても，それが割付を行っている以上，遺産分割方法の指定との法性決定が可能であり，かつ，それが原則というべきである。相続放棄の場合にも効力を維持するという遺言者の意思が認められれば，遺贈という法性決定もありうるが，そのような場合は，現実にはさほど多くないであろう。

それでは，遺産分割方法の指定であるとの法性決定がなされたとして，香川判決のように遺産分割の効果まで認めるべきか。(ⅲ)ではそれを否定したわけであるから，遺産分割効果をどこまで認めるかの線引きが問題である。筆者がこの間提示しているのは，遺留分侵害の有無を基準として，遺産分割効果付与の可否を考えるという考え方である[29]。民法は，遺産分割方法の指定による遺留分侵害を想定していないからである(民902条との対比で民908条，また，民1031条参照)。この考え方によれば，割付に従った財産配分によって遺留分が侵害される場合には(典型的には，遺留分権者が指定から排除されるケース)，遺産分割方法の指定の効果が否定され，その結果，当然に遺産分割の効果も否定される。そこで，共同相続人間の具体的財産の配分のためには，遺産分割手続が必要となる。なお，遺言による遺産分割方法の指定の効果が否定されるとはいえ，それが遺産分割手続において，具体的財産の配分に関して事実上の意味を持つことは否定できないであろう。〔補注2〕

(ⅴ) 割合指定型の「相続させる」旨の遺言

以上は，特定財産についての「相続させる」旨の遺言を想定した検討であるが，「相続させる」旨の遺言には，割合を指定するタイプのものもある。この遺言を遺産分割方法の指定と法性決定することが困難であり，それは，全相続人を対象とにする場合には，基本的には相続分の指定と法性決定すべきである。現に，現在の裁判実務も，そのような解決を採用している(1(3)②③判決参照)。また，遺言者の意思によっては，包括遺贈との法性決定もありうる。相続人の一部だけを対象とする場合には，そのような法性決定を行うべきケースが多い

であろう(その意味で，1(3)①判決の法性決定には疑問を感じる)。

Ⅳ 各種の遺言処分と遺産分割

1 遺言処分と遺産分割手続

(1) 遺言処分による遺産分割手続の拘束

　遺産分割は，遺産を構成する個々の財産を，具体的相続分に基づいて各相続人に分配することによって遺産共有関係を解消する手続である。相続分の指定は，法定相続分を修正することによって，この具体的相続分算定の基礎となる。また，遺産分割方法の指定がある場合には，分割当事者は，これに準拠して具体的分割を行うべきこととなる。そのような協議または調停が成立しない場合には，指定された方法に依拠した遺産分割審判がなされる。相続分の指定と遺産分割方法の指定は，このような意味において，遺産分割手続を拘束する。

　しかし，遺産分割当事者全員の協議が調うならば，遺言と異なる内容で遺産分割を成立させることは可能である。これに対して，遺言執行者がいる場合には，この原則をそのまま適用しうるかが問題になる。遺言執行を妨げるべき行為は禁止される(民1013条)ところ，遺言と異なる遺産分割協議がこれに該当するとして無効とならないかが問われるからである。東京地判平成13年6月28日判夕1086号279頁は，一般論として遺言に反する遺産分割を無効とするが，当該遺産分割協議によって「本件遺言によって取得した取得分を相続人間で贈与ないし交換的に譲渡する旨の合意をした」ものと認定し，この合意は私的自治に照らして有効と判示した(事案は，「相続させる」旨の遺言にかかわる)。これによって，結局，遺産分割協議を有効と解するのと同じ結果が得られる。そうであれば，この場合の遺産分割協議を無効とする必要はないであろう。そもそも，遺言執行者に相続人の協議に介入すべき権限まで認めるべきかも問われる[30]。

(2) 遺言処分による遺産分割の回避

　遺言処分によって遺産分割手続自体を回避することが認められるか。判例通

説によれば，後述のように，特定遺贈がなされる場合には，当該財産の遺産性が失われ遺産分割手続から外れ，その集積として，全部包括遺贈がなされる場合には，遺産分割手続自体が排除されることになる。もっとも，これは，結果として遺産分割手続が排除されるものである。遺産分割手続自体を回避する遺言処分については，前出の香川判決が，「相続させる」旨の遺言に遺産分割効果を認めることによって，これを認めるに至った。しかし，香川判決のように無条件で遺産分割手続の回避を認めてよいか，類型的検討を通じて一定の要件を設定すべきではないかについては，前述したところである。

2 遺言による特定財産の処分と遺産性

(1) 遺言処分と遺産性の喪失

遺言処分と遺産分割との関係に関しては，遺言処分の対象になった財産が遺産分割の対象から排除されないか(遺産性の喪失)も問題になる。

まず，割合的包括遺贈がなされた場合には，遺産のどの財産を具体的に取得するかを確定するために，なお遺産分割手続が必要と解されている。これに対して，特定遺贈がなされた場合には，受贈財産は，遺贈の効力発生とともに遺産から流出する。その結果，当該財産は遺産分割の対象から外れるというのが実務の扱いである。最判平成8年1月26日民集50巻1号132頁は，この実務の扱いを追認して「特定遺贈が効力を生ずると，特定遺贈の目的とされた財産は何らの行為を要せず直ちに受遺者に帰属し，遺産分割の対象となることはな」い旨を判示した。学説も一般にこれを当然のこととしている。また，この延長線上で，「遺言者の財産全部についての包括遺贈は，遺贈の対象となる財産を個々的に掲記する代わりにこれを包括的に表示する実質を有するもので，その限りで特定遺贈とその性質を異にするものではない」(上掲最判平成8年)と把握されるから，全部包括遺贈がなされた場合には，遺産分割の対象がなくなり，遺産分割手続自体が排除されることになる。

これに対して，遺贈とりわけ相続人に対する遺贈は遺産分割手続のなかで履行されるべきだとする見解も有力に主張されている[31]。この有力説は，判例

通説によっては，不特定物の遺贈，包括受遺者の遺産分割への参加や限定承認および相続人不存在の場合の民法の規定を説明できないと批判する[32]。これらのうち後2者における「受遺者への弁済」(民927条以下，957条以下)についていえば，判例通説と有力説との差異は，遺産分割概念の把握の違いに由来するように考えられる。すなわち，相続開始(①)→遺贈等の弁済(②)→残った狭義の遺産の分割(③)という流れで遺産分割を把握した場合，有力説は，②③を含めた広い意味で「遺産分割」を把握しているのに対して，判例通説は，③の局面でのみ「遺産分割」を把握しているのである。このように理解するならば，ここでは有力説に分があると考える。しかし，有力説の提言が，遺贈の履行は遺産分割手続内でなければできない，換言すれば義務者である相続人に対して訴訟手続で遺贈の履行を請求することができないという主張をも含むとすれば(おそらくは含んでいないと思われるが)，それは現在の訴訟実務と審判実務に根本的な変更を要求するものとなる。解釈論での対応には限界があるといわなければならないであろう。

(2) 遺留分を侵害する遺言処分と遺産分割

遺留分を侵害する遺言処分がなされた場合に，被侵害相続人が遺留分減殺請求権を行使して取り戻した財産は，相続財産に復帰して遺産分割の対象になるのか，それとも取り戻した相続人(減殺者)の個人財産となるのか。前者であれば，取戻財産は遺産分割手続(民906条)によって最終的には審判によって解決され(審判説)，後者であれば，取戻財産について減殺者と受遺者等との間に生じた共有状態は，物権法上の共有物分割手続(民258条)によって最終的には訴訟手続によって解決される(訴訟説)。

この問題について，判例は，特定遺贈および全部包括遺贈と，割合的包括遺贈および相続分指定とで異なる解決を採用している。

(i) 特定遺贈

判例は，まず特定遺贈について，取戻財産は遺産には復帰せず，減殺請求権者の固有財産に入るとしている。前述のように，判例は，特定遺贈の効果として，受遺者への物権的帰属と遺産分割手続からの排除を認めている。したがって，遺言効力発生の時点で，当該財産の権原の帰属は，受遺者ということで確

定しているわけである。遺留分減殺請求権の行使は，この状態を前提として，遺留分を侵害された相続人が，特定財産についての所有権または共有持分権を，受遺者等から個人対個人の相対的関係で取り戻す行為である。そうであれば，取戻財産は，遺産性を否定されれ，減殺請求権者の固有財産に入るのが適切ということになろう。判例の基礎には，このような考え方があるものと見てよいであろう[33]。

　特定財産を特定相続人に「相続させる」旨の遺言の場合の取戻財産の扱いについては，いまだ裁判例が存在しない。「相続させる」旨の遺言による処分については，そもそも遺留分減殺請求の問題になるかを疑問視するのが本稿の立場であるが(第3・3(2)④)，判例を前提とすれば，遺留分を侵害する「相続させる」旨の遺言については，遺留分減殺請求が可能である(第3・2(1)②)。これによって取り戻される財産については，上記の論理からすれば，同様に遺産性が否定されることになろう[34]。

(ii)　割合的包括遺贈および相続分指定

　これに対して，割合的包括遺贈および相続分指定については，遺留分減殺請求は，個別財産の取戻しではなく，遺留分を侵害する割合指定または相続分指定の修正という形を採る。したがって，受遺者が相続人であれ第三者であれ，遺留分減殺請求がなされると，減殺によって修正された遺贈割合または相続分に投じた受遺者と他の相続人との遺産共有が生じ，この解消は，遺産分割手続によることになる。これが実務の扱いであり(その例として，東京家審昭和61年9月30日判時1267号91頁)，学説上もほとんど異論を見ない[35][36]。

　なお，割合的に「相続させる」旨の遺言についても，上記の扱いに準じて解決されることになろう[37]。

(iii)　全部包括遺贈

　問題は，全部包括遺贈の場合をどう考えるか，である。かつてはこれを割合的包括遺贈と区別することなく，遺留分減殺請求の結果生じた共有については遺産共有と解する見解(審判説)が有力であった。しかし，これに対して，全部包括遺贈の場合には，取戻財産は遺産に復帰せず，減殺者の固有財産になると解する見解が提示され，これが家裁実務においては次第に有力になっていった(たとえば東京高判平成4年9月29日家月45巻8号39頁。寄与分を否定した事例)。その

理由として指摘されるのは, 全部包括遺贈における遺言者の意思は, 割合的包括遺贈とは異なり, 財産全部を遺産分割手続を経ることなく当然に受遺者の固有財産にするところにあり, 遺贈の対象を特定する方法として, 個々の財産を一々表示する代わりに,「財産全部」という特定の方法を採ったにすぎないと理解しうる, という点にある[38]。このような動向を受けて, 前出の最判平成8年1月26日民集50巻1号132頁は, 上記とほぼ同じ理由づけをもって, 全部包括遺贈の場合の取戻財産の遺産性を否定した。この問題について訴訟説を採用することを明確にしたのである。

(iv) 遺産分割手続への統合の試み

以上のように, 裁判実務は, 相続分の指定と割合的包括遺贈を除いて, 取戻財産の遺産性の否定という方向を向いている。しかし, これについては, 学説上の批判[39]が強いだけでなく, 実務においても, 取戻財産を含めた財産の配分を遺産分割手続において行う方向での努力が見出される。その努力は, 以前から訴訟説を採用することについてあまり問題性を指摘されなかった特定贈与にも及んでいる。「相続を巡る財産上の争いはなるべく総合的に解決するのが望ましいという見地」を踏まえる必要があり, 同一の相続において家裁の審判手続と地裁の訴訟手続を別個に利用しなければならないというのは,「当事者に対しても常識的な意味で理解に苦しむ負担を強いることになる」からである[40]。

そのための手掛かりとされるのが, 当事者の意思である。すなわち, 関係当事者全員の合意によって遺産分割手続における処理を求めている場合には, 遺産分割の対象にしてよいという方向での解決である[41]。もっとも, この方向には, 審判事項の限定性を当事者の合意によってクリアしうるかという理論的困難性がある[42]。むしろ, 遺言処分によって対象財産の遺産性が失われるという本問題の前提となっている命題を, 全部包括遺贈のみならず特定遺贈についても再検討することが要請されているのではないだろうか。

1) とりわけ相続分の指定は, 他に例を見ない日本民法に独自な制度である。これを最初に指摘したのは, 山畠正男「相続分の指定」『家族法大系Ⅵ』(有斐閣, 1960年)270頁である。
2) 山畠・前掲注1)273頁, 伊藤昌司『相続法』(有斐閣, 2002年)221頁。

3）伊藤昌司「『相続させる』遺言は遺贈と異なる財産処分であるか」法政研究57巻4号（1991年）662頁。
4）吉田克己「『相続させる』旨の遺言・再考」床谷文雄・野村豊弘編『遺言自由の原則と遺言の解釈』（商事法務，2008年）32～34頁（本書第17章373頁～374頁）参照。
5）加藤永一『遺言』（民法総合判例研究57）（一粒社，1978年）66頁。中川善之助・泉久雄『相続法〔新版〕』（有斐閣，1974年）224頁，229頁注(1)も参照。
6）二宮周平『家族法（第2版）』（新世社，2005年）403頁。
7）山畠・前掲注1)274頁参照。
8）反対説として，中川・泉・前掲注5)229頁注(1)がある。
9）以上については，伊藤昌司「包括遺贈について」大阪市立大学法学雑誌20巻1号(1973年)1頁参照。
10）梅謙次郎『民法要義巻之五相続編』(1913年版復刻，有斐閣，1984年)267～268頁は，この基準を早くから提示していた。
11）大判昭和5年6月16日民集9巻550頁は，総財産を売却して負債等を弁済した後その残額を家督相続人である長子を含む子の間で一定割合で分与するとの遺言があった事案において，この遺言処分を包括遺贈と法性決定した。しかし，それは，残額についての分配を包括遺贈としたのではなく，その前段階で全財産の一定割合での遺贈を包括遺贈とした上で，残額の分配については，「畢竟分配ノ方法ヲ定メタルモノニ外ナラ」ないとした判決であることに注意を要する。本文の記述は，現行法における共同相続を想定しつつ，この判例の考え方の一般化を推奨するものである。
12）伊藤・前掲注2)100頁，二宮・前掲注6)402頁。
13）瀬戸正二「『相続させる』との遺言の趣旨」金法1210号(1989年)7頁。
14）伊藤・前掲注3)655～656頁。
15）有地亨「民法902条註釈」谷口知平・久貴忠彦編『新版注釈民法(27)相続(2)』(有斐閣，1989年)207頁，松原正明『全訂・先例判例相続法Ⅰ』(日本加除出版，2006年)468頁。
16）田中恒朗「指定相続分に関する争い」島津一郎ほか編『相続法の基礎』(青林書院新社，1977年)98頁。
17）これを強調するのは，伊藤・前掲注2)108～109頁。
18）伊藤・前掲注2)102頁以下がこの観点を強調する。
19）近時は，むしろ反対説が有力といえよう。中川・泉・前掲注5)521頁，潮見佳男『相続法(第2版)』(弘文堂，2005年)214頁など。
20）これを早くから強力に主張してきたのは，伊藤昌司である。まとまった文献として，伊藤・前掲注9)，伊藤昌司「包括遺贈は遺言による相続人の指定か」私法36号(1974年)がある。これに対して，千藤洋三『フランス相続法の研究――特別受益・遺贈』(関西大学出版部，1983年)181頁は，反対に，判例通説以上に包括受遺者の法的地位が法定相続人的性格を持つことを強調し，その方向での解釈論・立法論を展開すべきものと主張する。
21）具体的には，次のような点が指摘される。①について。包括遺贈と特定遺贈との間にそれほど大きな差異があるとすれば，民法がこの2つの遺贈の区別に関する準則を何ら設けていないのはおかしい。また，包括遺贈に遺贈一般の規定が適用されるべきではないとす

れば，990 条の規定は 986 条以下の諸規定よりも前に置かれる筈のものである。伊藤昌司『相続法の基礎的諸問題』(有斐閣，1981 年) 112 頁。②について。日本民法は相続人指定を認めず，包括遺贈は，それとは性質の異なる遺言処分として日本民法に採用された。相続人指定との同一視は，フランス民法的考え方に立つ日本民法にドイツ民法的解釈を導入するもので，相続法解釈を歪めるものである。伊藤昌司「相続法解釈学の迷路」『磯村哲先生還暦記念論文集・市民法学の形成と展開下』(有斐閣，1980 年) 275〜276 頁。③について。民法 915 条所定の期間で単純承認という結果を押しつけるのは，親族制度にその根拠を持つ法定相続にはなじんでも，包括受遺者については不当である。伊藤・前掲『相続法の基礎的諸問題』132 頁。

22) 野田愛子「遺贈の登記義務者」島津一郎ほか編『相続法の基礎』(青林書院新社，1977 年) 298 頁。

23) 中川・泉・前掲注 5) 522 頁。

24) このテーマについての筆者のこれまでの論考として，吉田克己「『相続させる』旨の遺言——遺産分割不要の原則の検証」法時 75 巻 12 号 (2003 年) (本書第 16 章) および吉田・前掲注 4) (本書第 17 章) があり，本項目は，これらの要約という性格が強い。本項目についての詳細は，これらの論考を参照されたい。

25) 遺贈は，不動産価額の 1000 分の 25 の登録免許税に服するのに対して，「相続させる」旨の遺言の場合には，相続を登記原因とする所有権移転登記であるから，不動産価額の 1000 分の 6 で足りる。もっとも，この点の区別は，2003 年の税制改正によって廃止され，現在では，この面での「相続させる」旨の遺言のメリットはなくなっている。他方，権利移転の登記については，遺贈の場合には，受遺者と法定相続人または遺言執行者との共同申請によって登記を行う必要がある。これに対して，「相続させる」旨の遺言の形を採ると，相続を登記原因とする所有権移転登記が可能であり，これは，単独申請でできる。

26) 多くの文献によって整理されているが，たとえば沼邊愛一「『相続させる』旨の遺言の解釈」判タ 779 号 (1992 年) 8 頁以下参照。

27) 判旨は，「相続させる」旨の遺言が分割方法の指定であることを強調しつつ，「そうすると，相続人に対する遺産分割方法の指定による相続がされる場合においても，この指定により同相続人の相続の内容が定められたにすぎず，その相続は法定相続分による相続と性質が異なるものではなく，代襲相続人に相続させるとする規定が適用ないし準用されると解するのが相当である。」と判示する。ここでは，相続承継の論理が自覚的に前面に出されている。その点は，遺贈と資産分割方法の指定との違いを強調する次の説示にも現れている。すなわち，遺贈は，「類型的に被相続人と受遺者との間の特別な関係」を基礎とするものであるから，受遺者が先に死亡する場合には失効するのであるが，「他方，遺産分割方法の指定は相続であり，相続の法理に従い代襲相続を認めることこそが，代襲相続制度を定めた法の趣旨に沿うものであり，相続人間の衡平を損なうことなく，被相続人の意思にも合致することは，法定相続において代襲相続が行われることからして当然というべきである。遺産分割方法の指定がされた場合を遺贈に準じて扱うべきものではない。」というのである。

28) 「相続させる」旨の遺言の法性決定と効果の確定を，フランス法の遺言分割に着想を得

る形で提示した最初の学説は、水野謙「『相続させる』旨の遺言に関する一視点」法時62巻7号(1990年)78頁以下である。
29) 吉田・前掲注24)86頁(本書366頁〜367頁)、吉田・前掲注4)57頁(本書395頁)。
30) 二宮・前掲注6)419頁参照。
31) 伊藤・前掲注2)111〜112頁、二宮・前掲注6)407頁。
32) 二宮・前掲注6)407頁。
33) 潮見佳男「遺留分の学説と判例」家族〈社会と法〉19号(日本加除出版、2003年)101〜102頁参照。
34) 矢尾和子「遺留分減殺請求による取戻財産の性質と遺産分割事件の運営」家月49巻7号(1997年)30頁参照。
35) 右近健男「遺留分減殺請求権——遺産分割との関係について」川井健ほか編『講座現代家族法6遺言』(日本評論社、1992年)221頁など。
36) ただし、潮見・前掲注33)102頁、113頁は、特定遺贈と同様に訴訟説を採用するほうが理論的一貫性という観点からは優れていると評価する。割合的包括遺贈については、個別財産の割合的持分についての物権法上の共有持分に関する理論に従っての持分支配を主張でき、この割合的支配部分は遺産共有に取り込まれないという解決も論理的には可能で、判例理論からはこのほうが一貫しているともいえるからである(102頁)。相続分の指定を遺留分減殺請求権で修正する場合についても同じ問題があり、多くの見解は、この場合を遺産共有の法理に委ねるが、理論的一貫性の点で問題があるとされる(113頁注26)。
37) 矢尾・前掲注34)31頁参照。
38) 大坪丘「遺言者の財産全部の包括遺贈に対して遺留分権利者が減殺請求権を行使した場合に遺留分権利者に帰属する権利の性質」法曹時報51巻3号(1999年)773頁。
39) たとえば、泉久雄「遺留分減殺請求二題」みんけん495号(1998年)10頁以下。
40) 矢尾・前掲注34)37頁。
41) たとえば、島田充子「財産全部の包括遺贈に対し遺留分減殺請求権が行使された場合における遺留分権利者に帰属する権利の性質」判タ945号(1997年)202頁。
42) 矢尾・前掲注34)38頁以下は、この理論的困難性を十分に意識しつつ、問題の詳細な検討を行っている。また、島田・前掲注41)202頁も、合意による遺産分割手続が認められる場合を、共同相続人の1人に全部包括遺贈がなされ、遺留分権利者全員が減殺請求をしているような場合に限定するとともに、これを「準遺産分割」と位置づけている。

〔補注1〕その後、この論点について、最判平成23年2月22日判時2108号52頁(民集登載予定)が公表された。「『相続させる』旨の遺言をした遺言者は、通常、遺言時における特定の推定相続人に当該遺産を取得させる意思を有するにとどまるものと解される」ことを根拠に、「上記のような『相続させる』旨の遺言は、当該遺言により遺産を相続させるものとされた推定相続人が遺言者の死亡以前に死亡した場合には、当該「相続させる」旨の遺言に係る条項と遺言書の他の記載との関係、遺言書作成当時の事情及び遺言者の置かれていた状況などから、遺言者が、上記の場合には、当該推定相続人の代襲者その他の者に遺産を相続させる旨の意思を有していたとみるべき特段の事情のない限り、その効力を生ずることはな

いと解するのが相当である。」と判示した。すなわち，遺言者の通常の意思を根拠に，当該遺言は原則として失効するものとしたのである。他方，特段の事情による代襲相続の可能性は認められていることにも注意すべきである。

なお，本文で紹介した東京高裁平成 18 年判決は，代襲相続を肯定した判示(注 25)参照)の後で，代襲相続を認めても遺言者の意思に反するものではないかを「念のために」検討し，代襲相続を認めることが遺言者の意思に合致する旨を認定している。そうであれば，同判決の結論自体は，上記最高裁判決の準則の下でも是認される可能性があると評価しうるであろう。

〔補注 2〕上記の点について再検討の余地があると考えていることについては，第 17 章への【追記】を参照(本書 403 頁)。

【追記】本稿は，岡部喜代子・伊藤昌司編『新家族法実務大系 4 相続[Ⅱ]遺言・遺留分』(新日本法規，2008 年)に収録されたものである。他の項目の倍の紙幅をいただくことができきたため，本稿の課題とされた遺言による財産処分というテーマを，ある程度包括的に論じることができたのではないかと思っている。本書収録に当たり，注の書き方を他の章に揃えたため，その点は，もとの論考と異なる体裁になっている。

なお，遺言による財産処分というテーマには，当然に「相続させる」旨の遺言も入ることになる。この部分は，執筆時期の関係もあり，注 24)でも触れたように，基本的には旧稿である本書第 16 章および第 17 章の要約という性格が強いものになってしまった。そのため，重複が生じているが，ご海容いただければ幸いである。

事項・人名索引

ア

朝倉事件　281, 286, 296, 303, 316
安全性
　　商品の——　214-217
アンペイド・ワーク　111
「家」制度　51, 109-110
遺言執行者
　　——の職務権限　382-384, 430
遺言処分(→「典型(遺言)処分」,「非典型遺言処分」も)　362, 407, 410
　　——と遺産分割　430-434
　　——の効力　415-420
　　——の法性決定　408-409, 411-413
　　遺留分を侵害する——　432-434
遺産分割効果説　367, 386-390, 414, 422
遺産分割処分説　414
遺産分割手続
　　——排除　365-367
遺産分割方法指定説　363
遺産分割方法の指定　408, 410, 415-416
遺贈　407, 410, 417-420
　　——と登記　419-420
　　特定——　407, 412-413, 417-418, 432-433
　　包括——　407, 410-413, 418-419, 433-434
逸失利益　34-35
　　外国人の——　35
　　女児の——　34-35
伊藤昌司　401-402
岩田規久男　192
インスティトゥティオーネン体系　150
内田貴　239
ADR　22, 133
親子関係　132

カ

外郭秩序　49
外国人(→「差別」)
解雇権濫用

　　——規制　230-231
　　——法理　231-236, 238
開発利益　193-197
　　——と立退料　193-195
　　——の公共還元　195-197
香川判決　360-361, 365-366, 373-375, 384-385, 422-423
家族　13-14, 33, 107
　　——の私事化　33
　　——の多様化　130
　　——の脱公序化　33
　　家父長——　36, 50-51, 108, 127
　　近代——　30-31, 229
　　公序としての——　32-33
　　私的自由領域としての——　128
　　多様な——　119
家族法
　　近代——　126
価値の多様化・多元化　128
カップル関係　130-131
加藤雅信　254-255
環境秩序　49
関係的契約論　232, 235, 239
間接適用説　78
企業
　　——社会　4
　　——主義　12, 229, 240-241
規制緩和　4-5, 30, 40, 215, 229
　　——のインフラ整備　10-11
帰責事由　141
競争
　　——政策の強化　11
　　——の実質的制限　210
　　公正——阻害性　210
　　公正な——　209
　　自由な——　208-209
　　不公正な——　209
競争秩序　49
　　——違反行為に対する損害賠償請求

210-212
近代家族　30-31, 229
近代家族法　126
近代市民社会　106-107
近代法パラダイム　236
金融
　——安定化法　15
　——機能早期健全化法　15
　——再生法　15
　——サービス法　10, 41
　——(システム)破綻　4, 15
　——商品販売法　10, 41
金利規制　216
久米良昭　191
グローバリゼーション　30, 128, 229
経済危機と法　14-20
経済審議会建議(1996年)　198-199
継続的契約　232-233
契約
　——修正機能　182, 319
　——によるリスク配分　148-149
　——補完機能　182, 319
　継続的——　232-233
　不完備——　232-233, 235
契約交渉破棄責任　73
契約自由　53
　——原則　145-152
　——原則の実質化　145-146
　——原則の制約　147-148, 151-152
　——原則の補完　146-147, 151-152
契約パラダイム　140, 150
結婚退職制　57, 85
権利金　174
公共性　79, 128, 194, 221
　銀行の——　75
　公衆浴場の——　70-71
公共の福祉　39
公私二領域区分　106-110, 117-119
公序良俗　29, 57, 67, 83-84, 147-148
　——の克服　95-99
時代制約論　87-91, 94
補充肯定論　91-93
補充否定論　88-89, 91
衡平　296-297, 302-303, 320
効率性　233
効率的土地利用　197

高齢者虐待　133
小作権価格　174
個人の前面化　4
　支援なき——　21, 30
コース別雇用管理　88
国家
　——と社会の関係　128
　小さく強い——　4-5, 229
　小さな——　4-5, 229
　ネットワーク型の国家・社会　128
　ピラミッド型の国家・社会　128
コモン・ロー　144, 150

サ

財貨秩序　50
債権
　——概念の維持　143-145
債権譲渡特例法　8, 16
債権パラダイム　140, 150
債権法改正の基本方針　139
債権流動化　7-8
財産承継　373-374, 384-386
財産処分　374, 410
差止請求
　独禁法24条の——　213-214
サブリース(契約)　20-21, 249-
　——と正当事由　325-
　——におけるリスク設計　337-338
　——の法性決定　251, 260, 261, 283, 303, 328
サービサー法　16
差別
　企業における女性——　67
　　結婚退職制　85
　　公序良俗による救済　84
　　男女賃金差別　87
　　定年制における男女差別　86-87
　市場における「外国人」——　67
　　公衆浴場での入浴拒絶　70-71
　　ゴルフクラブへの入会拒絶　76-77
　　住宅ローン提供の拒絶　74-76
　　賃貸住宅の賃貸拒絶　71-74
　　入店拒絶　69
　　不法行為による救済　84
澤野順彦　190, 252-254
ジェンダー

事項・人名索引　441

——秩序　106-121
——秩序と自己決定権　120-121
——秩序中立型立法　113
——秩序内在型立法　112, 116-117
——と自由　120
——と平等　120
——・バイアス　97
——・ハビトゥス　61, 110-112
自己決定
　労働者の——　240
自己決定権　14, 32, 34, 36-37, 52, 119, 134
　ジェンダー秩序と——　120-121
　——の相対化　134
　性的——　60
自己決定・自己責任（シェーマ）　21-22, 40
資産流動化　6-10
市場　46
　安全な——　214-219
　——規制的介入　162, 169-179, 182
　——修正機能　182, 265, 267, 272-273
　——整備的介入　162-168, 182
　——と人格的価値　80
　——の前面化　21, 30
　——の変容　37-42
　——補完機能　182, 264-265, 267, 271, 273
　自由かつ公正な——　208
　制限的——　79, 82
　開かれた——　79-81
事情変更原則　20-22, 149, 269-270, 273-274
システム変容
　日本社会の——　5
　日本法の——　229
児童虐待　133
司法制度改革　11
清水俊彦　291
市民社会
　近代——　106-108
社会
　家族単位の——　117-118
　個人単位の——　33, 117-118
借地権価格　174
借地借家法　161-
　——に対する市場の反作用　174-177
借地借家法32条（→「賃料増減額請求権」も）　262-274
　——と賃料自動改定特約・賃料保証特約

267-270, 286-292, 312-315
——における特殊性考慮説　258-259, 262
——の強行法的性格　252, 286, 315, 328
——の修正適用説　281-282, 293-299, 318, 320
——の単純適用説　257-258, 282, 303
——の単純適用の問題性　303
——の適用否定説　259-261, 329
借地法　165-166
借家権価格　174
借家法　166
借家率　185
シャドー・ワーク　111
住専処理法　15
住宅の品質確保の推進等に関する法律　9
準婚理論　131
消費者　210-
　公共性の担い手としての——　221
　市場秩序によって保護される——　220-221
　市場秩序を守り創る——　221-222
　——団体訴訟制度　222
消費者契約法　9, 41
消費者法　9-10, 207
　——における人間像　220-222
　マクロ——　207
　ミクロ——　207
商品
　——の安全性　214-217
情報
　労働契約における——の非対称性　233
女性　（→「差別」）
所有権
　不動産——　37-40
人格権　29, 49, 50, 60-62, 91, 133, 216, 220-221, 227
人格秩序　29, 46, 50
人格の価値（利益）　49-50, 60, 80-82, 85, 96, 135, 152, 217, 219-221, 227, 229-, 234-236, 241, 242, 246
信義則　146-147, 274
親権　132
新自由主義　4, 30, 229, 231, 234
新総合土地政策推進要綱（1997年）　38
森林法違憲判決　54
菅野和夫　239

鈴木禄彌　173
スタンダード
　　ルールと——　133
製造物責任法　9, 41
生存権　232
正当事由　169-170, 184
　　——の社会的機能　177-179
成年後見制度　36-37
セクシュアリティ　111
セクシュアル・ハラスメント　59-61, 111
積極的破綻離婚　33, 52
選択的夫婦別姓　14, 32-33, 51-52, 114-116, 118-120
センチュリー事件　259, 281, 283, 286, 293, 296, 300, 303, 315, 326-327
相続承継　373-374, 384-386
「相続させる」旨の遺言　359-, 373-, 420-429
　　——と遺言執行者の職務権限　382-384
　　——と遺留分減殺請求権　379-380, 424
　　——と寄与分　380-381, 424
　　——と性質決定(法性決定)　361-364, 376-377, 384-386, 420-421
　　——と代襲相続　381, 425, 437-438
　　——と登記　381-382, 425
　　——と特別受益　377-379, 423
　　——の類型論的考察　390-395, 427-429
相続処分　374, 410
相続分の指定　407-408, 410-412, 415-416
損害賠償
　　——責任　141
　　——の範囲　142
損害賠償請求
　　競争秩序違反行為に対する——　210-212
　　独禁法25条による——　211

タ

立退料　175
建物保護法　165
男女差別(「差別」も見よ)
　　企業内の——　56-57
　　賃金における——　87
　　定年制における——　86
男女別コース制　84, 88-94, 97
担保法　16
嫡出子　126, 132
賃借権
　　旧民法における——　163
　　——価格　175
　　——の市民法的強化　166-168
　　——の社会法的強化　169-179
　　——の物権化＝近代化論　167
　　明治民法における——　163-164
賃貸拒絶　59
賃貸住宅供給　184-192
賃料
　　相当——　266
　　——自動改定特約　267-270, 286-292
　　——自動増額特約　21, 249-250
　　——不減額特約　267
　　——不増額特約　265
賃料増減額請求権(→「借地借家法32条」も)　239, 309, 319-320, 330
　　——と賃料自動改定特約　312-315
　　——の機能　265-270
　　——の立法趣旨　263-265
土田道夫　239
定期借家権　7, 39-41, 183-
　　——論　172, 176, 184-
抵当権
　　——に基づく明渡請求　17
適合性原則　217-219
　　狭義の——　218-219
　　広義の——　218
典型(遺言)処分　362, 364-365, 407
道垣内弘人　255-256
特定遺贈　407, 412-413, 417-418, 432-433
特定目的会社　8, 39
都市計画法改正(2000年)　38
独禁法　12
ドメスティック・バイオレンス　31-32, 61-62, 112, 133

ナ

内縁　131
日米構造問題協議　12
日本社会
　　——のシステム変容　5
人間像　220-221, 234-235, 241-242
　　消費者法における——　220-221
　　労働法における——　241-242

ハ

パターナリズム　219-220
PACS（パックス）　131
八田達夫　191
ハビトゥス　110-112
バブル経済の崩壊　3, 6, 18-20, 229, 249, 309
パンデクテン体系　144, 150
非嫡出子　127, 132
　　——相続分差別の廃止　115-116, 120
非典型遺言処分　414-416
人
　　——と物との峻別　236
　　法主体としての——　35-37
　　保護客体としての——　34-35
広中俊雄　49
不完備契約　232, 235
福祉国家　13
不動産（「所有権」も見よ）
　　——鑑定評価　266
　　——執行　16
　　——特定共同事業法　39
　　——流動化　6-7, 39
不法行為　60, 62, 67, 84-85, 211-212
フランス遺言分割法　387-388
不良債権　4, 14, 16
法
　　——の競合　49
　　——の協働　49
　　——の形成ファーラムの多様化・多元化　129-130
　　——の自律性喪失　22
　　——の融合　49
法化社会　4, 22
包括遺贈　407, 410-412, 418-419, 433-434
法源
　　——の多様化・柔軟化　65

　　——の多様化・多元化　129
法的空間　111-112, 118
　　非——　33, 107, 112
　　——としての近代市民社会　106
　　——の拡大　4, 22
法律
　　——の相対化　48
法律婚　126
　　——の相対化　119, 130-132
保護法益　49-50, 60, 235
星野英一　42

マ

升永英俊　316
「右肩上がりの時代」の終焉　3, 37, 229, 250
水野謙　386-390, 402-405
三菱樹脂事件　58
民法改正委員会　125
民法（債権法）改正検討委員会　139
持家率　188-189
森本信明　191

ヤ

山本敬三　42
横浜倉庫事件　259, 281, 286, 299, 302, 315
預託金ゴルフ会員権　19

ラ

ルール
　　——とスタンダード　133
レイプ　111
レメディー・アプローチ　143-144
労働契約法　230, 237-239, 241, 246
労働者
　　——の自己決定　240
労働条件
　　——の不利益変更　230, 237-241

文献索引

ア

青野洋士「『相続させる』趣旨の遺言と遺産分割」梶村太市・雨宮則夫編『現代裁判法大系 11 遺産分割』(新日本法規, 1998 年)　397-398

赤川学「ジェンダー・フリーをめぐる一考察」大航海 43 号(特集『漂流するジェンダー』)(2002 年)　124

赤松秀岳「民法典体系のありかたをどう考えるか――パンデクテン, インスティトゥティオーネン, その他」椿寿夫ほか編法律時報増刊『民法改正を考える』(2008 年)　156

浅倉むつ子「労働の価値評価とジェンダー支配の法構造」『岩波講座・現代の法 11 ジェンダーと法』(岩波書店, 1997 年)　123

浅倉むつ子「『市民社会』論とジェンダー」法の科学 28 号(1999 年)　122

浅倉むつ子「司法におけるジェンダー・バイアス」法時 73 巻 7 号(2001 年)　103

浅倉むつ子「雇用における性差別撤廃の課題」国際人権 20 号(2009 年)　101

阿部泰隆=野村好弘=福井秀夫編『定期借家権』(信山社, 1998 年)　44, 180

荒木新五「暴走する『物上代位』に歯止め」銀行法務 21・577 号(2000 年)　25

荒木誠之「男女差別定年制の効力」季労 120 号(1981 年)　101

新谷一幸『セクシュアル・ハラスメントと人権』(部落問題研究所, 2000 年)　65

有地亨「民法 902 条註釈」谷口知平・久貴忠彦編『新版注釈民法(27)相続(2)』(有斐閣, 1989 年)　435

有地亨編著『現代家族の機能障害とその対策』(ミネルヴァ書房, 1989 年)　23

有道出人『ジャパニーズ・オンリー』(明石書店, 2003 年)　100

淡路剛久「独禁法違反損害賠償訴訟における損害論」経済法学会編『独禁法違反と民事責任』(経済法学会年報第 3 号)(1982 年)　223

安念潤司「憲法が財産権を保護することの意味――森林法違憲判決の再検討」長谷部恭男編著『リーディングス・現代の憲法』(日本評論社, 1995 年)　64

五十嵐清「ボン基本法と契約の自由」北大法学論集 10 巻合併号(1960 年)　64

五十嵐清「契約と事情変更」(有斐閣, 1969 年)　277

五十嵐清「人格権」法教 171 号(1994 年)　43

池田清治『契約交渉の破棄とその責任――現代における信頼保護の一様態』(有斐閣, 1997 年)　100

池田眞朗「民法(債権法)改正のプロセスと法制審議会部会への提言」法時 82 巻 3 号(2010 年)88 頁以下(池田眞朗『債権譲渡と電子化・国際化』(弘文堂, 2010 年)に収録)　153

石井喜三郎「これからの都市政策の課題と都市計画法の抜本改正」新世代法政策学研究 3 号(2009 年)　45

石川実編『現代家族の社会学』(有斐閣, 1997 年)　136

石田剛「債権譲渡」法時 81 巻 10 号(2009 年)　154

泉久雄「遺留分減殺請求二題」みんけん 495 号(1998 年)　437

伊田広行『シングル単位の社会論』(世界思想社, 1998 年)　24, 43, 123

伊田広行『21 世紀労働論』(青木書店, 1998 年)　43

伊藤昌司「包括遺贈について」大阪市立大学法学雑誌 20 巻 1 号 (1973 年)　435
伊藤昌司「包括遺贈は遺言による相続人の指定か」私法 36 号 (1974 年)　435
伊藤昌司「相続法解釈学の迷路」『磯村哲先生還暦記念論文集・市民法学の形成と展開下』(有斐閣, 1980 年)　436
伊藤昌司『相続法の基礎的諸問題』(有斐閣, 1981 年)　436
伊藤昌司「『相続させる遺言』は遺贈と異なる財産処分であるか」法政研究 57 巻 4 号 (1991 年)　369-370, 435
伊藤昌司『相続法』(有斐閣, 2002 年)　369-370, 396, 434, 435, 437
伊藤昌司「共同相続と遺言法」野村豊弘・床谷文雄編著『遺言自由の原則と遺言の解釈』(商事法務, 2008 年)　401
伊藤壽英「資産流動化に関する法律」江頭憲治郎＝岩原紳作編『あたらしい金融システムと法』(ジュリスト増刊) (2000 年)　44
稲葉威雄「借地・借家法改正の方向 8」NBL395 号 (1988 年)　277
稲本洋之助『近代相続法の研究』(岩波書店, 1968 年)　398
稲本洋之助『フランスの家族法』(東京大学出版会, 1985 年)　63
稲本洋之助＝望月礼二郎＝広渡清吾＝内田勝一編『借地・借家制度の比較研究』(東京大学出版会, 1987 年)　202
稲本洋之助＝澤野順彦編『コンメンタール借地借家法〔第 2 版〕』(日本評論社, 2003 年)　321
井上繁規「ゴルフ会員権の預託金返還請求訴訟の潮流」判タ 1000 号 (1999 年)　25
岩志和一郎「いわゆる『相続させる』遺言の解釈——平成 3 年最高裁判決に対する若干の疑問」公証法学 25 号 (1996 年)　370, 397
岩田規久男「借地・借家契約の自由化」岩田規久男＝小林重敬＝福井秀夫『都市と土地の理論』(ぎょうせい, 1992 年)　201, 204
岩田規久男「都市住宅に対する経済学的アプローチとは何か」都市住宅学 8 号 (1994 年)　202
岩田規久男「キャピタル・ゲイン取得期待は持ち家比率を高めるか」都市住宅学 14 号 (1996 年)　202
岩田規久男「論争／定期借家権の『法務省論点』に異論あり①　アンシャンレジーム法務省」論争東洋経済 1997 年 9 月号　200, 202
上野千鶴子『家父長制と資本制』(岩波書店, 1990 年)　122
上野雅和「民法 733 条註釈」青山道夫編『注釈民法 (20) 親族 (1)』(有斐閣, 1966 年)　123
上原敏夫『団体訴訟・クラスアクションの研究』(商事法務研究会, 2001 年)　226
宇賀克也＝大橋洋一＝高橋滋編『対話で学ぶ行政法——行政法と隣接諸法分野との対話』(有斐閣, 2003 年)　63
右近健男「遺留分減殺請求権——遺産分割との関係について」川井健ほか編『講座現代家族法 6 遺言』(日本評論社, 1992 年)　437
宇田一明「ゴルフ預託金償還対応策とその法的検討」金法 1519 号 (1998 年)　25
宇田一明「預託金制ゴルフ会員権の本質論と預託金返還請求権の帰趨」金法 1530 号 (1998 年)　25
内田勝一「論争／『定期借家権』導入積極派への反論①　比較法的には『事実』の裏付けなし」論争東洋経済 10 号 (1997 年)　201-202
内田勝一『現代借地借家法学の課題』(成文堂, 1997 年)　203
内田貴「管見『定期借家権構想』——『法と経済』のディレンマ」NBL606 号 (1996 年)　180, 201
内田貴『契約の時代——日本社会と契約法』(岩波書店, 2000 年)　43-44, 243-245
内田貴「解雇をめぐる法と政策——解雇法制の正当性」大竹文雄＝大内伸哉＝山川隆一編『解雇法制を考える——法学と経済学の視点〔増補版〕』(勁草書房, 2004 年)　243

内田貴『債権法の新時代――「債権法改正の基本方針」の概要』(商事法務, 2009 年)　152
内田恒久「相続させる旨の遺言における遺言執行者について」公証 125 号(1999 年)　399
梅謙次郎『民法要義巻之三債権編』(訂正増補版, 復刻版, 有斐閣, 1984 年)　179
梅謙次郎『民法要義巻之五相続編』(1913 年版復刻, 有斐閣, 1984 年)　435
梅澤彩「家族法改正の動向――ジェンダー法学会」法セ 664 号(2010 年)　136
江口匡太「整理解雇法規制の経済分析」大竹文雄＝大内伸哉＝山川隆一編『解雇法制を考える――法学と経済学の視点〔増補版〕』(勁草書房, 2004 年)　243
江原由美子『ジェンダー秩序』(勁草書房, 2001 年)　122
江原由美子『自己決定権とジェンダー』(岩波書店, 2002 年)　122
大内伸哉「解雇法制の"pro veritale"」大竹文雄＝大内伸哉＝山川隆一編『解雇法制を考える――法学と経済学の視点〔増補版〕』(勁草書房, 2004 年)　244
大久保泰甫＝高橋良彰『ボワソナード民法典の編纂』(雄松堂, 1999 年)　179
大阪弁護士会『実務家から見た民法改正――「債権法改正の基本方針」に対する意見書』別冊 NBL131 号(2009 年)　153
大阪弁護士会編『民法(債権法)改正の論点と実務〈上〉』(商事法務, 2011 年)　156
大澤彩「無効と取消し」法教 369 号(2011 年)　104
大島和夫「総論・日本の構造変化と法改革」法の科学 34 号(2004 年)　243
大坪丘「遺言者の財産全部の包括遺贈に対して遺留分権利者が減殺請求権を行使した場合に遺留分権利者に帰属する権利の性質」法曹時報 51 巻 3 号(1999 年)　437
大前恵一郎「金融商品の販売等に関する法律の概要」金法 1582 号(2000 年)　24
大村敦志『公序良俗と契約正義』(有斐閣, 1995 年)　64
大村敦志『法源・解釈・民法学』(有斐閣, 1995 年)　122
大村敦志『典型契約と性質決定』(有斐閣, 1997 年)　277, 369
大村敦志『民法総論』(岩波書店, 2001 年)　45, 63
大村敦志「家族関係の形成とジェンダー」ジュリ 1237 号(2003 年)　124
大村敦志「大きな公共性から小さな公共性へ――『憲法と民法』から出発して」法時 76 巻 2 号(2004 年)　65
大村敦志『消費者法(第 3 版)』(有斐閣, 2007 年)　222, 225
岡内真哉「サブリース契約に関する最高裁判決について」金判 1177 号(2003 年)　305-306
岡野八代「分断する法／介入する政治」大越愛子＝冷水紀代子編『ジェンダー化する哲学』(昭和堂, 1999 年)　123
岡野八代『法の政治学――法と正義とフェミニズム』(青土社, 2002 年)　123
落合恵美子『近代家族とフェミニズム』(勁草書房, 1989 年)　43, 136
落合恵美子『21 世紀家族へ〔新版〕』(有斐閣, 1997 年。初版 1994 年)　24, 43, 123
於保不二雄『債権総論(新版)』(有斐閣, 1972 年)　154

カ

外国住宅事情研究会『欧米の住宅政策と住宅金融』(住宅普及金融協会, 1992 年)　202
戒能民江『ドメスティック・バイオレンス』(不磨書房, 2002 年)　65
戒能通孝『借地借家法』(日本評論社, 1937 年)　276
片山さつき『SPC 法とは何か』(日経 BP 社, 1998 年)　23
片山直也「詐害行為取消権」法時 81 巻 10 号(2009 年)　154
角紀代恵「債権法改正の必要性を問う」法時 82 巻 2 号(2010 年)　153
加藤永一『遺言』(民法総合判例研究 57)(一粒社, 1978 年)　435
加藤雅信「不動産の事業受託(サブリース)と借賃減額請求権(上)～(下)」NBL568 号, 569 号(1995 年)　25, 274-275

加藤雅信「『定期借家権』論の倫理と論理——立法試案の提示をかねて」判タ 954 号(1998 年)　203

加藤雅信「日本民法改正試案の基本方向」民法改正研究会(代表加藤雅信)『民法改正と世界の民法典』(信山社, 2009 年)　152, 156

加藤雅信「『国民の, 国民による, 国民のための民法改正』を目指して」民法改正研究会(代表加藤雅信)『民法改正と世界の民法典』(信山社, 2009 年)　156

加藤雅信「民法改正の歴史と課題」法律時報増刊『民法改正　国民・法曹・学界有志案——仮案の提示』(2009 年)　156

加藤雅信「民法改正と労働法制」季刊労働法 229 号(2010 年)　153

加藤雅信『民法(債権法)改正——民法典はどこにいくのか』(日本評論社, 2011 年)　156

金井貴嗣・川濱昇・泉水文雄編『独占禁止法〔第 2 版〕』(弘文堂, 2006 年)　223-224

金山直樹「権利の時間的制限」ジュリ 1126 号(1998 年)　201

金山直樹「サブリース契約の法的性質(1)」民事研修 508 号(1999 年)　275

金山直樹「賃料について, 私人の合意はどこまで効力が認められるか」判タ 1144 号(2004 年)　306

金子勝『市場と制度の政治経済学』(東京大学出版会, 1997 年)　25

金子勝「脱冷戦の思考——自己決定権と社会的共同性」法時 72 巻 9 号(2000 年)　23

鎌田薫「論争／『定期借家権』導入積極派への反論②　法務省論点のどこに問題があるのか」論争東洋経済 10 号(1997 年)　201

河上正二「行為能力」法教 171 号(1994 年)　44

川阪宏子「『相続させる』旨の遺言についての一考察」立命館法政論集 2 号(2004 年)　397

河田嗣郎『家族制度と婦人問題』(改造社, 1924 年. 復刻版, クレス出版, 1989 年)　122

川濱昇・瀬領真悟・泉水文雄・和久井理子『ベーシック経済法・独占禁止法入門』(有斐閣, 2003 年)　223

企業法制研究会「不公正な競争行為に対する民事的救済制度のあり方」(別冊 NBL49 号, 1998 年)　24

菊地元一「独占禁止法違反行為者の民事責任(上)」NBL265 号(1982 年)　223

北野俊光「『相続させる』旨の遺言の実務上の問題点」久喜忠彦編『遺言と遺留分第 1 巻遺言』(日本評論社, 2001 年)　397

北見良嗣「不良債権の回収と法」法時 72 巻 9 号(2000 年)　23

行政改革委員会事務局『光り輝く国をめざして：行政改革委員会——規制緩和の推進に関する意見(第 1 次)』(行政管理研究センター, 1996 年)　24, 44

金城清子『法女性学——その構築と課題〔第 2 版〕』(日本評論社, 1996 年)　121

金城清子『ジェンダーの法律学』(有斐閣, 2002 年)　122

久米良昭「借家制度が住宅市場に与える影響と住宅政策再編の方向性」都市住宅学 14 号(1996 年)　202-203

久米良昭「借地借家法の社会的費用」都市住宅学 18 号(1997 年)　200-201

倉田卓次「特定の相続財産を特定の共同相続人に取得させる旨の遺言の効力」家裁月報 38 巻 8 号(1986 年)　369-370

来栖三郎『契約法』(有斐閣, 1974 年)　370

経済企画庁国民生活局消費者契約法施行準備室「『消費者契約法』の概要」NBL691 号(2000 年)　23

経済企画庁国民生活局消費者契約法施行準備室「消費者契約法の概要」金法 1582 号(2000 年)　23

毛塚勝利「労働契約変更法理再論」『労働保護法の再生——水野勝先生古稀記念論集』(信山社出版, 2005 年)　245

毛塚勝利「労働契約法の成立が与える労使関係法への影響と今後の課題」季刊労働法 221 号(2008 年)　245
後藤巻則「消費者契約法制の到達点と課題」法時 79 巻 1 号(2007 年)　225
後藤巻則「消費者のパラドックス」法時 80 巻 1 号(2008 年)　225
小林徹「遺言執行者から見た『公正証書遺言』」公証法学 35 号(2005 年)　398
小柳春一郎「穂積陳重と賃借権――民法 609 条を中心に」山梨大学教育学部研究報告 33 号(1982 年)　179
小山静子『良妻賢母という規範』(勁草書房, 1991 年)　121
近藤充代「WTO 体制下のハーモナイゼーションと消費者の健康・安全」高橋岩和・本間重紀編『現代経済と法構造の変革』(三省堂, 1997 年)　224
近藤充代「消費者法制の変容と法」法律時報臨時増刊『改憲・改革と法』(日本評論社, 2008 年)　224

サ

債権譲渡法制研究会「債権譲渡法制研究会報告書」(1997 年)　23
佐伯仁志＝道垣内弘人『刑法と民法の対話』(有斐閣, 2001 年)　63
櫻井敬子・橋本博之『行政法』(弘文堂, 2007 年)　226
笹倉秀夫『法哲学講義』(東京大学出版会, 2002 年)　306
笹谷春美「新しいジェンダー関係の可能性」笹谷春美編『「女」と「男」――ジェンダーで解きあかす現代社会』(北海道大学図書刊行会, 1997 年)　124
笹沼朋子「賃金差別とは何か――男女別『コース制』と労基法 4 条」労働法律旬報 1683 号(2008 年)　103
佐瀬正俊＝良永和隆＝角田伸一編『民法(債権法)改正の要点』(ぎょうせい, 2010 年)　153
佐藤岩夫「社会的関係形成と借家法」法律時報 70 巻 2 号(1998 年)　180
澤野順彦「家賃」『現代借地借家法講座 2 借家法』(日本評論社, 1986 年)　276
澤野順彦「借地借家法の経済的基礎」(日本評論社, 1988 年)　181
澤野順彦「サブリースと賃料増減額請求権」NBL554 号(1994 年)　25, 274-275
澤野順彦「『定期借家権』構想の問題点」NBL585 号(1996 年)　203
潮見佳男「遺留分の学説と判例」家族〈社会と法〉19 号(日本加除出版, 2003 年)　437
潮見佳男『契約法理の現代化』(有斐閣, 2004 年)　225
潮見佳男『相続法(第 2 版)』(弘文堂, 2005 年)　435
潮見佳男「総論――契約責任論の現状と課題」ジュリスト 1318 号(2006 年)　153-154
潮見佳男「損害賠償責任の効果――賠償範囲の確定法理」ジュリスト 1318 号(2006 年)　154
潮見佳男「適合性原則違反の投資勧誘と損害賠償」新堂幸司・内田貴編『継続的契約と商事法務』(商事法務, 2006 年)　225
下森定「サブリース訴訟最高裁判決の先例的意義と今後の理論的展望(上)」金商 1191 号(2004 年)　322
七戸克彦「所有権の『絶対性』概念の混迷」山内進編『混沌のなかの所有』(国際書院, 2000 年)　64
篠塚昭次『借地借家法の基本問題』(日本評論新社, 1962 年)　180
司法研修所編『遺産分割事件の処理をめぐる諸問題』(法曹会, 1994 年)　397
島津一郎「分割方法指定遺言の性質と効力」判時 1374 号(1991 年)　370, 397
清水俊彦「サブリースにおける賃料増減額(上)」判タ 999 号(1999 年)　275
清水俊彦「サブリースにおける賃料増減額(中)」判タ 1001 号(1999 年)　321
清水俊彦「転貸目的の事業用建物賃貸借と借地借家法 32 条(下)」NBL777 号(2004 年)　305, 322

清水俊彦「賃料自動改定特約と借地借家法(下)——判例史の通観と最一小判平成15年6月12日の法理」判タ1155号(2004年)　321-322
社会資本整備審議会『新しい時代の都市計画はいかにあるべきか(第1次答申)』(2006年)　43
社会資本整備審議会都市計画・歴史的風土分科会都市計画部会『都市政策の基本的な課題と方向検討小委員会報告』(2009年)　45
正田彬『消費者の権利』(岩波書店, 1972年)　224
白石忠志「独禁法における差止請求権の導入」総合開発機構＝高橋宏志編『差止請求権の基本構造』(商事法務研究会, 2001年)　224
白石忠志『独占禁止法』(有斐閣, 2006年)　223-224
末弘厳太郎「住宅問題と借家法案(1)(2完)」法協39巻2号, 3号(1921年)　180, 202
菅野和夫『労働法〔第2版補正版〕』(弘文堂, 1989年)　245
菅野和夫「就業規則変更と労使交渉」労働判例718号(1997年)　245
菅野和夫『新・雇用社会の法』(有斐閣, 2002年)　245
菅野和夫『労働法〔第6版〕』(弘文堂, 2003年)　245
鈴木禄弥『相続法』(有斐閣, 1968年)　370
鈴木禄弥『居住権論(新版)』(有斐閣, 1981年)　180-181
鈴木禄弥『借地・借家法の研究Ⅰ』(創文社, 1984年, 論文初出は1967年)　180-181
鈴木禄弥『借地・借家法の研究Ⅱ』(創文社, 1984年)　181
鈴木禄弥『相続法講義』(創文社, 1986年)　370
鈴木禄彌「いわゆるサブリースの法的性質と賃料減額請求の可否」ジュリ1151号(1994年)　25, 277
諏訪園貞明編著『平成17年改正独占禁止法——新しい課徴金制度と審判・犯則調査制度の逐条解説』(商事法務, 2005年)　223
リチャード・セイラー／篠原勝訳『セイラー教授の行動経済学入門』(ダイヤモンド社, 2007年)　244
瀬川信久『日本の借地』(有斐閣, 1995年)　181
瀬川信久「借地借家法32条は強行法規か？——サブリース最高裁判決について」金判1202号(2004年)　323
瀬地山角「ジェンダー研究の現状と課題」『岩波講座　現代社会学11 ジェンダーの社会学』(岩波書店, 1995年)　124
瀬地山角『東アジアの家父長制——ジェンダーの比較社会学』(勁草書房, 1996年)　121-122
瀬戸正二「『相続させる』との遺言の趣旨」金法1210号(1989年)　369-370, 435
千藤洋三『フランス相続法の研究——特別受益・遺贈』(関西大学出版部, 1983年)　435
千藤洋三「『相続させる』遺言の解釈をめぐる諸問題」関西大学法学論集48巻2＝3号(1998年)　369, 397
千藤洋三「遺贈・死因贈与・生前贈与がある場合における遺留分減殺の順序」リマークス25号(2002年)　397
副田隆重「遺言の効力と第三者の利害」野村豊弘・床谷文雄編著『遺言自由の原則と遺言の解釈』(商事法務, 2008年)　398

タ

高木多喜男『口述相続法』(成文堂, 1988年)　370
高田映〔判批〕ジュリスト臨増1179号(平成11年度重要判例解説)(2000年)　99
高野耕一「特定の遺産を特定の相続人に『相続させる』趣旨の遺言の性質及び効力(下)」ひろば44巻12号(1991年)　370
滝川敏明『日米EUの独禁法と競争政策〔第3版〕』(青林書院, 2006年)　223

滝沢昌彦「契約環境に対する消費者の権利——自己決定とプライバシー」『岩波講座・現代の法 13 消費者生活と法』(岩波書店, 1997 年) 225
竹下史郎「遺言信託」梶村太市・雨宮則夫編『相続・遺言』(現代裁判法大系 12 巻)(新日本法規出版, 1999 年) 398
多田洋介『行動経済学入門』(日本経済出版社, 2003 年) 244
橘勝治「遺産分割事件と遺言書の取扱い」『現代家族法大系 5 相続 II』(有斐閣, 1979 年) 369
田中恒朗「指定相続分に関する争い」島津一郎ほか編『相続法の基礎』(青林書院新社, 1977 年) 435
田端博邦「労働法改革の背景」法の科学 38 号(2007 年) 243
知的財産研究所『競争環境の整備のための民事的救済』(別冊 NBL44 号, 1997 年) 24
茆原正道・茆原洋子『利息制限法潜脱克服の実務』(勁草書房, 2008 年) 224
茶谷勇吉『借地借家の現行法規に関する若干の考察』(司法研究第 17 輯・報告書 5, 1933 年) 276
中馬宏之「『解雇権濫用法理』の経済分析」三輪芳郎・神田秀樹・柳川範之編『会社法の経済学』(東京大学出版会, 1998 年) 243
辻村みよ子「憲法 24 条と夫婦の同権」法時 65 巻 12 号(1993 年) 44
辻村みよ子「現代家族と自己決定権」法時 68 巻 6 号(1996 年) 44
辻村みよ子「性支配の法的構造と歴史的展開」『岩波講座・現代の法 11 ジェンダーと法』(岩波書店, 1997 年) 121
辻村みよ子「日本における家族の憲法上の地位」日仏法学会編『日本とフランスの家族観』(有斐閣, 2003 年) 63
土田道夫「労働保護法と自己決定」法時 66 巻 9 号(1994 年) 245
土田道夫「解雇権濫用法理の正当性」大竹文雄・大内伸哉・山川隆一編『解雇法制を考える——法学と経済学の視点〔増補版〕』(勁草書房, 2004 年) 243
土田道夫『労働契約法』(有斐閣, 2008 年) 244
角田由紀子「セクシュアル・ハラスメント」自由と正義 45 巻 5 号(1994 年) 65
道垣内弘人「不動産の一括賃貸と賃貸の減額請求」NBL580 号(1995 年) 274, 304
道幸哲也「業務命令権と労働者の自立」法時 66 巻 9 号(1994 年) 245
独占禁止法違反行為に係る民事的救済制度に関する研究会「独占禁止法違反行為に対する私人による差止訴訟制度導入について(中間報告書)」NBL657 号(1999 年) 24
床谷文雄・犬伏由子編『現代相続法』(有斐閣, 2010 年) 398
友野典男『行動経済学——経済は「感情」で動いている』(光文社, 2006 年) 244

ナ

中川善之助『妻妾論』(中央公論社, 1936 年) 122
中川善之助「個人の尊厳と両性の平等——民法 1 条ノ 2 について」東北法学会雑誌 10 号(1960 年) 103
中川善之助『相続法』(有斐閣, 1964 年) 369
中川善之助・泉久雄『相続法〔新版〕』(有斐閣, 1974 年) 435, 437
中島通子「雇用における性差別——賃金・昇進・昇格差別の判例を中心に」ジュリ 1237 号(2003 年) 103
中田裕康「契約自由の原則」法教 171 号(1994 年) 63
中田裕康「民法 415 条・416 条」広中俊雄・星野英一編『民法典の百年 III』(有斐閣, 1998 年) 154
中田裕康「民法(債権法)改正と契約自由」法の支配 156 号(2010 年) 156
中田裕康編『家族法改正——婚姻・親子を中心に』(有斐閣, 2010 年) 135, 137
中野哲弘「サブリース紛争における賃料増減額請求に関する裁判例の動向」金法 1532 号(1998 年)

276

名古道功「90 年代における雇用慣行・労働市場・労働法制の変容と労働者統合」法の科学 32 号 (2002 年)　243
西口元「『相続させる』遺言の効力をめぐる諸問題」判タ 822 号(1993 年)　397
西谷敏「労働法における自己決定の理念」法時 66 巻 9 号(1994 年)　245
西谷敏『規制が支える自己決定』(法律文化社, 2004 年)　241-242
二宮周平『家族法』(新世社, 1999 年)　370
二宮周平「家族の個人主義化と法理論」法時 74 巻 9 号(2002 年)　123
二宮周平『家族法(第 2 版)』(新世社, 2005 年)　435, 437
日本経済法学会編『競争秩序と民事法(日本経済法学会年報第 19 号)』(有斐閣, 1998 年)　63
日本住宅総合センター『居住水準の国際比較』(1991 年)　201-202
日本弁護士連合会『司法改革にジェンダーの視点を・司法における性差別』(明石書店, 2002 年)　103
日本弁護士連合会交通事故相談センター東京支部編『損害賠償額算定基準上巻(基準編)2011 年版』　45
沼邊愛一「『相続させる』旨の遺言の解釈」判タ 779 号(1992 年)　397, 399
根井雅弘『経済学とは何か』(中央公論新社, 2008 年)　244
根岸哲「独占禁止法違反と損害賠償請求」『石田喜久夫・西原道雄・高木多喜男先生還暦記念論文集・中巻・損害賠償法の課題と展望』(日本評論社, 1990 年)　223
根岸哲「民法と独禁法(上)(下)」曹時 46 巻 1 号, 2 号(1994 年)　63
根本尚徳「差止請求権と不法行為法──独禁法 24 条の解釈論に寄せて」法時 78 巻 8 号(2006 年)　224
野川忍「アンペイド・ワーク論の再検討」ジュリ 1237 号(2003 年)　124
野川忍『わかりやすい労働契約法』(商事法務, 2007 年)　245
野澤正充「民法(債権法)改正の意義と課題」法時 81 巻 10 号(2009 年)　155
野田愛子「遺贈の登記義務者」島津一郎ほか編『相続法の基礎』(青林書院新社, 1977 年)　436
野田進「『男女別コース制』に伴う男女間労働条件格差と公序」季刊労働法 143 号(1987 年)　102
野中俊彦＝中村睦男＝高橋和之＝高見勝利『憲法Ⅰ〔新版〕』(有斐閣, 1997 年)　44
野村豊弘「サブリース契約」稲葉威雄ほか編『新借地借家法講座 3』(日本評論社, 1999 年)　27
野村豊弘「センチュリーと住友不動産との間の『賃貸借契約』について」升永英俊『サブリース訴訟〔増補版〕』(千倉書房, 2003 年)　277

ハ

長谷部恭男『比較不能な価値の迷路』(東京大学出版会, 2000 年)　64
八田達夫・赤井信郎「借地借家法は, 賃貸住宅供給を抑制していないのか？」都市住宅学 12 号 (1995 年)　202
八田達夫・山崎福寿・福井秀夫・久米良昭「『定期借家権』の実現を阻む法務省の越権」エコノミスト 1997 年 7 月 29 日号　200
八田達夫「『定期借家権』はなぜ必要か」ジュリ 1124 号(1997 年)　203
八田達夫「借家の供給を促し, 家賃を引き下げるために定期借家権を考える」月刊 keidanren1997 年 12 月号　201
八田達夫「効率化原則と既得権保護原則」福井秀夫・大竹文雄編著『脱格差社会と雇用法制』(日本評論社, 2006 年)　243
花見忠＝山口浩一郎＝濱口桂一郎「労働政策決定過程の変容と労働法の未来」季労 222 号(2008 年)　243

浜村彰「就業規則による労働条件の決定と変更」労働法律旬報 1639＝1640 号(2007 年)　245
林弘子「鑑定意見書(住友電工事件・大阪高裁宛)」宮地光子監修『男女賃金差別訴訟──「公序良俗」に負けなかった女たち』(明石書店, 2005 年)　103
林道義『フェミニズムの害毒』(草思社, 1999 年)　124
原島克己「『相続させる』遺言雑考」判タ 734 号(1990 年)　370
原田慶吉『日本民法典の史的素描』(創文社, 1954 年)　399
原田純孝「賃料自動改定特約の効力と経済事情の変動」判タ 901 号(1996 年)　321
半田吉信「特定の遺産を特定の相続人に相続させる趣旨の遺言の解釈」ジュリ 996 号(1992 年)　397
板東一彦「不公正な競争行為に対する民事的救済制度に関する主要論点」NBL644 号(1998 年)　24
東出浩一編著『独禁法違反と民事訴訟』(商事法務研究会, 2001 年)　224
樋口陽一『憲法』(創文社, 1992 年)　63
樋口陽一＝山内敏弘＝辻村みよ子『憲法判例を読む』(日本評論社, 1994 年)　64
樋口陽一「憲法・民法 90 条・『社会意識』」『栗城壽夫先生古稀記念・日独憲法学の創造力　上巻』(信山社, 2003 年)　103
平井宜雄『損害賠償法の理論』(東京大学出版会, 1971 年)　154
平井宜雄『法政策学(第 2 版)』(東京大学出版会, 1995 年)　276
平井宜雄「いわゆる継続的契約に関する一考察」星野英一先生古稀祝賀『日本民法学の形成と課題(下)』(有斐閣, 1996 年)　276
広井良典『日本の社会保障』(岩波新書, 1999 年)　23
広中俊雄編著『民法修正案(前三編)の理由書』(有斐閣, 1987 年)　179
広中俊雄『民法綱要第 1 巻総論上』(創文社, 1989 年)　43, 63
広中俊雄編『注釈借地借家法　新版注釈民法(15)別冊』((広中俊雄・佐藤岩夫)有斐閣, 1993 年)　204
広中俊雄「成年後見制度の改革と民法の体系(上)(下)」ジュリ 1184 号, 1185 号(2000 年)　44
広中俊雄「『第一編　人』で始まる新しい民法典の編纂」椿寿夫ほか編法律時報増刊『民法改正を考える』(2008 年)　154
福井秀夫「借地借家の法と経済分析(上)(下)」ジュリ 1039 号, 1040 号(1994 年)　201-202, 204
福井秀夫「定期借地の法と経済分析」税務経理 7605＝7606 合併号(1994 年)　201
福井秀夫「借地借家の法と経済分析」八田達夫・八代尚宏編『東京問題の経済学』(東京大学出版会, 1995 年)　201
福井秀夫「借地借家法問題の学術的分析方法」都市住宅学 14 号(1996 年)　202
福井秀夫「既成市街地における狭小敷地の法と経済分析」岩田規久男・八田達夫編『住宅の経済学』(日本経済新聞社, 1997 年)　204
福井秀夫「解雇規制が助長する格差社会」福井秀夫・大竹文雄編著『脱格差社会と雇用法制』(日本評論社, 2006 年)　243
福島瑞穂監修『弁護士が教えるセクハラこんなときどうなる』(日本文芸社, 1999 年)　65
藤井俊二『現代借家法制の新たな展開』(成文堂, 1997 年)　203
藤岡康宏『損害賠償法の構造』(成文堂, 2002 年)　223
藤原稔弘「整理解雇法理の再検討」大竹文雄・大内伸哉・山川隆一編『解雇法制を考える──法学と経済学の視点〔増補版〕』(勁草書房, 2004 年)　243
星野英一『借地・借家法』(有斐閣, 1969 年)　204
星野英一〔判例評釈〕法協 99 巻 12 号(1982 年)　101
星野英一「民法と憲法──民法から出発して」法教 171 号(1994 年)　44
星野英一『民法のすすめ』(岩波書店, 1998 年)　63, 121

星野英一「『法学教室』20年にあたって」法教 241 号(2000 年)　26
星野英一『法学者のこころ』(有斐閣, 2002 年)　26
穂積忠夫「景品・表示の規制(3)——公正競争規約」『消費者法講座 4』(日本評論社, 1988 年)　225

マ

牧田宗孝「金融商品の販売等に関する法律の概要」NBL691 号(2000 年)　24
升永英俊「地代等自動改定特約とサブリース契約」金法 1681 号(2003 年)　305, 322
升永英俊「法の支配(上)(下)」金法 1696 号, 1697 号(2004 年)　305, 322
松尾知子「遺言執行からみた遺言の解釈」野村豊弘・床谷文雄編著『遺言自由の原則と遺言の解釈』(商事法務, 2008 年)　398
松岡久和「建物サブリース契約と借地借家法 32 条の適用」法学論叢 154 巻 4＝5＝6 合併号(2004 年)　278, 305, 307, 321-323
松岡久和「サブリース裁判例の新動向」加藤雅信・加藤新太郎編『現代民法学と実務(下)』(判例タイムズ社, 2008 年)　278
松川正毅「遺産分割方法の指定と遺贈」内田貴・大村敦志編『民法の争点』(ジュリスト増刊, 2007 年)　401
松田佳久「射程拡大したサブリース判決法理」法時 81 巻 3 号(2009 年)　308
松村敏弘「経済効率性と消費者法制」ジュリスト 1139 号(1998 年)　223
丸山絵美子「労働契約法と民法」季刊労働法 221 号(2008 年)　243
丸山健「債権流動化と民事財産法の対応(上)」NBL591 号(1996 年)　23
丸山茂『家族のメタファー』(早稲田大学出版会, 2005 年)　135
丸山眞男『丸山眞男講義録[第 6 冊]日本政治思想史 1966』(東京大学出版会, 2000 年)　121
三浦恵司「男女別定年制の可否」法律のひろば 34 巻 6 号(1981 年)　101
水谷英夫『セクシュアル・ハラスメントの実態と法理』(信山社, 2001 年)　64
水野謙「『相続させる』旨の遺言に関する一視点」法時 62 巻 7 号(1990 年)　370, 398, 437
水野謙「『相続させる』遺言の効力」法教 254 号(2001 年)　370, 398
水野謙「『相続させる』趣旨の遺言による不動産の取得と登記」『不動産取引判例百選』(別冊ジュリ 192 号, 2008 年)　402
水野紀子「『相続させる』旨の遺言の功罪」久貴忠彦編集代表『遺言と遺留分第 1 巻遺言』(日本評論社, 2001 年)　370, 398
水本浩「近代イギリスにおける借地権の性質」法律時報 29 巻 3 号(1952 年)　180
水本浩『借地借家法の基礎理論』(一粒社, 1966 年)　180
水本浩『土地問題と所有権』(有斐閣, 1973 年)　180
水本浩『転換期の借地・借家法』(日本評論社, 1988 年)　181
三宅正男「借家法による解約の制限と法の形態」法政論集 1 巻 2 号(1951 年)　180
宮地光子「男女賃金差別裁判における理論的課題」日本労働法学会誌 100 号(2002 年)　103
宮地光子監修『男女賃金差別訴訟——「公序良俗」に負けなかった女たち』(明石書店, 2005 年)　102
宮地光子「住友電工性差別訴訟の経過と論点」宮地光子監修『男女賃金差別訴訟——「公序良俗」に負けなかった女たち』(明石書店, 2005 年)　102
民事的救済制度研究会『不公正な競争行為と民事救済』(別冊 NBL43 号, 1997 年)　24
　棟居快行「規制緩和の憲法論」法時 68 巻 6 号(1996 年)　44
民法改正研究会(代表加藤雅信)『民法改正と世界の民法典』(信山社, 2009 年)　152
民法(債権法)改正検討委員会編『債権法改正の基本方針』別冊 NBL126 号(2009 年)　152
民法(債権法)改正検討委員会編『詳解・債権法改正の基本方針 I〜V』(商事法務, 2009 年〜2010

年)　152
棟居快行「日本的秩序と『見えない憲法』の可視性」同『憲法学再論』(信山社, 2001 年)　64
村上政博・山田健男『独占禁止法と差止・損害賠償〔第 2 版〕』(商事法務, 2005 年)　224
目黒依子「ジェンダーの未来」目黒依子編『ジェンダーの社会学』(放送大学教育振興会, 1994 年)　123
森英樹「転機に立つ憲法構造と憲法学」法時 73 巻 1 号 (2001 年)　43
森ます美=浅倉むつ子編『同一価値労働同一賃金原則の実施システム』(有斐閣, 2010 年)　101
森田修「〈民法典〉という問題の性格——債務法改正作業の『文脈化』のために」ジュリ 1319 号 (2006 年)　155
森田修「『新しい契約責任論』は新しいか——債権法再生作業の文脈化のために」ジュリ 1325 号 (2006 年)　155
森田修「履行請求権か remedy approach か」ジュリ 1329 号 (2007 年)　155
森野俊彦「遺言——『相続させる』旨の遺言について」判タ 996 号 (1999 年)　397-398
森本信明「借地借家法によるファミリー層向け賃貸住宅の供給制限効果」都市住宅学 8 号 (1994 年)　202
森本信明「我が国の持家率の高さと借地借家法」ジュリ 1088 号 (1996 年)　202-203

ヤ

矢尾和子「遺留分減殺請求による取戻財産の性質と遺産分割事件の運営」家月 49 巻 7 号 (1997 年)　437
柳澤武「コース別人事制度における性差別の立証と救済——兼松事件」名城法学 58 巻 4 号 (2009 年)　101, 103
矢野昌浩「構造改革と労働法」法の科学 34 号 (2004 年)　243
谷原修身『独占禁止法と民事的救済制度』(中央経済社, 2003 年)　224
山口純夫「特定の財産を特定の相続人に『相続させる』遺言について」甲南法学 31 巻 3=4 号 (1991 年)　369
山崎福寿「土地・住宅賃貸借市場の不完全性について」都市住宅学 10 号 (1995 年)　204
山崎福寿「定期借家権と望ましい土地住宅税制」税研 74 号 (1997 年)　202, 204
山崎文夫「セクシュアル・ハラスメントと法的アプローチ」比較法 39 号 (2002 年)　64
山田誠一「所有権」法教 171 号 (1994 年)　64
山田卓生「借地の生成と展開(一)」社会科学研究 18 巻 2 号 (1966 年)　179-180
山田昌弘『家族のリストラクチュアリング』(新曜社, 1999 年)　24
山田良治『土地・持家コンプレックス』(日本経済評論社, 1996 年)　202
山畠正男「相続分の指定」『家族法大系Ⅵ』(有斐閣, 1960 年)　369, 396, 434
山本敬三「一部無効の判断構造(2)」法学論叢 127 巻 6 号 (1990 年)　104
山本敬三「現代社会におけるリベラリズムと私的自治(1)(2)」法学論叢 133 巻 4 号～5 号 (1993 年)　62
山本敬三「基本法としての民法」ジュリ 1126 号 (1998 年)　45
山本敬三『公序良俗論の再構成』(有斐閣, 2000 年)　45, 62
山本敬三〔判批〕判評 525 号 (判時 1794 号) (2002 年)　101
山本敬三「憲法システムにおける私法の役割」法時 76 巻 2 号 (2004 年)　65
山本敬三「契約の拘束力と契約責任論の展開」ジュリ 1318 号 (2006 年)　153-155
山本敬三「借地借家法による賃料増減規制の意義と判断構造——『強行法規』の意味と契約規制としての特質」潮見佳男・山本敬三・森田宏樹編『特別法と民法法理』(有斐閣, 2006 年)　278
吉田克己「借地・借家法改正の前提問題」法律時報 58 巻 5 号 (1986 年)　181

吉田克己「住宅政策からみた借地・借家法改正」法と民主主義 220 号(1987 年)　181
吉田克己「フランス民法典第 544 条と『絶対的所有権』」乾昭三編『土地法の理論的展開』(法律文化社, 1990 年)　64
吉田克己「借家法改正は住宅問題を解決できるのか」法セミ 440 号(1991 年)　201
吉田克己「フランスの住宅事情と住宅政策」住宅問題研究会・(財)日本住宅総合センター『住宅問題事典』(東洋経済新報社, 1993 年)　202
吉田克己「競争原理と借地借家法改正」法の科学 24 号(1996 年)　201
吉田克己「定期借家権を考える」法律時報 70 巻 2 号(1998 年)　181
吉田克己「民法 395 条(抵当権と賃借権の関係)」広中俊雄＝星野英一編『民法典の百年 II』(有斐閣, 1998 年)　24
吉田克己「総論・現代『市民社会』論の課題」法の科学 28 号(1999 年)　121
吉田克己「自己決定権と公序──家族・成年後見・脳死」北大法学部 50 周年記念ライブラリー 2(瀬川信久編)『私法学の再構築』(北海道大学図書刊行会, 1999 年)　24, 43, 46, 63, 123
吉田克己『現代市民社会と民法学』(日本評論社, 1999 年)　121-122, 204, 225, 244
吉田克己「民法学における『人間像』の転換──総論・近代から現代へ」法セ 529 号(1999 年)　225
吉田克己「経済危機と日本法──1990 年代」北大法学論集 50 巻 6 号(2000 年)　23, 26
吉田克己「90 年代日本法の変容」法時 72 巻 9 号(2000 年)　43, 242
吉田克己「土地所有権の日本的特質」原田純孝編『日本の都市法 I 構造と展開』(東京大学出版会, 2001 年)　44
吉田克己「民事法制の変動と憲法」法時 73 巻 6 号(2001 年)　64
吉田克己「家族における〈公私〉の再編」日本法哲学会編『〈公私〉の再構成(法哲学年報 2000)』(2001 年)　123
吉田克己「家族法改正とジェンダー秩序」ジュリスト 1237 号(2003 年)　136
吉田克己「競争秩序と民法」『競争法の現代的諸相(上)』(厚谷襄兒先生古稀記念論集)(信山社, 2005 年)　223
吉田克己「現代不法行為法学の課題──被侵害利益の公共化をめぐって」法の科学 35 号(2005 年)　223
吉田克己「近代市民法とジェンダー秩序」三成美保編『ジェンダーの比較法史学』(大阪大学出版会, 2006 年)　65
吉田克己「総論・競争秩序と民法」NBL863 号(2007 年)　225
吉田克己「民法学と公私の再構成」早稲田大学比較法研究所編『比較の歴史のなかの日本法学──比較法学への日本からの発信』(早稲田大学比較法研究所, 2008 年)　223
吉田克己「紹介：ムスタファ・メキ『一般利益と契約』」新世代法政策学研究 1 号(2009 年)　65
吉田克己「私人による差別の撤廃と民法学──外国人差別問題と女性差別問題」国際人権 20 号(2009 年)　104
吉田克己「現代法の総体的把握と国際的理論交流」法の科学 42 号(2011 年)　65
吉村良一『不法行為法〔第 2 版〕』(有斐閣, 2000 年)　44
米倉明「『相続させる』遺言は遺贈と解すべきか」タートヌマン 7 号(2003 年)　370
米津孝司「企業社会の変容と労働契約法」法の科学 38 号(2007 年)　243, 245
米津孝司「労働契約法の成立と今後の課題」労働法律旬報 1669 号(2008 年)　244

ラ

カール・リーゼンフーバー(渡辺達徳訳)「債務不履行による損害賠償と過失原理」民法改正研究会(代表加藤雅信)『民法改正と世界の民法典』(信山社, 2009 年)　153
ローラン・ルヴヌール(大村敦志訳)「フランス民法典とヨーロッパ人権条約・ヨーロッパ統合」

ジュリ1204号(2001年)　　63

ワ

我妻栄「賃貸借概説」法律時報29巻3号(1957年)　　180
我妻栄『債権各論中巻一』(岩波書店, 1968年12刷, 1刷1957年)　　180
我妻栄『新訂債権総論(民法講義Ⅳ』(岩波書店, 1964年)　　154
脇田滋「現代日本における『ナショナル・ミニマム』——労働法から観た諸問題」法の科学39号
　　(2008年)　　245
和田安夫「地代等自動改定特約と借地借家法11条1項」民商130巻1号(2004年)　　321
渡辺治『日本とはどういう国か, どこに向かって行くのか』(教育史料出版会, 1998年)　　23
渡辺治『企業社会・日本はどこへ行くのか』(教育史料出版会, 1999年)　　23
渡辺達徳「債務の不履行(履行障害)」法時81巻10号(2009年)　　154
渡辺洋三「市民法と社会法」法律時報30巻4号(1958年)　　180
渡辺洋三『土地・建物の法律制度(上)』(東京大学出版会, 1960年)　　179-180, 276
和田肇「労働法制の変容と憲法理念」民主主義科学者協会編『改憲・改革と法』(法律時報臨時増
　　刊)(日本評論社, 2008年)　　245
和田肇『人権保障と労働法』(日本評論社, 2008年)　　245

吉田克己(よしだ かつみ)
執筆者紹介
1949 年　茨城県龍ヶ崎市に生まれる
1972 年　東京大学法学部卒業
現在　北海道大学大学院法学研究科教授　博士(法学)(東京大学)
主要著書
『人権宣言と日本——フランス革命 200 年記念』(共編，勁草書房，1990 年)
『現代の都市法——ドイツ，フランス，イギリス，アメリカ』(共編著，東京大学出版会，1993 年)
『フランス住宅法の形成——住宅をめぐる国家・契約・所有権』(東京大学出版会，1997 年)
『高齢者介護と家族——民法と社会保障法の接点』(共編著，信山社，1997 年)
『現代市民社会と民法学』(日本評論社，1999 年)
『効率性と法・損害概念の変容——多元分散型統御を目指してフランスと対話する』(共編著，有斐閣，2010 年)
『競争秩序と公私協働』(編著，北海道大学出版会，2011 年)
『環境秩序と公私協働』(編著，北海道大学出版会，2011 年)

市場・人格と民法学
2012 年 2 月 25 日　第 1 刷発行

著　者　　吉　田　克　己
発行者　　吉　田　克　己

発行所　北海道大学出版会
札幌市北区北 9 条西 8 丁目 北海道大学構内(〒 060-0809)
Tel. 011(747)2308・Fax. 011(736)8605・http://www.hup.gr.jp

アイワード／石田製本　　　　　　　　　　　　　Ⓒ 2012　吉田克己
ISBN978-4-8329-6741-0

競争秩序と公私協働	吉田克己 編著	A5・298頁 価格3800円
環境秩序と公私協働	吉田克己 編著	A5・264頁 価格3800円
〈北大法学部ライブラリー1〉人権論の新展開	高見勝利 編	A5・366頁 価格4800円
〈北大法学部ライブラリー3〉情報・秩序・ネットワーク	田村善之 編	A5・466頁 価格6000円
〈北大法学部ライブラリー4〉市民的秩序のゆくえ	長谷川 晃 編	A5・322頁 価格4200円
〈北大法学部ライブラリー5〉自治と政策	山口二郎 編	A5・370頁 価格4800円
〈北大法学部ライブラリー6〉複数の近代	小川浩三 編	A5・408頁 価格5200円
《法と経済学》の法理論	林田清明 著	A5・318頁 価格5400円
教材 憲法判例［第4版増補版］	中村睦男他 編著	A5・510頁 価格3000円
教材 民法判例	山畠正男他 編著	A5・284頁 価格1800円
教材 独占禁止法審決判例	丹宗昭信 編	A5・344頁 価格2000円
政治学のエッセンシャルズ ―視点と争点―	辻 康夫 松浦正孝 宮本太郎 編著	A5・274頁 価格2400円
アメリカ憲法史	M. L. ベネディクト 著 常本照樹 訳	四六・264頁 価格2800円
法のことわざと民法	山畠正男 福永有利 小川浩三 著	四六・240頁 価格1400円
市民と歩む裁判官 ―ドイツと日本の司法改革―	札幌弁護士会 編	四六・240頁 価格1600円
「市民」の時代 ―法と政治からの接近―	今井弘道 編著	四六・320頁 価格2400円
平和憲法の確保と新生	深瀬忠一他 編著	A5・398頁 価格3600円

〈価格は消費税を含まず〉

北海道大学出版会